JÖRG KASTNER

ARMINIUS
FÜRST DER GERMANEN

BASTEI LÜBBE TASCHENBUCH
Band 14 546

1. Auflage: Mai 2001

Vollständige Taschenbuchausgabe

Bastei Lübbe Taschenbücher ist
ein Imprint der Verlagsgruppe Lübbe

Originalausgabe
© 2001 by Verlagsgruppe Lübbe GmbH & Co. KG,
Bergisch Gladbach
Umschlaggestaltung: Gisela Kullowatz
Titelbild: Artothek
Satz: hanseatenSatz-bremen, Bremen
Druck und Verarbeitung: Elsnerdruck, Berlin
Printed in Germany
ISBN 3-404-14546-1

Sie finden uns im Internet unter
http://www.luebbe.de

Der Preis dieses Bandes versteht sich einschließlich
der gesetzlichen Mehrwertsteuer.

Meiner Frau Corinna, meinen Eltern Wilhelm und Josefa Kastner, meinen Lektoren Dr. Edgar Bracht und Marco Schneiders, meinen Freunden Jens Kiecksee, Bernd Frenz, Malte Schulz-Sembten und allen anderen in Dankbarkeit zugeeignet, die Armins und Thorags Abenteuer über die Jahre und Bücher hinweg mit Anteilnahme verfolgt und gefördert haben. An Wodans Tafel werden wir zusammen schlemmen, und bis dahin Donars eiserne Hand schützend über euch!

Er war unbestreitbar der Befreier Germaniens und ein Mann, der nicht wie andere Könige und Heerführer das römische Volk in seinen Anfängen, sondern auf dem Gipfel der Macht anzugreifen wagte, in der Schlacht nicht immer glücklich, im Krieg jedoch unbesiegt.

Tacitus über Arminius

Inhalt

Erster Teil

Dunkle Träume

Kapitel 1

Der Spruch des Apollon

SIE WAREN WEIT geritten, fast bis zur Küste. Zwar verbargen schroff aufragende Felskegel den Blick aufs Meer, aber die feuchte, salzige Luft, in der kreischende Möwen nach Beute jagten, war ein deutliches Zeichen. Der Anführer des Reitertrupps hoffte, der Spruch des Gottes Apollon würde ebenso deutlich – und dazu erfreulich – ausfallen. Die Orakelstätte von Klaros, die irgendwo vor ihm zwischen den Felsen lag, war im ganzen Römischen Reich berühmt. Man erzählte, Apollons Weissagungen hätten sich stets erfüllt, und kaum jemandem wurden so enge Verbindungen zu den Göttern nachgesagt wie den Priestern von Klaros.

Bald werde ich es wissen! schoß es dem Anführer durch den Kopf, und er trieb den gefleckten Schimmel an.

Hinunter ins Tal folgte ihm seine zahlenmäßig schwache Begleitung, nur ein paar Diener und Schreiber sowie eine halbe Turme seiner prätorianischen Reiter. Der riesige Troß, der den Imperator der östlichen Provinzen auf seiner Inspektionsreise durch die von ihm beherrschten Landstriche begleitete, war in der nahen Stadt Kolophon zurückgeblieben, zusammen mit der Gemahlin Agrippina und den Kindern des römischen Thronfolgers.

Der felsige Boden bröckelte immer wieder unter den Hufen weg, so daß Germanicus die langsamste Gangart befahl. Er hatte nicht in unzähligen Schlachten gefochten, um sich hier den Hals zu brechen. Schatten griffen mehr und mehr nach dem Trupp, als er in das Tal eintauchte, und angenehme Kühle vertrieb das leichte Brennen der hoch am Himmel stehenden Sonne. Kaum merklich verwandelten sich Felsen in Gebäude, dorische Baukunst vermischte sich mit ionischer, mächtige Säulen trugen Dächer von Tempeln und Unterkünften. Zerlumptes Pack kroch aus den Schatten ans Tageslicht, und knochige Hände reckten sich den Reitern entgegen. Die Prätorianer preschten vor und trieben das Gesindel mit Hieben und Tritten auseinander, bevor es den Imperator belästigen konnte.

Wie aus dem Boden gewachsen erschien ein graubärtiger Mann im weißen Gewand vor dem Apfelschimmel des Imperators und hob gebieterisch die Hände. Germanicus wußte sofort, daß ein Priester des Heiligtums vor ihm stand. Er zügelte sein Pferd, und hinter ihm hielten schnaubend die Rosse seiner Begleiter.

»Ich grüße dich, weiser Mann von Klaros«, sagte Germanicus in griechischer Sprache und nickte dem Alten zu. »Wie ist dein Name?«

»Der ist ebenso bedeutungslos wie der deine, Römer. Apollon erteilt seinen Ratschlag ohne Ansehen der Person. Sollte der Lichtgott dich nach deinem Namen fragen, geschieht dies nicht, um dich zu ehren. Apollon allein wird an diesem Ort Ehre zuteil.«

Ein Schreiber des Imperators ließ seinen Rappen vortänzeln; er wollte den Priester zurechtweisen und ihn darüber aufklären, mit wem er es zu tun hatte. Eine knappe, jedoch unmißverständliche Handbewegung des Thronfolgers brachte den Mann zum Schweigen, noch ehe er ein Wort sagen konnte.

Germanicus wandte sich wieder dem Graubärtigen zu. »Du hast recht erkannt, weiser Mann. Ich bin Römer und suche den Ratschlag des Gottes Apollon.«

»Den suchen die meisten, die nach Klaros kommen.« Ein

14

kaum merkliches Lächeln umspielte die Lippen des Priesters, bevor sein Gesicht wieder ernst wurde und einen vorwurfsvollen Ausdruck annahm. Mit einem Blick auf die zur Seite gedrängten Bettler sagte er: »Das Schicksal eines jeden Menschen hängt nicht nur von den Göttern ab, sondern in nicht minder hohem Maße auch von ihm selbst und seinen Taten. Zu dem Guten kommt das Gute, zu dem Tüchtigen der Verdienst, den Verdammenswerten aber straft der Pfeil des Silberbogners. Was erwartet einer, der goldene Ringe trägt, den Ärmsten aber nichts geben will?«

Die Anspielung war mehr als deutlich gewesen. Mit dem Silberbogner war niemand anders als Apollon selbst gemeint, der seine Urteile mit Pfeil und Bogen vollstreckte, wenn er als strafender und verderbender Gott auftrat. Germanicus wandte sich im Sattel um und rief seinen Begleitern einen knappen Befehl zu. Murrend öffneten zwei Schreiber ihre Geldbeutel und streuten klingende Münzen unter die Bettler, die sich gierig auf das üppige Almosen stürzten. Als der Blick des Priesters noch immer finster auf Germanicus ruhte, zog der Imperator einen Goldring mit eingefaßtem Rubin vom Finger und warf ihn ebenfalls in den Staub. Schneller als das menschliche Auge zu sehen vermochte, war der Ring in der schlangenartig zustoßenden Hand eines Bettlers verschwunden.

»Apollon der Heilbringende, Abwehrer allen Übels, heißt dich an seiner heiligen Stätte willkommen, Römer.«

»Danke, Priester.« Germanicus drehte sich im Sattel um und zeigte auf die schwer beladenen Packpferde. »Nicht nur den Ärmsten bringe ich Gaben, auch der Sohn des Zeus und der Leto soll bedacht sein.«

Ganz bewußt gebrauchte Germanicus die griechischen Namen für die Götter, sprach von Apollon, Zeus und Leto statt von Apollo, Jupiter und Latona, wie die meisten Römer. Er hatte die griechischen Schriftsteller gelesen und verehrte die griechische Kultur, die älter und reifer war als die römische. Die Römer waren Kinder im Vergleich zu den Griechen, nicht nur was Wissenschaft und Künste betraf. Auch in der Geschichte hatten die Griechen eine entscheidende Rolle gespielt, als an ein römisches Weltreich noch nicht zu denken war. Germanicus übte sich sogar darin, in griechischer Sprache Komödien zu verfassen. Und er hielt es für geziemend, den Gott, von dem er sich weisen Ratschluß erhoffte, und seine göttlichen Eltern in der Sprache anzusprechen, in der sie bereits seit Jahrhunderten verehrt wurden.

Der Priester führte die Römer zu einem verlassenen Platz am Rande des Talkessels, der von Gebäuden gleicher Bauart umstanden wurde, den Schatzhäusern. Hier luden die Begleiter des Imperators mit Goldzierat und Edelsteinen geschmückte Waffen und Schilde, Kelche und Vasen sowie die kostbarsten Stoffe ab, die den Schreibern des Germanicus auf ihrer Reise durch die Ostprovinzen unter die Augen gekommen waren. Das wertvollste Geschenk trug Germanicus selbst in eines der offen stehenden Häuser: einen mannshohen, aus Silber geformten und in der gesamten Länge mit Rubinen und Smaragden besetzten Bogen, dessen mit Goldfarbe überzogene Sehne vom Wolf stammte, einem Apollon geweihten Tier. Dazu gehörte eine silberner, ebenfalls mit Rubinen und Smaragden besetzter Köcher mit silbernen Pfeilen, deren Spitzen und Befiederung golden glänzten.

Nachdem Germanicus die teure Gabe, die nach seinen Wünschen angefertigt worden war, zu Füßen einer lorbeergekränzten Apollonstatue niedergelegt und leise seine Gebete gesprochen hatte, kehrte er auf den Vorplatz zurück und fragte den Priester: »Wieso stehen die Schatzhäuser offen wie eine Festung, die dem Feind übergeben wird? Selten erblickte ich so viele Kostbarkeiten auf so engem Raum. Fürchtet ihr nicht Diebesgesindel?«

Der Imperator verschwieg, daß er dabei an die armseligen

Kreaturen dachte, die vorhin ihre schmutzigen, schwärenden Klauen bettelnd nach ihm ausgestreckt hatten.

Der Priester wirkte überrascht. »Du meinst, der Sohn des Zeus könnte inmitten seines Heiligtums bestohlen werden?«

»Ein unvergleichlicher Frevel, gewiß, aber der Menschen Gier ist größer als jede Scham und Furcht.«

Wieder hatte Germanicus ein bestimmtes Bild vor Augen. Diesmal aber nicht das eines gemeinen Lumpen, sondern das seines Onkels und Adoptivvaters Tiberius. Der Kaiser war immer neidisch auf seinen beim Volk beliebten Neffen gewesen. Nur zu gut wußte Germanicus, daß die angebliche Ehrung, ihm den Oberbefehl über die östlichen Provinzen zu übertragen, in Wahrheit eine Strafversetzung gewesen war. Dadurch hatte Tiberius eine endgültige Unterwerfung der germanischen Stämme durch Germanicus verhindert und auch die Gefahr gebannt, daß siegestrunkene Legionen ihren triumphierenden Feldherrn Germanicus zum neuen Kaiser ausriefen.

»Menschen brauchen nicht zu schützen, was des göttlichen Apollon ist, des großen Strafenden und Verderbenden, des fernhintreffenden Silberbogners.«

Während der Priester diese Worte inbrünstig hervorstieß, drehte er sich halb um die eigene Achse und zeigte auf eine dreifach mannshohe Götterstatue in der Mitte des Tals. Da das marmorne Monument auf einem mannshohen Sockel stand, überragte es sämtliche Dächer und wirkte noch größer. Wie die nicht einmal halb so große Statue, vor der Germanicus gebetet hatte, zeigte auch diese Figur einen stattlichen Mann, dessen länglich-ovales Gesicht glatt war, ohne jungenhaft zu wirken. Erhabenheit und Weisheit, aber auch Strenge und Härte sprachen aus den ebenmäßigen, von lockigem Haar umspielten Zügen. Beide Figuren waren nur mit Sandalen und einem losen Umhang bekleidet, der einen freien Blick auf den schlanken, nicht übermäßig muskulösen Leib gestattete. Doch während die Statue im Schatzhaus einen Hirtenstab hielt, Apollons Wahrzeichen als Weidegott, trug die große, alles überragende Figur Bogen und Köcher. Der Bogen war schräg nach unten gerichtet, ins Tal, auf die Menschen, als Warnung vor Apollons Zorn, und ein Pfeil schickte sich an, von der Sehne zu schnellen.

»Apollon straft jeden Übermut«, fuhr der Priester mit starrem Blick auf den marmornen Bogner fort. »Er hat die große Drachin Python erlegt, den Riesen Tityos und ebenso die Söhne der prahlerischen Niobe. Und als die Griechen das von ihm beschützte Troja bedrohten, sandte er Tod und Verderben in ihr Lager. Welch kleiner Mensch könnte es wagen, sich an seinen Schätzen zu vergreifen?«

»Heißt das, noch niemand hat es versucht?« fragte Germanicus ungläubig und dachte daran, daß Troja letztlich doch von den Griechen verheert worden war.

Der Priester wandte sich wieder ihm zu und setzte ein verschmitztes Lächeln auf. »Schon lange nicht mehr. Vor meiner Zeit sollen sich ein paar Gottlose nächtens an den Schätzen vergriffen haben. Doch keinem gelang die Flucht aus dem Tal. Am Morgen fand man sie tot, durchbohrt von Apollons Pfeilen.« Ein langer, forschender Blick traf den Imperator. »Willst du es wirklich wagen, vor den Weisen zu treten, der zugleich der Strafende ist, Römer? Bedenke, ein Gott schaut in dein Herz. Noch kannst du dieses Tal verlassen, ohne den Zorn des Apollon geweckt zu haben.«

»Ich trete voller Ehrfurcht, doch ohne Furcht vor die Gottheit. Denn nicht Übermut führt mich zu Apollon, sondern die Sorge um das, was die Zukunft bringt.«

»Wessen Zukunft?«

»Die meine.«

»Und die ist so wichtig, daß du Apollon befragen mußt?«

»Das ist sie«, bestätigte Germanicus.

»Für wen? Für dich?«

»Ja. Aber auch für andere. Du kannst dir wohl denken, daß ich kein unwichtiger Mann bin.«

Wieder lächelte der Priester auf eine Weise, die seine Gedanken mehr verhüllte als offenbarte. »Dann folge mir ins Badehaus, wichtiger Römer. Körper und Geist sollen gereinigt sein, wenn du vor deinen Gott trittst.«

In den Thermen verbrachte Germanicus eine lange Zeit, erst im Schwitzbad, dann im Warmwasserbad und – nach einiger Zeit im Abkühlraum – im Kaltwasserbad, stets begleitet von einem Jüngling, der auf der Kithara spielte und das Lied vom Lorbeerbaum sang. Seine reine Stimme erzählte, wie Apollon, von Armors Pfeil getroffen, in blinder, brennender Liebe der Nymphe Daphne nachstellte. Die Bedrängte flehte schließlich ihren Vater um Hilfe an, den Flußgott Peneios. Der ließ die Glieder seiner Tochter schwer werden und erstarren, verwandelte Daphnes Haar in Laub, die Arme in Äste, die Finger in Zweige und die Füße in Wurzeln, so daß die Verzauberte mit dem Boden verwuchs. Zum Lorbeerbaum geworden, verblieb ihr doch Schönheit und Glanz, und Apollon, der Daphne nicht länger zu seiner Gemahlin machen konnte, erkor den Lorbeer zu seinem Lieblingsbaum.

Der Rauch verbrannten Lorbeers wehte durch die Bäder, während Germanicus der jungen Stimme lauschte, die ihm nicht minder verzaubernd erschien als das Wirken des Peneios. Eine eigenartige Stimmung ergriff von ihm Besitz, je länger er dem Lied lauschte und den Rauch des Lorbeer einatmete. Die Säulen verzerrten sich, wurden zu Lorbeerbäumen, und in dem Kitharaspieler glaubte er Apollon selbst zu erkennen, der als Gott des Gesangs und des Saitenspiels verehrt wurde. Germanicus vermeinte, auf den volltönenden Klängen der Kithara in die Welt der Götter hinüberzuschweben. Waren es Menschen, Jünglinge, oder waren es überirdische Geschöpfe, die seinen Leib abtrockneten und mit der Essenz des Ölbaums salbten, ein ebenfalls dem

Apollon geweihtes Gewächs? Sie legten ihm ein griechisches Gewand um, ein Himation und führten ihn zu einem menschenähnlichen Wesen, das mit seinem grauen Bart ehrfurchtgebietend wirkte. Es mochte der Flußgott Peneios sein oder vielleicht der Göttervater Zeus.

»Wasser und Öl haben deinen Leib gereinigt und Lorbeerrauch, Gesang und Saitenspiel deinen Geist geläutert. Du bist jetzt bereit, von Apollon eine Antwort zu erbitten.«

Germanicus kannte und erkannte die Stimme, wobei der Nebel zerriß, der seine Gedanken umhüllte. Kein Gott sprach zu ihm, sondern der Priester, der ihn begrüßt und hierher geführt hatte. In die Thermen des Orakels von Klaros. Er war beinahe enttäuscht, nicht im Reich der Götter zu weilen, nicht über die Höhen des Olymp zu schreiten.

Barfüßig folgte der Imperator dem Priester über einen hügeligen Weg zu einer abgeschiedenen Höhle. Ein scharfer Wind pfiff an den Felsen entlang, und der dürftig bekleidete Römer zuckte fröstelnd zusammen. Er versuchte, das traditionelle Gewand der Griechen straffer um seinen Leib zu wickeln, verhedderte sich aber in den ungewohnten Faltenwürfen. Oder konnte es sein, daß seine Finger zitterten? War es am Ende gar nicht der Wind, der ihn frösteln ließ, sondern der Gedanke an das, was vor ihm lag?

Als er nach Klaros geritten war, hatte er sich Ermunterung für die Zukunft erhofft. Auf einmal spürte er, daß es auch ganz anders kommen konnte. Vielleicht war diese finstere Höhle das Ende seines Weges. Gab es noch eine Möglichkeit zur Umkehr? Unsicher blickte er über die Schulter und sah das große Standbild des Silberbogners. Es konnte nur eine Täuschung der Sinne sein, doch Apollons Pfeil schien geradewegs auf Germanicus zu zielen.

»Zauderst du?« fragte der Priester.

»Nein.« Germanicus straffte sich, war wieder ganz der Imperator. »Führe mich zu deinem Gott, Priester!«

»Ihn zu schauen, ist dir so wenig bestimmt wie jedem anderen Ratsuchenden. Nur der Prophetes spricht zum Sohn des Zeus.«

Der Prophetes war von hoher, dürrer, beinahe ausgemergelter Gestalt. Wo das Himation nicht seinen Leib bedeckte, traten die Knochen deutlich hervor. Schlohweißes Haupthaar ging in einen langen Bart gleicher Farbe über. Übergroße, ein wenig zu weit hervortretende Augen beherrschten das Gesicht und ruhten jetzt auf Germanicus. So saß der Prophetes starr auf einer steinernen Bank in einer von wenigen Öllampen nur spärlich erleuchteten Höhle. Der Rauch, der aus den Lampen aufstieg, roch ähnlich betörend wie der Lorbeerrauch in den Thermen.

Der graubärtige Priester blieb mit Germanicus wenige Schritte vor dem Prophetes stehen und sagte: »Dieser Mann ist an Leib und Geist gereinigt. Er ist gekommen, den Rat des Apollon zu erbitten.«

»Ist er allein?« fragte der Prophetes mit knarrender Stimme.

»Er kam in großer Begleitung. Nun aber bittet Apollon um Rat«, antwortete der Priester.

»Apollon weiß, welche Fragen die Menschen an ihn haben. Wer ist es, dessen Gesuch ich überbringen soll?«

Der Priester wandte sich an Germanicus, dem der berauschende Rauch das Denken erschwerte. »Nenne dem Prophetes deinen Namen, Römer!«

»Gaius Julius Caesar Germanicus«, sagte der Imperator langsam und schleppend. Er mußte sich auf jede Silbe des eigenen Namens konzentrieren.

Der Prophetes erhob sich. »Ich werde Apollon bitten, deine Frage zu erhören, Gaius Julius Caesar Germanicus.« Mit diesen Worten verschwand er in den finsteren Tiefen der Höhle.

»Aber ... ich habe noch keine Frage gestellt«, meinte der Imperator mit schleppender Stimme.

»Du hast es doch gehört«, belehrte ihn der Priester. »Apollon weiß, welche Fragen die Menschen an ihn haben. Auf die Frage, die dir am meisten auf der Seele brennt, wirst du eine Antwort erhalten. Ob du über diese Antwort froh bist oder zu Tode betrübt, liegt ganz bei dir.«

Langsam hob Germanicus den Arm und zeigte zum hinteren Teil der Höhle. »Was geschieht da?«

»Der Prophetes trinkt aus der Quelle des Wissens, und die Antwort des Apollon wird ihm teilhaftig.«

Die Höhle verschwamm im Rauch, und die Zeit dehnte sich zur Unendlichkeit, um sich im nächsten Augenblick wie im rasenden Galopp zusammenzuziehen. Germanicus sah sich als junger Mann gegen die aufständischen Pannonier kämpfen; an seiner Seite ritten sein Onkel Tiberius und zwei germanische Fürstensöhne vom Stamm der Cherusker, Arminius und Thorag. Das blutige Schlachtgetümmel wollte kein Ende nehmen, aber die beiden Germanen waren nicht länger seine Kameraden. Feindselig standen sie ihm gegenüber, der er gekommen war, die Niederlage des Varus zu rächen. Unbeugsam verharrte Germanicus bis zu den Knöcheln in Schlamm und Blut und hielt in jeder Hand einen zurückeroberten Legionsadler. Und vor ihm saß Tiberius als Nachfolger des vergöttlichten Augustus auf dem Kaiserthron. Die krallenartigen Hände des Kaisers schossen auf ihn zu, entrissen ihm die Adler, und mit verzerrter Fratze lachte sein Onkel ihn aus. Germanicus griff nach einem der Adler, wollte ihn festhalten. Doch das Tier packte ihn, schlug die Klauen in seine Schultern und hob ihn hoch in die Lüfte, um ihn über das Meer zu tragen, der aufsteigenden Sonne entgegen. Hier fand Germanicus sich auf einem Thron wieder, der zugleich sein Kerker war. Ketten hielten ihn fest, und wieder lachte ein Mann ihn höhnisch aus. Erst besaß dieser Mann das Antlitz des Tiberius, dann das des nicht minder verhaßten Kaiserfreundes Gnaeus Calpurnius Piso, den der Princeps zum Auf-

passer und ewigen Widersacher des Germanicus bestimmt
hatte. Calpurnius Piso, der ihn verlachte und zugleich zu ihm
sprach ...

»Apollon hat dein Bitten erhört, Gaius Julius Caesar
Germanicus. Bist du bereit, seine Antwort zu vernehmen?«

Nicht Piso stand vor ihm, auch nicht Tiberius. Weißes Haar
und ein weißer Bart umrahmten das Gesicht mit den unnatür-
lich großen Augen, und Germanicus erkannte den Prophetes.
Der Zeitkreisel hörte zu tanzen auf, die Schleier fiebriger
Träume lichteten sich, und der Imperator wußte wieder, daß
er sich in der Höhle des Apollon befand. Sein Hals war ausge-
dörrt wie nach einem Marsch durch die Wüste, und seine
Lippen fühlten sich spröde und fremdartig an. Er mußte dreimal ansetzen, um die Frage des Prophetes zu bejahen.

»Dann höre den Spruch des Weisen«, sagte der Prophetes,
und seine Augen schienen den Römer verschlingen zu wollen.

> »Die Wölfin nährt zwei Junge,
> nicht sind ihr eigen Blut.
> Zwei Männer einer Zunge
> nicht tun dem andern gut.
> Rot fließt über dem Graben
> des Adlers Lebenssaft.
> Einer wird sich laben
> an des andern Kraft.«

»Das war schon alles?« krächzte Germanicus, als der
Prophetes geendet hatte und ihn schweigend anstarrte. »Das
ist nichts anderes als die Geschichte der Brüder Romulus und
Remus. Sie wurden von der Wölfin gesäugt, verübten als
Männer Heldentaten und gründeten die Stadt Rom, bis
Romulus den Remus erschlug, weil der über die geringe
Höhe der von Romulus erbauten Stadtmauer gespottet hatte.«

»Wenn dir die Geschichte so vertraut ist, sollte es dir leicht fallen, ihre Bedeutung für dich zu erkennen«, meinte der Prophetes in gleichmütigem Tonfall.

»Ihre Bedeutung für mich?« wiederholte Germanicus. »Welche Bedeutung?«

»Ich höre die Worte Apollons, aber ich kenne nicht ihren Sinn. Den zu erfassen, liegt an dir, Ratsuchender. Vermagst du es nicht, ist der göttliche Atem an dir verschwendet. Und nun verlasse diesen heiligen Ort, deine Zeit ist um!«

Germanicus wollte aufbegehren, wollte dem Prophetes klarmachen, daß er mit seinem obersten Herrscher nicht in diesem Tonfall sprechen konnte. Was bildete dieser bärtige Greis sich ein? Ein Wort des Imperators genügte, um ihn und seine ganze Sippschaft in das Reich der Toten zu befördern!

Dann aber fiel der Blick des Römers auf sein ungewohntes Gewand und auf die nackten Füße. Es erinnerte ihn daran, daß er nicht als Imperator gekommen war, sondern als Bittender, so wie alle anderen, die Apollon um Rat fragten. Wer die Diener der Götter erzürnte, erzürnte die Götter selbst, und darin konnte nichts Gutes liegen. Er dachte an die bedrohliche Statue des Silberbogners und wandte sich wortlos um.

Draußen dämmerte es. Die Sonne war eine rotglühende Sichel, die mit den Felsen verschmolz. Frische Abendluft half Germanicus, seine Gedanken zu ordnen. Der Orakelspruch nahm ihn so sehr gefangen, daß er den graubärtigen Priester kaum beachtete.

Die Wölfin stand für Rom, soviel schien sicher. Und Rom, das war Tiberius, der Kaiser. Wen aber hatte der Kaiser genährt? Zwei Brüder waren gemeint, sonst ergab der Spruch, der Vergleich mit Romulus und Remus, keinen Sinn. Einer von ihnen mußte Germanicus sein. Und der andere? Vielleicht war Tiberius' leiblicher Sohn Drusus Caesar gemeint. Oder Calpurnius Piso, der treu wie ein Sohn zum Princeps stand. Germanicus fühlte, daß er dem Sinn der Weissagung auf der Spur war, konnte sie aber nicht ganz ergründen.

Verzweifelt blieb er am Rande der Siedlung stehen und stieß ein unzufriedenes Knurren aus. »Was nutzt der Ratspruch des Apollon, wenn er dunkel ist wie die Nacht?«

Der Priester blickte ihn mitleidig an. »Nur eine Erkenntnis, die nach schwerem Ringen gewonnen wird, wiegt auch schwer.«

»Aber was nutzt eine Weissagung, die zu verschwommen ist, um jemals zur Erkenntnis zu werden?«

»Sie kann vor erschreckendem Wissen bewahren.«

»Hätte ich Angst vor Apollons Spruch, wäre ich nicht hierher gekommen.«

»Willst du es wahrhaftig wissen, Römer?«

»So wahrhaftig, wie ich zwei auf ewig verloren geglaubte Legionsadler heimgeholt habe!«

»Dann gibt es einen Weg für dich, selbst mit Apollon zu sprechen.«

Germanicus trat vor und krallte seine Rechte in das Gewand des Priesters. »Welchen?«

»Die Inkubation.«

Die Inkubation – das Niederlegen an heiliger Stätte, um mit den Göttern zu sprechen – erfolgte noch in dieser Nacht. Lange hatte Germanicus im großen dorischen Tempel direkt gegenüber der Statue des Silberbogners gebetet und Apollon Weihrauchopfer dargebracht. Als längst tiefe Finsternis das Tal beherrschte, ging er mit dem graubärtigen Priester zurück zu den Felsen.

Sie waren allein, und der Imperator war noch immer barfüßig, trug weiterhin das einfache Himation. Sie nahmen diesmal einen anderen Höhleneingang und drangen tiefer in das Innere des Berges ein. Das flackernde Licht der Fackel in der

Hand des Priesters beleuchtete ihren Weg. Plötzlich auftauchende Schattenwesen, die dicht an ihnen vorüberflatterten, waren keine Nachtgespenster, sondern aufgescheuchte Fledermäuse, wie der Imperator vermeinte. Längst war der Eingang hinter ihnen verschwunden. Sie waren an mehreren Abzweigungen vorbeigekommen, und Germanicus war sicher, daß er den Rückweg allein niemals finden würde.

Irgendwann sagte der Priester: »Wir sind Apollon nahe genug. Leg dich hier nieder, Römer.«

»Hier, wo nur nackter Fels ist?«

»Glaubst du, der Silberbogner erwartet dich voller Sehnsucht und bereitet dir ein weiches Lager?« entgegnete der Priester mit einem deutlichen Anflug von Spott.

Er zog den Korken aus einem kleinen Lederschlauch, der an seiner Seite gehangen hatte, und reichte den Schlauch Germanicus.

»Trink dies, und du wirst tiefer schlafen als in den weichsten Kissen!«

»Was ist das?«

»Ein Trunk aus den heiligen Gewächsen des Apollon: Früchte und Blätter des Lorbeerbaums, der Palme und der Tamariske, vermischt mit der Essenz des Ölbaums. Er wird dich in einen besonderen Schlaf versetzen, der dich für die Eingebungen Apollons empfänglich macht.«

Vorsichtig setzte Germanicus den Schlauch an die Lippen und kostete vom Inhalt. Der Trunk war dickflüssig, fast so zäh wie Honig, aber nicht so süß. Mehr herb im Geschmack, aber nicht unangenehm. Je mehr er davon trank, desto leichter fiel es ihm. Seine Glieder wurden schwer und sein Geist leicht. Sie trennten sich, und während der Leib – wahrhaftig schlaftrunken – gänzlich zu Boden sank, flog der Geist durch Zeit und Raum, flog zurück, zurück nach Rom ...

Von seinen langen Feldzügen gegen die Germanen seinem eigenen Wunsch zuwider durch Tiberius zurückgerufen, zog

Germanicus im Triumph durch die Tiberstadt. Mit sich führte er Gefangene und Kriegsbeute, Triumphalgemälde und seine Legionäre, nicht im Waffenschmuck, sondern in weißen Seidengewändern und mit Lorbeer statt mit Helmen auf dem Haupt. Der Jubel der Menge konnte ihn nicht darüber hinwegtäuschen, daß sein Triumph in Wahrheit eine Niederlage war. Nur zwei der drei Varusadler brachte er heim, und noch immer beherrschte Arminius mit seinen Aufständischen das Land rechts des Rhenus, das einmal eine römische Provinz hatte werden sollen. Noch machte Germanicus sich Hoffnungen, daß Tiberius ihn zurück nach Germanien schicken würde. Er mußte nur die richtigen Worte finden, mußte den Kaiser von seiner Treue und vom nahen Sieg über Arminius überzeugen. Hatte Germanicus nicht immer zu seinem Adoptivvater gehalten, selbst als es ihm ein Leichtes gewesen wäre, die meuternden Legionen gegen den Princeps aufzuwiegeln? Diese bedingungslose Treue mußte Tiberius ihm nun vergelten!

»Nur ein weiteres Jahr, und ich bringe dir auch den dritten Adler!« beschwor Germanicus ihn, als er die beiden zurückerbeuteten Adler im Jupitertempel auf dem Capitol niederlegte.

Lächelnd lehnte der Kaiser das Ansinnen ab, und zutiefst enttäuscht starrte Germanicus auf das Triumphzeichen in seiner linken Hand, das aus Elfenbein und Gold gefertigte Adlerszepter. Der Stab aus Elfenbein stand plötzlich in Flammen. Erschrocken ließ er das Szepter fallen, und beim Aufprall zersprang der goldene Adler in tausend Stücke. Ein roter Strom ergoß sich aus dem Inneren und befleckte Germanicus von Kopf bis Fuß.

Er wußte auf einmal, wen Apollon mit dem sterbenden Adler gemeint hatte, doch er wollte es nicht wahrhaben. Er bäumte sich auf und schrie aus Leibeskräften, immer und immer wieder.

Die Hand auf seinem Mund erstickte die Schreie. Er riß die Augen auf und sah eine dunkle Gestalt über sich. Schwaches Lampenlicht enthüllte nur schemenhafte Umrisse.

Neuerliche Panik stieg in ihm hoch, ließ sein Herz pochen, als wollte es im nächsten Augenblick zerspringen – wie der goldene Adler. Er wollte die Gestalt wegstoßen, die sich über ihn beugte. Das Wesen aus dem Totenreich war gekommen, ihn zu holen. Aber er wollte ihm nicht folgen, war nicht bereit, kampflos aufzugeben. Er, der vom Volk geliebte Enkel des Marcus Antonius, ein siegreicher Feldherr von nicht mehr als fünfunddreißig Jahren, der Herrscher über die östlichen Provinzen – er wollte leben, kämpfen!

Schon hatte er die dünnen Arme gepackt, um den Todesengel von seinem Nachtlager zu drängen, da hörte er den eindringlichen Ruf einer wohlbekannten Stimme: »Laß das, Gaius, du tust mir weh! Hörst du nicht, laß mich los!«

»Agrippina!« stieß er keuchend hervor, und sein fester Griff löste sich von den Armen der Gemahlin.

Sie taumelte zurück und hätte das Gleichgewicht verloren, hätte sie sich nicht an dem Tisch festgehalten, an dem ihr Mann bis spät in die Nacht saß, um seine griechischen Komödien zu verfassen. Das Dichten sollte ihm Ablenkung und Aufheiterung bieten. Und er hoffte, die bösen Träume würden ihn fliehen, wenn er arbeitete, bis ihm die Augen zufielen.

Agrippina ging ans andere Ende des Cubiculums und zog die schweren Vorhänge beiseite, die vor den Glasfenstern hingen. Blasses Morgenlicht drang durch die Scheiben, schon stark genug, um den Gegenständen feste Konturen zu verleihen. Den Gegenständen und der Frau, die langsam zurück zum Bett ging.

Sie war ungefähr so alt wie ihr Gemahl und hatte neun Kinder zur Welt gebracht, von denen jedoch nicht alle überlebt hatten. Manche Frau in ihrem Alter hätte verbraucht ausgesehen, alles andere als begehrenswert. Nicht so Agrippina.

Ihr Leib war nicht mehr so schlank wie noch einige Jahre zuvor, doch ihre Üppigkeit besaß nicht die Formlosigkeit des Körpers manch anderer Mutter. Die großen Brüste und das pralle Gesäß, die sich im Gegenlicht deutlich durch das dünne Nachtgewand abzeichneten, empfand Germanicus als sehr verlockende Reize. Hätte ihn nicht der furchtbare Traum gequält, hätte er Agrippina in die Arme gezogen und ein zehntes Kind gezeugt.

Sie setzte sich auf die Bettkante und streichelte sanft seine Wangen. Die Berührungen hatten etwas Beruhigendes. Germanicus wußte, daß er nicht allein war. Agrippina hatte immer hinter ihm gestanden, manchmal zu sehr. Manch böse Zunge behauptete, sie wäre sein ganzer Ehrgeiz.

Zuweilen wünschte er sich, mehr auf Agrippina gehört zu haben, besonders damals in Germanien, als sie ihn anstachelte, nach dem Kaiserthron zu greifen. Er aber hatte Tiberius die Treue gehalten, so wie Tiberius dem älteren Drusus, Germanicus' Vater, bis in den Tod beigestanden hatte. Doch der Kaiser hatte es Germanicus schlecht gelohnt.

Die östlichen Provinzen! Hier gab es keinen Ruhm zu ernten. In kleinlicher Verwaltungsarbeit und endlosen Reisen erstickte sein Leben.

Eine dieser Reisen hatte ihn zur Orakelstätte von Klaros geführt. Mehr als ein Jahr war seitdem vergangen, doch für Germanicus war es erst gestern gewesen, so oft träumte er davon, so sehr beschäftigten seine Gedanken sich mit dem Spruch des Apollon. Jene Nacht der Inkubation hatte ihm die Weissagung entschlüsselt. Er wußte jetzt, daß er selbst der Adler war. Der Adler war das Zeichen der Könige, und Germanicus war von hochherrschaftlichem Blut. Er hatte zwei Legionsadler heimgebracht und war im Triumph mit dem Adlerszepter in der Hand durch Rom gezogen.

Der Graben mußte das Meer meinen, das ihn vom fernen Rom trennte. Falls er wider sein Schicksal aufbegehrte und versuchte, gegen den Willen des Tiberius nach Rom zurückzukehren, würde er sein Leben beenden. Er war verdammt, hier im Osten zu leben – und zu sterben, irgendwann, vielleicht schon bald. Die bösen Träume kamen immer öfter.

»Das ist nicht wahr, Gaius! Das ist nicht wahr, und du weißt es. Du darfst es dir nicht immerzu einreden!«

Er hatte laut gedacht, und Agrippina antwortete in dem ihr eigenen energischen Tonfall. So oder ähnlich sprach sie stets, wenn sie ihn zu trösten versuchte.

»Willst du an den Worten Apollons zweifeln?« fragte er matt.

»Nicht an Apollon, wohl aber an diesem Prophetes. Vielleicht ist er ein falscher Prophet.«

»Aber mein Traum in jener Höhle ...!«

»Das Gebräu, das der Priester dir gab, hat deine Sinne verwirrt. Jeder würde schlecht davon träumen.«

»Nur zu gern würde ich das glauben«, seufzte er. »Aber vergiß nicht die andere Weissagung, damals am Rhenus!«

»Sprichst du von dieser Vettel, der germanischen Seherin?«

»Dein abfälliger Tonfall verwundert mich, Agrippina. Ich wollte sie auspeitschen lassen, du aber hast ihr einen Ring aus Elektron geschenkt, besetzt mit einem Saphir!«

»Heute denke ich anders darüber, Gaius. Ich hätte dich gewährenlassen sollen.«

»Vergossene Milch!« schnaubte er. »Außerdem dachte ich, du klammerst dich noch immer an ihre Prophezeiung, daß unsere Tochter Julia Agrippina dereinst die mächtigste Frau der Welt sein wird.«

Agrippinas Züge verhärteten sich. »Die Kleine ist vier. Wer weiß, ob wir das noch erleben. Wir müssen rasch handeln, wollen wir die Macht noch erringen, Gaius, sehr rasch!«

»Wie denn? Soll ich Krieg führen gegen meinen Adoptivvater? Soll ich wieder Legionen in die Schlacht führen, die ihrem Feldzeichen folgen, dem Adler? Du weißt doch, was die Seherin damals prophezeite: *Der Adler hilft dem Imperator, aber er weist ihm auch den Weg ins Verderben.* Apollon hat ihren Spruch bestätigt.«

Weitaus bedrückender als jener Teil aus der Prophezeiung der Seherin war ein anderer: *Wodan hat mir das Schicksal dreier Männer gezeigt, das die Nornen miteinander verwoben haben. Der Imperator ist einer von ihnen, aber ich weiß nicht, welcher. Drei Männer, die fast zur selben Zeit Väter werden, doch einer davon wird es nicht. Den anderen beiden ist ein gleicher Tod bestimmt, und sie sterben zur gleichen Zeit.*

Lange hatte Germanicus über den Sinn dieses Spruches gegrübelt. Und immer wieder fielen ihm die beiden Cheruskerfürsten ein, die einst mit ihm, dann gegen ihn gekämpft hatten: Arminius und Thorag. Germanicus hatte ihre Weiber als Geiseln nach Rom gebracht. In der Gefangenschaft gebar Thusnelda ihren Sohn Thumelicus, den Sprößling des Aufrührers Arminius. Auja aber, die Gemahlin Thorags, hatte ihre Tochter tot zur Welt gebracht. Schuld war die schwere Mißhandlung durch den mit Germanicus verbündeten Germanenfürsten Gerolf. Das war in der Ubierstadt geschehen, in jener Nacht, als Germanicus die Geburt seiner Tochter Julia Agrippina feierte. Doch hatte er erst später davon erfahren.

Alles stand mit der Prophezeiung der Seherin im Einklang. Drei Männer waren fast zur gleichen Zeit Väter geworden, aber Thorags Kind war tot, also war einem die Vaterschaft verwehrt geblieben. Falls Germanicus an die richtigen Männer dachte, stand fest, wer den gleichen Tod zur gleichen Zeit sterben würde: er selbst und der Cheruskerherzog Arminius.

Kapitel 2

Die wilde Jagd

DIE BAUMRIESEN HUSCHTEN an ihm vorüber wie die Geister flüchtiger Träume. Um nicht von den starken Armen der Äste aus dem Sattel gerissen zu werden, hing er tief über dem Hals des Falben gebeugt. Immer wieder trat er dem Tier die Fersen in die Flanken und rief abgehackte Befehle in die spitzen Ohren des Pferdes, um es zur Höchstleistung anzuspornen.

Es war ein gutes, ausdauerndes Roß, aber beileibe nicht das schnellste. Was hätte er jetzt dafür gegeben, auf Sleipnir zu sitzen, dem Dahingleitenden!

Der achtbeinige Grauschimmel des Göttervaters Wodan was das schnellste aller Pferde, hieß es. Kein Hindernis war Sleipnir zu hoch, kein Weg zu weit, kein anderes Roß zu schnell, und mochte es auch göttlichen Ursprungs sein. Aber er war nicht Wodan, und er ritt nicht den Dahingleitenden. Das wurde ihm schmerzlich bewußt, als er mitten in der wilden Jagd über die Schulter sah. Bei jedem Blick, den er wagte, waren die Verfolger ihm nähergekommen.

Nicht alle Römerpferde waren schneller als sein Falbe. Der Pulk von ursprünglich fünfzig oder sechzig Reitern war auseinandergefallen. Knapp zwanzig Mann hatten sich ein gutes Stück vor ihre Kameraden gesetzt und waren dabei, die Entfernung zu dem einzelnen Germanen vom Stamm der Cherusker mehr und mehr zu verringern. Fast schien ihm, als könne er trotz des lauten Trommelns der Pferdehufe das

Knarren ihres Lederzeugs und das Klirren ihrer Waffen vernehmen.

Vor fünf Tagen hatte er die Verfolger bemerkt. Erst waren sie nur eine Staubwolke am Horizont gewesen. Eine Wolke, die vorüberziehen würde, so hatte er gehofft. Aber wie sagten die Cherusker: Auf Hoffnung zu bauen statt auf Weisheit und Kraft ist wie ein Kriegszug ohne Waffen. Am nächsten Tag war die Staubwolke ein Stück größer – näher – gewesen. Und bald wurde ihm klar, daß die fremden Reiter nicht zufällig in seiner Richtung, nach Norden, unterwegs waren.

Der von ihm eingeschlagene Weg, oft nur ein schmaler Pfad zwischen den unendlichen Baumreihen, brachte für einen größeren Trupp gehörige Schwierigkeiten mit sich. Römer, die es eilig hatten und keine dunklen Absichten hegten, hätten die gut ausgebaute Handelsstraße gewählt, die etwa zwei römische Meilen weiter westlich in Nordsüdrichtung verlief. Der Cherusker hatte den schwierigen Waldpfad genommen, um unentdeckt zu bleiben. Die Reiter hinter ihm waren der Beweis dafür, daß sein Vorhaben mißglückt war.

Enttäuschung ergriff von ihm Besitz. Er war so weit gekommen, bis hierher, in den nördlichen Bereich der rätischen Provinz. Der keltische Stamm der Vindeliker, der hier lebte, war von den Römern unterworfen worden. Jedenfalls nannten die Römer sie *Kelten*, wie die Römer auch den Begriff *Germanen* geprägt hatten. Früher hatte es nur die Stämme gegeben, Cherusker und Chatten, Marser und Brukterer, Ubier und Vindeliker. Die Römer teilten Stämme in Völker und Stammesgebiete in Provinzen auf. Doch dadurch zwangen sie die unterdrückten Stämme auch, sich als Völker zu fühlen und als Völker zu handeln, wollten sie die Fesseln der Knechtschaft abstreifen.

Bis etwa zum Fluß Donau, den die Römer Danuvius nannten, reichte der Machtbereich der Besatzer. Dahinter, weiter im Norden, lagen das mehr und mehr unter den Einfluß der

Römer geratende Markomannenreich und das freie Germanien. Der einsame Reiter glaubte, die Donau fast erreicht zu haben. So weit war er geritten – und doch nicht weit genug.

Dicke Schaumflocken flogen dem Reiter ins Gesicht. Der Falbe geriet auf dem unebenen, immer wieder von dicken Baumwurzeln durchzogenen Boden ins Stolpern, fing sich aber wieder und lief weiter.

Für einen langen, schreckerfüllten Augenblick hatte der Cherusker geglaubt, das Tier auf dieselbe Weise zu verlieren wie den kräftigen Schimmel, den er an der Küste Istriens erworben hatte. Bei der Überquerung der Alpen war das Pferd in eine Erdspalte getreten und hatte sich das rechte Vorderbein gebrochen. In den nördlichen Ausläufern der Berge hatte er auf einem kleinen Gehöft den Falben erstanden – in der Annahme, das kräftige, ausdauernde Tier werde ihn bis ins heimatliche Cheruskerland tragen. Jetzt aber zweifelte er, ob er seine Mission erfüllen konnte, eine Mission, von der die Freiheit des Cheruskerstammes, vielleicht gar die aller rechtsrheinischen Stämme abhängen mochte.

Wenigstens meine Frau ist nicht in Gefahr! schoß es ihm durch den Kopf. Nach der Landung ihres Schiffes an der istrischen Küste hatte er sich von ihr getrennt, weil er allein am schnellsten vorankam. Sonst wären die Verfolger jetzt auch hinter ihr her gewesen.

Ein neuer Gedanke ließ seine Erleichterung in angstvolle Sorge umschlagen: Vielleicht war sie längst in die Hände der Römer gefallen!

Wenn es den Römern gelungen war, seine Spur zu finden, mochten sie auch Auja aufgespürt haben, die nur von einem einzigen Mann beschützt wurde, dem zwergenhaften Nigrinus. Sollten all die Abenteuer und Gefahren, die Qualen und Schmerzen, die er durchlitten hatte, um Auja aufzuspüren, vergeblich gewesen sein?

Unwillkürlich flogen seine Gedanken zurück zur römischen Hafenstadt Ravenna, wo er seine von den Römern entführte Frau nach vier Sommern und Wintern der Trennung endlich wiedergefunden hatte. Er sah Auja mit anderen gefangenen Frauen in der Arena stehen und mit Schwert und Schild gegen blutgierige Löwen und Leoparden kämpfen. Und er dachte an den römischen Kaiser, Tiberius, den er und seine Verbündeten vor einem Mordanschlag gerettet hatten. Nur diesem Umstand hatten er und Auja es zu verdanken, daß Tiberius ihnen freies Geleit auf dem Weg in die Heimat gewährt hatte. Aber wieso dann die Verfolger?

Er ahnte, wer ihr Auftraggeber war: der Prätorianerpräfekt Lucius Aelius Sejanus, der zu den Hintermännern der Verschwörung gegen Tiberius gehörte. Sejanus war ungeschoren davongekommen und genoß weiterhin das Vertrauen des römischen Herrschers. Der Cherusker hatte Grund zu der Annahme, daß Sejanus die Vergiftung zweier Männer geplant – vielleicht schon veranlaßt – hatte, die ihm auf dem Weg an die Spitze des römischen Weltreiches im Weg standen.

Der eine war Gaius Julius Caesar Germanicus, der Neffe des Tiberius, der einst gegen die Germanen gekämpft hatte und jetzt die östlichen Provinzen regierte. Vom Kaiser adoptiert, war Germanicus als *Sohn des Tiberius und Enkel des Augustus*, wie die Inschriften römischer Münzen verkündeten, der Thronfolger. Grund genug für den machtlüsternen Prätorianer, ihn aus dem Weg zu räumen.

Der andere war Armin, der Herzog des Cheruskerstammes, von den Römern respektvoll Arminius genannt. Seit der siegreichen Schlacht gegen die Legionen des Varus war Armin der Inbegriff eines freien Germaniens. Er hatte Sippen und Stämme geeint und die Römer auf die linke Seite des Rheins zurückgezwungen. Aber der Cheruskerherzog hatte auch viele Neider unter den Germanen. Sejanus hatte sich mit den Feinden des Herzogs verbündet, und deshalb lag es in seinem Interesse, Armin aus dem Weg zu räumen.

Der Cherusker, der durch die Wälder des römisch besetzten Teils Germaniens galoppierte, war Thorag, Gaufürst des Donarstammes und Armins Blutsbruder. Während ein anderer Bote zu Germanicus unterwegs war, sollte der Donarsohn, der seine Abstammung auf den Donnergott zurückführte, seinen Waffenbruder und Herzog vor dem Giftmord warnen.

Doch als er sich abermals nach den Verfolgern umsah, glaubte er nicht mehr, daß sein Vorhaben gelang. Die Anzahl der Römer hatte sich halbiert, die ihrer Pferde nicht. Die Hälfte des vorn liegenden Verfolgertrupps war abgestiegen. Jeder der übrigen Reiter führte nun ein reiterloses Tier am Zügel mit sich. Die von keiner Last beschwerten Ersatztiere konnten sich ein wenig erholen. Und dann würden die Römer auf diese ausgeruhten Pferde steigen und den Cherusker einholen ...

Der Waldpfad wand sich vor ihm um eine Felsgruppe, und Thorag mußte den Galopp verlangsamen. Dabei sah er ein Eichhörnchen durch das Geäst einer Buche springen. Das Tier brachte ihn auf die vielleicht rettende Idee. Er ließ den Falben nur noch traben und winkelte die Beine an, um sich sprungbereit auf den abgewetzten Römersattel zu hocken. Seine Augen fixierten eine alte, mächtige Eiche, die ihr knorriges Astwerk weit über den Pfad reckte. Dann sprang er und stieß dabei einen heiseren Schrei aus, um den Falben zum Weiterlaufen zu veranlassen.

Seine Hände umklammerten einen gewundenen Ast, und Thorag schaukelte vor und zurück wie ein spielendes Kind. Er zog sich hoch und saß endlich rittlings auf dem Ast. Von hier aus kletterte er höher ins Geäst. Als der trommelnde Hufschlag der Verfolger in seinen Ohren dröhnte, blieb er still sitzen und hoffte, daß die Römer ihn nicht entdeckten.

Sie kamen um die Biegung geritten, und Thorag erkannte die Uniformen und Schilde der Prätorianergarde. Jeder der roten Schilde wurde von vier Skorpionen verziert. Der Skorpion war das Wahrzeichen der Prätorianer. Thorag konnte sich kein Geschöpf vorstellen, das besser zu Sejanus paßte als das spinnenartige Tier mit dem oft tödlichen Giftstachel.

Der Anführer der Reiter trug die reich verzierte, leuchtende Uniform und Rüstung eines hohen Offiziers. Noch auffälliger als seine Aufmachung war das längliche Pferdegesicht, aus dem Brutalität und Verschlagenheit sprachen. Thorag kannte das Gesicht noch aus der Zeit, als er selbst Offizier in römischen Diensten gewesen war. Damals hatte der Cherusker ein römisches Militärlager am Rhein befehligt, und der Mann mit dem Pferdegesicht war sein Stellvertreter gewesen. Schon damals hatte Gnaeus Equus Foedus ihn mit brennendem Haß verfolgt, erbost darüber, daß der Statthalter Publius Quintilius Varus ihm einen Germanen vor die Nase gesetzt hatte. Zuletzt hatte Thorag den Pferdegesichtigen in Ravenna gesehen, als Verbündeten des Sejanus. Dem Prätorianerpräfekten hatte Foedus den Aufstieg zum Präfekten der Adriatischen Reichsflotte zu verdanken, eine Stellung, die ihn zum militärischen Oberbefehlshaber der ganzen Region um Ravenna und gleichzeitig zum obersten Stadtverwalter machte.

Um so erstaunlicher war es, daß Foedus jetzt durch die verhaßten germanischen Urwälder jagte. Er mußte einen wichtigen Auftrag haben, einen Auftrag von Sejanus: Thorag zu fangen oder zu töten und die Ermordung des Cheruskerherzogs sicherzustellen. Nichts anderes konnte ihn hergeführt haben. Kurz nachdem Thorag, Auja und Nigrinus an Bord des Seglers *Hirundo* Ravenna verlassen hatten, mußte Foedus ihnen mit einem ebenfalls schnellen Schiff gefolgt sein. Anders war seine Anwesenheit nicht zu erklären.

Das Pferdegesicht verschwand aus Thorags Blickfeld, als Foedus seinen Braunen um eine verwitterte Buche lenkte. Ein Prätorianer nach dem anderen galoppierte unter Thorag entlang, jeder mit einem Ersatztier. Schon glaubte er seinen Plan gelungen, da riß der vorletzte Reiter, ein grobknochiger Römer mit einem großen Feuermal auf dem bloßen rechten Unterarm, seinen Grauen zurück. Sein nachfolgender Kamerad, der eher von hagerer Gestalt war, hielt sein Tier ebenfalls an und fragte den anderen nach dem Grund für sein Tun.

»Sieh doch, Albanus, hier am Boden!« antwortete der Grobknochige und deutete mit ausgestrecktem Zeigefinger nach unten. »Der Baum über uns hat zahlreiche Blätter verloren.«

»Na und?« fragte der Hagere begriffsstutzig.

Thorag jedoch, der das Römische ebenso gut beherrschte wie seine Muttersprache, verstand. Schlagartig wurde ihm der Fehler in seiner Rechnung klar, als er das vom nahenden Winter rotgelb gefärbte Eichenlaub erblickte. Der Baum hatte es verloren, als der Cherusker an den Ast sprang und sich hinaufhangelte. Er wußte, daß er nicht um einen Kampf herumkam. Während sein Blick sich auf den beiden Römern festbrannte, schlug sein Herz schneller, und er spannte sämtliche Muskeln an.

»Nur hier liegt so viel Laub«, sagte der grobknochige Prätorianer. »Viel mehr als hinter uns – und auch mehr als vor uns!«

Jetzt begriff auch der Hagere, und zugleich legten beide Römer die Köpfe in den Nacken. Mit leisem Klirren schlugen die Nackenschirme der bronzenen Helme gegen die Kettenpanzer.

Thorag wußte, daß er ihren sorgsam suchenden Blicken nicht entgehen konnte. Also fixierte er den hageren Reiter, der direkt unter ihm verharrte, und sprang. Äste und Zweige rissen seine Haut auf, besonders im ungeschützten Gesicht. Das Rascheln und Knacken des Astwerks alarmierte die beiden Römer, doch sie reagierten zu spät. Bevor der Hagere den Speer, den er zusammen mit dem Schild in der linken Hand hielt, gegen Thorag richten konnte, hatte der Donarsohn ihn aus dem Sattel gerissen.

Die Welt drehte sich um Thorag: Bäume, die Leiber und Beine von Pferden, der bewölkte Himmel, der von zahlreichen Hufen aufgerissene Waldboden. Fest hielt er den Römer umklammert, der unter ihm auf den Boden prallte und dadurch Thorags Aufschlag milderte.

Das dumpfe Aufstöhnen des Prätorianers ging im schrillen Wiehern der Pferde unter. Aufgeschreckt tänzelten die Tiere, und ein Huftritt traf die linke Schulter des Donarsohnes. Dem stechenden Schmerz folgte ein taubes Gefühl, das Thorag mit aller Macht niederzuringen versuchte. Wenn er jetzt nicht Herr seiner Sinne und Kräfte blieb, würden alle Anstrengungen der letzten Wochen vergebens gewesen sein.

Der unter ihm liegende Römer, der beim Sturz Speer und Schild verloren hatte, griff an seine rechte Seite und wollte die Spatha aus der hölzernen, mit Leder und Bronze verkleideten Scheide ziehen. Kaum hatte er den Griff des Langschwerts umfaßt, traf ihn Thorags geballte Faust mitten ins Gesicht. Blut aus der zerschlagenen Römernase spritzte dem Cherusker entgegen. Abermals stöhnte der Prätorianer auf und versuchte in einer reflexartigen Schutzbewegung, das Gesicht zur Seite zu drehen. Das gab Thorag genügend Zeit, seinen Dolch zu ziehen und die Klinge oberhalb des Kettenpanzers in den Römerhals zu stoßen. Das Stöhnen seines Gegners versickerte in einem Gurgeln, und der Römer brachte einen noch heftigeren Blutschwall hervor, diesmal aus seinem krampfhaft zuckenden Mund. Es sah aus, als müßte er sich nach dem Genuß von zuviel rotem Wein erbrechen.

Thorag hatte schon viele Kämpfe ausgetragen und wußte, daß der Römer namens Albanus erledigt war. Nie wieder würde er seine Heimatstadt sehen, Alba Longa, wie sein Name vermuten ließ. Der Cherusker ließ von ihm ab und rollte über den Boden. Es war eine Vorsichtsmaßnahme, denn der andere Prätorianer würde kaum ruhig abwarten, bis der Donarsohn sich ihm zuwandte.

Als Thorag auf die Knie kam, erkannte er, daß er richtig gehandelt hatte. Der Grobknochige hatte sein Ersatzpferd losgelassen und ritt mit gefälltem Speer auf den Cherusker zu. Thorags Ausweichbewegung verwirrte Reiter und Pferd. Als der Prätorianer seinen Grauen zurückriß, scheute das Tier leicht, und Huftritte trafen den sterbenden Kameraden des Römers.

Dessen Schild und Speer lagen nur eine Armlänge von Thorag entfernt. Er schnappte sich den Speer und rammte das mit einer Eisenspitze versehene hintere Ende des hölzernen Schaftes in den Boden, um die schräg aufgerichtete Klinge dem herantrabenden Römer entgegenzuhalten. Die Speere der römischen Reiterei verfügten über eine zweite Eisenspitze am hinteren Ende, damit die Soldaten ihre Waffen auch dann weiterbenutzen konnten, wenn die eigentliche Klinge im Gefecht abgebrochen war.

Als der Römer Thorags Abwehrmaßnahme bemerkte, riß er den Grauen abermals zurück. Zu spät, die Eisenklinge des von Thorag festgehaltenen Speers bohrte sich in den Hals des Pferdes. Als das erschrocken wiehernde Tier den Kopf herumwarf, vergrößerte es die Wunde noch. Das Roß war so unruhig, daß dem Reiter kein Stoß gegen Thorag gelingen wollte.

Der Cherusker sprang zu dem Prätorianer und rammte seinen Dolch in dessen linken Oberschenkel, der von keinem Panzer geschützt und nur von einer knielangen Hose bedeckt wurde. Das Eisen fraß sich mit Leichtigkeit durch den grobwollenen Stoff und drang tief ins Fleisch des Römers. Der hatte trotz des Schmerzes sein Schwert gezogen und schlug mit solcher Wucht zu, daß der Hieb Thorags Schädel gespalten hätte, wäre der Donarsohn nicht schon nach unten weggetaucht. Dabei umklammerte er das verletzte Bein des Prätorianers und riß ihn aus dem Sattel. Der Römer überschlug sich und verlor seinen Helm.

Während der unablässig wiehernde Graue, der sich endlich von dem Speer befreit hatte, von Schmerz und Panik getrieben davongaloppierte, warf Thorag sich auf den Prätorianer. Beide Männer waren hochgewachsen, breitschultrig und verfügten über immense Kraft. Eine kleine Ewigkeit lang rollten sie über den aufgewühlten, blutgetränkten Boden, ohne daß einer die Oberhand gewann. Der Römer umklammerte den Griff seiner Spatha und der Germane den Dolch mit der blutigen Klinge, doch keiner schaffte es, seine Waffe zum entscheidenden Stoß zu führen.

Thorag hatte es eilig, den Kampf zu beenden. Es konnte nicht mehr allzulange dauern, bis die zurückgefallene Hauptmasse der römischen Reiterei den Ort erreichte, und dann wäre es um den Cherusker geschehen. Doch es sah so aus, als würde der grobknochige Römer den Kampf gewinnen. Bei dem Versuch, einem Schwerthieb zu entgehen, stieß Thorag mit dem Kopf heftig gegen eine aus dem Boden ragende Baumwurzel, und für kurze Zeit war nichts als Schwärze um ihn herum. Das nutzte der Römer, sich auf die Knie zu erheben und das nun beidhändig geführte Schwert zum entscheidenden Schlag hochzureißen. Als Thorag wieder klar sah, wußte er, daß es zu spät zum Ausweichen war. Deshalb beugte er sich vor und rammte den ohnehin schmerzenden Schädel gegen die gepanzerte Brust des Feindes.

Der stieß mit einem lauten Rasseln die Luft aus und geriet ins Taumeln, was den Schwerthieb fehlgehen ließ, allerdings nur knapp. Deutlich spürte Thorag den Luftzug, als die Klinge dicht neben ihm ins Erdreich glitt.

Mit dem linken Arm umklammerte der Donarsohn den Nacken des Römers und zog den Mann zu sich heran. Thorags Rechte führte den Dolch zum Stoß – und endlich traf er. Zwei-, dreimal rammte er die Klinge in den Hals des Gegners, bis dessen Muskeln erschlafften und sein schwerer Leib neben dem Cherusker zu Boden glitt.

Der Römer keuchte schnell und kurzatmig. Sein Körper krümmte sich in krampfartigen Zuckungen und ähnelte einer verletzten Riesenschlange, die vergeblich versuchte, ihren Leib über den Boden zu schieben. Von einem Augenblick auf den nächsten streckte der Mann alle Viere von sich und lag reglos da, tot.

Trotz der gebotenen Eile benötigte Thorag einen Augenblick des Verschnaufens. Sein Atem ging so schnell, als wollte er sich selbst überholen, und in den Ohren hämmerte sein pochendes Blut. Mehrmals wischte er mit der Hand über sein von Schweiß, Blut und Schmutz verklebtes Gesicht. Der bittere Geschmack von Blut und Tod war in seinem Mund, schien ihn ganz und gar auszufüllen. Taumelnd kam er auf die Beine und mußte daran denken, wie knapp er den Armen der Totenjungfrauen entgangen war. Er legte den Kopf in den Nacken und dankte seinem Ahnherrn Donar, daß er dem Cherusker Mut und Stärke verliehen hatte. Dabei drückte er eine Hand gegen die Eiche, in der er sich zuvor versteckt hatte. Sie war Donars heiliger Baum, und es mochte kein Zufall sein, daß sie ihre hölzernen Arme hilfreich über den Waldpfad gestreckt hatte.

Thorag schüttelte sich, um die bleierne Schwere loszuwerden, die ihn verführen wollte, sich auf dem weichen Waldboden niederzulassen und von den Anstrengungen der letzten Tage auszuruhen. Er ging zu den Pferden und wählte einen großen Fuchs aus, den der hagere Römer als Ersatzpferd mit sich geführt hatte. Mit zwei erbeuteten Waffen ausgerüstet, Spatha und Speer, stieg er auf den Fuchs und ritt den Pfad in nördlicher Richtung entlang. Zurückzureiten, wäre zu gefährlich gewesen, denn gewiß wäre er rasch vierzig bis fünfzig Prätorianern begegnet. Vor ihm befand sich zwar Foedus mit sechs weiteren Männern, doch Thorag hoffte, bald auf eine Abzweigung zu stoßen, die es ihm erlaubte, den Trupp des verhaßten Präfekten zu umgehen.

Bald erkannte er, daß es verhängnisvoll war, allein auf Hoffnung zu bauen. Foedus und seine Leute kamen ihm entgegen, ehe er damit rechnete. Sie führten seinen Falben mit sich, mußten das Tier gefunden und Thorags Spiel durchschaut haben. Als sie jetzt den Cherusker im langsamen Trab auf sich zukommen sahen, hielten sie verblüfft ihre Pferde an.

Umzukehren hielt Thorag für aussichtslos. Unweigerlich würde er auf das Gros der Prätorianer stoßen und in einen Kampf zwischen zwei Fronten geraten. Wenn es noch eine Aussicht auf ein Entkommen gab, mußte er sofort handeln. Er schlug dem Fuchs die Hacken in die Flanken und spornte ihn zum Galopp an, was Foedus und seine Männer noch mehr verblüffte. Daß ein einzelner Mann sieben Gegner zugleich angriff, hatten sie nicht erwartet. Und auf eben dieser Überraschung fußte Thorags Plan.

Der vorderste Römer hatte den Schild noch nicht ganz zur Abwehr erhoben, als der Cherusker auf ihn prallte und den Speer gegen die Römerbrust stieß. Die Speerspitze brach ab, durchdrang aber das Kettengeflecht des Brustpanzers. Der Stoß warf den Prätorianer vom Pferd.

Der Donarsohn trieb den Fuchs mitten in den römischen Pulk und schnellte aus dem Sattel, als er dicht bei Foedus war. Er umklammerte den Präfekten, und beide fielen zu Boden. Der mit einem roten Federbusch besetzte Helm rutschte seitlich vom Kopf des Römers. Aus Angst, ihren Anführer zu verletzen, trieben die Prätorianer ihre Pferde ein Stück zurück. Zeit genug für Thorag, sich zu erheben, die Spatha aus der Scheide zu ziehen und die Spitze an den Hals des noch am Boden liegenden Feindes zu drücken.

»Bleib liegen, Foedus!« befahl der Cherusker in der Sprache der Römer. »Sag deinen Männern, sie sollen bleiben, wo sie sind! Nur ein Verstoß gegen meine Anweisungen, und du bist so tot wie die Legionen des Varus!«

Foedus verstand die Anspielung. Er selbst hatte einmal unter dem Kommando von Quintilius Varus gestanden, und die meisten von Varus' Soldaten hatten ihr Leben im Teutoburger Wald gelassen, wie auch der Feldherr selbst. Die Niederlage war so umfassend, der Schock für den damals in Rom regierenden Kaiser Augustus so groß gewesen, daß die drei vernichteten Legionen nicht wieder aufgestellt wurden.

Doch obwohl Foedus mehr ein Mitläufer war denn ein Mann mit Wagemut, deutete er ein Kopfschütteln an. Offenbar glaubte er sich trotz seiner prekären Lage inmitten seiner Soldaten sicher. In seinen sonst so trüben Augen blitzte Widerstandsgeist auf, und obgleich er das Zittern seiner Stimme nicht ganz unterdrücken konnte, bemühte er sich bei seiner Antwort um Schärfe: »Gib auf, Cherusker! Du mühst dich vergeblich. Bald werden meine restlichen Reiter hier sein.«

»Und was dann? Hat Sejanus meinen Tod befohlen? Sollst du mich in Ketten zurück nach Ravenna bringen oder nach Rom? Wartet gar eine Prise Gift auf mich, so wie auf Arminius?«

Bei der letzten Bemerkung verdunkelte sich Foedus' Gesicht, woraus Thorag schloß, daß tatsächlich ein Giftmord am Herzog der Cherusker geplant war. Und das bestärkte ihn in dem Entschluß, sich abzusetzen, bevor die übrigen Römer hier eintrafen.

»Sag deinen Männern, sie sollen von ihren Pferden steigen und ohne ihre Tiere an uns vorbeigehen, mit erhobenen Händen und ganz langsam!«

»Nein!« preßte Foedus mit bebenden Lippen hervor.

Thorag erinnerte sich an den Haß, mit dem der Präfekt ihm von Anfang an begegnet war. Einst in dem Lager am Rhein war es Foedus' größter Triumph gewesen, als Thorag seines Kommandos enthoben und an seiner Stelle der Römer zum Lagerpräfekten ernannt wurde. Und mit Wonne hatte Foedus beim anschließenden Prozeß vor Varus gegen den Cherusker ausgesagt. In der Schlacht an den Langen Brücken hatte

Foedus zugelassen, daß Thorags Sohn Ragnar in die Hände des Eberfürsten Gerolf fiel, wie der Donarfürst von Auja erfahren hatte. In Ravenna schließlich hatte Foedus mit glühenden Augen dabeigestanden, als Sejanus den Cherusker auf überaus schmerzhafte, entwürdigende Weise folterte. Bei dem Gedanken daran spürte Thorag noch jetzt das quälende Brennen im Unterleib. Bevor er damals das Bewußtsein verlor, hatte er noch Foedus' Stimme gehört, die Sejanus vorschlug, den Cherusker zu töten.

Mit einer schnellen Bewegung führte Thorag die zweischneidige Klinge der Spatha dicht am Kopf des Römers entlang. Unwillkürlich zuckte Foedus zurück. Als der Stahl sich nicht in seinen Schädel bohrte, wollte er schon erleichtert aufatmen. Da erst spürte er den Schmerz, und eine Hand fuhr zur rechten Seite seines Kopfes. Als Foedus die Hand zurückzog, war sie über und über mit Blut bedeckt. Jetzt sah er das blutrote Stück Fleisch, das neben ihm im Dreck lag wie die Belohnung, die man einem erfolgreichen Spürhund zugeworfen hatte.

»Mein Ohr!« stieß er entsetzt hervor und starrte Thorag aus weit aufgerissenen Augen an. »Was hast du getan?«

»Dasselbe, was ich auch mit deinem anderen Ohr tun werde, wenn du nicht augenblicklich gehorchst. Also?«

Foedus schaute ihn an, als könnte er das alles nicht glauben. Dann krächzte er mit brüchiger Stimme: »Steigt ab, Soldaten! Hebt die Hände und geht hinter uns! Los, schnell!«

Mißmutig befolgten die Prätorianer den Befehl. Feindselig ruhten ihre Blicke auf Thorag. Sie schienen nur auf eine Gelegenheit zu warten, über den Cherusker herzufallen. Der Donarsohn war fest entschlossen, ihnen diese Chance nicht zu geben.

»Steh langsam auf, Foedus, und geh mit mir zu den Pferden!« verlangte er.

Die Schwertklinge schwebte in der Nähe von Foedus'

Haupt, während der Präfekt dem Befehl nachkam und dabei seine rechte Hand auf die blutende Wunde preßte. Mit einer schnellen Bewegung schwang Thorag sich auf den Rücken eines Rappen und gebot Foedus, vor ihm aufzusteigen. Der schwarze Hengst war eines der von den Römern mitgeführten Ersatzpferde und deshalb wohl ausgeruht genug, auch zwei Reiter im schnellen Galopp zu tragen. Der Cherusker trieb die übrigen Tiere vor sich her, als er den Rappen nach Norden lenkte. Hinter sich hörte er die lauten Flüche der Prätorianer.

Eine ganze Weile galoppierten sie schweigend durch den Wald, während ein reiterloses Pferd nach dem anderen zwischen den Bäumen verschwand. Irgendwann ertönte hinter ihnen Hufschlag. Die zurückgefallenen Prätorianer mußten ihre von Thorag überrumpelten Kameraden erreicht und von diesen erfahren haben, was sich ereignet hatte. Jetzt holten sie das letzte aus ihren Tieren heraus, um ihrem Anführer beizustehen. Zwar war Thorags Rappe halbwegs ausgeruht, aber das Gewicht zweier Männer ließ ihn langsamer vorankommen als die Pferde der Verfolger.

Foedus wandte den Kopf und durchbohrte Thorag mit einem stechenden Blick. Die Wunde an der rechten Kopfseite blutete weiterhin stark, und das rote Gesicht verlieh dem Römer das Aussehen eines wilden Feuerriesen, der dem Reich des Urfeuers entstiegen war.

»Jetzt wirst du büßen, Barbar, für alles!«

Thorag hätte ihn leicht töten können, hätte jedoch keine Freude dabei empfunden. Es wäre so gewesen, als würde man einen winselnden Hund abschlachten. Er versetzte Foedus mit dem Schwertknauf einen Schlag ins Genick und warf ihn vom Pferd. Ein ersticktes Stöhnen, ein dumpfer Aufschlag, und der Präfekt blieb hinter dem Cherusker zurück. Vielleicht würde es die Prätorianer ein wenig aufhalten, wenn sie auf ihn stießen.

Der Donarsohn steckte das Schwert in die Scheide, beugte

sich tief über den Hals des Rappen und rief ihm alle anfeuernden Befehle zu, die ihm in römischer Sprache einfielen, und das waren eine Menge. Als römischer Offizier hatte er reichlich Erfahrung gesammelt, römische Reiter und ihre Pferde zu Höchstleistungen anzuspornen.

Der Hengst streckte sich und schien eher durch den Wald zu fliegen als zu laufen. Die Geschwindigkeit, die er vorlegte, war im wahrsten Sinne des Wortes halsbrecherisch, bot der unebene Waldboden doch vielerlei versteckte Fallen, die das Tier nur zu leicht ins Straucheln bringen konnten. Aber das Risiko mußte Thorag eingehen, wollte er den Häschern entkommen.

Er vermochte nicht zu sagen, wie nahe sie ihm waren. Der Waldpfad war hier so verschlungen, daß ein Blick über die Schulter nicht viel Aufklärung brachte. Allzu groß konnte der Abstand nicht sein. Hin und wieder glaubte Thorag, den Hufschlag fremder Pferde zu hören, das Knacken von zerbrochenen Zweigen und das Klirren von Metall.

Und dann, plötzlich, flog er durch die Luft. Hinter einer scharfen Biegung endete plötzlich der Wald – und mit ihm der Boden unter den Hufen des Rappen. So abrupt, daß Pferd und Reiter nicht mehr rechtzeitig halten konnten. Und wieder drehte sich die Welt um Thorag. Himmel und Wald, steile Felswände und tief unten die brodelnde Gischt eines schmalen, schnell fließenden Flusses.

Er flog aus dem Sattel und sah unter sich den Rappen gegen einen Felsvorsprung schlagen, so heftig, daß der Hengst sich das Genick gebrochen haben mußte. Man mußte schon Flügel haben wie Wodans Raben, um in dieser Lage dem lebensgefährlichen Zusammenprall mit einer der zahlreichen scharfen Felskanten zu entgehen. Dann stieß der Donarsohn auch schon gegen einen mächtigen Steinblock. Ihm war, als würde sein Leib auseinandergerissen und eine Axt seinen Schädel spalten.

Er dachte an Auja, wollte ihr schönes Gesicht für immer in seiner Erinnerung festhalten. Doch ein feuriger Blitzstrahl löschte jede Erinnerung aus, und dem Blitz folgte die tiefe, unendliche Schwärze des Nichts.

Kapitel 3

Die Botschaft des Skorpions

DER TAG VERSPRACH angenehmer zu werden als die traumgeplagte Nacht. Die hellen Sonnenstrahlen, die durch die großen Fenster fielen, nachdem Agrippina die Vorhänge zur Seite gezogen hatte, erhielten durch die Scheiben aus sidonischem Glas eine goldene Färbung. Ihm war, als lächelten die Götter ihm zu. Seine Frau lag neben ihm im Bett. Sie hatte ihn gestreichelt und getröstet, bis er sanft eingeschlafen war. Dieser zweite Schlaf in den frühen Morgenstunden war tief und fest gewesen, hatte ihn nicht mit Träumen gequält.

Mit tiefen Atemzügen genoß er den Lavendelduft, den er so an Agrippina mochte. Irgendwann mußte auch sie eingeschlafen sein. Jetzt lag sie auf der Seite, halb auf ihm, und hatte den Kopf auf seine rechte Schulter gebettet. Sanft strich seine linke Hand über ihre braunen Locken. Die Ängste der Nacht fielen von ihm ab. Agrippinas Nähe, ihre Wärme und ihr Duft vermittelten ihm das Gefühl, ein Kind des Glücks zu sein, ein Liebling der Götter.

Was, bei Jupiter Lucetius, dem Gott des Himmelslichts, war so schlecht daran, Generalstatthalter der östlichen Provinzen zu sein? Bis weit hinunter nach Ägypten reichte seine Macht, und er hatte es erst vor kurzem genossen, das Land der Cleopatra auf einer ausgedehnten Reise zu besuchen. Immerhin war er der Enkel des Marcus Antionius, des letzten Geliebten und Kampfgefährten der in Rom teils verehrten, teils verhaßten, jedoch überall bekannten Königin der Königinnen. Mehr noch, er war Germanicus, der Sieger über die Germanen!

Nun, er hatte die Macht des Arminius nicht gebrochen, doch in mehreren Schlachten hatte er die aufständischen Stämme in arge Bedrängnis gebracht. War das Leben hier im sonnenüberfluteten Syrien nicht weitaus angenehmer als in den unwirtlichen Wäldern Germaniens? Dort gab es unbekannte Bestien, mordlüsterne Barbaren, Kälte, Sturm und Regen. Hier aber konnte er sich in Ruhe mit den Zeugnissen der hellenistischen und ägyptischen Kultur auseinandersetzen, konnte an seinen wissenschaftlichen Studien und seinen Komödien arbeiten, konnte die edlen Weine aus Gaza, Byblus und Tyrus genießen – und die Liebe seiner Frau.

Er schloß die Augen, vergrub sein Gesicht in ihrem Haar und berauschte sich noch stärker an ihrem Duft. Ein Meer aus blauen Lavendelblüten umfing ihn, und sanfte Wellen trugen ihn weit fort von allen Sorgen. Warum danach streben, mehr zu sein als der Adoptivsohn des Kaisers, der Thronfolger? Tiberius war kein Jüngling mehr, hatte die Sechzig schon überschritten. War es nicht am klügsten, das schöne Leben hier im Palast von Antiochia zu genießen und in Ruhe abzuwarten, bis der Thron in Rom frei wurde? Leben und lieben, das sollte er tun, solange er noch in der Blüte seiner Jahre stand und über alle Kräfte eines gesunden Mannes verfügte.

Agrippinas weicher Leib erregte ihn, und er spürte, wie der Stoff seiner Tunika im Bereich der Lenden eng wurde. Für viele Römer war die Ehe nur eine Formsache, eine Angelegenheit der Standes- und Familientradition. Allenfalls zeugten Mann und Weib ein paar gemeinsame Kinder, doch Liebe empfanden sie selten füreinander. Bei ihm und Agrippina war es stets anders gewesen, und das machte ihn sehr glücklich. Er brauchte sich keine Sklavin ins Bett zu holen. Ganz dicht bei ihm lag die beste, leidenschaftlichste, geschickteste Geliebte der Welt.

Auch Agrippina trug als Nachtgewand nur eine kurze, ungegürtete Tunika. Mehr brauchte es nicht in den warmen syrischen Nächten. Seine Hand fuhr zwischen ihre warmen Schenkel und schob das dünne Leinen hoch, bis er ungehinderten Zugang zu Agrippinas Scham hatte. Dort verweilte er mit kreisenden, streichelnden Bewegungen, die anfangs sanft waren, dann immer energischer, fordernder wurden.

Er öffnete die Augen und beobachtete seine Frau, wartete auf ihre Reaktion. Noch mehr schlafend als wach, öffnete sie leicht die Lippen und stieß leise Geräusche aus, als hätte sie gerade einen sehr angenehmen Traum. Als seine Finger in ihre feuchte Grotte eindrangen, wurde ihr Seufzen und Stöhnen lauter, und irgendwann schlug sie die Augen auf. Für einen Moment wirkte sie erschrocken, dann aber erfaßte sie die Situation und lächelte Germanicus an.

Mit dem behaglichen Schnurren einer zufriedenen Katze schloß sie die Augen wieder, schmiegte sich noch enger an ihren Mann und ließ ihn gewähren. Je tiefer seine Finger eindrangen, desto schneller ging ihr Atem, und in demselben Rhythmus erbebte ihr Leib. Schließlich riß sie die Augen weit auf, und ihre Glieder versteiften sich. Sie stieß einen schrillen Schrei aus. Wie eine Ertrinkende klammerte sie sich an ihn, bis sie zurücksackte und keuchend auf die flaumgefüllte Matratze fiel. Da erst zog Germanicus seine Finger zurück.

»Danke«, hauchte sie, als ihr Atem sich beruhigt hatte. Ihre Hand streichelte seine Wange. »Wie kann ich mich für die Wohltat erkenntlich zeigen?«

Er lächelte sie spitzbübisch an. »Hat nicht schon Cicero davon gesprochen, daß Gleiches mit Gleichem zu vergelten sei?«

Auch Agrippina lächelte. »Ich glaube, er nannte es zurückzahlen, was man schuldet.«

Germanicus küßte ihre Augen und flüsterte ihr ins Ohr:

»Du siehst dich einem sehr ungeduldigen Gläubiger gegenüber.«

»Ich bin stets bemüht, meine Gläubiger gänzlich zu befriedigen«, gurrte Agrippina und griff mit der rechten Hand unter seine Tunika. »Ich sollte mich beeilen. Du scheinst vor Ungeduld fast zu platzen.«

»Du bist ebenso klug wie schön«, sagte er und stieß seine Zunge tief in ihre Ohrmuschel.

Ihre Hand glitt an seinem steifen Priapus auf und ab. Ihre Geschwindigkeit und seine Erregung steigerten sich im selben Maß. Zuweilen hielt Agrippina inne und betrachtete ihn, wie ein Kind das Tier anschaute, mit dem es spielte. Als sie ihre Hand plötzlich zurückzog, stieß sein Becken weiterhin in heftigen Stößen vor.

»Du scheinst mich gar nicht zu brauchen«, sagte sie mit gespielter Verwunderung.

»Doch!« keuchte er. »Ich brauche dich mehr als alles andere, Agrippina, bitte!«

»Wer so lieb bittet, wird erhört.«

Sie umfaßte sein Glied fest mit beiden Händen, ohne es noch weiter zu reizen. Die Berührung genügte, um ihn zum Erguß zu bringen. Als sie die Hände unter seiner Tunika hervorzog, waren sie über und über mit dem klebrigen Beweis seiner Lust bedeckt.

Sie wischte die Hände an der Bettdecke ab und sagte: »Ich halte das Festessen heute für keine gute Idee.«

Germanicus zuckte innerlich zusammen. Obwohl sie seit vierzehn Jahren verheiratet waren, hatte er sich nie an die abrupte Art gewöhnt, mit der Agrippina von Persönlichem zu Geschäftlichem überging. Oder sollte er besser sagen, wie sie Intimes mit Geschäftlichem zu verbinden verstand? Plötzlich fühlte er sich ausgenutzt, hielt Agrippinas Leidenschaft nur für vorgetäuscht, für die letzte Waffe gegen ihn. Schon seit Tagen redete sie auf ihn ein, das große Fest abzusagen.

»Calpurnius Piso ist nicht dein Freund, sondern einer deiner größten Feinde«, fuhr sie fort. »Er widersetzt sich deinen Befehlen, verzögert sie, führt sie nicht aus, handelt ihnen gar zuwider. Und bei jeder Gelegenheit schwärzt er dich bei Tiberius an. Auch daß der Princeps dich wegen deiner Ägyptenreise getadelt hat, geht auf Pisos Rechnung.«

»Nicht nur«, knurrte Germanicus und machte aus seinem Mißmut über Agrippinas Vorstoß keinen Hehl. »Ich habe dem Verbot zuwidergehandelt. Schon dein Großvater Augustus hat bestimmt, daß kein Angehöriger des Senatoren- und des höheren Ritterstandes das Land am Nil ohne Erlaubnis des Princeps besuchen darf. Zu stark wirkt das Andenken meines Großvaters nach. Marcus Antonius hat gezeigt, daß man von Ägypten aus der Herrschaft Roms mit großer Aussicht auf Erfolg zu trotzen vermag.«

»Warum bist du dann an den Nil gereist?«

»Genügt es nicht zur Antwort, daß ich der Enkel des Antonius bin?«

»Und weshalb hast du Tiberius nicht um Erlaubnis gefragt?«

Er grinste schief. »Ich fürchte, er hätte sie mir verweigert.«

Sie schlug mit der rechten Faust aufs Kissen. »Da siehst du es, Tiberius mißtraut dir! Er nennt dich seinen Sohn und Thronfolger, und doch verwehrt er dir die Reise zum Nil. Er ernennt dich zum Generalstatthalter des Ostens, setzt dir als Aufpasser aber diesen Piso vor die Nase, der uns behindert und verunglimpft, wo er nur kann. Du hattest schon so viel Ärger mit ihm, und doch richtest du anläßlich seiner Rückkehr nach Antiochia ein Fest zu seinen Ehren aus?«

»Wenn du deine Feinde besiegen willst, mußt du sie kennen. Und wer weiß, vielleicht schafft ein persönliches Gespräch so manches Vorurteil aus dem Weg. Ich muß es versuchen. Nur so kann ich den Osten auf Dauer in Ruhe regieren.«

»Den Osten regieren?« wiederholte sie mißtrauisch. »Das klingt, als hättest du dich mit allem abgefunden.«

Wütend über ihre Sticheleien, rollte er sich aus dem Bett und zupfte den Saum seiner Tunika nach unten. »Ich lasse mich nicht aufhetzen, weder von Piso noch von dir, Agrippina! Würde Tiberius mir so sehr mißtrauen, wie du meinst, hätte er mich nicht zum Herrn über so viele Provinzen bestimmt.«

»Was ist das für ein Herr, der seine Länder nicht besuchen darf? Ein Sklave hat größere Freiheiten als du!«

Er beugte sich über das Bett und ohrfeigte Agrippina. Sie zuckte zusammen und starrte ihn zornig an. So etwas hatte er noch nie getan.

Scham mischte sich in seine Wut. Was war es für ein Mann, der sich seiner Frau gegenüber nur mit Handgreiflichkeiten durchsetzen konnte! Er mochte Agrippina nicht in die Augen schauen und fand keine Worte der Entschuldigung. Andererseits – trug sie, die ihn gereizt hatte, nicht mehr Schuld an seinem Verhalten als er selbst? Er ging zum Fenster und schaute hinaus auf die längst zum Leben erwachte Hauptstadt seines Reiches.

Der Palast des Generalstatthalters lag auf einem Hügel in Daphne, der Vorstadt, die man auch den Lustgarten Antiochias nannte und die so berühmt war, daß man von der Hauptstadt Syriens oft als ›Antiochia bei Daphne‹ sprach. Nicht zufällig trug die Vorstadt den Namen der Nymphe, die ihr Vater in einen Lorbeerbaum verwandelt hatte. Lorbeer und Zypressen prägten Daphnes grünes Bild. Zwischen den Gewächsen sprudelten etliche Brunnen, plätscherten kleine Bäche, erhoben sich prachtvolle Statuen und Tempel. Der größte und glänzendste war dem Gott Apollon geweiht. Bei seinem Anblick schluckte Germanicus schwer. Nur zu genau erinnerte er sich an seinen Besuch in Klaros und an den Orakelspruch. *Rot fließt über dem Graben des Adlers Lebenssaft.*

All sein frischer Mut, den er beim Erwachen gespürt hatte, versank in der Erinnerung an das Orakel und an seinen bösen Traum. Der Tag, der so wichtig für ihn war, hatte schlecht begonnen.

Für Munatia Plancina begann dieser wichtige Tag mit einem überraschenden Besuch. Sie hatte länger als üblich geschlafen, um für das große Festessen ausgeruht zu sein. Und länger als sonst saß sie geduldig auf dem gepolsterten Hocker vor dem in Silber eingefaßten Glasspiegel in ihrem Cubiculum, während ihre Dienerinnen sie herrichteten.

Die griechische Sklavin Aglaia kniete neben ihr und flocht kunstvoll Plancinas Haar, während die Syrerin Ophelia mit einer Paste aus Kreidepulver und Honig Stirn und Hals ihrer Herrin weißte. Anschließend griff Ophelia zu dem Silbertopf, der ein Gemisch aus Asche und Antimonpuder enthielt, um Plancinas Augenpartien und Wimpern zu schwärzen. Hin und wieder bediente auch Aglaia sich des Silbertopfes, wenn sie graue Haare auf dem Haupt der Matrone entdeckte. Früher hatte die Griechin jedes graue Haar herausgezupft, doch inzwischen trat die schäbige Farbe des Alters zu häufig auf. Ophelia wandte sich der Bronzeschale mit dem Fucus zu und strich eine dicke Schicht der roten Salbe über Plancinas Wangen. Die Syrerin mußte dies mehrere Male wiederholen, bis zumindest die meisten Falten verdeckt waren. Einige hatten sich zu tief eingegraben, um mit dem Fucus über sie hinwegzutäuschen. Manche Gräben waren einfach zu tief, um sie zu überspringen. Äußerlich ruhig, fragte sich Plancina in Gedanken, wo ihre Jugend und ihre Schönheit geblieben waren.

Die Tür des Cubiculums wurde aufgestoßen, und die Sklavin Briga trat ein. »Besuch für dich, Herrin«, meldete die hellhaarige Gallierin mit ihrem schweren Akzent.

»Besuch zu dieser Stunde?« Verwundert wandte Plancina ihr Haupt der Gallierin zu, wobei ihre Haare Aglaias Händen entglitten; ein fast fertig geflochtener Strang löste sich in einzelne Strähnen auf. »Wer ist es?«

»Er wollte seinen Namen nicht nennen, Herrin. Aber er sagte, es sei eilig, sehr eilig.«

»Er?«

»Ein junger Mann, Herrin. Sieht aus wie ein Soldat, obgleich er keine Rüstung und keine Waffen trägt.«

»So unwillkommen die Störung ist, zumindest klingt der Störenfried interessant«, murmelte Plancina, mehr zu sich selbst. Lauter sagte sie: »Führe ihn in den Sonnenraum, Briga, und setz ihm eine Stärkung vor. Ich werde ihn gleich empfangen. Ach, und paß auf, daß niemand euch sieht!« An Aglaia gewandt, sagte sie im Befehlston: »Beeil dich, ungeschicktes Ding! Soll ich den Gast mit halbwirrem Haar begrüßen?«

Der Sonnenraum verdankte seinen Namen dem Mosaik, das eine Wand zur Gänze bedeckte. Es zeigte einen Sonnenaufgang über einem mit Zypressen und Palmen bewachsenen Küstenstrich. Mitten im Raum stand ein großer, sehniger Mann, ohne sich um den Wein, die Früchte, den Käse und die Pasteten zu kümmern, die Briga ihm aufgetischt hatte. Er hatte sich nicht einmal auf einer der drei Liegen niedergelassen, die den niedrigen Tisch umstanden. Obwohl er Tunika und Überwurf eines Zivilisten trug, gab Plancina der Gallierin Recht, sobald sie den Raum betreten hatte. Die kräftige Gestalt des Mannes, seine gerade, ein wenig steife Haltung, sein kurzgeschorenes braunes Haar und die Narben auf seinem linken Unterarm, all das roch nach einem Soldaten wie ein Tempel des Apollo nach Weihrauch.

»Ich bin Munatia Plancina, die Herrin dieses Hauses. Meine Sklavin sagte mir, sie habe deinen Namen nicht verstanden.«

»Lies das, und du wirst feststellen, daß ich keinen Namen benötige!«

Zögernd nahm Plancina das dünne Papyrusröllchen aus der ausgestreckten Hand des Fremden und starrte auf das rote Siegel. Es zeigte einen Skorpion, das Wappentier der Prätorianer. Ein Schauer lief ihr über den Rücken, weil sie ahnte, ja wußte, wer der Absender des Schreibens war. Und ihr Besucher war mit Sicherheit ein Angehöriger der Prätorianergarde.

»Das soll ich dir überreichen, es wird dir von Nutzen sein«, sagte er und gab ihr eine handtellergroße Bronzedose. »Es wirkt auf der Stelle.«

Als Plancina das Döschen öffnete, sah sie ein graues Pulver darin.

»Lebewohl, meine Aufgabe ist erfüllt«, sagte ihr Besucher und wandte sich der Tür zu. »Du hast die Botschaft erhalten.«

»Eine Botschaft? Von wem?« fragte sie, obwohl sie keine Zweifel hegte. Doch alles ging so schnell, kam ihr so unwirklich vor.

»Die Botschaft des Skorpions.« Mit diesen Worten ging der Fremde hinaus und zog die Tür hinter sich zu.

Nach kurzem Zaudern brach Plancina den wächsernen Skorpion entzwei und entrollte den Papyrus. Die mit schwarzer Tinte geschriebene Nachricht, mit keinem Absender und keiner Unterschrift versehen, war sehr knapp gehalten: *In deinen Händen ist die Botschaft, der Tag des Handelns ist gekommen. Der falsche Sieger geht zu seinen Ahnen.*

Kurz darauf lief Plancina, in den grobwollenen Umhang einer einfachen Frau gehüllt, über die Orontesinsel. Sie hatte den Umhang tief über Kopf und Gesicht gezogen, um nicht erkannt zu werden. Man hätte sich sehr gewundert, weshalb die angesehene Römerin die Kleidung einer Sklavin, allenfalls die einer Freigelassenen trug. Doch das Viertel, dem Plancina zustrebte, nachdem sie die mit prächtigen Palastbauten geschmückte Insel mitten im Fluß Orontes verlassen hatte, gehörte nicht den Reichen und Angesehenen. In der schmuckvollen Palla einer römischen Matrone wäre sie hier aufgefallen wie ein Wolf in der Schafherde. In den finsteren Ecken des Flußhafens lauerte allerlei lichtscheues Gesindel auf seine Opfer. Schnell war ein Dolch ins Herz gerammt oder eine Schlinge um den Hals gezogen.

Im Hafen von Antiochia herrschte reger Betrieb, obwohl der größte Teil der für diese Region bestimmten Waren am Seehafen im einige Meilen entfernten Seleucia umgeschlagen wurde: Wein aus Gaza und Byblus, Purpur aus Tyrus und Sarepta, Seide aus Berytus, Glas aus Sidon, Öle aus Apamea und Pelze aus Damascus. Doch Antiochia war eine große Stadt mit vielen tausend und abertausend Einwohnern – Verwaltungsbeamten und Soldaten, Händlern und Handwerkern, Artisten und Musikanten. Etliches an Fracht war nötig, um diese Menschenmenge zu versorgen, und wurde täglich mit Flußschiffen aus Seleucia herbeigeschafft. Andere Waren sollten den Orontes hinauf verschickt werden; sie wurden in den großen Lagerhäusern der Faktoreien zwischengelagert, die diesen Flußabschnitt säumten.

Die verkleidete Matrone kämpfte sich durch das Gewühl aus Hafenbeamten, Matrosen, Schauerleuten, Strichjungen und Dirnen und steuerte zielstrebig auf eine unscheinbare Kaschemme zu, die von zwei Lagerhäusern beinahe erdrückt wurde. Ein muskelbepackter Nubier, der seinen nackten Oberkörper mahnend zur Schau stellte, versperrte den Eingang. Plancina griff in den Geldbeutel, den sie versteckt unter ihrem Umhang trug, und erkaufte sein Beiseitetreten mit drei Assen.

Im Inneren des Hauses wurde deutlich, weshalb es von dem dunkelhäutigen Sklaven bewacht wurde. Die mosaikverzierten Wände und die kunstvoll geschnitzten Tische und Liegen waren nicht für einfache Matrosen und Schauerleute gedacht. Hier kehrten die Schiffsführer ein, die Beamten und die höheren Angestellten der Handelshäuser. Keine verdreckten und zerlumpten Dirnen, sondern wohlriechende Mädchen in schmucken Tuniken leisteten ihnen Gesellschaft.

An einem Tisch lag eine nicht mehr ganz junge, üppige Frau und scherzte lauthals mit zwei sonnengebräunten, wettergegerbten Seefahrern. Als sie Plancinas Wink bemerkte, bestellte sie den beiden einen Krug askalonischen Weins auf Rechnung des Hauses und trat auf die Besucherin zu. Plancina lüftete den Umhang so weit, daß der obere Teil ihres Gesichts zu erkennen war.

»Oh, du bist's, edle Herrin!« rief die Wirtin überrascht aus. »Was führt dich in mein Haus, ehrwürdige ...«

»Keine überflüssigen Freundlichkeiten und vor allen Dingen keine Namen!« zischte Plancina. »Wo können wir ungestört sprechen?«

Die Wirtin, die man Martina nannte, die Kriegerische, führte sie in ein Hinterzimmer, wo Plancina ihren Kopf gänzlich entblößte. Es war ein heißer Vormittag, und Schweiß ließ die von Ophelia sorgsam aufgetragene Schminke zerrinnen.

Martina hatte dieses Haus kurz nach der Hochzeit von ihrem unerwartet verstorbenen Mann geerbt und führte es mit großem Erfolg auf eigene Rechnung weiter. Plancina allerdings wußte, daß Martina den größten Teil ihres Einkommens mit einem anderen Geschäft verdiente. Deshalb bezweifelte die Römerin, daß Martinas Gemahl eines natürlichen Todes gestorben war.

Zum ersten Mal hatte Plancina Martinas besondere Dienste in Anspruch genommen, als Hilarius, dieser Schakal, sie bedrängte. Er war ein strammer Zenturio in den besten Mannesjahren gewesen, damals, vor zwei Jahren. Plancina, deren Eheleben schon seit einer Ewigkeit nur noch tagsüber stattfand, hatte seinen Schmeicheleien und seinem kaum verhohlenen Begehren nicht lange widerstanden. Gedanken darüber, weshalb er die alternde Matrone begehrte, machte sie sich kaum. Sie hatte schon von jüngeren Männern gehört, die in reife Frauen vernarrt waren. Wenn sein Verlangen nicht echt war, weshalb sollte er dann Briefe mit heißen Liebesbeteuerungen von ihr verlangen? Er wollte die Briefe immer dann lesen, erklärte er, wenn sein Dienst ihm ein Treffen mit ihr versagte.

Dann aber forderte er Schmuck und Geld und drohte, Plancinas Briefe öffentlich zu machen. Welch ein Skandal, in dessen Strudel sie ihren hochstehenden Gemahl unweigerlich mitgerissen hätte! Der war ein so ehrenhafter Mann, daß er sein Amt vermutlich freiwillig aufgegeben hätte. Also wandte Plancina sich an Martina, und das Pulver, das die Römerin für teures Geld erhielt, wirkte wie versprochen. Hilarius trank den vergifteten Wein und verreckte vor den Füßen der Frau, der er falsche Liebesschwüre gewidmet hatte. Plancina achtete nicht auf sein Flehen, sondern suchte sorgsam alle verräterischen Briefe zusammen, die sie ins Feuer warf. Dieses flackerte hoch auf, während das Leben des Zenturio erlosch.

»Ich benötige wieder einmal deine besonderen Fertigkeiten«, sagte Plancina, weil sie das Pulver, das der Kurier des Skorpions ihr übergeben hatte, nicht verwenden konnte. Ein Gift, das augenblicklich wirkte, würde die Tat als Mord enthüllen und vielleicht sogar die Mörderin verraten. Ihr Plan sah etwas anderes vor, etwas Besseres.

Die Augen der Wirtin leuchteten auf. »Soll es so sein wie damals?«

»Nicht ganz. Damals sollte es auf der Stelle wirken. Diesmal darf die Wirkung erst nach einigen Stunden einsetzen. Und es muß sich lange hinziehen, damit es wie eine Krankheit aussieht.«

»Das erfordert ein ganz besonderes Pulver, dessen Zutaten nur schwer zu erhalten sind.«

»Aber du hast es?«

Martina nickte.

»Nenne deinen Preis!« verlangte Plancina.

»Hundert Aurei.«

Das war eine stolze Summe, ein Betrag, für den man mehrere der besten Sklaven kaufen konnte. Aber Plancina war nicht arm, und sie war in Eile. Martina verkaufte ihre Dienste nicht an Bettler, und so zeigte sie sich nicht im mindesten überrascht, als die Römerin hundert Goldstücke vor ihr auftürmte. Für Plancina war es die Sache wert. Es war der Preis für die unumschränkte Macht über die östlichen Provinzen.

Begleitet von fröhlichem Flötenklang, durchwehten die erlesensten Gerüche des Orients den Palast des Generalstatthalters. Die Melodien wurden lauter und die verführerischen Düfte stärker, je näher man dem großen Festsaal kam. Vom Eingang des Saals aus bot sich den Neuankömmlingen ein prachtvoller Anblick, in dem sich das Auge verlieren wollte.

Am anderen Ende öffnete der Saal sich zu den weitläufigen Gartenanlagen, und es war nicht zu erkennen, wo das Gebäude endete und der Garten begann. Wasserfontänen sprudelten zwischen den Tischen und Liegen empor, Orangen- und Granatapfelbäume wuchsen mitten im Raum. Dort, wo irgendwo die nur zu erahnende Grenze zwischen Haus und Garten verlief, standen gerade gewachsene Palmen Spalier; ihr ausladendes Blattwerk schien miteinander und mit dem Dach verflochten. Kohlebecken, deren Glut hin und wieder von Sklaven geschürt und mit Kräutern bestreut wurde, sorgten für den kräftigen und angenehmen Duft. Die heitere Musik stammte von drei hübschen Mädchen, die sich äußerlich vollkommen glichen, auf einem Podest anmutige Tanzschritte ausführten und dabei mit ebensolcher Kunstfertigkeit die Tibia bliesen.

Munatia Plancina war beeindruckt, bemühte sich aber, kühl und gelassen zu erscheinen. Neid war ein starker Antrieb, um im Leben etwas zu erreichen, aber wer ihn offen zeigte, war leicht verwundbar. Nicht mehr lange würden Germanicus und sein gebärfreudiges Weib hier residieren. Die Botschaft des Skorpions war das Zeichen, daß bald Plancina und ihr Gatte in diesem Saal zum Gastmahl laden würden. Es lag jetzt an ihr, diese Aussicht in eine Tatsache zu verwandeln.

Der schwarzlockige Sklave, der sie hergeführt hatte, trat ein paar Schritte vor und rief Titel und Namen der neuen Gäste in den Saal. Weit über hundert Köpfe ruckten herum und blickten dem Ehepaar neugierig entgegen. Fast alle anderen Gäste waren schon eingetroffen; sie hatten sich beeilt, damit ihnen nichts entging – was sich weniger auf die Köstlichkeiten bezog, die Germanicus gewiß auftischen ließ, als auf das Verhältnis zwischen Gastgeber und Ehrengast. Daß die beiden sich mit tiefer Abneigung, ja beinahe feindselig gegenüberstanden, war kein Geheimnis. Dieser Abend versprach höchst interessant zu werden, ganz gleich, ob er mit einem Skandal oder einer großen Versöhnung endete.

Plancina reffte ihre purpurgesäumte Seidenstola und folgte an der Seite ihres Mannes dem schwarzlockigen Sklaven zu einer Liegegruppe, über der sich ein brokatbesetzter Baldachin spannte. Germanicus und Agrippina erhoben sich zur Begrüßung des Ehrengastes, und die übrigen, die am Tisch des Gastgebers lagen, taten es ihnen nach, darunter die angesehenen Legaten Sentius Saturninus und Vibius Marsus.

»Sei gegrüßt, edler Calpurnius«, sagte Germanicus und kam dem Ehrengast lächelnd entgegen, um ihn nach Patriziersitte zu umarmen und auf die Wange zu küssen. »Willkommen in Antiochia. Ich hoffe, die Inspektionsreise zu den Truppen ist zu deiner Zufriedenheit ausgefallen.«

Danach begrüßte er Plancina mit schmeichelnden Worten. Zögernd trat auch Agrippina herbei und hieß den zweitmächtigsten Mann der östlichen Provinzen samt seiner Gemahlin willkommen.

Der Imperator wies seinem Ehrengast den untersten Platz

auf der mittleren Liege zu. Es war der beste Platz am Tisch, weil er die größte Bewegungsfreiheit bot. Germanicus nahm den ersten Platz der unteren Liege ein, so daß er sich Piso jederzeit zum Gespräch zuwenden konnte. Zu Plancinas Leidwesen lag sie neben Agrippina auf der oberen Liege und war durch die gesamte Breite des Tisches von Germanicus getrennt. Dabei war es wichtig für sie, in seine Nähe zu kommen. Sie hegte keinen Zweifel, daß er der *falsche Sieger* aus der geheimen Botschaft war. Als Sieger über Germanien hatte man ihn gefeiert, doch wußte jeder, daß der als Mörder des Varus verfluchte und im ganzen Reich gefürchtete Germanenfürst Arminius so wenig besiegt war wie die Griechen, als sie vor Trojas Mauern das hölzerne Pferd zurückließen.

Der Thronfolger tat alles, um nach außen ein Bild inniger Freundschaft zwischen ihm und Calpurnius Piso zu zeichnen. Beim kalten Begrüßungsschluck – Honigwein, der geradewegs aus dem Schneekeller unter dem Palast geholt worden war –, erkundigte er sich bei seinem Stellvertreter nach dessen Gesundheit und der seiner Familie. Während die Vorspeise aus weichgekochten Eiern und Schnecken in Orangensoße scherzte Germanicus ebenso lauthals wie übertrieben mit ihm.

Piso gab eher einsilbige Antworten. Der stolze Abkömmling des alten Pisonischen Geschlechts, der schon das hohe Amt des Konuls innegehabt hatte, als der Imperator noch ein Kind gewesen war, ließ sich von ihm ungern wie ein Klient von seinem Patron behandeln. Denn bei aller zur Schau gestellten Freundlichkeit schwang in den Worten des Germanicus stets mit, daß er der Herrscher des Ostens war und Piso nur der zweite Mann. Ist das sein Plan? überlegte Plancina. Wollte der Imperator den Ehrengast durch Freundlichkeit einlullen und allen zeigen, daß der Statthalter ihm untertan war?

Als die Sklaven gekochte Langusten in Kümmelsoße auftrugen, setzte Piso zu ersten Widerworten an, und bei den in Honig gekochten Pilzen entbrannte zwischen beiden Männern ein heftiger Streit über die Anordnungen, die Germanicus vor seiner Abreise nach Ägypten erteilt und bei seiner Rückkehr nur halbherzig oder gar nicht ausgeführt gefunden hatte. Schließlich verlor der Ehrengast jede Zurückhaltung und warf dem Imperator mit lauter Stimme vor, seine Befehle hätten abgeändert werden müssen, sonst hätten sie bei Militär- und Zivilverwaltung zu einem argen Durcheinander geführt.

»Ach, wirklich?« Germanicus sprang auf und riß dabei seinen silbernen Teller zu Boden, was noch mehr Aufmerksamkeit auf seine Tafel zog. »Bin ich ein so unerfahrener Regent, daß ich einen Aufpasser benötige? Was für ein Wunder, daß ich mich auf meinen Feldzügen in Germanien nicht hoffnungslos im Land der Barbaren verirrt habe!«

Auch Piso erhob sich. Er konnte es nicht ertragen, daß der jüngere Mann auf ihn herabsah wie ein Lehrer auf den ungehörigen Schüler. »Es ist eine Sache, eine Armee zu befehligen, doch eine völlig andere, ein ganzes Land zu regieren.«

Germanicus zog seine breite Stirn in Falten. »Du wirfst mir Unfähigkeit vor, Calpurnius? Du bezweifelst, daß ich ein Land oder gar ein Weltreich regieren kann?«

Schlagartig verwandelte sich der fröhliche Lärm in unheimliche Stille. Gespräche und Gelächter verstummten, und alle im Festsaal Anwesenden blickten zur Tafel des Gastgebers. Entlud sich jetzt die lange aufgestaute Spannung? Kam es zum endgültigen Zerwürfnis zwischen dem Adoptivsohn und dem langjährigen Freund des Kaisers? Auch die Drillingsmädchen merkten, daß die Feststimmung verflogen war, und ihr Flötenspiel erstarb.

Beherzt stand Plancina auf und trat zu ihrem Gemahl. »Calpurnius, suche keinen Streit mit Germanicus Caesar, dafür hast du doch mich.« Ihre Bemerkung sorgte für vereinzeltes Gelächter. An den Imperator gewandt, fuhr sie fort: »Nicht des Streits und der Vorwürfe wegen sind wir hier, sondern um uns zu versöhnen. Vergib meinem Gemahl, daß er seine eigene Sicht der Dinge hat, Sohn des Tiberius. Alten Männern fällt es schwer, von jüngeren zu lernen.« Ihr überzogenes Augenzwinkern in Richtung Pisos rief erneutes Gelächter hervor. Allmählich löste sich die Spannung. »Ihr beide solltet nicht streiten, sondern feiern und den guten Falerner genießen!«

Ihr letzter Satz veranlaßte die beiden Rivalen, zu ihren Weingläsern zu greifen. Als Germanicus sein erhitztes Gemüt mit großen Schlucken von dem Falerner kühlte, atmete Plancina auf. Nicht weil sie einen Streit vermieden hatte, sondern weil es ihr – von allen unbemerkt – gelungen war, die kleine Bronzedose, die sie in ihrer linken Hand verbarg, in das Glas des Imperators zu entleeren.

Agrippina glaubte an einen erneuten Albtraum ihres Gemahls, als sie seinen Keuchen und Stöhnen hörte. Die Schatten der Vergangenheit griffen wieder nach ihm. Vielleicht hatte er beim Festmahl auch nur zuviel gegessen.

Wie in so vielen Nächten eilte sie nach nebenan in sein Cubiculum, wo er sich auf der zerwühlten Schlafstatt wälzte. Schweiß bedeckte sein Gesicht und seinen ganzen Leib, und gleichzeitig zitterte er. Wie ein armseliger Aussätziger lag der Imperator in seinem Erbrochenen. Aus glasigen Augen starrte er Agrippina an und wollte etwas sagen, doch er brachte nur neuerlichen Auswurf hervor.

Mit den Fingern reinigte Agrippina seinen Mund, während ihre andere Hand seine Stirn befühlte. Bei Isis, er schien fast zu verglühen! Lauthals rief sie nach den Dienern und dem Leibarzt des Imperators.

Eine fürchterliche Ahnung stieg in ihr auf, verdichtete sich mehr und mehr zur Gewißheit: Der Tod, der wie ein böser Schatten über den Träumen ihres Gemahls geschwebt war, war keine ungewisse Befürchtung mehr. Das drohende Verhängnis so vieler unruhiger Nächte hatte seine gierigen Klauen nach Germanicus ausgestreckt.

Kapitel 4

Der Namenlose

UOTA HIELT IN der Arbeit inne und betrachtete verstohlen den kräftigen, großen Mann, der unermüdlich die Spitzhacke schwang. Es war kein warmer Tag. Grau und dick hingen die Wolken über dem Land der Vindeliker, doch der Fremde, den sie Firmus genannt hatten – in der Sprache der Römer »der Starke« –, trug nur einen knappen Schurz um die Lenden. Sein von harter Arbeit erhitzter Leib fror nicht. Etliche Narben ließen auf ein hartes Los schließen. War Firmus ein entlaufener Sklave, der von seinem Herrn des öfteren ausgepeitscht worden war?

Einige Narben rührten eindeutig von tieferen Wunden her, die offenbar von Schwertklingen oder Speerspitzen stammten. Möglicherweise hatte Firmus in zahlreichen Schlachten gekämpft. Ob für oder gegen die Römer, ob als gemeiner Soldat oder als angesehener Offizier, würde sie wohl nie erfahren. Firmus kannte weder seinen wahren Namen, noch wußte er etwas über seine Herkunft. Als Namenloser war er zu Uota und ihrem Vater Josos gekommen, und nichts deutete darauf hin, daß er seine verlorene Erinnerung zurückgewinnen würde.

Wie ein Wassergeist hatte er sich aus dem Fluß erhoben, aus dem Josos und Uota Wasser zum Reinigen der Tonerde schöpfen wollten. Frische Wunden zeugten von erst kürzlich erlebtem Unbill. Eine schwere Kopfverletzung hatte den Namenlosen wohl um die Erinnerung gebracht.

Noch immer trug er einen leichten Verband um den Kopf. Hin und wieder verzog er das Gesicht, und seine Hände fuhren nach oben, als wollte er sich das schmerzende Haupt von den Schultern reißen.

Uota mochte den Fremden, und gerade deshalb hoffte sie, er würde für immer ohne Erinnerung an sein altes Leben bleiben. Was ihn hergebracht hatte, fürchtete sie, könnte ihn auch wieder forttreiben. Als Firmus jedoch konnte er bei ihnen bleiben; eines Tages würde er vielleicht sogar ganz ihr gehören. Sie war nicht häßlich, doch nach dem Tod ihres Bruders Gleno war sie nur noch für ihren alten Vater da gewesen. Und der Makel der Befleckten lastete auf ihr. Doch Firmus war ein Fremder – und vielleicht der Mann, auf den sie so lange gewartet hatte.

Er bemerkte ihren Blick, schaute zu ihr hinüber und fragte in der Römersprache: »Stimmt etwas nicht mit mir, Uota?«

Die Sprache der Vindeliker beherrschte er nicht, weshalb Uota und ihr Vater beim Gespräch mit Firmus die Sprache der Römer benutzten. Auch deshalb hatten sie ihm einen römischen Namen gegeben. Doch wenn er nachts unruhig schlief und von Träumen gepeinigt um sich schlug, stieß er Rufe in einer fremden Sprache aus. Josos meinte, es sei der Zungenschlag der nördlichen Völker, die von den Römern Germanen genannt wurden. Das helle Haar des Namenlosen schien seine Vermutung zu bestätigen. Allerdings war das Haar nach römischer Art kurzgeschnitten. Also doch ein entflohener Sklave?

»Du arbeitest für zwei, obwohl deine Wunden noch frisch sind«, rief sie zu ihm hinüber.

»Und du arbeitest wie ein Mann, obwohl du eine Frau bist.«

Lächelnd erwiderte sie: »Das sind zwei gute Gründe, um eine Rast einzulegen. Noch ist das Brot, das ich heute morgen gebacken habe, warm und frisch.«

»Mein knurrender Magen wird nicht viel davon übriglassen.«

Firmus lehnte die Hacke gegen einen Felsblock und durchquerte die Tongrube mit langen Schritten. Er ging wie ein Herr, aufrecht und stolz, nicht gebeugt wie ein Sklave, stellte Uota fest. Und auch der Blick des Namenlosen zeigte nicht jene Mischung aus Unterwürfigkeit und Angst, die Uota früher in den Augen so vieler Sklaven gesehen hatte.

Noch vor fünf Wintern hatten die Römer Sklaven in großer Zahl in das Land der Vindeliker gebracht, um Brücken und militärische Anlagen für einen Vorstoß gegen die Markomannen oder die aufrührerischen Stämme an der Rheingrenze vorzubereiten. Dann aber hatte Tiberius im fernen Rom entschieden, die Grenzen in ihrem bisherigen Zustand zu belassen. Er hatte Germanicus zurückgerufen, und mit dem Imperator waren viele Legionen gegangen.

Hier an der Donaugrenze verrichteten seitdem hauptsächlich Auxiliareinheiten den Wachdienst. Die militärische Stärke der Eroberer war erheblich geschrumpft, doch die Vindeliker dachten nicht an einen Aufstand. Sie hatten sich an die römische Herrschaft gewöhnt, an römischen Wein und römische Speisen. Römische Händler siedelten auch nach dem Abzug der Legionen in ihrem Land, und einige hatten Frauen der Vindeliker geheiratet. Viele Vindeliker versuchten gar, römischer zu sein als die Römer, gaben ihren Kindern römische Namen und sprachen mit ihnen nur in der Sprache der Römer. Das Land der Vindeliker war zu einem festen Bestandteil des Römischen Reiches geworden.

Der starke Fremde streifte den ausgefransten Wollkittel über, den er vor der Arbeit abgelegt hatte, und Uota nahm das Essen aus dem Korb. Die Brotfladen waren tatsächlich noch warm und weich. Dazu gab es einen Brei aus Nüssen, getrockneten Beeren und Honig. Aus einem Ziegenlederbalg tranken sie eine Mischung aus Wein und Wasser, ein Getränk, das die Vindeliker von den Römern übernommen hatten.

Der Blick des Namenlosen glitt über die Tongrube. Er hatte ein gutes Stück Boden mit seiner Spitzhacke gelockert. Uota hatte die Erde dann in einem Korb zu dem großen, flachen Becken getragen, um sie mit Wasser zu vermischen. Die Tonerde würde ein paar Tage in dem Becken bleiben, bis Sand und Steine, mit dem Wasser zu Schlick verbunden, sich am Boden absetzten. Die auf diese Weise gereinigte Erde würde dann in einem zweiten Becken der Sonne ausgesetzt werden, bis das Wasser verdunstet war. Der Ton mußte geglättet und von Luftblasen befreit werden, die sonst beim Brennvorgang platzen und die Krüge oder Töpfe zersprengen würden. Erst dann war der Ton bereit für die Hände von Josos, dem Töpfer.

»Eine harte Arbeit und ein hartes Leben«, sagte Uota, die seinen Blick bemerkt hatte. »Ohne dich wäre es für Vater und mich noch viel anstrengender. Du wünscht dir bestimmt oft, du wärst nicht gerade an uns geraten.«

Er lächelte sie an, und Uota wurde warm ums Herz. »Niemand hätte so gut für mich sorgen können wie du und dein Vater. Wäre diese Arbeit eine Plage für mich, würde ich sie trotzdem verrichten, aus Dankbarkeit. Ohne euch wäre ich wohl gestorben. Aber ich muß mich nicht zum Arbeiten zwingen, es bereitet mir Freude. Wenn ich sehe, was die geschickten Hände deines Vaters aus dem Ton formen, empfinde ich so etwas wie Stolz. Als hätte ich selbst Krüge, Schüsseln, Lampen und Statuen geschaffen.«

»Hast du ja auch. Ohne dich müßte Vater hier mitarbeiten und könnte nicht den ganzen Tag in seiner Töpferwerkstatt zubringen. Es ist beinahe so wie früher, als Gleno noch lebte.«

»Du sprichst nicht viel von deinem Bruder, Uota.«

»Es war schlimm, ihn zu verlieren – für uns beide, Vater

und mich. Ich aber empfinde es als besonders schmerzlich, trage ich doch eine Mitschuld an seinem Tod. Ich will es dir erzählen, Firmus oder wie du heißen magst. Du stehst mir nahe wie mein Vater, so nahe, wie mir früher Gleno und Onfer standen.«

»Wer ist Onfer?«

»Der Mann, der mir Liebe schwor und den auch ich zu lieben glaubte. Er war der Sohn eines Schmiedes aus der Vindelikerstadt, wie die Römer die nächste größere Siedlung nannten. Onfer war groß und stark, so wie du, und er betörte die Herzen vieler Mädchen. Daß er ausgerechnet mich umwarb, schmeichelte mir. Eines Abends lockte mich sein leiser Ruf nach draußen, und ich folgte ihm zum Fluß. Er sagte, er wolle mit mir reden, doch sein Blick war trüb und seine Zunge schwer. Er hatte kräftig dem Römerwein zugesprochen, und er war nicht gekommen, um zu reden. Onfer war zu stark für mich. Ich konnte mich nicht wehren, als er über mich herfiel. Als ich weinend und mit zerrissener und schmutziger Kleidung heimkam, erwartete Gleno mich vor dem Haus. Er hatte meine Abwesenheit bemerkt und mich auf dem Hof gesucht. Ich konnte ihm nicht verheimlichen, was geschehen war. Zornig holte er unser einziges Pferd aus dem Stall und ritt zur Vindelikerstadt. Man fand ihn am Morgen mit zerschmettertem Schädel vor der Schmiede. Onfer hatte die Stadt bereits verlassen und ist nie zurückgekehrt. Neun Monate später brachte ich die Frucht der unseligen Nacht zur Welt, tot wie meine einstige Liebe zu Onfer. Heute kann ich nicht mehr sagen, ob ich traurig oder froh darüber war. Lange Zeit fühlte ich mich betäubt, als hätten die Götter einen dichten Schleier über mein Leben geworfen.«

»Wann war das?« fragte Firmus.

»Mein Bruder starb vor vier Wintern.«

»Hat seitdem kein anderer Mann um dich geworben?«

»Nein, sieht man von den anzüglichen Rufen einiger Auxiliarsoldaten ab. Für die Einheimischen bin ich eine Befleckte. Onfers Tat hat Schande auf meinen Leib und auf mich gebracht.«

»Aber warum? Dich trifft keine Schuld!«

»Nach den Bräuchen unseres Stammes doch. Die Frau verwirrt dem Mann die Sinne und reizt ihn zu Taten, die seinem Gewissen zuwider sind.«

»Das ist unsinnig!« rief der Fremde empört. »Und falsch!«

Uota blickte ihn prüfend an. »Könntest du eine Frau lieben, die von einem anderen Mann befleckt wurde?«

Firmus nickte. »Es würde nichts an meiner Liebe ändern.«

Sie näherte ihr Gesicht dem seinen, so dicht, daß er ihren heißen Atem auf seiner Wange spürte. »Könntest du mich lieben, Firmus?«

»Du kannst arbeiten wie ein Mann und bist jung, schön und stark. Jeder Mann sollte glücklich sein, dich lieben zu dürfen.«

»Ich rede nicht von jedem, sondern von dir! Vater ist sehr alt geworden in den Wintern und Sommern, seit Gleno von uns gegangen ist. Älter, als es der vergangenen Zeit entspricht. Du könntest das Töpferhandwerk von ihm erlernen. Wir beide, du und ich, Firmus, könnten zusammen ein gutes Leben führen.« Als er keine Antwort gab, fragte sie: »Warum sagst du nichts? Entsprachen deine schönen Worte nicht deinen Gedanken?«

»So ist es nicht. Aber wir kennen uns kaum. Ich kenne nicht einmal mich selbst. Vielleicht habe ich schon eine Frau, vielleicht Kinder. Manchmal, in der Nacht, wenn ich träume, sehe ich Gesichter, die mir fremd und zugleich vertraut erscheinen. Suchend halten sie nach mir Ausschau und lächeln erleichtert, wenn sie mich sehen. Ich aber kann mich ihrer nicht entsinnen, und wenn ich über ihre Namen nachdenke, wache ich auf.«

»Vielleicht sind es nur Albgeister, die dich plagen.«

»Kann es diese Gesichter, diese Menschen nicht trotzdem geben? Heißt es nicht, der Alb ist der Schatten des Tages?«

»Den Spruch kenne ich nicht. Woher hast du ihn?«

Firmus zog die Stirn in Falten, schloß die Augen, versuchte sich zu erinnern. Schließlich blickte er Uota enttäuscht an. »Ich weiß es nicht. Ich kann nichts über mich sagen, oder über meine Herkunft und den Grund meiner Verletzung. Alles ist wie ausgelöscht.«

»Vielleicht haben die Götter es ausgelöscht, um dir ein neues Leben zu geben. Ein Leben hier, mit mir!«

»Ich weiß nicht einmal, wie meine Götter heißen«, sagte Firmus leise und ergriff ihre Hände. »Du mußt Geduld haben, Uota, mußt mir Zeit geben!«

Sie zwang sich zu einem Lächeln und nickte. »Wir haben soviel Zeit, wie wir wollen.«

Uota konnte nicht ahnen, daß schon der nächste Tag ihre Worte widerlegen würde.

Auch an diesem Tag arbeiteten Uota und Firmus in der Tongrube, während Josos in seinem Haus hinter dem bewaldeten Hügel fleißig die Töpferscheibe drehte. Schon mit dem Morgengrauen hatten die Vindelikerin und der Fremde das Haus verlassen. Bevor Schnee und Eis das Land erstarren ließen, galt es, noch möglichst viel Tonerde zu gewinnen. Unermüdlich schaufelte Uota die von Firmus gelockerte Erde in ihren Korb und trug sie zum Schlickbecken, bis lauter Hufschlag sie erstarren ließ.

Ihr Kopf ruckte herum. Das Geräusch kam von der waldbestandenen Anhöhe. Es mußten mehrere Pferde sein, und sie kamen rasch näher. Schon mischten sich Wiehern und das Knacken zerbrochener Zweige in den Hufschlag. Auch Firmus hatte es gehört, stellte das Hacken ein und lauschte.

»Du mußt dich verstecken, schnell!« rief Uota ihm zu. Ihre Gedanken überschlugen sich voller Angst um Firmus. Kamen jetzt die Sklavenjäger, um ihn wieder einzufangen, ihn auszupeitschen oder gar zu töten?

Firmus verstand. Er ließ die Spitzhacke fallen und lief zu einem fast mannshohen Geröllhaufen am Rande der Tongrube. Das Geröll war einst von Uota und Gleno in der Grube gesammelt und hier aufgestapelt worden, weil es beim Gewinnen der Erde hinderlich war.

Kaum hatte der Namenlose sich hinter den Steinen verborgen, kamen drei Reiter aus dem Unterholz. Römische Soldaten, das erkannte Uota sofort, doch die Rüstungen waren ihr fremd. Die Pferde trugen rote Satteldecken und roten Schmuck, und auf den roten Schilden der Soldaten glänzten vier goldene Skorpione. Die Reiter umkreisten Uota so nahe, daß sie beinahe stolperte.

»Warum so ängstlich?« fragte ein schmallippiger Soldat. »Hast du einen Grund, die Garde des Kaisers zu fürchten?«

»Ihr seid Prätorianer?« gab sie erstaunt zurück.

»Das will ich hoffen, Kleine. Der Sold eines einfachen Soldaten wäre mir zu wenig. Und wer bist du?«

»Ich heiße Uota und bin die Tochter des Töpfers Josos. Habt ihr meinen Vater denn nicht gesehen? Ihr kommt doch von seinem Anwesen.«

In den dunklen Augen des Soldaten blitzte es auf, aber sonst blieb er ruhig. »Doch, doch, wir sprachen kurz mit ihm. Sag, bist du allein?«

Sie hoffte, ihr kurzes Zögern würde nicht weiter auffallen. »Ja«, antwortete sie und bemühte sich, ihrer Stimme einen überzeugenden Klang zu geben.

Der schmallippige Reiter blickte auf den umgestürzten Korb mit der verschütteten Erde, auf die beiden Becken und auf die scheinbar leere Tongrube, wo die Spitzhacke lag. Dann schaute er Uota wieder an und hob anerkennend die

Brauen. »Harte Arbeit für ein Weib. Du solltest dir einen Mann zulegen. Oder hast du schon einen?«

»Ich? Nein, ich bin nicht verheiratet.«

»Es gibt wirklich niemanden, der dir hier draußen hilft?«

»Niemanden. Nur mein Vater geht mir hin und wieder zur Hand.«

Das Gesicht des Reiters verdüsterte sich. »Seltsam, daß dein Vater uns etwas anderes erzählt hat, nachdem wir seiner Erinnerung ein wenig auf die Sprünge geholfen haben. Ein Fremder soll bei euch sein, ein gewisser Firmus. So wie er ihn beschrieben hat, könnte es sich um den Germanen handeln, den wir suchen.«

Uota schluckte und fragte mit halb erstickter Stimme: »Ein Germane?«

»Sogar ein Fürst der Germanen. Ein gewisser Thorag. Er ist ein Verbündeter des Aufrührers Arminius vom Stamm der Cherusker. Vielleicht ist er längst tot, aber wir haben seine Leiche nicht gefunden. Nach dem, was hinter ihm liegt, müßte er tot sein, aber der Cherusker ist zäh wie junges Leder. Du kennst diesen Thorag nicht?«

»Thorag, sagst du, Herr?« Uota tat, als überlege sie, während ihr vor Aufregung abwechselnd heiß und kalt wurde. »Nein, den Namen kenne ich wirklich nicht.«

»Aber vielleicht den Mann!« rief der Reiter und schlug ihr mit dem Handrücken ins Gesicht.

Thorag!

Der Name brachte alles zurück. Er sah sich wieder in den Abgrund stürzen. Er dachte an Aujas Gesicht, das er sich eingeprägt und das ihn in seinen Träumen angeschaut hatte. Und er sah den Felsblock auf sich zu rasen. Dann kamen der Schmerz und der Blitz, die alles auslöschten; dann die lange Nacht des Vergessens, aus der er als ein anderer erwacht war:

als Firmus. Noch einmal durchlebte er den langen Ritt, den Kampf mit Foedus' Männern, und er dachte an die vielen Nächte und Tage, die er verloren hatte. Jetzt hatte ihn die Vergangenheit eingeholt, und sie brachte nichts Gutes, weder für ihn noch für Uota.

Er sah durch eine Lücke in dem Geröll, wie die Prätorianer die Tochter des Töpfers mit Schlägen und Tritten traktierten, bis die Mißhandelte zu Boden sank. Als die drei Reiter absaßen und sich nach ihr bückten, war der Zeitpunkt zum Handeln gekommen. Thorag sprang aus seinem Versteck und rannte auf die anderen zu. Mitten im Lauf griff er nach der Spitzhacke.

Die Prätorianer bemerkten ihn, richteten sich auf, griffen nach ihren Waffen. Bevor der erste Mann sein Schwert ziehen konnte, fuhr die Spitze von Thorags Eisenblatt in das linke Auge des Soldaten. Mit einem dumpfen Aufstöhnen brach er zusammen.

Der zweite Prätorianer, der Speer und Schild in der linken Hand hielt, wechselte die Stangenwaffe in die rechte und richtete sie gegen den Cherusker. Thorag riß den Speerschaft mit dem breiten Ende seines Eisenblatts nach unten, wirbelte herum und schwang die Hackenspitze gegen den Nacken des Gegners. Dem mit großer Kraft geführten Schlag konnte der bronzene Nackenschutz nicht widerstehen. Die Eisenspitze fuhr tief ins Fleisch des Römers, der über seinem bereits gefallenen Kameraden zusammenbrach.

Der dritte Mann, jener Schmallippige, der mit Uota gesprochen hatte, fiel Thorag von hinten an. Der Cherusker sah den Angriff aus den Augenwinkeln kommen und wollte sich wegducken. So traf ihn nicht die Schwertklinge, sondern nur der Knauf. Der Schlag auf seinen Hinterkopf war aber auch so verheerend. Es fühlte sich fast so schlimm an wie damals der Zusammenprall mit dem Felsblock. Thorag wurde übel, und seine Beine versagten den Dienst.

Als er auf dem harten Lehmboden aufschlug, besaß er noch genug Geistesgegenwart, sich zur Seite zu rollen. Noch immer umklammerte er die Hacke und schlug zu, als der Römer ihm nachsetzte. Er traf das linke Bein des Feindes am bloßen Unterschenkel. Mit einem spitzen Schrei ging der Prätorianer in die Knie.

Thorags nächster, mehr schwungvoll als zielgenau geführter Hieb traf ihn zwar nur mit einer flachen Seite des Eisenblatts, dafür aber an der Schläfe. Der Soldat ließ sein Schwert fallen und griff sich an den Kopf. Dann kippte er zur Seite und lag reglos am Boden.

Als Thorag sich aufrichten wollte, übermannte ihn erneut heftige Übelkeit, und er erbrach sich. Danach fühlte er sich ein wenig wohler. In seinem Kopf hämmerte ein wilder Schmerz, aber er konnte klar denken. Er blickte sich um, und was er sah, gefiel ihm nicht: Neben den gefällten Römern lag Uota und rührte sich nicht.

Er wankte zu ihr und beugte sich über sie. Blut rann aus ihrem linken Mundwinkel, und auch ihr rotbraunes Haar war blutverklebt. Als seine Hand über ihr Gesicht strich und er ihren Namen aussprach, bewegten sich ihre Lippen, und ihr vorher glasiger Blick heftete sich auf ihn.

»Thorag«, stöhnte sie. »Ist das dein Name, Fremder?«

»Ja.«

»Und hast du eine Frau, Germane?«

Er nickte. »Sie heißt Auja.«

»Auja«, wiederholte sie leise.

»Das bedeutet Glück«, erklärte er, weil er nicht wußte, was er sonst sagen sollte.

»Liebst du sie?«

»Ja, ich liebe sie.«

Uota lächelte schwach, und ihre Stimme war nur noch ein Hauch: »Das ist ... gut ...« Ihr Kopf fiel zur Seite, und ihr Atem erstarb.

Trauer und Zorn stiegen in ihm auf. Mit einem wütenden Knurren sprang Thorag hoch und griff wieder nach der Spitzhacke, schwang sie über den Köpfen der Prätorianer. Einer von ihnen hatte leise gestöhnt. Thorag war entschlossen, jedem den Kopf abzuhacken. Keiner sollte die an Uota begangene Schandtat überleben.

»Nicht!« drang eine dünne Stimme an seine Ohren. »Tu es nicht, Fremder! Du machst alles nur noch schlimmer.«

Josos lief den Hügel herunter und eilte keuchend herbei. Sein Gesicht war eine einzige Wunde, und blutiger Schaum stand ihm vor dem Mund.

»Warum soll ich die schonen, die dich mißhandelt und deine Tochter ...«

Thorag brach mitten im Satz ab und ließ die erhobene Hacke langsam sinken. Josos hatte Recht, der Tod der Prätorianer brachte keinen Vorteil. Was hier geschehen war, konnte nicht unentdeckt bleiben, und der alte Töpfer würde es ausbaden müssen. Fassungslos ging Josos neben seiner Tochter zu Boden, umschlang ihren Leib mit seinen dürren Armen und drückte sie an sich. Er blickte flehend zu Thorag auf.

»Sie ist doch nicht tot, nicht wahr? Gleich wird sie erwachen, bestimmt! So sag doch etwas, Fremder! Sag, daß Uota lebt!«

»Ich wünschte, ich könnte es«, murmelte Thorag und ging zu den Pferden. »Und ich wünschte auch, ich könnte dasselbe von Armin sagen!«

Als Namenloser hatte er viel Zeit verloren. Vielleicht die Zeit, die er gebraucht hätte, um seinen Blutsbruder vor dem Mordanschlag zu warnen.

Kapitel 5

Der Hirsch und der Wolf

ZWISCHEN WALDBEDECKTEN HÜGELN schritt ein kräftiger, stolzer Hirsch dahin, hielt dann und wann inne, hob das von einem riesigen Geweih gekrönte Haupt und stieß ein machtvolles Röhren aus. Das Land erbebte unter seiner gewaltigen Stimme, und die alten, hohen Bäume bogen sich wie Grashalme im Wind. Nichts schien der Kraft des Hirsches zu widerstehen.

Aus dem Unterholz trotteten zahlreiche Tiere herbei. Dachse und Eber, Wölfe und Bären scharten sich um den Hirsch und senkten zum Zeichen der Demut und des Gehorsams ihre Häupter. Sie ehrten ihn wie ihren Fürsten. Dann aber, als auch der Hirsch als Dank für die Ehrerbietung den Kopf neigte, verwandelten sich die anderen Tiere.

Schwarze Wesen mit schlanken, sehnigen Körpern umstanden den Hirsch: Hunde mit spitzen Schnauzen, rotglühenden Augen und gefährlich blitzenden Fängen. Bedächtig traten sie Schritt für Schritt näher, um den Kreis zu schließen.

Der Hirsch erkannte die Gefahr und versuchte, sich mit weiten Sprüngen in Sicherheit zu bringen. Aber die Hunde setzten ihm nach und fielen ihn an. Er schüttelte die Angreifer ab oder spießte sie mit den spitzen Enden seines Geweihes auf, aber immer mehr Hunde eilten herbei, und schließlich war der Hirsch von einer ganzen Meute wild knurrender, zähnefletschender Feinde bedeckt. Ihre Fänge verbissen sich tief in sein Fleisch, in dem mehr und mehr stark blutende Wunden klafften.

Blutbesudelt stürzte der Hirsch. Noch einmal bäumte er sich auf und wollte seine Stimme erheben, brachte aber nur ein schwaches Röcheln zustande. Seine Muskeln erschlafften, und das zerfleischte Tier lag still. Und noch immer strömte der Lebenssaft aus seinen Wunden, bedeckte das ganze Land mit einer roten Flut – und die schwarzen Todeshunde schwammen in dem Blutstrom.

Die Träumende sprang auf und wollte fliehen, um nicht im unablässig sprudelnden Hirschblut zu ertrinken. Nach nur zwei Schritten in der Finsternis stieß sie gegen etwas Hartes, einen Tisch, und jetzt erst wurde ihr klar, daß der Hirsch und die Hunde Traumgestalten gewesen waren.

Es war einer jener lebensnahen Träume gewesen, die ihr Herz und ihren Atem schneller gehen ließen und ihr den Schweiß auf die Stirn trieben. Einer jener Träume, die mehr waren als Nachtgespenster. Die Götter sandten ihr die Träume und verliehen ihr aufschluß darüber, was Skuld, die Norne des Zukünftigen, den Menschen zugedacht hatte. Ihre besondere Fähigkeit machte Astrid, die Priesterin und Seherin, zu einer gefragten Ratgeberin.

Ihre Mutter Alrun, von der Astrid ihre Gabe geerbt hatte, warf sich auf ihrem Lager hin und her, stöhnte und keuchte, als würde sie im Traum einen schweren Kampf ausfechten. Astrids Hand glitt suchend über den Tisch, bis sie die niedrige Talgkerze fand. Mit ihr ging die Seherin zum Herd und blies vorsichtig hinein, bis sie die Restglut entfachte und die Kerze daran entzünden konnte.

Zu ihrer Verwunderung sah Astrid, daß die Augen ihrer Mutter geöffnet waren. Das lange graue Haar klebte strähnig in ihrem verschwitzten Gesicht. Immer heftiger warf sich

Alrun auf dem einfachen Lager aus strohgefüllten Säcken hin und her. Als ihr Kopf gegen eine Wand der kleinen Hütte stieß, beugte Astrid sich über ihre Mutter und hielt sie fest. Es war nicht gut, eine Seherin aus ihrem Traum zu reißen, doch Astrid fürchtete, Alrun könne sich ernsthaft verletzen.

Alrun hob den Kopf, und ihre zitternden Lippen formten undeutliche Worte, die Astrid mehr erahnte als verstand: »Nicht, ihr Bestien! Laßt mich! Laßt mich los!«

Astrid schüttelte ihre Mutter und rief: »Ich bin es, Astrid, deine Tochter! Erwache, Mutter, erwache!«

Alrun wurde ruhiger, und der fiebrige Glanz verließ ihre Augen. Erkenntnis lag in ihrem Blick, als sie Astrid anschaute. Der verspannte Leib lockerte sich, und mit einem leisen Stöhnen sank Alruns Kopf zurück auf den Strohsack. Ihr Atem ging so heftig und unregelmäßig, wie der Astrids gewesen war, als die Jüngere erwachte. Astrid holte ein feuchtes Tuch, mit dem sie Stirn und Gesicht ihrer Mutter vom Schweiß befreite.

»War es der Hirsch?« fragte Astrid. »Und die Hunde, die ihn zerfleischten?«

Alruns Augen weiteten sich zu einem ungläubigen Blick. »Du ... hast es auch geträumt?«

»Ja«, antwortete Astrid und schilderte ihren Traum. »Aus dem wunden Leib des toten Hirsches quoll mehr Blut, als Wasser in sämtlichen Flüssen unseres Landes fließt. Wie ein lebendiges Wesen schien das Blut alles zu verschlingen, nur die schwarzen Hunde schwammen in seinem Strom. Ich sah die Flut auf mich zukommen und befürchtete, in dem Blut zu ertrinken. Das war der Augenblick, als ich voller Angst erwachte.«

»Wenn die Götter uns beiden denselben Traum senden, muß er sehr wichtig sein«, sagte Alrun nachdenklich. »Mein Traum glich deinem fast genau, nur war da noch ein Tier, ein Wolf.«

»Auch ich sah Wölfe, die sich dann in die Todeshunde verwandelten.«

»Nein, ich meine einen anderen Wolf. Ich sah ihn nur ganz kurz, als der Hirsch zu Boden ging. Da glaubte ich, neben ihm einen Wolf fallen zu sehen. Es war wie damals, als Wodan mir das Schicksal dreier Männer zeigte. Der Hirsch und der Wolf – ich habe das Gefühl, daß sie zwei dieser drei Männer sind.«

Während Alrun dies sagte, blickte sie auf den kostbaren Ring an ihrer rechten Hand, der aus Elektron geschmiedet und mit einem Saphir verziert war. Langsam drehte sie die Hand, und der Edelstein reflektierte das Kerzenlicht mit kleinen blauen Blitzen.

»Meinst du deine Begegnung mit dem Imperator Germanicus?« fragte Astrid.

Ihre Mutter nickte und wiederholte leise, was sie dem römischen Feldherrn damals in seinem Lager geweissagt hatte: »Wodan hat mir das Schicksal dreier Männer gezeigt, das die Nornen miteinander verwoben haben. Der Imperator ist einer von ihnen, aber ich weiß nicht, welcher. Drei Männer, die fast zur gleichen Zeit Väter werden, doch einer von ihnen wird es nicht. Den anderen beiden ist ein gleicher Tod bestimmt, und sie sterben zur gleichen Zeit.«

»Dann war Germanicus der Wolf«, schlußfolgerte Astrid. »Die Wölfin, die einst Romulus und Remus säugte, ist das Wahrzeichen Roms. Und wer ist der Hirsch?«

Ihre Blicke trafen sich und verrieten, daß beide Frauen denselben erschreckenden Gedanken hatten.

»Wir müssen den Ewart aufsuchen!« stieß Astrid erregt hervor. »Augenblicklich!«

Als die Seherinnen ihre Hütte verließen, begann Nott, die schwarze Riesentochter, ihre düsteren Schleier vom Cheruskerland zu heben. Ein erster, noch schwacher Abglanz von Sunnas Leuchten zerrte die Umrisse der Steinriesen aus der Finsternis. Ein Anblick, der Astrid jedes Mal aufs Neue mit Ehrfurcht erfüllte, obwohl sie schon seit zwölf Wintern als Priesterin bei den Heiligen Steinen lebte. Im Angesicht der hoch aufragenden Felsmassen mußte ein Mensch sich klein und unbedeutend fühlen, mußte erkennen, daß es Mächte gab, gegen deren Kräfte die jedes Menschen wie ein Schmetterling waren, der sich dem Sturm entgegenstemmte.

Ein Schauer überfiel Astrid, als sie an die Sage von den versteinerten Riesen dachte, die am Ende der Zeiten zu neuem Leben erwachten, um an der Seite der Ungeheuer gegen die Götter zu kämpfen. Einer der hohen Felsen sollte der Riese Starkad sein, Ahnherr der fürchterlichen Berserker und der Bärensippe, der verfluchten achten Sippe des Cheruskerstammes. Die Nachkömmlinge dieser herrschsüchtigen Sippe – oder diejenigen, die sich dafür hielten – hatten den Stamm vor nur zwei Wintern in einen Bruderkrieg geführt. Herzog Armin hatte die Einheit der Cherusker nur mühsam wiederhergestellt. Zu den Abweichlern hatte auch Gandulf gehört, der als Ewart der Priesterschaft an den Heiligen Steinen vorgestanden hatte. Nach der Absetzung des inzwischen verstorbenen Verräters hatte Alfhard seinen Platz eingenommen.

Die Hütte des Ewarts stand hoch oben auf einem der Felsen. Nur ihm war es erlaubt, hier zu wohnen, wo er den Göttern nahe war und ihren Willen erforschen konnte. Mühsam war der Aufstieg über eine ins Gestein geschlagene Treppe. Kein Geländer bot Halt, und die Nachtschatten, die Sunnas Licht noch nicht vertrieben hatte, verschluckten die unebenen Stufen fast gänzlich. Jeder Schritt wollte sorgsam gesetzt sein, sonst war es der letzte.

Auf der schmalen Felskuppe stand Alfhard und blickte ihnen entgegen. Hier oben bliesen die Sturmriesen heftig, und das weiße Priestergewand des hageren Ewarts flatterte im Wind. Er sah aus wie ein großer Storch.

»Seid willkommen, Schwestern«, begrüßte er Mutter und

Tochter. »Das Blut eines bösen Traums schwemmte meinen Schlaf hinweg, und ich sah euch schon von weitem nahen.«

»Auch du hattest den Traum vom sterbenden Hirsch?« entfuhr es Astrid.

»Ich sah ihn sterben, ich roch und schmeckte sein Blut, und beinahe wäre ich daran erstickt.« Er wandte sich zu seiner Hütte um. »Aber kommt herein, ich habe das Feuer schon geschürt. Die Nächte werden länger und kälter, die Frostriesen stehen uns ins Land.«

Sie hockten sich um das wärmende Feuer und sprachen über ihre Träume, die sich glichen. Bis auf den fallenden Wolf, den nur Alrun gesehen hatte.

»Eine interessante Abweichung von meinem Traum und dem der Priesterin Astrid«, meinte Alfhard und strich überlegend durch seinen grauen Bart.

»Meine Mutter meint, der Wolf sei der römische Feldherr Germanicus, der unser Land verheert hat«, sagte Astrid und berichtete von der Weissagung, die Alrun einst dem Imperator gemacht hatte.

»Zwei Männer, denen ein gleicher Tod bestimmt ist und die zur gleichen Zeit sterben«, faßte der Ewart halblaut zusammen. »Und einer ist der angenommene Sohn des römischen Herrschers?«

»So sah ich es in dem Rauch der heiligen Kräuter, der aus der Esche aufstieg, dem Weisheitsbaum Wodans«, bestätigte Alrun.

»Und der zweite Mann?«

»Damals wußte ich es nicht, aber der Traum vom sterbenden Hirsch war deutlich. Ein Hirsch mit prunkvollem Geweih, vor dem sich alle Tiere der Wälder ehrfurchtsvoll verneigen. Das Muß der Fürst des Hirschgaues sein, der Herzog des gesamten Hirschstammes – Armin!«

Alfhard zog seine leicht schrägstehenden Augen so eng zusammen, als wollte er sie vor dem Unheil verschließen.

»Endlich, nachdem Gandulf entlarvt, Marbod besiegt und Inguiomar auf den rechten Pfad zurückgekehrt war, glaubte ich eine Zeit des Friedens und der Ruhe für unseren Stamm gekommen. Und jetzt sieht es so aus, als solle der Edeling, der sein Leben dem Kampf für Freiheit und Einheit der Cherusker geweiht hat, in den besten Jahren an Wodans Tafel gerufen werden. Ich sehe dunkle Wolken über dem Cheruskerland aufziehen.«

»Vielleicht haben wir den Traum falsch gedeutet«, sagte Astrid wider besseres Wissen, weil auch sie es nicht wahrhaben wollte.

Der Ewart schüttelte den Kopf. »Hätte nur einer von uns vom Tod des Hirsches geträumt, könnte man an einen Zufall denken, an das bedeutungslose Traumbild, das ein böswilliger Mahr gesandt hat. Aber drei Träume in einer Nacht sind ein deutlicher Hinweis auf den Willen der Götter.«

»Dann ist Armins Schicksal beschlossene Sache«, sagte Astrid mutlos. »Skuld hat den Todesknoten schon geknüpft.«

»Achte die Götter nicht gering, Schwester«, sagte Alfhard. »Welcher Gott uns auch diesen Traum sandte, er tat es schwerlich ohne Grund. Vielleicht besteht noch Hoffnung, ist der Herzog noch zu retten!«

»Aber er ist weit weg«, zweifelte Astrid. »Er müßte schon längst im Land der Chatten sein, um das Winterfest und die Wahl des neuen Herzogs mit ihnen zu feiern.«

Der Chattenherzog Arpo, der seinen Stamm in vielen Sommern an der Seite Armins in den Kampf geführt hatte, war vor kurzem gestorben. An gebrochenem Herzen, hieß es. Silius, ein Legat des Germanicus, hatte vor drei Sommern Arpos Frau und seine Tochter verschleppt, und seitdem war der Chatte ein anderer geworden. Sein Kampfesmut ließ nach. Met und Bier wurden seine ständigen Freunde und Tröster. Ein Neffe Arpos, Adgandest, war von den Chatten zum Herzog erkoren worden. Er hatte den Cheruskerherzog eingeladen, das wegen Arpos Tod verschobene Winterfest zu Ehren der Erdgöttin Tamfana mit ihm zu feiern. Da Adgandest in dem Ruf stand, den Römern freundlich gesonnen zu sein, war Armin mit einer Abordnung cheruskischer Edelinge zu den südlichen Nachbarn geritten, um das Beistandsbündnis mit den Chatten zu erneuern. Unterwegs hatte Armin die Heiligen Steine aufgesucht und das edelste der heiligen weißen Rosse als Opfergabe für die Göttin Tamfana mitgenommen.

»Vielleicht lauern Feinde auf Armin«, mutmaßte Alrun. »Jemand, der die Erneuerung des Bündnisses zwischen Cheruskern und Chatten verhindern will.«

»Oder die Chatten selbst sind die Feinde«, sagte Alfhard zur Verwunderung der beiden Frauen. »Wißt ihr nicht, daß es bei den Chatten einen Bund von Kriegern gibt, die sich Hundinge nennen? Sie führen Hunde in die Schlacht, schnelle, mörderische Bestien. Haben sie sich erst einmal in ihr Opfer verbissen, lassen nicht mehr von ihm ab, bis sie es in Stükke gerissen haben. Es sind große, schwarze, schlanke Tiere, sehr ähnlich den Hunden aus dem Traum.«

Betroffen blickten die Frauen den Ewart an, bis Astrid sich erhob. »Ich werde aufbrechen, sobald Sunnas Strahlen Notts Schleier vertrieben haben.«

»Wohin?« fragte Alfhard.

»Zu den Chatten, um Armin zu warnen.«

Auch Alrun stand auf. »Ich begleite dich, Tochter.«

»Wenn wirklich Feinde auf Herzog Armin lauern, begebt ihr euch in große Gefahr«, gab der Ewart zu bedenken.

Astrid nickte. »Sollte Gefahr auf uns warten, so ist es der Wille der Götter, die uns den Traum sandten.«

Kapitel 6

Das Opferfest

TIEFER UND TIEFER drang die Abordnung der Cherusker ins Land der Chatten ein, vorbei an waldreichen Höhenzügen, an Dörfern und einzelnen Gehöften. Ein ständig anschwellender Menschenstrom zog in dieselbe Richtung, um bei Vollmond am Tamfanaberg zu sein. Die Chatten hatten Tiere, Wagen oder ihre eigenen Schultern schwer beladen, führten Opfergaben für die Erdgöttin mit sich, zudem Speisen und Getränke. Zu Ehren der Göttin zu feiern und dabei zu darben, wäre eine Beleidigung der Tamfana gewesen, hätte ihren Zorn heraufbeschworen, hätte einen Sommer ohne Regen, eine verdorrte Ernte bedeutet.

Als die beiden fast gleichgroßen Erhebungen des Tamfanaberges vor den Menschen auftauchten, brachen sie in freudigen Jubel aus und stimmten aus vollem Halse Lieder zum Lobpreis der Göttin an. Hörner, Klappern und Rasseln begleiteten den Gesang. Das ganze Land der Chatten war von einem Freudentaumel befallen, weil Tamfana ihnen eine reiche Ernte und damit ein gesichertes Leben im Winter beschert hatte. Auch wer nicht zum heiligen Berg des Stammes kommen konnte, feierte in seinem Gau, in seiner Siedlung, im heimatlichen Hain der Erdgöttin.

Der hünenhafte Edeling an der Spitze des Cheruskertrupps zügelte seinen Rappen und ließ seinen Blick über das vor ihm liegende Tal, die bewaldeten Hänge des Berges hinauf bis zu den beiden spitzen Felskuppen wandern, die zwischen den

Baumkronen auf der Bergkuppe herausragten. Tamfana habe sich hier zum Schlafen niedergelegt, hieß es, weil es ihr bei den Chatten so gut gefiel. Und tatsächlich sahen die beiden Steinkuppen aus wie die nackten Brüste einer Frau.

Ein Cherusker trieb seinen Rotfuchs an die Seite des Rappen und verzog sein längliches Antlitz zu seinem schiefen Grinsen, das mißraten mußte, weil die gesamte linke Gesichtshälfte eine Ansammlung schlecht verheilter Narben war. Wie durch ein Wunder war das linke Auge heil geblieben, wirkte aber auf der verunstalteten Wange wie ein Fremdkörper. Ingwin, Kriegerführer des Herzogs Armin, war an jenem Unheilstag von den aus dem Hinterhalt angreifenden Stierkriegern entstellt worden, als der Stierfürst Segestes seinen verhaßten Schwiegersohn Armin überfallen und auf die Eisenburg verschleppt hatte.

Ein rauhes Lachen drang tief aus Ingwins Kehle. »Ein mächtiges Weib, das sich da vor uns entblößt, mein Fürst. Bei Donar, um die da zu besteigen, braucht es einen aus dem Riesengeschlecht – mit einem riesigen Geschlecht.«

Er hatte so laut gesprochen, daß ihn auch die Edelinge hinter ihm verstehen konnten. Allgemeines Gelächter brach in der Gesandtschaft der Cherusker aus.

Nur der Hüne auf dem Rappen blieb ernst und betrachtete den Tamfanaberg wie eines von Lokis Ungeheuern, das es zu bezwingen galt. Die hervorragende Stellung, die der Mann im Stamm der Cherusker inne hatte, war schon an seiner Kleidung zu erkennen. Der Kittel und die Hose, die in hohen Rindsledersstiefeln steckte, bestanden aus demselben feingewebten, leuchtenden Blau und waren mit breiten Brokatborten besetzt. Der breite Ledergürtel, der den Kittel zusammenhielt, war mit goldenen Einlegearbeiten in Hirschform verziert, und die große Gürtelschließe bestand aus einem vergoldetem Hirschkopf mit ausladendem Geweih. Um die Schultern lag ein Umhang aus Hermelinpelz, den eine goldene Hirschfibel über der rechten Schulter zusammenhielt. An der linken Seite hing das Wehrgehänge mit dem großen Schwert. Die feinen Goldfäden, die sich über die lederbespannte Scheide zogen, stellten die Verästelungen eines Hirschgeweihs dar. Auch der vergoldete Schwertgriff war einem Hirschgeweih nachempfunden. Das schwere Schwert war nicht für die Schlacht gefertigt worden, sondern für feierliche Anlässe wie diesen. Das galt auch für den großen Rundschild, den ein vergoldeter Hirschkopf schmückte.

»Du blickst so ernst, Armin«, sagte Ingwin zu dem Edeling auf dem Rappen. »Glaubst du nicht, daß die Nächte der Tamfana ein Freudenfest sein werden?«

Armin, Sohn des Segimar, Fürst des Hirschgaues und Herzog der Cherusker, wandte sich zu Ingwin um, und sein dunkelblondes Haar, das lang und offen auf seine Schultern fiel, flatterte im Wind. »Die Chatten feiern ihre gute Ernte, wir sind aus anderen Gründen hier. Wie soll ich mich auf einen neuen Chattenherzog freuen, dem der Ruf eines Römlings vorauseilt?«

»Dafür eilte dem alten Herzog der Ruf eines Säufers voraus.«

»Erst in den letzten Jahren, seit sein Weib und seine Tochter in römische Gefangenschaft verschleppt wurden. Früher war Arpo für seinen Wagemut bekannt, und wir sind gemeinsam in so manche Schlacht geritten.«

»Früher, du sagst es, Herzog. Man sagt doch wohl, der Ruf eines Mannes reicht nur bis zum nächsten Morgen. Arpo hätte sich das Schicksal seines Weibes und seiner Tochter nicht so sehr zu Herzen nehmen sollen. Du hättest ihm ein würdiges Beispiel geben können, Armin.«

»So, meinst du?« fragte der Cheruskerherzog mit leiser, aber scharfer Stimme. Sein fein geschnittenes, einst so jugendliches Antlitz, in das die Winter und Sommer der Kämpfe und Intrigen tiefe Linien gegraben hatten, verdunkelte sich, als habe Nott ihre Schleier über ihn geworfen. »Woher willst du wissen, wie oft ich schon nahe daran war, wie Arpo jede Hoffnung fahren zu lassen? Der nahende Winter, der schon seinen frostigen Atem über das Land streichen läßt, ist der fünfte, den ich ohne Thusnelda verbringen muß. Und ohne meinen Sohn Thumelikar, den ich niemals von Angesicht zu Angesicht sah. Falls du glaubst, Schmerz und Sehnsucht werden geringer, je mehr Winter vergehen, täuscht du dich, Ingwin. Es ist wie ein Ango, der tief in einem steckt und um so stärker schmerzt und die Wunde noch verschlimmert, wenn man ihn herauszuziehen versucht.«

Ein Ango war eine Frame, deren Spitze mit Widerhaken versehen war. Hatte sie den Leib eines Feindes einmal durchdrungen, konnte der Getroffene sie kaum entfernen, ohne daß er sich selbst zerfleischte.

Je mehr Armin über das Schicksal seiner verschleppten Familie nachdachte, desto größer wurde die Wunde, desto heftiger stachen Trauer und Zorn in seinem Herzen. Fast war er dankbar, daß die Kämpfe gegen Römer, Markomannen und auch gegen Krieger seines eigenen Stammes so manchen Sommer beansprucht hatten, denn dadurch war er gezwungen, seine Gedanken anderen Problemen zuzuwenden.

In den langen Wintern jedoch, wenn die Riesin Hulda das Land mit den Eisfedern aus den Betten der Frostriesen überschüttete und die Krieger in ihren windumtosten Häusern um das Herdfeuer saßen, um Erzählungen von den Kämpfen der Götter und der Einherier, der Riesen und der Ungeheuer zu lauschen, dachte Armin um so mehr an Thumelikar, dessen Gesicht er nicht kannte, und an Thusnelda, deren Antlitz aus seiner Erinnerung zu verschwinden begann. Er wußte, daß ihr Haar hell war, ihr Gesicht würdevoll und von klaren Formen, jedoch nicht so scharf geschnitten wie das ihres Vaters Segestes. Doch wenngleich er sich ihr Antlitz mit aller Kraft auszumalen versuchte, verschwamm es mehr und mehr vor seinem inneren Auge. War es eine besondere Strafe oder eine Gnade der Götter, daß ihm erst das Weib und dann auch die Erinnerung geraubt wurde?

Ingwins Stimme riß ihn aus den schwermütigen Gedanken: »Du hast guten Grund zur Hoffnung, mein Herzog. Von unseren Kriegern, die vor wenigen Monden aus dem Reich der Markomannen heimgekehrt sind, wissen wir, daß Fürst Thorag nach Ravenna aufgebrochen ist, um die Verschleppten zu befreien.«

»Keinem traute ich das eher zu als dem Donarsohn. Aber er steht allein gegen das Römische Reich.«

»Auch du hast einst allein gegen Rom gestanden, Armin, als es galt, die Schreckensherrschaft des Varus zu brechen. Die Götter waren mit dir und sandten dir Verbündete, Cherusker und die anderer Stämme, und deine Standhaftigkeit wurde mit einem Sieg belohnt.«

»Eben weil ich Verbündete hatte, Männer wie Thorag und wie dich, Ingwin. Allein hätte ich nur sterben können, nicht siegen. Und Thorag steht allein, was nicht der einzige Grund zum Zweifeln ist. Falls er Ravenna überhaupt erreicht, ist fraglich, ob die Gefangenen wirklich dorthin gebracht wurden.«

»Du solltest nicht zweifeln, sondern vertrauen – hiermit!« Ingwin legte die rechte Hand auf sein Herz. »Der Donarfürst hat so viele Kämpfe an deiner Seite ausgetragen, gegen Varus, gegen Germanicus und gegen Marbod. Gemeinsam mit ihm habe ich die Eisenburg angegriffen, um dich aus der Gewalt des Verräters Segestes zu befreien. Du und Thorag, ihr seid Brüder des Blutes, und dein Heil ist auch das seine.«

Die Cherusker glaubten, wie auch die anderen Stämme, an das Heil ihrer Fürsten, die ihre Abstammung auf die Götter zurückführten und auf Grund dieser Abkunft in allem, was sie sagten und taten, von den Göttern begünstigt wurden. Nur wer von den Göttern mit großem Siegheil bedacht war, konnte seinen Stamm als Herzog erfolgreich in die Schlacht führen. Nur wer das Wortheil besaß, war auf dem Thing in der Lage, alle Frilinge von seiner Ansicht zu überzeugen. Und nur Ratheil ermöglichte es einem Fürsten, die richtigen Entscheidungen zu treffen. Das Heil, das die Götter den Menschen verliehen und um dessentwillen die Menschen ihre Götter verehrten, war noch bei dem einfachsten Friling zu spüren, ja selbst bei halbfreien Barschalken und unfreien Schalken. Ohne Jagdheil würde die Frame eines Jägers keinen Wisent und kein Reh treffen, ohne Fischheil konnte ein Fischer keinen Barsch und keine Forelle aus seinem Netz ziehen. War der Bauer nicht mit Ernteheil gesegnet, würde sein Getreide verdorren oder verfaulen. Und ohne Lebensheil konnte eine Heilerin auch mit den besten Kräutern nicht die Wunden eines Verletzten schließen, konnte sie keinen Fieberbrand senken und keinen Husten lindern. Die größten Heilinge aber waren die Edelinge, Fürsten wie Armin, dem Wodan Rat- und Siegheil verlieh, und wie Thorag, der von Wodans Sohn abstammte, dem mächtigen Gott Donar, der Götter und Menschen gegen die finsteren Mächte Utgards verteidigte.

Armin dachte an die vielen Siege, die er und Thorag gemeinsam erfochten hatten, schon in jungen Jahren. Kaum hatten sie die Kriegerweihe hinter sich gebracht, da erlegten sie den mörderischen einäugigen Keiler, der unter dem Namen Blutborste im Cheruskerland gefürchtet war. Seite an Seite gingen sie nach Rom, um die römische Sprache, römische Sitten und römische Kriegskunst zu erlernen. Und als römische Reiter kämpften sie für Kaiser Augustus, bis sie erkannten, daß die Römer den Cheruskern ihre Sprache und Sitten nur brachten, um den Stamm auszubeuten und zu versklaven.

Im Tal der toten Bäume hatten Armin und Thorag einst ihr Blut miteinander und mit der Erde vermischt, der Mutter allen Lebens; sie waren zu Brüdern geworden, als wären sie

Kinder desselben Vaters und derselben Mutter. Sie waren nicht immer einer Meinung gewesen, hatten sich sogar im Streit entzweit, doch nachdem Segestes die Adlerburg überfallen und Auja und Thusnelda verschleppt hatte, hatten sie ihren Bund erneuert, und Thorag hatte geschworen, nicht eher zu ruhen, bis Auja, Ragnar und Thusnelda wieder in Freiheit waren. Ragnar war längst wieder bei seinem Vater, aber der Versuch, Thusnelda und Auja dem römischen Feldherrn Germanicus in der Schlacht bei den Langen Brücken zu entreißen, war mißlungen.

Ingwin hatte Recht – wenn jemand die Frauen und den kleinen Thumelikar heimbringen konnte, dann Thorag. Es gab nur einen Menschen, dem Armin mehr vertraute, und das war er selbst. Und doch, je mehr Zeit verstrich, desto größere Zweifel nagten an seinem Vertrauen, das verblaßte wie Thusneldas Antlitz.

Das göttliche Heil war lange Zeit mit den Blutsbrüdern gewesen, aber war nicht die Verschleppung ihrer Frauen ein Zeichen, daß die Götter sich von Armin und Thorag abzuwenden begannen? Hatten sie die Götter verärgert, oder wollten die mächtigen Herrscher Asgards sie vor eine Probe stellen?

Es kam oft vor, daß einen Menschen das Heil verließ. Ein Bauer ohne Ernteheil brachte dann das wenige, das ihm geblieben war, den Göttern als Opfer dar, um ihre Gunst zurückzuerlangen. Und mancher Herzog, den das Siegheil verlassen hatte, war von seinen Gefolgsleuten verbannt oder getötet worden, um neues Heil für die Seinen zu erflehen. Manchmal hatte Armin an der Macht der Götter gezweifelt, hatte er den Glauben der Menschen an sie für seine Ziele benutzt. War das der Grund, weshalb das Heil ihn zu verlassen drohte?

In letzter Zeit wurde Armin immer öfter von düsteren Träumen heimgesucht. Wenn er nächtens bei dem Versuch, sich

Thusneldas Antlitz auszumalen, irgendwann in den Schlaf fiel, verwandelte sie sich in eine schattenhafte Gestalt, mal mehr, mal minder menschlich, die ihre klauenartigen Hände nach ihm ausstreckte, um ihn in finstere Tiefen zu ziehen. Die Träume kündeten ihm von Hel, der halb schwarz- und halb menschenhäutigen Tochter Lokis und Angurbodas, die über das Totenreich herrschte. Nicht der nahe Tod, den ihm die Träume andeuteten, erschreckte den Cheruskerherzog, sondern der Gedanke, daß er dann Thusnelda und Thumelikar nicht mehr sehen würde. Und noch etwas war bedrückend an seinem Traum: Ins Reich der Hel kam nur ein Krieger, der nicht mit der Waffe in der Hand gestorben war, sondern einen unrühmlichen Tod gefunden hatte.

Ein Ruck durchlief Armins muskulösen Körper, als er sich von seinen finsteren Gedanken löste und den hirschkopfförmigen Goldsporn an seinem rechten Absatz gegen die Flanke des Rappen drückte. Mit leichtem Wiehern setzte der große Hengst sich in Bewegung, und die gesamte Gesandtschaft der Cherusker folgte, etwa fünfundzwanzig Edelinge und dieselbe Anzahl Krieger aus Armins Gefolgschaft. Viele ritten große Römerpferde und saßen auf römischen Sätteln, wie Armin und Ingwin, andere, die nicht in Roms Diensten gestanden hatten, bevorzugten die kleineren Pferde, wie sie im Cheruskerland gezüchtet wurden. Ihre Reiter verzichteten auf Sättel, hatten einfach nur Decken über die Pferderücken gelegt. Aber es waren kostbare Decken, wie auch die Edelinge aus allen sieben Gauen des Cheruskerstammes kostbar gekleidet waren, um die Chatten und ihre Göttin Tamfana zu ehren.

Das beeindruckendste Pferd trug keinen Reiter, keinen Sattel und keine Decke. Der schlanke Schimmel, der um seinen besonderen Wert zu wissen schien und erhobenen Hauptes einherschritt, hieß Sunwin, der Sonnenfreund, weil sein helles Fell glänzte wie das Gold an Sunnas Wagen. Er war das

Edelste der heiligen Rosse, die von den Priestern der Heiligen Steine gehütet wurden, und Alfhard selbst hatte Sunwin für Armin ausgewählt.

Rolef, der noch junge Edeling aus dem Baldergau, der das Tier an einer Leine mit sich führte, war sichtlich stolz auf die ihm von Armin übertragene Aufgabe. Der Cheruskerherzog hatte ihm Sunwin anvertraut, weil ihm Rolefs einfühlsamer Umgang mit Pferden aufgefallen war. Und natürlich auch deshalb, weil Rolef der Sohn jenes Edelings Rohwart war, den die Frilinge des Baldergaues zu ihrem Fürsten erkoren hatten, nachdem der alte Gaufürst Balder in der Schlacht gegen Marbod und Inguiomar gefallen war.

Der Tamfanaberg war nicht nur das größte Heiligtum der Chatten, sondern auch ihre größte Fliehburg. Je näher die Cherusker der langgestreckten Anhöhe kamen, um so deutlicher traten zwischen den weitgehend entlaubten Bäumen die Gräben und Wälle hervor, die den Berg in eine schwer einzunehmende Festung verwandelten. Die zum Winterfest Herbeigeeilten hatten unzählige Lager errichtet, und in etlichen waren bis zum Hals bewaffnete Krieger versammelt. Die Chatten waren weithin berühmt für ihre tapferen Kämpfer und die strenge Disziplin ihrer Truppen, die sie von den Römern übernommen hatten. Armin, der aus leidvoller Erfahrung wußte, wie schwierig es war, germanische Krieger zu einem disziplinierten Heer zu formen, betrachtete ein wenig neidvoll die chattischen Recken.

Er sah etliche Hundertschaften von Jungmännern, deren Gesichter kaum zu erkennen waren, so lang und dicht wucherten Haar und Bart, denn erst wenn ein Chatte seinen ersten Feind getötet hatte war es ihm erlaubt, den Haarwust abzuschneiden und sich zu rasieren. Die meisten taten es, um sich eine Frau zu suchen und Kinder zu zeugen – mit der Ehre des gestandenen Kriegers und dem Mannesheil behaftet. Wer aber Haar und Bart weiterwachsen ließ, verschrieb sich ganz dem Kampf und trat einem der Kriegerbünde bei, von denen die Chatten mehr besaßen als jeder andere Stamm an der Rheingrenze. Einige waren im Kampf ergraut und hatten ihr langes Haar kunstvoll um den Kopf geschlungen, damit es sie nicht bei jeder Bewegung hinderte.

Neugierige Blicke verfolgten den Cheruskertrupp, Rufe und Fragen und vielfaches Hundegebell. Es kam aus einem der Kriegslager, wo die Hundinge sich niedergelassen hatten. Jeder von ihnen führte im Kampf einen der großen schwarzen Todeshunde mit sich. Beim Anblick der kläffenden, geifernden, ihre scharfen Fangzähne bleckenden Tiere spürte selbst ein erfahrener Krieger wie Armin, wie seine Kehle sich zuzog, als hätte sich eine der Bestien bereits darin verbissen.

Ingwin, der weiterhin an Armins Seite ritt, sprach aus, was auch der Herzog dachte: »Ich kämpfe lieber gegen zehn Krieger zugleich als gegen einen dieser Hunde. Man sagt, sie lassen niemals von einem Gegner ab, wenn sie sich erst in ihm verbissen haben. Man kann ihnen dann sogar den Kopf abschlagen – er bleibt an einem hängen wie die Spitze eines Angos.«

»Dann sollte man ihnen die Köpfe abschlagen, bevor sie zubeißen«, sagte Armin grinsend. »Hoffen wir, daß die Hundinge und ihre schwarzen Gefährten auch zukünftig auf unserer Seite kämpfen und nicht gegen uns. Schließlich sind wir hier, um den Heeresbund mit ihrem neuen Herzog zu erneuern.«

Ingwin wiegte zweifelnd den Kopf. »Ich werde nicht recht schlau aus diesem Adgandest. Bislang hat er nicht gegen die Römer gefochten. Es geht sogar das Gerücht, daß er ein Römling sei. Bevor wir herkamen, hielt ich ihn für einen Hasenfuß. Aber hier gibt es fast mehr Krieger als Bauern, die der Tamfana Gaben bringen. Kann ein so kriegerisches Volk einen Feigling zum Herzog wählen?«

»Ich hoffe nicht. Sicher glauben die Chatten, das Sieg- und

Ratheil, dessen Arpo über so viele Winter und Sommer teilhaftig war, sei auch seinem Neffen Adgandest gegeben. So wie das göttliche Heil häufig mit einer ganzen Sippe und nicht nur mit einem Einzelnen verbunden ist. Ich bete zu Wodan, daß es so ist.« Armin horchte auf. »Hört sich so an, als würden wir es bald erfahren.«

Feierlicher Lurenklang erfüllte die Luft, und gemessenen Schrittes kam den Cheruskern ein großer Trupp Chatten vom Bergkamm entgegen. Voran schritten mehrere Paare von Lurenbläser, die ihren langen, gewundenen Bronzehörnern so reine Klänge entlockten, als spielten die Asen selbst auf den Instrumenten. Die Angehörigen eines jeden Bläserpaares gingen nebeneinander; bei einer Lure war der Kopf nach rechts, bei der anderen nach links gewunden. Und beide Luren waren schon bei der Herstellung aufeinander abgestimmt worden, damit ihre Töne sich zu einem vollkommenen Ganzen ergänzten wie Nott und Dagr, wie Winter und Sommer, wie der Anfang und das Ende der Zeiten. Die Anzahl der Bläserpaare betrug neun, denn neun Nächte hatte Wodan am windigen Baum gehangen, um die allumfassende Weisheit zu erlangen, auch das Wissen um die Macht der Töne, das er an die Menschen weitergegeben hatte. Zum Dank dafür entlockten diese den Luren Klänge von göttlicher Reinheit.

Prachtvoll gekleidet wie die Lurenbläser waren auch die nachfolgenden Träger der Stammeszeichen, jener an Holzstangen befestigten Tierhäute, auf denen die heiligen Waffen, Tiere und sonstigen Wahrzeichen der von den Chatten besonders verehrten Götter gemalt waren: Wodans Ger Gungnir, seine Raben, seine Wölfe und sein achtbeiniges Roß; Donars Hammer und sein von zwei Böcken gezogener Donnerwagen; Ings hellglänzender Eber Goldborste; Tius Schwert; und Tamfanas Sieb der Weissagung.

Den Zeichenträgern folgte eine berittene Hunderschaft. Krieger, wie Armin sie noch nie gesehen hatte. Sie trugen schwere Kettenhemden nach römischem Vorbild und Helme wie die Römer, aber von anderer Form. Ein ungutes Gefühl beschlich Armin, als er feststellte, daß die Männer ihn an Marbods Reiter erinnerten, die ebenfalls Eisenhemden und Helme getragen hatten. Die chattischen Helme reichten tief ins Gesicht, ließen zwei Lücken für die Augen offen und schützten mit einem langen Bügel die Nase. Jeder Reiter war mit zwei Schwertern bewaffnet; an der linken Seite hing der kurze und einschneidige Sax, an der rechten die lange und zweischneidige Spatha. Mit Widerhaken versehene Framen und längliche sechseckige Schilde mit spitz hervorstechenden Bronzebuckeln vervollständigten die Bewaffnung.

Ingwin beugte sich seitlich zu Armin hinüber und sagte im Flüsterton: »Ein Einziger von den Reitern schleppt mehr Eisen und Bronze mit sich herum als eine ganze römische Legion. Kein Wunder, daß sie alle große, kräftige Römerpferde reiten. Ein anderes Roß würde unter der Last zusammenbrechen. Selbst an den Unterschenkeln tragen die Chatten schützende Eisen wie römische Gladiatoren. Im Kampf mögen sie schwer zu verwunden sein, aber auch so unbeweglich wie der von den Asen mit der Fessel Gleipnir gebundene Fenriswolf.«

Die Formation der schwerbewaffneten Reiter teilte sich, und aus ihrer Mitte kam den Cheruskern ein seltsam hellhaariger Mann auf einem Rappschecken entgegen. Von so unterschiedlicher Färbung wie das Fell des Pferdes waren auch Bart- und Haupthaar des Reiters. Der Bart um Mund und Kinn war dunkel, das schulterlange Haar jedoch schlohweiß, obgleich der Edeling nicht älter als Armin zu sein schien, also noch keine vierzig Winter zählen konnte. Daß es ein Edeling war, sah der Cherusker sofort an der Kleidung und Bewaffnung des Chatten, die nicht minder prachtvoll waren als seine eigenen. Auf dem silberumrandeten Schild war ein Wolfshaupt über zwei gekreuzten Schwertern abgebildet.

Armin konnte sich nicht erinnern, dem Chatten jemals begegnet zu sein, doch wußte er sofort, wen er vor sich hatte. Er lenkte seinen Rappen dicht an den Schecken heran und sagte: »Ich grüße den Fürsten Adgandest, Herzog der Chatten, dem ich dasselbe Sieg- und Ratheil wünsche, wie es Herzog Arpo zu eigen war, der jetzt bei seinen Ahnen weilt.«

Der Chatte lächelte, was nicht zu seinem ernsten Gesicht passen wollte. »Ich erwidere deinen Gruß, Sohn des Segimar, Herzog des mächtigen Hirschstammes. Ich freue mich sehr, daß du meiner Einladung gefolgt bist. Die Herzöge zweier so großer Stämme, die noch dazu in Nachbarschaft leben, sollten einander kennen, wie der Wolf den Wald kennt.«

Armin erwiderte das Lächeln. »Deine Worte sind meine Gedanken, Adgandest. Wie es Sitte ist unter guten Nachbarn, bringe ich dir Geschenke des Hirschstammes.« Er wandte sich im Sattel um und zeigte auf den stolzen weißen Hengst. »Das Wertvollste siehst du dort, ein heiliges Roß von den Heiligen Steinen. Sunwin ist sein Name, weil sein Glanz ist wie der Sunnas an einem wolkenlosen Sommertag. Er ist unsere Opfergabe an die Göttin Tamfana, zu deren Ehren ihr das Winterfest begeht.«

»Ein prachtvolles Tier, das sehe ich auf einen Blick«, sagte Adgandest mit einem anerkennenden Nicken. »Ihr kommt gerade rechtzeitig zum großen Opferfest, Cherusker, der Mond rundet sich in dieser Nacht. Begleitet mich, und ihr sollt Speise und Trank erhalten. Danach können wir zusehen, wie Sunwin beim Roßgang um den Opferrang streitet.«

Der Roßgang fand in einem umzäunten Kreis im Schatten der beiden Felskegel statt. Tausende von Frilingen hatten sich rundum versammelt, um dem großen Ereignis beizuwohnen. Armin und seine Begleiter, die zum ersten Mal auf dem Tamfanaberg waren, blickten sich ebenso neugierig um, wie sie von den Chatten angestarrt wurden.

Nach dem Met, den Adgandest den cheruskischen Gästen zur Begrüßung gereicht hatte, war der Chattenherzog gegangen, um den Roßgang vorzubereiten. Der Herzog der Chatten war zugleich ihr oberster Priester und mußte die wichtige Kulthandlung selbst leiten. Aus diesem Grund hatten die Chatten nach Arpos Tod das Fest verschoben, bis sie einen neuen Herzog gewählt hatten. Tamfana hätte es als Beleidigung aufgefaßt, von einem Geringeren als dem obersten Führer und Priester des Stammes geehrt zu werden.

»Der Met hier ist gut«, meinte Ingwin, als er und die anderen Cherusker Armin zum Roßkreis begleiteten. »Wenn der Roßgang so aufregend ist wie die Chattenweiber, die uns den Begrüßungstrunk brachten, will ich zufrieden sein.«

»Geringe Ansprüche sind halt leicht zu befriedigen«, sagte Armin spöttisch. »Ich bin erst dann zufrieden, wenn ich mit Adgandest gute Gespräche geführt habe.«

»So wie er uns behandelt, scheint der Chatte uns alles anderes als feindlich gesonnen zu sein«, erwiderte der Kriegerführer. »Aber du hast Recht, Herzog, loben wir Dagr nicht, bevor Notts Schleier fallen. Schon mancher Abend hat einen am Morgen noch siegesbewußten Krieger verblutend am Boden gesehen.«

Ein chattischer Edeling geleitete die Cherusker zu einer Felserhöhung, von der aus sie eine ungehinderte Sicht auf den Roßkreis genossen. In den Kreis trat Adgandest, der seine Kleider mit dem weißen Priestergewand vertauscht hatte. Die neunmal zwei Lurenbläser nahmen am Rande der Einhegung Aufstellung, und die Stöße ihrer Hörner brachten jede Rede zum Verstummen. Viele tausend Augenpaare waren auf den neuen Chattenherzog gerichtet, der hier erstmals auch seines Priesteramtes waltete.

»Wenn Notts Schleier fallen, wird der glänzende Wagen Manis in voller Pracht über den Himmel ziehen«, begann er, nachdem die Luren verstummt waren. »Schon beim letzten vollen Mond wollten wir der gütigen Erdmutter Tamfana, der Allesgebärenden, unsere Dankes- und Bittopfer darbringen. Doch Arpo, der weithin gerühmte Herzog, ging von uns. Voller Stolz stehe ich, dessen Mutter Arpos Schwester war, jetzt an seiner Stelle und bitte die Götter, mir ihr Heil zuteil werden zu lassen. Mit ihrer Hilfe werden wir im Roßgang den edelsten und würdigsten Hengst ermitteln, der in dieser Nacht mit der Tamfana vermählt wird!«

Die Chatten schlugen mit Framen und Schwertern gegen ihre Schilde, und das Dröhnen und der Donnerhall waren Zeichen für ihre Zustimmung. Adgandests Worte hatten ihnen gefallen, und nun riefen sie seinen Namen, während das erste Roßpaar von den Roßhütern in den Kreis geführt wurde. Eine Gruppe Priester brachte drei weiße Stuten in den Kreis und band sie dort an, um den Kampfgeist der Hengste zu steigern. Zwei Priester gaben den Tieren aus einer runenverzierten Silberschale Wasser, das mit Kräutern versetzt war, die ihre Kampfeslust zusätzlich anstacheln sollten.

»Den ersten Kampf um den Opferrang bestreiten der Hengst Isram aus dem Rabengau und der Hengst Hadwin aus dem Eichengau«, verkündete Adagandest, bevor er und die anderen Priester den Kreis verließen. »Möge das Siegheil mit dem edleren Roß sein!«

Zurück blieben die Pferde und die beiden Roßhüter. Jeder der beiden Chatten hielt einen dornengespickten Stock in der Hand, mit dem er sein Tier antrieb. Die beiden weißen Hengste umtänzelten einander zögernd, schienen kaum in Kampfeslaune zu sein. Aber dann taten die Stockhiebe, der Kräutertrank und die Stuten ihre Wirkung. Hadwin – was der Kampffreudige hieß –, machte seinem Namen Ehre und versuchte, den anderen Hengst über den Haufen zu rennen. Mehrere solcher Angriffe wehrte Isram ab, womit auch der Eisenrabe bewies, daß er seinen Namen zu Recht trug. Immer lauter wurden die anfeuernden Rufe der Frilinge und der

Donner ihrer gegeneinandergeschlagenen Waffen. Eifrig schlossen die Männer Wetten darauf ab, welchem Hengst das Siegheil zuteil wurde. Die meisten entschieden sich für Hadwin, der um so tollkühner angriff, je länger der Kampf dauerte, von seinem Hüter mit unaufhörlichen Hieben und Schreien angetrieben. Doch die Zurückhaltung Israms und seines Hüters war keine Schwäche, sondern Taktik. Während Schaumfetzen vom Maul des verausgabten Hadwin flogen, wurde er plötzlich von einem noch ausgeruhten Isram attackiert. Huftritte und Bisse, die der Eisenrabe dem anderen in schneller Folge versetzte, trieben Hadwin immer weiter zurück. Er blutete aus mehreren Wunden, taumelte und wieherte vor Schmerz, bis seinem Hüter nichts anderes übrigblieb, als den Dornenstock zu zerbrechen. Damit war der Kampf beendet, stand Isram als Sieger fest. Wer auf Hadwin gewettet hatte, machte ein langes Gesicht. Alle anderen jubelten dem Sieger begeistert zu und verlangten ihren Wettgewinn.

Einer der beiden Hengste, die für den nächsten Kampf in den Kreis geführt wurden, war Sunwin, begleitet von Rolef. Sunwins Gegner war ein eher gedrungenes, sehr muskulöses Roß, das die Chatten Hilber nannten, den kämpferischen Bären. Sie schienen dem Tier aus ihrem Stamm ein größeres Siegheil zuzubilligen als dem Cheruskerpferd, das zwar sehr anmutig aussah, aber keine kriegerischen Qualitäten erkennen ließ. Die meisten Männer wetteten auf Hilber, und erstaunt bemerkte Armin, daß Ingwin das Angebot eines chattischen Edelings ablehnte: »Mein Schwert gegen das deine, Cherusker. Und weil euer zahmes Roß unserem Hilber sowieso unterliegen wird, sollst du obendrein meine Fibel erhalten, falls es anders kommt.«

Die Fibel, die den Umhang des Chatten zusammenhielt, war ein besonders kostbares Stück: ein aus Silber gefertigter Wolfskopf, dessen rotblitzende Augen zwei kleine Rubine waren. Daraus schloß Armin, daß der Mann entweder aus dem Wolfsgau kam, dem Gau des neuen Herzogs, oder daß er zu Adgandests Gefolgschaft gehörte. Ingwins Ablehnung erregte das Gelächter des Chatten.

Armin wandte sich an Ingwin. »Hast du kein Zutrauen zu Sunwin?«

»Zu dem Pferd schon, aber nicht zu dem Jüngling. Rolef ist nicht hart und erfahren genug, und er mag die Pferde viel zu sehr, um Sunwin zum Äußersten zu treiben. Und das würde es brauchen. Hilber scheint ein zäher Brocken zu sein.«

»Und das sagt der Mann, der mir vorhin geraten hat, mehr Vertrauen zu zeigen«, meinte Armin mit leichtem Spott, bevor er sich zu dem Chatten umwandte und ihn nach seinem Namen fragte.

»Ich heiße Hruodwin, Herzog.«

»Der Freund des Ruhmes, wie passend«, meinte Armin. »Und du glaubst, auch in diesem Roßgang wirst du auf der Seite des Ruhmes stehen?«

Der untersetzte Chatte fuhr verlegen mit der Hand durch seinen struppigen Kinnbart. »Du bist ein berühmter Fürst und Gast unseres Herzogs, Armin, und ich will dich nicht beleidigen, indem ich schlecht über die heiligen Rosse der Cherusker spreche.«

»Du kannst mich nicht beleidigen. Und mich interessiert auch nur deine Meinung zu einem bestimmten Roß, zu Sunwin. Du denkst, es wird Hilber unterliegen?«

Nach einigen Augenblicken des Zögerns antwortete Hruodwin: »Ohne Zweifel, Herzog.«

»Dann nehme ich die Wette an, die du meinem Kriegerführer angeboten hast. Und weil euer Hilber dem edelsten unserer heiligen Rosse ohnehin unterliegen wird, sollst du neben meinem Schwert auch meine Fibel und meinen Gürtel erhalten, falls die Götter es anders entscheiden.«

Ungläubig wanderte Hruodwins Blick über Armins Prunkschwert, den prachtvoll verzierten Gürtel mit der kostbaren Schließe und über die goldene Hirschfibel. »Aber, Herzog, man soll nicht sagen, der edle Hruodwin habe den vornehmsten Gast seines Stammes ausgeraubt!«

»Niemand wird das sagen, weil ich die Wette gewinnen werde.«

»Also gut, so sei es!« rief der Chatte, und in seinen Augen blitzte es voller Freude auf seinen kostbaren Gewinn. Er legte die flache Rechte auf sein Herz und sprach feierlich: »Bei Tiu, dem Schwurgott, die Wette ist bindend.«

Nachdem Armin die Geste und die Worte wiederholt hatte, flüsterte Inwin ihm ins Ohr: »Nach diesem Roßgang werde ich dir Schwert, Fibel und Gürtel leihen müssen, mein Herzog, sonst erntet der Ehrengast auf diesem Fest reichlich Gelächter.«

»Abwarten«, sagte Armin ruhig. »Ich zweifle nicht an Dagr, bevor Notts Schleier fallen.«

»Wärst du bei den Römern geblieben, wärst du jetzt einer ihrer Philosophen«, murrte Ingwin und wandte sich dem beginnenden Roßkampf zu.

Der chattische Roßführer trieb Hilber an, als ginge es in die letzte Schlacht gegen Riesen und Ungeheuer. Schon war Sunwin an den Rand der Einfriedung gedrängt, ohne daß er einen eigenen Angriff vorgetragen hätte. Rolef benutzte seinen Dornenstock nicht, was Ingwin eine endlose Kette von Flüchen entlockte.

Kaum aufgeregt, redete der junge Cherusker auf den Schimmel ein, während Hilber heranpreschte, um den Gegner endgültig in die Knie zu zwingen. Mit einem unerwarteten Satz sprang Sunwin zur Seite. Hilber konnte seinen Ansturm nicht mehr bremsen und durchbrach die hölzerne Einhegung. Sofort sprangen ein paar Chattenpriester herbei und hielten das Tier fest. Die Regeln des Roßgangs besagten, daß derjenige den Kampf verloren hatte, der die Einfriedung durchbrach.

Ungläubig wie Hilbers Roßhüter blickten die meisten Chatten drein, während aus dem Haufe der Cherusker begeisterter Jubel aufbrandete. Den lautesten Beifall spendete Ingwin, der wie verrückt mit dem Schwert auf seinen Schild eindrosch.

Armin sagte wie beiläufig zu Hruodwin: »Da hinten steht mein Schalk Omko, der alte Friese dort mit dem dünnen grauen Haarkranz. Ihm kannst du meinen Gewinn überreichen, Freund.«

Während die Priester die Einhegung ausbesserten, streichelte Rolef den Cheruskerschimmel, der in den folgenden Kämpfen seine Überlegenheit ein ums andere Mal unter Beweis stellte. Immer zeigte Sunwin sich anfangs zurückhaltend und spähte die Schwächen seines Gegners aus, bevor er kraftvoll und unwiderstehlich zuschlug. Bald spendeten auch etliche Chatten dem CheruskerRoß Beifall, zumal sie inzwischen klug genug waren, gegen die Tiere aus ihrem eigenen Stamm zu wetten. Einige Edelinge und Priester der Chatten nahmen dies mit mißmutigen Mienen zur Kenntnis, wagten aber kaum eine Gegenwette, schien Sunwin doch das Siegheil gewiß. Und als Sunna sich den westlichen Hügeln zuneigte, waren nur zwei Rosse in jedem Kampf unbesiegt geblieben und sollten im letzten Roßgang gegeneinander antreten: Sunwin und Isram.

Als Adgandest dies aus der Mitte der Einhegung heraus verkündet hatte, legte er eine kurze Pause ein, bis die Erregung der Frilinge verklungen war. »Die Wetten waren hoch, machten die einen reich und die anderen arm«, fuhr der Chattenherzog fort. »Besonders arg traf es Hruodwin, den Führer meiner Kriegergefolgschaft, der sein Prachtschwert und seine Wolfsfibel an Herzog Armin übergeben mußte.« Der Vorfall hatte bereits die Runde gemacht und löste große Heiterkeit aus, als Adgandest ihn noch einmal erwähnte. »Chatten und Cherusker sind zwei mächtige Stämme, und ihre edelsten Rosse sollen nun gegeneinander streiten. Ich denke aber, in diesem wichtigen Kampf sollten auch die hervorragendsten Edelinge die Roßhüter sein. Darum schlage ich vor, daß ich selbst und Herzog Armin die heiligen Rosse in den Kampf führen. Gewinnt Isram, so soll Hruodwin die Zeichen seiner Kriegerehre zurückerhalten. Verliert unser Roß jedoch, was ich nicht glaube, so kann der Cheruskerherzog seinen Gewinn nach freier Wahl bestimmen.«

Die Begeisterung über diesen Vorschlag war so groß, daß Armin ihn nicht ablehnen konnte, ohne den ganzen Cheruskerstamm bloßzustellen. Aber nur widerwillig legte er sein Wehrgehänge und seinen Umhang ab und trat zu Adgandest in den Kreis. Er war zu den Chatten gekommen, um sich Verbündete für den Kampf gegen Rom zu sichern, nicht um im Kampf gegen den neuen Chattenherzog anzutreten, und mochte es auch nur ein ritueller Kampf sein. Einer der beiden Herzöge mußte den Roßgang verlieren, und das würde bei dem betroffenen Stamm alles andere als Begeisterung auslösen.

Adgandest hatte das Priestergewand abgelegt und trat mit nacktem Oberkörper in den Kreis zurück. Er war nicht gerade muskulös, eher sehnig. Zahlreiche Brandnarben verunzierten Brust, Rücken und Arme.

Der letzte Roßkampf erinnerte an den ersten. Die Schimmel umkreisten sich lauernd, schienen zu wissen, daß der Kampf nicht einfach würde. Armin hatte sich vorgenommen, Rolefs Beispiel zu folgen und auf den Einsatz des Dornenstocks zu verzichten. Sunwin hatte gezeigt, daß er allein wußte, wann der Zeitpunkt zum Angreifen gekommen war.

Der Chattenherzog war nicht so zurückhaltend. Sein Dornenstock zuckte mit einem schnellen Streich über Israms Kruppe, und der Eisenrabe machte einen langen Satz nach vorn. Obwohl Sunwin einen Angriff erwartet hatte, konnte er nicht mehr rechtzeitig ausweichen. Isram sprang ihn an und rammte sein rechtes Vorderknie gegen Sunwins Brust. Mehr aus Überraschung als vor Schmerz taumelte das Cheruskerroß zurück, wobei es ein schrilles Wiehern ausstieß.

Augenblicklich setzte der Eisenrabe nach und sprang den Sonnenfreund erneut an, diesmal mit solcher Wucht, daß Sunwin auf den aufgewühlten Boden stürzte. Der zweite Angriff mußte sehr schmerzhaft für den Cheruskerschimmel gewesen sein, wie seine verdrehten Augen und sein stoßweises Wiehern verrieten. Isram dagegen stieß in Vorfreude auf den Sieg ein langgezogenes Schnauben aus. Die Begeisterung der Chatten entlud sich in tausendfachem Waffenklirrren.

Durch all den Lärm hindurch hörte Armin die Rufe Adgandests: »Hol dir den Sieg, Isram! Sei Tamfanas Gemahl in dieser Nacht und stampf den Cherusker zu Brei!«

Die weit aufgerissenen Augen des Chatten waren auf Armin gerichtet, der für kurze Zeit glaubte, Adgandest wollte seinen Schimmel auf ihn hetzen und nicht auf das am Boden liegende Pferd. War das Feuer in Adgandests Augen allein mit seinem brennenden Wunsch zu erklären, ein Roß der Chatten möge den Sieg davontragen? Armin schien es, als stecke mehr dahinter, als sei die Niederlage des Cheruskerrosses für Adgandest ein langersehnter Triumph über den gesamten Hirschstamm. Armin konnte sich das nicht erklären, und der aufgeregte Zweikampf der beiden Pferde verdrängte den flüchtigen Gedanken.

Als Sunwin aufzustehen versuchte, biß Isram ihm tief in den Nacken. Zwar schaffte es der Sonnenfreund, auf die Beine zu kommen, doch sein Hals war rot vor Blut. Schweiß bedeckte sein verschmutztes Fell, und seine Nüstern waren stark gebläht – Zeichen von Schmerz und Erregung, vielleicht auch von Angst, die Sunwin zum ersten Mal spüren mochte. Vollkommen starr stand er da und wartete, wie ein zum Tode Verurteilter, der sich in sein Schicksal ergeben hat und auf den erneut angreifenden Gegner wartet, den Adgandest mit dem Dornenstock antrieb.

Armin fragte sich, ob es ein Fehler gewesen war, den eigenen Stock nicht zu gebrauchen. Kurz dachte er daran, das Versäumte nachzuholen, doch sein Vertrauen in die Götter und in Sunwin siegte, und er rief: »Wehr dich, Sunwin! Kämpfe! Donars Stärke, Tius Mut und Wodans Siegheil seien mit dir!«

Fast war Isram bei ihm, da stieg Sunwin mit angelegten Ohren, aufgerissenem Maul und unmißverständlichen Drohgebärden auf die Hinterläufe, und seine durch die Luft wirbelnden Vorderhufe trafen den Kopf des Angreifers. Verwirrt wich Isram zur Seite aus, und ein Sprung Sunwins gegen seine rechte Schulter warf ihn zu Boden. Und schon war Sunwin über ihm, um dem Chattenroß eine unablässige Folge von Hufschlägen zu versetzen. Isram kam nicht auf die Beine, so sehr er sich auch mühte. Seine Widerstandskraft erlahmte. Er schien gewillt, sich von Sunwin zu Tode trampeln zu lassen.

Die heiligen Rosse sollten der Göttin Tamfana geopfert werden, nicht einander oder der Blutgier der Zuschauer. Ein Roßhüter hatte die Pflicht, den Kampf durch das Zerbrechen seines Dornenstocks zu beenden, sobald die Niederlage seines Pferdes unausweichlich war. Adgandest aber hielt den Stock fest umklammert und feuerte Isram lauthals an, sich wieder zu erheben und den Kampf fortzusetzen. Er war wie von Sinnen, mehr Tier als Mensch. Israms Niederlage schien für ihn eine persönliche Schmach zu bedeuten.

»Brich den Stock, Adgandest!« rief Armin ihm zu. »Zerbrich ihn endlich!«

Ihre Blicke trafen sich, und die Augen des Chatten erschienen Armin wie glühende Kohlen. Unendlich langsam, als müsse er einen unsichtbaren Widerstand überwinden, hob Adgandest den Dornenstock über seinen Kopf und brach ihn entzwei.

Armin sah Adgandests von Wut und Enttäuschung gezeichnetes Antlitz noch vor sich, als der Roßgang längst vorüber war und der Chattenherzog erneut das Gewand des Priesters trug, um die Opferfeier einzuleiten. Sein Gesicht war wieder ausdruckslos, die Stimme beherrscht und feierlich, doch Armin wußte nun, daß sich hinter dieser Maske der Zorn eines Berserkers verbarg.

Als er während des festlichen Opferumzugs mit seinen Edelingen darüber sprach, sagte Ingwin: »Ich habe mich ein wenig umgehört und weiß jetzt, woher das weiße Haar und die Brandwunden des Chattenherzogs stammen. Als Germanicus vor vier Wintern mit seinen Legionen das Heiligtum der Chatten nördlich der Eder überfiel, während der Stamm sein großes Ostarafest feierte, fanden Adgandests Weib und seine drei Kinder den Tod. Die Römer hatten die Familien mehrerer Edelinge in einem großen Holzhaus eingesperrt und es in Brand gesteckt. Adgandest kam noch rechtzeitig, um die Schreie der bei lebendigem Leib Verbrennenden zu hören. Er versuchte, die Seinen aus den Flammen zu holen – vergebens. Bei dem mißglückten Rettungsversuch verbrannte sein Leib, und die Verzweiflung ließ sein Haar weiß werden.«

»Dann verstehe ich seinen unbändigen Zorn. Aber ich begreife nicht, weshalb er ihn beim Roßgang zeigte«, meinte Armin. »Adgandest müßte die Römer hassen, nicht uns.«

»Vielleicht ist sein Zorn so groß, daß er bisweilen unkontrolliert hervorbricht.« Ingwin strich über die narbige Seite seines Gesichtes. »Ich selbst habe einmal so empfunden.«

»Nur die Götter sehen, was in einem Mann vorgeht«, seufzte Armin. »Aber eines scheint sicher – ein Römling dürfte Adgandest nicht länger sein!«

Der von Lurenspiel, Gesängen und Tänzen begleitete Festzug umrundete die beiden Felskegel und hielt an bestimmten Plätzen, wo sich die Edelinge der jeweiligen Gaue oder bestimmte Kriegerbünde versammelt hatten. Jedes Mal sprach

Adgandest, der zweifachen Felsspitze zugewandt, dasselbe Dank- und Bittgebet an die Erdgöttin Tamfana, bevor er seinen Sax in die Kehle eines heiligen Rosses stieß. Mehrere Priester zogen das verletzte Pferd mit Stricken auf einen Opferstein, wo die Axt eines Opferschlächters dem Pferd den Kopf abtrennte. Die Priester fingen das herausschießende Blut in seinem silbernen Kessel und bespritzten damit die Frilinge, auf daß sie durch die besondere Kraft des Blutes Anteil an dem Opfer nahmen und auf diese Weise mit der Göttin verbunden wurden. Die Knochen und Innereien des geschlachteten Pferdes wurden in seine Haut gewickelt und in einem Opferfeuer verbrannt, dessen Rauch die Gabe ins Reich der Götter trug. Das Fleisch wurde für das Festmahl zubereitet. Wer es verzehrte, nahm das Opfer zugleich für die Göttin Tamfana an und wurde ihres Fruchtheils teilhaftig.

»Eine seltsame Sitte, der Göttin Hengste zu opfern«, bemerkte Ingwin, als sie von einem Opferplatz zum nächsten gingen. »Ist es nicht Brauch, einem Gott männliche, einer Göttin aber weibliche Tiere zu darzubringen?«

Ein chattischer Priester, der seine Worte gehört hatte, erklärte: »Nicht bei uns Chatten, wenn das Opferfest für Tamfana gefeiert wird. Es ist das Fest des Dankes und der Bitte, des Empfangens und des Gebärens. Das Weibliche muß das Männliche in sich aufnehmen, um zu neuer Fruchtbarkeit zu gelangen. Deshalb opfern wir in dieser Nacht Hengste, und der Edelste, euer Sunwin, wird in den Schoß der Göttin eingehen.«

Dieser Schoß war ein großes sumpfiges Loch, das unterhalb der Felskegel lag. Wenn die Felsen die Brüste der Tamfana waren, mochte der Sumpf tatsächlich ihr Schoß sein. Rundherum versammelten die Chatten sich zu feierlichen Gesängen und warfen ihre Opfergaben in den alles verschlingenden Morast. Es war Mitternacht, und der Mondwagen stand als hell glänzende Scheibe am Himmel. Für zusätzliches Licht sorgten die unzähligen Fackeln in den Händen der Chatten. Ihre flackernden Flammen tanzten zwischen den winternackten Bäumen wie die ruhelosen Seelen Verstorbener. Es hieß, die Toten kehrten in den heiligen Nächten zurück, um mit den Lebenden den Göttern zu huldigen.

Waren es wirklich Tote und keine Fackelflammen, die ringsum durch die Nacht zuckten? Armin dachte an Adgandests verbrannte Familie und an die vielen tausend Marser, die vor fünf Wintern bei einem anderen Tamfanafest von Germanicus und seinen Legionen niedergemetzelt worden waren. Armin hatte nicht an dem Fest teilgenommen, aber die Berichte allein hatten genügt, seine Rachsucht zu entflammen. Bei dem Gedanken daran verstand er den Zorn, den der Chattenherzog beim Roßgang gezeigt hatte.

Das Priestergewand war von den bereits vollzogenen Opfern derart mit Blut besudelt, daß kaum noch ein weißer Fleck daran war. Adgandest ging zu Rolef, der Sunwin führte, und wollte den Hengst von dem jungen Cherusker übernehmen. Doch Rolef zögerte, den Schimmel loszulassen. Seine Zuneigung zu dem Tier war so groß, daß er es nicht dem Tod überlassen mochte, selbst wenn es Sunwins Bestimmung war und zugleich eine Ehre für das Roß. Hilfesuchend glitt Rolefs Blick über die Edelinge seines Stammes, doch niemand trat ihm bei. Auch Armin nicht, der ihm ein Zeichen gab, endlich den Strick um Sunwins Hals loszulassen. Widerwillig gehorchte der Sohn des Balderfürsten und schluckte einen dicken Kloß hinunter.

Adgandest trat mit dem Schimmel an die Stelle, wo ein Bohlenweg weit in den Sumpf hineinführte, und sagte: »Fruchtbare Göttin, Mutter allen Lebens, höre und siehe, was deine Kinder dir bringen. Das Männliche kommt zum Weiblichen, der Samen zum Schoß, auf das Neues entstehe, wenn die Zeit des Winters vorüber ist. Dann tauen die Seen auf, sprießen die Gräser, kommen die Tiere des Waldes aus ihren Höhlen und kehren die Vögel zurück aus dem Land des ewigen Sommers. Dein warmer Schoß gebiert das neue Leben, göttliche Tamfana, drum nimm hin nun das alte!«

Jeden Satz hatten Tausende von Kehlen nachgesprochen. Dann erscholl wieder der Klang der Luren. Adgandest und zwei Priester führten den Schimmel auf den Bohlenweg. Das Tier witterte den Sumpf, vielleicht auch den nahen Tod, und sträubte sich. Es stieß ein lautes Wiehern aus und warf den Kopf zurück, als wollte es Rolef um Hilfe bitten. Der wandte das Gesicht ab und preßte die Hände auf die Ohren. Die drei Chatten zerrten den Hengst weiter, dessen Widerstand erlahmte, als er merkte, daß er keine Hilfe erhalten würde.

Am Ende des Steges sagte Adgandest mit weithin hallender Stimme: »Leben zu Leben, Fleisch zu Erde, der Samen in den Schoß, auf daß Neues erwachse!«

Die Priester stießen das Pferd in den Sumpf. Der Schimmel hatte den Tod akzeptiert. Oder spürte er, daß sein Sterben dem neuen Leben diente, daß er Stammvater eines neuen Sommers war? Ohne einen Laut, ohne den geringsten Versuch, sich aus dem Morast zu befreien, versank er allmählich, während die leise und ruhig einsetzenden Luren immer lautere und schneller aufeinanderfolgende Klänge über den Tamfanaberg wehen ließen.

Als Sunwin versunken war, ging Armin zu Rolef und legte dem Jüngling eine Hand auf die linke Schulter. »Sunwin ist mit der Göttin vermählt. Für diese Ehre hat er beim Roßgang gekämpft.«

Mit einer raschen Armbewegung wischte Rolef die Tränen von seinen bleichen Wangen und nickte. Zögernd blickte er die anderen Edelinge des Cheruskerstammes an, die keine Miene verzogen.

»Du brauchst dich nicht zu schämen, Rolef«, sagte Armin.

»Verlust ist immer schmerzhaft, und nur wenn ein Sinn darin liegt, ist er zu ertragen.«

Beinahe hätte er hinzugefügt, er selbst wisse besser als jeder andere, wie schwer es war, mit einem sinnlosen Verlust zu leben.

Der heilige Berg der Chatten hallte wider von Liedern und Gelächter. Die Frilinge aßen, tranken, tanzten, spielten und sangen zu Ehren der fruchtspendenden Göttin. Ein Methorn durfte nur ausgetrunken abgelegt, ein Bierkrug nur leer zur Seite gestellt werden. Wenn die Feuer verlöschten, mußten die Kessel geleert sein, durfte an den Spießen kein Stück gebratenen Fleisches mehr hängen, wollte man nicht Tamfanas Mißfallen erregen und Gefahr laufen, daß sie die Opfer der Vollmondnacht zurückwies. Zuweilen kam es vor, daß der Sumpf die Opfergaben wieder ausspie, und dann wurde der Winter besonders kalt, der Sommer trocken; dann versiegten die Quellen, und das Vieh starb. Deshalb zechten und sangen die Chatten aus Freude und Angst zugleich, wie es schon ihre Väter und deren Väter getan hatten, solange es ihren Stamm gab.

Der Festlärm wurde um so leiser und dumpfer, je tiefer die cheruskische Gesandtschaft in das unübersichtliche Höhlensystem eindrang. Adgandest, der sie anführte, hatte sie als seine Ehrengäste hierher eingeladen, in Tamfanas Bauch, wie er sagte. Statt des Priestergewandes trug er wieder die Kleidung eines Edelings. Fackeln, die in den Wänden steckten, beleuchteten bizarre Felsgebilde, die mal aus dem Boden wuchsen, mal aus der Decke und mal aus den Seitenwänden. Hölzerne Pfeiler stützten hin und wieder die Felsdecke, und Armin nahm an, daß die mit Pfeilern versehenen Höhlen von den Chatten erweitert worden waren. Seltsamerweise wurde es immer wärmer, und Schweiß trat auf Armins Stirn. Der

Grund waren heiße Quellen im Inneren des Berges, in die man wohlriechende Kräuter gestreut hatte, deren Duft die Sinne betörte.

In einer sechseckigen Höhle standen Bänke und Tische, die reich mit Speisen bedeckt waren und an denen junge Frauen standen. Ihre spärliche Bekleidung war mit der Hitze zu erklären, die aus den Quellen entströmte, aber nicht damit allein. Während sich ein paar Mädchen eher scheu im halbdunklen Hintergrund der Höhle aufhielten, schienen sich andere, keckere, mit voller Absicht ins Fackellicht gestellt zu haben und reckten den Männern ihre entblößten, jugendlich festen, oft noch zart knospenden Brüste entgegen. Verführerisch lächelnd, schienen sie nur darauf zu warten, daß die rauhen Kriegerhände sie berührten. Jede Chattin trug ein Halsband mit einem goldenen Anhänger, einem Eber: Goldborste, das heilige Tier des Fruchtbarkeitsgottes Ing.

»Die Jungfrauen der Tamfana«, erklärte Adgandest mit einer ausholenden Armbewegung, die alle blutjungen Chattinnen in dem unterirdischen Raum umfaßte. »Nach dieser Nacht dürfen sie keine Jungfrauen mehr sein. Euch, meinen Freunden vom Cheruskerstamm, gebührt die Ehre, das heilige Werk zu vollenden. Fleisch zu Erde, das Männliche zum Weiblichen, der Samen in den Schoß, auf daß neues Leben erwachse!«

Auf seinen Wink hin nahmen die Jungfrauen der Tamfana die Deckel von den Fässern, die neben den Tischen standen. Süßer Metgeruch erfüllte die Höhle. Die Mädchen griffen nach den Trinkhörnern, um sie zu füllen.

»Trinkt auf das neue Leben, das in dieser Nacht entsteht!« rief Adgandest und wandte sich mit den chattischen Edelingen in seiner Begleitung zum Gehen.

»Warum feierst du nicht mit uns, Adgandest?« fragte Armin.

Der Chattenherzog blickte sehnsüchtig zu den Jungfrauen.

»Das würde ich nur zu gern, aber mein Stamm erwartet, daß ich die heilige Nacht mit ihm verbringe. Morgen finden wir Zeit zum gemeinsamen Feiern und zu guten Gesprächen. Und du mußt dir noch deinen Gewinn aus dem Roßgang erwählen, Armin.« Adgandest erhob die Stimme: »Ich bin sicher, daß ihr auch ohne mich Vergnügen finden werdet, Cherusker!«

Die cheruskischen Edelinge und Krieger, deren Augen begehrlich an den Metfässern und noch begehrlicher an den Jungfrauen hingen, bekundeten durch laute Rufe ihre Zustimmung und fügten Lobpreisungen auf den großherzigen Herzog der Chatten hinzu. Der verschwand mit seiner Begleitung in den Höhlengängen.

Ein rothaariges Mädchen, das von den Wangen bis zu den winzigen Brüsten mit unzähligen Sommersprossen gesprenkelt war, drängte seinen warmen Leib gegen Armin und reichte ihm ein bis zum Überlaufen gefülltes Horn. Auch die meisten anderen Cherusker hielten ein gefülltes Trinkhorn in der einen und ein Chattenmädchen in der anderen Hand. Sie warteten nur darauf, daß ihr Herzog das Horn an die Lippen setzte, damit sie es ihm gleichtun konnten.

Nur zwei bildeten eine Ausnahme: Rolef, der noch immer bleich war und starr in einer Ecke stand, und ein älterer Krieger namens Rikbod, der es nicht abwarten konnte. Er hatte sich mit einer drallen Chattin und einem Methorn in einen dunklen Winkel verzogen und schlürfte begierig den Met, um sich anschließend über das Mädchen herzumachen.

»Trinken wir auf unsere Gastgeber, die Chatten, und ihre hübschen Töchter!« rief Armin.

Er setzte das Horn an die Lippen und trank, während Rikbod mit lautem Poltern zu Boden fiel und sich in krampfartigen Zuckungen wand. Die meisten bemerkten den Sturz des Kriegers nicht und tranken ebenfalls. Nicht so Ingwin, dem Rikbod fast vor die Füße gerollt war und der erschrokken auf das verzerrte Gesicht des Gestürzten blickte. Dessen Lippen zuckten wild, und Schaum trat ihm vor den Mund.

Ingwin ließ sein Trinkhorn fallen, stieß die lockenhaarige Chattin weg, die sich wie eine Klette an ihn gehängt hatte, und sprang zu Armin. Er schlug das silberumrandete Urhorn aus Armins Hand, bevor der Herzog es auch nur zur Hälfte geleert hatte. Doch als Armin taumelnd zu Boden sackte, stieg in Ingwin der bestürzende Gedanke auf, er könnte zu spät eingegriffen haben.

»Trinkt nicht, es ist Gift!« rief der Kriegerführer. »Eine Falle! Zu den Waffen, Cherusker!«

Kaum einer konnte der Aufforderung folgen. Um Ingwin herum sanken die Männer und die Jungfrauen zu Boden. Empörung und Verachtung für die Chatten stiegen in ihm auf. Diese ehrlosen Verräter verschonten nicht einmal ihre eigenen Töchter!

Vielfaches Hundegebell erfüllte die Höhlen, begleitet von Waffengeklirr, schnellen Schritten und lauten Rufen. Die Mörder kamen, um ihre feige Tat zu vollenden. Neben Armin kauerte die sommersprossige Chattin und starrte den röchelnden und Schaum ausspeienden Herzog aus ungläubig geweiteten Augen an.

Ingwin zerrte sie unsanft hoch und brüllte: »Gibt es einen anderen Ausgang, durch den wir fliehen können?«

Sie nickte stumm, vor Schreck unfähig zu reden, am ganzen Leib zitternd, und zeigte hinter sich zu einem dunklen Spalt.

»Dann hilf mir mit dem Herzog!« knurrte Ingwin und griff unter Armins Achseln.

Die Chattin faßte Armin an den Unterschenkeln, und sie zerrten den zuckenden Leib auf den Spalt zu, als die Hundinge und ihre Todesbestien in die Höhle stürmten. Sofort stürzten sich die Tiere auf Männer und Frauen und rissen alles in Stücke, was sich bewegte. Ihre scharfen Zähne und un

116

erbittlich malmenden Kiefern verwandelten Menschen in blutige Fetzen sterbenden und toten Fleisches.

Die wenigen Cherusker, die Ingwins Warnruf rechtzeitig erreicht hatte, stellten sich den Hundingen und ihren Bestien entgegen. Sie kämpften nicht ums Überleben, sondern nur um das ehrenvolle Sterben. Vom Eisen der Hundinge durchbohrt oder von den Hunden zerfetzt, würde ihnen der Weg nach Walhall offen stehen. Die Höhlen warfen die Kampf- und Todesschreie, das Knurren und Bellen der Hunde und das Geräusch der aufeinanderprallenden Waffen als vielfaches Echo zurück.

Ein Hunding, der eine der Bestien an der Leine hielt, hatte eine Bewegung erspäht, dort, wo der schmale Felsspalt klaffte, zu dem Ingwin und das Mädchen Armin gezerrt hatten. Er wollte zu der Spalte eilen, da stellte sich ihm ein junger Cherusker in den Weg: Rolef, der ob Sunwins Tod noch so betroffen war, daß er kein Methorn hatte anrühren mögen.

Der Chatte grinste breit, als Rolef seinen Sax zog. Der schmalbrüstige Junge war kein Gegner für einen Krieger vom Bund der Hundinge. Sein Grinsen, das den Hunding noch gefährlicher aussehen ließ, war ein helles Aufblitzen in seinem dunklen Gesicht. Alle Chattenkrieger in der Höhle hatten ihre Gesichter und ihre nackten Oberkörper so stark mit schwarzer Farbe bemahlt, daß kaum ein Streifen Haut unbedeckt blieb.

»Fleisch für dich!« rief er seinem Tier zu und ließ die Leine los.

Der Hund sprang Rolef an, aber der beachtete das Tier nicht und wich nicht zurück, sondern griff ebenfalls an. Sein Sax fuhr in die Brust des Chatten, dessen Grinsen sich zu einem Ausdruck des Unglaubens verzerrte. Der Hunding sackte auf die Knie, und Rolef tat es ihm gleich. Der Todeshund hatte ein großes Stück Fleisch aus seiner Kehle gerissen und griff schon wieder an.

In dem Felspalt verschwanden Ingwin und das Mädchen mit Armin, vor dessen Augen alles verschwamm. Was hier geschah, hatte er längst schon erlebt – in seinem wiederkehrenden Traum. Er befand sich in den Tiefen des Totenreiches, und die schwarzbemalten Gestalten waren Sendboten der Hel, die ihre Klauen nach ihm ausstreckte.

Sein letzter Gedanke war, daß nicht Sunwin die Hauptgabe dieses Opferfestes war. Adgandest hatte keine Gäste in den Bauch der Tamfana geführt, sondern Opfergaben: *Fleisch zu Erde, das Männliche zum Weiblichen, der Samen in den Schoß, auf daß neues Leben erwachse!*

Kapitel 7

Todfeinde

ER WAR TOT, gestorben an einem heimtückisch beigebrach-
ten Gift. Ein unwürdiges Ende für einen Mann von edlem Ge-
blüt, der seine Leute in ungezählte Schlachten geführt hatte.
Mit dem Schwert in der Hand hätte er sterben sollen und
nicht durch die unsichtbaren Dämonen des Giftes, die seinen
Leib von innen zerfressen hatten.

Schmerz und Zorn wollten ihr Herz zersprengen, und doch,
zuweilen fand sie Schlaf, und sei es auch nur vor Erschöpfung. Wenn Meer und Wind ruhig waren und der schwere
Schiffsrumpf nur leicht auf den Wellen schaukelte, träumte
sie sich in die ferne Zeit der frühen Kindheit zurück, in die
Arme ihrer alten griechischen Amme.

Dann war die Welt wieder frei von Ängsten und Mühsal,
schien das Leben so unendlich wie die Gärten, in denen sie
auf der Jagd nach Bienen oder Schmetterlingen herumtollte.
Ein jäher Sturz und ein aufgeschlagenes Knie waren schnell
vergessen, wenn Sklaven eine kühlende Salbe auf die Wunde
strichen und die Amme sie in die Arme schloß, den Kopf des
kleinen Mädchens an ihre mächtige, warme Brust drückte,
ein tröstendes Lied summte und dabei ihren breiten Leib sanft
hin und her wiegte. So wie damals die Amme das Kind, trö-
stete jetzt das Meer die erwachsene Frau, doch war es kein
Trost von Dauer, und ihre Wunden verheilten nicht. Es glich
einem Weinrausch, der Schmerz vergessen ließ, ohne ihn zu
heilen.

Und das Erwachen, wie nach weinseligem Schlaf, war um so schlimmer. Dann hockte sie auf ihrer Bettstatt und starrte mit Augen, die halb vom Schlaf und halb von Tränen verklebt waren, auf das schwere Silbergefäß in der Form eines griechischen Tempels. Es stand in einer zwei Hand breiten Holzumrandung, so daß es auch bei schwerem Seegang nicht hin und her rutschte.

Die Trauernde fiel vor dem Gefäß auf die Knie und strich zärtlich über das kühle Silber der bildverzierten Außenwände. Die Bilder zeigten siegreiche Schlachten, unterworfene Feinde und einen Triumphzug durch Rom, verewigten die großen Taten des Verstorbenen. Vorsichtig hob sie den Deckel an und starrte ungläubig auf Asche und Gebeine, konnte, wollte nicht glauben, daß dieses Häufchen einmal ihr Mann gewesen war, der Generalstatthalter des Ostens, der Thronfolger des Kaisers, Germanicus Caesar.

So kurz sein Leben gewesen war, so lang war ihm das Sterben geworden. Lang und unendlich qualvoll. Mehrere Male schien es, als wollte er sich erholen, lag er wachen Geistes auf dem Bett, erteilte Befehle, diktierte Briefe und streichelte zärtlich seine Gemahlin, wenn sie allein waren. Doch das Fieber, das Würgen, das Schwitzen und Zittern kehrten zurück wie ein Raubtier, das im Dunkel lauerte, bis sein Opfer arglos wurde. Er wand sich in Krämpfen, erbrach jede Speise, konnte nicht den leichtesten Wein, konnte selbst Wasser nicht vertragen. Der einstmals stolze Imperator verkümmerte zu einem ausgemergelten, hohlwangigen Gespenst, oft nicht zum Sprechen fähig, und wenn doch, dann sinnlos lallend. Als er endlich starb, war er nicht bei Sinnen, doch mochte seine Seele den Tod als Erlösung empfunden haben.

Als Agrippina sich damals über den Verstorbenen beugte und seine schrundigen dünnen Lippen küßte, um seinen Geist in sich aufzunehmen, sah sie nicht den ausgemergelten Kranken vor sich, sondern den kraftstrotzenden Feldherrn im schimmernden Muskelpanzer. Und als sie seine Augen zudrückte, schwor sie sich, seinen Tod zu rächen. Er war in der Nacht nach dem Festmahl erkrankt, und sie glaubte nicht an einen Zufall. Der verhaßte Piso hatte ihm direkt gegenübergelegen, und diese heuchlerische Plancina hatte einmal neben beiden gestanden, angeblich um sie zu versöhnen. Doch Agrippina glaubte nicht daran. Sie hielt diese beiden für hinterhältige Mörder.

Sie scharte die Vertrauten ihres Gemahls um sich, um zu verhindern, daß Calpurnius Piso die langersehnte Herrschaft an sich riß, und Sentius Saturninus wurde von den versammelten Legaten und Senatoren zum neuen Befehlshaber über den Osten ernannt. Der zornentbrannte Piso verließ Antiochia mit seiner Flotte und stellte in umliegenden Landstrichen ein Heer aus ihm treu ergebenen Legionären, Fahnenflüchtigen, Auxiliartruppen der cilicianischen Fürsten, abgefangenen Rekrutentransporten, bewaffneten Troßknechten und Sklaven auf, um den ihm verwehrten Rang des Generalstatthalters gewaltsam zu erringen. Der ganze Osten stand am Rande eines Bürgerkriegs, und vereinzelt kam es zu Kampfhandlungen. Doch der Umstand, daß die meisten Legionen dem von ihnen verehrten Imperator und seinem Nachfolger Treue schworen, hielt Piso von offener Rebellion zurück. Und noch etwas hatte er wohl erkannt: Nur wenn Tiberius ihm den Rücken stärkte, konnte er die Macht über das östliche Reich auf Dauer gewinnen.

Das aber würde Agrippina niemals zulassen. Sie hatte es sich und Germanicus und ihren Kindern geschworen, bei der Ehre ihrer Ahnen! Und deshalb hatte sie sich mit Germanicus' Urne und zweien ihrer Kinder nach Rom eingeschifft: mit der im Osten geborenen Julia Livilla und mit dem Liebling seiner Eltern und aller Legionäre, Gaius, den das Volk seiner kleinen Soldatenstiefel wegen Caligula nannte, das Stiefelchen. Mochte Tiberius ihr und dem toten Adoptivsohn auch nicht wohlgesonnen sein, er konnte sich der Bewunderung des Volkes für den Enkel des Marcus Antonius nicht verschließen. Wenn Agrippina das Volk auf ihre Seite brachte, mußten ihre Anschuldigungen gegen den Verräter Piso und sein Hexenweib auch beim Kaiser Gehör finden!

An manchen Tagen aber, so wie heute, fragte sich Agrippina, ob all das, was sie tat, überhaupt einen Sinn hatte. Ihr Wunsch, einst an der Seite ihres Gemahls über die ganze Welt zu herrschen, war nicht mehr zu verwirklichen. Drusus, des Tiberius leiblicher Sohn, war jetzt Thronfolger. Ihr blieben nur Trauer, Schmerz und Haß. Und hatte Germanicus, schon auf dem Sterbebett, sie nicht eindringlich davor gewarnt, durch ihren Machthunger diejenigen herauszufordern, die letztlich doch die Stärkeren waren? Hatte er ihr nicht eingeschärft, sich vor Tiberius in acht zu nehmen wie die Feldmaus vor dem Bussard?

Von Trauer und Zweifeln gequält, verließ sie ihre Kabine und ging an Deck. Meer und Himmel waren grau und trüb wie ihre Seele, die Sonne verhüllte ihr Antlitz. Nebel lastete schwer auf dem Mittelmeer und raubte die Sicht schon nach wenigen Stadien. Von den drei Begleitschiffen der großen Quinquereme *Apollo* war nur achtern der vage Umriß einer Liburne zu erkennen. Agrippina nahm den steten Trommelschlag des Taktgebers und das Eintauchen der Ruder als dumpfe Laute wahr. Das mächtige Nebeltier verschluckte alles, auch die Geräusche.

Sie beugte sich weit über die Reling und stellte es sich sehr verlockend vor, in das milchige Grau einzutauchen, eins zu werden mit den weichen, alles umhüllenden Schwaden. Dumpf und bedeutungslos wie die Geräusche des Schiffes würde dann alles werden. Auch ihr Schmerz und ihre Sorgen würden schließlich ganz vergessen sein.

Eine schwere Hand auf ihrer Schulter und eine dunkle Stimme entrissen sie dem kurzen Traum vom ewigen Schlaf.

»Verzeih, Herrin, aber du schienst fast über die Reling zu fallen.«

Langsam drehte sie sich um und schaute in das herbe, gutgeschittene Gesicht des Legaten Vibius Marsus, der sie auf dieser Reise begleitete. Er nahm die Hand von ihrer Schulter und trat achtungsvoll einen Schritt zurück.

Plötzlich war ihr kalt, und sie zog ihr dunkles Trauerkleid über der Brust zusammmen. »Du brauchst nicht um Verzeihung zu bitten, Marsus. So trüb wie das Meer waren eben meine Gedanken. Es war gut, daß du gekommen bist.«

»Der Nebel wird vergehen, edle Agrippina. Man kann die Sonne verhüllen, aber man kann ihr Licht nicht auf ewig auslöschen.«

»Wirklich?« fragte sie leise. »Was würde ein Blinder dazu sagen?«

»Ein Blinder hat keine Wahl, aber wir. Und wir sollten uns für das Leben entscheiden, für den Kampf, im Andenken an Germanicus Caesar, der nicht anders gehandelt hätte.«

Agrippina nickte, fragte sich jedoch, ob der Legat mit seiner Bemerkung über den Verstorbenen Recht hatte. Noch sehr genau erinnerte sie sich an den Morgen vor dem Festmahl, an ihren Streit mit Germanicus, an die Ohrfeige. Deutlich hatte sie gespürt, daß Mut und Tatkraft ihn verlassen wollten. Die Jahre im Osten hatten seine Entschlossenheit aufgeweicht. Sie hatte mit niemandem darübergesprochen. Germanicus sollte nicht als Zauderer, sondern als Imperator und Sieger über die Germanen in die Geschichte eingehen, als ein zweiter Alexander. Ja, Marsus sprach recht, sie mußte leben und kämpfen, für das Andenken ihres toten Gemahls!

»Sieh, die Sonne bricht durch!« rief der Legat und zeigte in den Himmel hinter ihnen, wo ein frischer Wind den Nebel aufriß. »Jupiter Lucetius sendet uns dies als Zeichen, daß die Götter mit uns sind.«

Sein Muskelpanzer glänzte, als die Sonnenstrahlen auf das

Silber fielen. Agrippina beneidete seine Gemahlin Laelia um diesen stattlichen und klugen Mann. Zum ersten Mal sah sie ihn mit den Augen einer Frau, aber sie war entschlossen, Germanicus über den Tod hinaus treu zu sein.

Der Nebel zog seine wabernden Finger zurück, und das eben noch übermächtige graue Tier zerfiel in einzelne Teile, in Fetzen, die bald nur noch als vereinzelte Wolken am Himmel trieben. Alle drei Geleitschiffe, zwei Liburnen und eine Trireme, waren jetzt wieder zu sehen und schlossen achtern zur *Apollo* auf.

Verwundert hörte Agrippina einen Ruf vom Bug der Quinquereme: »Schiffe voraus! Schiffe voraus!«

Zusammen mit dem Trierarchen, einem lederhäutigen Sizilianer namens Ligurinus, eilten Agrippina und Marsus zum Bug, wo Matrosen und Soldaten neugierig nach Westen spähten. Die *Apollo* und ihre Geleitschiffe hielten geradewegs auf eine dunkle Masse zu, die Agrippina im ersten Augenblick für eine Insel hielt. Doch wie zuvor der Nebel, zerfiel auch der dunkle Fleck bald in mehrere kleinere Flecke, die langsam an Größe gewannen. Ja, es waren Schiffe, sechs, acht, zehn – zwölf zählte sie schließlich.

»Römische Kriegsschiffe«, sagte Ligurinus, der die scharfen Augen eines Falken besaß. »Darunter drei große Schlachtschiffe, zwei Quinqueremen und sogar eine Septireme, wenn mich nicht alles täuscht.«

»Wer kann das sein?« fragte Marsus.

»Bei Neptun, es ist tatsächlich eine Septireme«, knurrte Ligurinus, der nach vorn starrte, die Augen zu Schlitzen verengt. »Ich kenne das Schiff, habe es oft im Hafen von Seleucia gesehen. Es ist die *Pompeius*, das Flaggschiff des Calpurnius Piso.«

Marsus packte den Schiffsführer am Arm und schüttelte ihn wie einen aufmüpfigen Klienten. »Bist du sicher, Ligurinus? Ist das da vorn wirklich Piso?«

»Ob es Piso ist, kann ich nicht sagen, aber mit Sicherheit ist es sein Schiff.«

»Eine dreifache Übermacht und darunter drei große Schlachtschiffe!« stieß der Legat hervor. »Wir müssen ihnen ausweichen!«

»Zu spät, Herr.« Ligurinus zeigte mit ausgestreckter Hand voraus und beschrieb einen waagerechten Halbkreis. »Sieh nur, die Schiffe fächern auf. Sie haben uns gesehen und machen sich bereit, uns abzufangen.«

»Dann müssen wir umdrehen!« meinte Marsus. »Sonst kann niemand sich für das Leben Agrippinas und ihrer Kinder verbürgen.«

»Ich stehe selbst für mich und meine Kinder ein«, sagte die Witwe des Germanicus mit fester Stimme, und in ihren trauermüden Augen flammten Stolz und Leidenschaft auf. »Halte den Kurs, Ligurinus, laß den schnellsten Rudertakt schlagen, und gibt entsprechendes Signal an die anderen Schiffe!«

Der Sizilianer schaute sie breit grinsend an. Das war nach seinem Geschmack. »Wir brechen durch, Herrin? Wirklich?«

»Entweder das, oder wir sterben!«

»Nun gut«, brummte Marsus. Er wandte sich an die Zenturionen, die sich hinter ihnen versammelt hatten, straffte sich und rief: »Macht das Schiff kampfbereit, alles auf die Gefechtsstationen!«

Der Signalgast auf dem Achterschiff schwenkte die bunten Flaggen und übermittelte den Geleitschiffen die Befehle. Sie hatten schnellste Fahrt aufzunehmen, sich gefechtsbereit zu machen und dicht bei der *Apollo* zu bleiben. Fiel ihr kleiner Verband auseinander, würde jedes der vier Schiffe gegen eine Übermacht zu kämpfen haben. Nur eng zusammengeschlossen bestand eine Erfolgsaussicht, die Abfangreihe von Pisos Schiffen zu durchbrechen.

Die Trommelschläge der Taktgeber wurden so schnell wie

ein rasendes Herz, und die Ruderblätter wühlten schäumend das Meer auf. Noch lauter als die Trommeln waren die Stimmen der Rojermeister, die den Männern an den Rudern die wüstesten Strafen für den Fall ankündigten, daß ihr Eifer erlahmte.

Laute Befehle schollen über die Schiffe, geschäftig eilten Soldaten und Matrosen über Deck. Seesoldaten und die Prätorianer, die zum Schutz Agrippinas und ihrer Kinder an Bord der Quinquereme gekommen waren, machten sich kampfbereit. Soldatenfäuste umklammerten Speere, Schilde, Bogen und Schleudern. Die hölzernen Kampftürme, die sich auf der *Apollo* und dem größten ihrer Geleitschiffe erhoben, der Trireme *Aquila*, wurden bemannt; Geschütze wurden geladen, gespannt und ausgerichtet. Und während das alles geschah, näherten die vier Schiffe sich mit hoher Geschwindigkeit der gegnerischen Übermacht.

»Sie haben den Verstand verloren! Sie greifen uns an!«

Marcus Piso, der jüngste Sohn des Calpurnius Piso und der Munatia Plancina, sprach diese Worte. Der hochaufgeschossene Jüngling in der Uniform eines Tribuns stand neben seinen Eltern am Bug der kampfbereiten *Pompeius* und verfolgte mit atemloser Spannung, was sich vor ihnen abspielte.

Marcus Piso hatte seinem Vater von einer bewaffneten Auseinandersetzung abgeraten, gleichwohl stand er treu an dessen Seite. Aber die Hoffnung des jungen Piso, von Tiberius ohne Blutvergießen zu erhalten, was ein Bürgerkrieg, wenn überhaupt, nur unter Opfern einbringen mochte, schien sich jetzt zu zerschlagen. Agrippinas kleine Flottille hielt direkt auf sie zu, suchte den Kampf, den Tod.

»Agrippina mag herrschsüchtig und verbohrt sein, aber wahnsinnig ist sie bestimmt nicht«, sagte Plancina kühl.

»Ach nein?« erwiderte ihr Gemahl mit scharfer Stimme. »Und weshalb beschuldigt sie mich, Germanicus vergiftet zu haben? Weshalb wagt sie mit vier Schiffen den Angriff auf meine zwölf? Meine drei großen Schlachtschiffe allein würden genügen, den Feind zu versenken.«

»Zu deiner ersten Frage: Agrippina haßt dich und hat die Gunst der Stunde genutzt, Stimmung gegen dich zu machen. Zur zweiten Frage laß dir sagen, daß sie eine sehr kluge Frau ist. Sie weiß, daß ein Kampf ihr den Tod bringen kann.«

»Den kann sie haben«, knurrte Calpurnius Piso. »Ich werde Befehl geben, den Halbkreis zusammenzuziehen. Dann stecken Agrippinas Schiffe in der Falle!«

»Das wirst du nicht tun!« fuhr Plancina ihn an. »Willst du ihr wirklich den Gefallen erweisen und Helden aus ihr und Germanicus machen?«

»Unsinniges Gerede, es hält uns nur auf«, brummte Calpurnius Piso. »Man sollte Frauen nicht mit in die Schlacht nehmen!«

»Überleg doch!« verlangte Plancina eindringlich. »Bis jetzt spricht nur Agrippinas Behauptung, du hättest ihren Gemahl vergiftet, gegen dich. Tötest du sie aber, wird man das in Rom als Eingeständnis deiner Schuld nehmen. Erst tötet er den Mann, dann sein Weib, um es zum Schweigen zu bringen, wird man sagen. Und wenn der Volkszorn gegen dich losbricht, kann nicht einmal dein alter Freund Tiberius dir helfen.«

»Aber was dann?« fragte Calpurnius mit gefurchter Stirn. »Wenn wir nicht kämpfen, bricht der Feind durch. Dann wird Agrippina zuerst in Rom sein, bei Tiberius. Unser Verband ist zu schwerfällig, um ihre Schiffe einzuholen.«

Marcus Piso trat vor seinen Vater und erwiderte: »Unser ganzer Verband schon, aber nicht ein einzelnes Schiff. Sieh dort neben uns die Trireme *Perseus*, Vater. Sie gilt als schnellstes Schiff an der ganzen syrischen Küste. Ihre schlanke, leichte Bauart läßt sie über die Wellen fliegen, sagt man. Schicke die *Perseus* aus, und dein Bote wird zuerst beim Kaiser sein!«

»Mein Bote?«

»Sende mich zu Tiberius, Vater! Du weißt, er mochte mich schon, als ich noch ein Kind war. Er hat mich immer gelobt und mir Geschenke gemacht. Ich werde bei ihm für dich sprechen und ihm deine Unschuld am Tod des Germanicus beschwören.«

»Ein guter Plan«, befand Plancina. »Niemand kann deine Interessen beim Princeps besser vertreten als Marcus.«

»Nun gut, so sei es«, sagte Calpurnius zögernd und wandte sich an den Trierarchen. »Sidonius, laß ein Boot zu Wasser, das meinen Sohn hinüber zur *Perseus* bringt!«

»Du solltest in deine Kabine gehen oder in die deiner Kinder, Herrin«, sagte Vibius Marsus, als die gegnerischen Schiffe so nahe waren, daß die Masse von Pisos Soldaten sich in einzelne Gestalten aufzulösen begann. »Bald fliegen hier Pfeile und Wurfgeschosse übers Deck.«

Agrippina schloß kurz die Augen, um zu zeigen, daß sie den Rat ablehnte. »Ich werde mich nicht vor Piso verkriechen, jetzt nicht und in hundert Jahren nicht! Hätte ich noch Zeit gehabt, eine Rüstung anzulegen, würde ich Seite an Seite mit dir und deinen Soldaten kämpfen. Germanicus hätte es ebenso getan.«

»Gewiß, aber er war ein Mann.«

»Er ist tot, also stehe ich an seiner Stelle!«

Sie standen jetzt achtern auf der Brücke, nahe bei Ligurinus. An ihn wandte sich Marsus mit der Frage: »Wie erklärst du dir, daß sie ihre Schiffe nicht enger zusammenziehen, Trierarch? Sie könnten uns zerdrücken wie ein Pferdehuf einen Käfer.«

»Ja, seltsam«, brummte der Sizilianer und rieb über sein ausgeprägtes Kinn. »Man könnte fast meinen, sie weichen einem Kampf aus.«

»Wenn Piso nicht kämpft, werden auch wir nicht angreifen.« Marsus wandte sich an den Signalgast. »Gib Befehl, daß wir auf keinen Fall den ersten Pfeil oder den ersten Speer hinübersenden!« Als Agrippina Widerspruch erheben wollte, schnitt er ihr das Wort ab. »Vergib mir, Herrin, aber ich bin hier der militärische Befehlshaber!«

Agrippina schluckte ihre Verärgerung hinunter, ging zur Reling und starrte zu der wuchtigen Septireme hinüber. Die *Apollo* war schon ein großes Schiff, wurde aber von der *Pompeius* in jeder Hinsicht übertroffen. Die Spitzen von Pfeilen und Speeren, Schwerter, Schilde und Helme blitzten im Sonnenlicht; die *Pompeius* war eine waffenstarrende Festung. Vielleicht hatte Marsus Recht damit, den Kampf nicht um jeden Preis zu suchen. Gewinnen konnte ihre kleine Flottille kaum, und mit Agrippina würden auch ihre Kinder Gaius und Julia Livilla sterben, in denen das Blut des Germanicus strömte.

Jetzt unterschied Agrippina einzelne Gesichter, erkannte Calpurnius Piso und sein Weib, herausgeputzt wie ein kaiserliches Herrscherpaar. Piso schien angespannt, Plancina aber wirkte seltsam gelassen, als wüßte sie die Götter auf ihrer Seite. Beim Anblick der Matrone lief ein eisiger Schauer über Agrippinas Rücken. Unwillkürlich spürte sie, daß nicht Calpurnius Piso ihr schlimmster Gegner war. Seine Frau erschien ihr mindestens ebenso gefährlich.

Ein Ruck ging durch die *Apollo*, begleitet vom Geräusch zersplitternden Holzes. Sie war der *Pompeius* so nahe gekommen, daß ein paar Ruder zerbrochen waren. Der Vorfall riß Agrippina aus der Erstarrung, die beim Anblick Plancinas über sie gekommen war. Vor ihrem geistigen Auge sah sie wieder ihren qualvoll sterbenden Gemahl, und der Zorn darüber, seinen Mördern gegenüberzustehen, ohne etwas unternehmen zu können, übermannte sie.

»Mörder!« schrie sie so laut, daß es auch auf der Septireme zu hören war. »Piso und Plancina, ihr seid die Mörder des Germanicus! Ich werde dafür sorgen, daß ihr es büßt!«

Sie sah, daß Piso in Wut geriet, doch Plancina hielt ihn zurück und rief: »Der Kummer um den Verlust deines Gemahls hat deinen Geist verfinstert, Agrippina. Du redest im Wahn und schreibst uns zu, was ein Entschluß der Götter war. Fahr nur schnell nach Rom, dort gibt es gute Ärzte, die deinen Verstand heilen können!«

»Ärzte gibt es dort, aber auch Richter!« erwiderte Agrippina. »Und Henker!«

Plancina schüttelte den Kopf, das Zeichen der Ratlosigkeit. »Du bist krank, Agrippina, geisteskrank!«

Die Soldaten auf der *Pompeius* nahmen den Ruf auf und verspotteten die Witwe des Germanicus lauthals als Geisteskranke. Die Männer auf der *Apollo* reagierten mit wüsten Beschimpfungen so derber Art, wie sie nur aus Soldatenmündern kommen. Ein Wort gab das andere, und mancher Arm zuckte vor Lust, einen Speer, einen Pfeil oder einen scharfkantigen Schleuderstein aufs andere Schiff zu schicken. Jeden Augenblick konnte der Kampf auch ohne ausdrücklichen Befehl zum Angriff ausbrechen.

Weitere Ruder zerbrachen mit lautem Knirschen, während die *Apollo* sich an dem größeren Schiff vorbeischob, und dann lag das freie Meer vor der Quinquereme und ihren Geleitschiffen. Agrippina hatte bis zuletzt mit einem Überfall Pisos gerechnet und konnte sich keinen Reim auf sein Verhalten machen – vielmehr auf das seiner Frau, denn Placina schien diejenige zu sein, die kühlen Kopf bewahrte. Aber warum hatte sie Agrippina entkommen lassen, wo sie doch erbitterte Feinde waren, Todfeinde? Was plante sie?

Während Agrippina noch krampfhaft überlegte, fiel ihr Blick nach vorn, und sie sah die Trireme, die pfeilschnell mit Westkurs durch das Wasser glitt, als könnte sie fliegen.

Kapitel 8

Eingekreist

DIE LUFT ROCH nach Winter, und der Sturmwind schien winzige Eisstücke mit sich zu tragen. Tief nach vorn gebeugt, eine Decke zum Schutz über den Kopf gezogen, saß der einsame Reiter im Römersattel. Sein römischer Hengst stemmte sich bei jedem Schritt gegen den scharfen, kalten Wind, der stärker und stärker über das Land der Chatten fuhr. Das Fell schützte den Braunen nicht. Das Tier erwärmte sich nur dadurch, daß es in Bewegung blieb. Es lief durch eine langgezogene Senke zwischen zwei Höhenzügen. Eichen und Buchen waren längst durch die Kraft der Sturmriesen entlaubt, aber große Gruppen von Kiefern sorgten für grüne Inseln. Äste und ganze Bäume bogen sich unter der Gewalt des Windes, dessen Heulen wie die Stimmen Tausender ruheloser Seelen klang.

Der Reiter besaß ein gutes Gehör. Trotz des heulenden Windes, des Hufschlags und der Decke über seinem Kopf hörte er das mehrstimmige Knurren, und seine vor Kälte steifen Hände zügelten den Braunen. Wenn das Heulen der Sturmriesen abschwoll, war das Knurren deutlicher zu vernehmen. Es kam von rechts, wo zahlreiche Kiefern im Sturmwind schwankten. Der Reiter lenkte den Braunen auf das Knurren zu und war froh über die schützende Decke, als die Äste der eng zusammenstehenden Kiefern ihn peitschten.

Jenseits der Kiefern erstreckte sich eine sanft ansteigende

Anhöhe mit lose beieinanderstehenden Eichen. Ein Junge, wohl ein Chatte, hockte auf einem im Wind schwankenden Eichenast etwa zwanzig Fuß über dem Boden und starrte ängstlich nach unten, wo fünf hungrige Bestien immer wieder am Stamm der Eiche hochsprangen. Drohend bleckten sie ihre langen, scharfen Zähne und stießen jene Knurrlaute aus, die der Reiter vernommen hatte. Es waren Wölfe mit struppigem, rötlichgrauem Fell. Da sie bei Tag angriffen – noch dazu einen Menschen –, mußten sie gewaltigen Hunger verspüren. Der nahende Winter hatte ihre übliche Beute, die Tiere des Waldes, rar werden lassen.

Der Reiter streifte die Decke ab und ließ sie achtlos zu Boden fallen. Er wechselte den Römerspeer von der linken in die rechte Hand und trieb den Braunen mit lautem Geschrei an. Der Lärm sollte nicht nur das Pferd zu den Wölfen treiben, sondern die Raubtiere erschrecken. Ein Mann auf einem Pferd, der großes Getöse veranstaltete, bedeutete eine weitaus größere Gefahr als ein wehrloser Junge.

Und tatsächlich wichen die meisten Raubtiere ängstlich zurück, nur der Leitwolf nicht. Das größte und kräftigste Tier des Rudels setzte zu einem Sprung an, den der Reiter mit seinem Speer abwehrte. Die Eisenspitze bohrte sich in die linke Seite der Bestie, die aufheulend neben dem Braunen zu Boden fiel. Sofort zog der Reiter das Eisen aus der Wunde, um erneut zuzustechen. Doch der Leitwolf hatte genug und lief jaulend zu seinem Rudel, mit dem er im Unterholz verschwand.

Der Reiter legte den Kopf in den Nacken und rief: »Komm schon runter, die Biester könnten es sich anders überlegen. Nott naht mit Riesenschritten, und die Finsternis stärkt den Mut der Wölfe. Ein wehrloser Junge sollte sich nicht allein hier herumtreiben.«

Der schlanke Junge, der zehn oder elf Winter zählen mochte, kletterte den Eichenstamm hinab. Gesicht und Arme wiesen ein paar frische, aber harmlose Schürfwunden auf. Aus dem zerwühlten Laub, das mit einer dicken Schicht den Waldboden bedeckte, zog er einen Dolch, den er in die leere Lederscheide an seiner Hüfte steckte.

»Ich bin nicht wehrlos«, sagte er trotzig. »Aber als ich in die Wolfsfalle geriet und mit den Beinen zuerst nach oben gerissen wurde, habe ich den Dolch verloren. Ich hatte mich gerade mühsam von dem Strick befreit, da kamen die Wölfe.«

Der Reiter sah den Strick von dem Ast hängen, auf dem der Junge gesessen hatte. »Was hattest du hier zu suchen?«

»Die Wölfe kommen seit vielen Nächten auf unseren Hof. Rundherum haben wir Fallen aufgestellt, die ich kontrolliert habe. Leider ohne Erfolg. Die Wölfe holen sich das als Köder ausgelegte Fleisch, aber sie gehen nicht in die Fallen.«

»Im Gegensatz zu dir.«

»Ich bin gestolpert, als ich mein Gesicht vor dem beißenden Wind schützen wollte.«

»Wie heißt du?« fragte der Reiter.

»Gismar.« Der Junge warf sich in die Brust. »Ich bin der Sohn des Hofherrn Gisolf.«

»Und wie weit ist es bis zum Hof deines Vaters, Gismar?«

Gismar zeigte nach Norden. »In dieser Richtung keine halbe Stunde mit dem Pferd.«

Der Reiter streckte ihm den rechten Arm hin. »Dann steig auf!«

Als der Junge hinten auf dem Römerpferd saß, blickte er sich immer wieder nach beiden Seiten um.

»Keine Wölfe in der Nähe«, beruhigte ihn der hochgewachsene Reiter. »Mein Pferd wäre sonst unruhig. Noch ist der Winter nicht gänzlich über das Land hereingebrochen. Erst dann wird ihr Hunger so groß sein, daß die Angriffswut der Bestien ihre Scheu überwiegt.«

»Du reitest ein römisches Pferd und sitzt in einem Römersattel«, stellte der Junge verwundert fest, während er Speer und Schwert des Mannes betrachtete. »Und du trägst die Waffen eines Römers.«

»Danke den Göttern dafür, Gismar, sonst hätte ich dir nicht beistehen können.«

»Aber du bist kein Römer! Dein Haar ist zwar kurz, aber es ist hell, und du sprichst fast wie ein Chatte.«

»Der Zungenschlag der Cherusker unterscheidet sich kaum von dem der Chatten.«

»Ein Cherusker bist du also?«

»Als solcher wurde ich geboren.«

»Aus welchem Gau?«

»Aus dem Donargau.«

»Wirklich, aus dem Gau des Donnergottes? Dann mußt du den Donarfürsten kennen, Thorag, den Blutsbruder Herzog Armins!«

»Ich kenne ihn sehr gut.«

»Man erzählt sich viel über die Abenteuer, die Thorag zusammen mit Armin bestanden hat. Stimmt es, daß Thorag groß und kräftig wie eine Eiche ist?«

»Ein Baumriese ist er nicht, aber auch kein Zwerg.«

»Und woher kommst du?«

»Hinter mir liegen die Reiche der Markomannen und der Römer.«

»Was wolltest du dort?«

»Ich habe einen Auftrag meines Fürsten ausgeführt.«

»Einen Auftrag von Thorag?« fragte Gismar ungläubig. »Du siehst nicht aus, als gehörtest du zu seiner Gefolgschaft.«

»Da hast du Recht.«

»Du brauchst nicht zu prahlen, Cherusker. Da du mich gerettet hast, wirst du auch als einfacher Friling von meinem Vater aufs beste bewirtet. Oder bist du gar kein freier Mann?«

»Doch, das bin ich.«

»Ich habe gefragt, weil dein Haar so kurzgeschnitten ist. Tragen die Frilinge der Cherusker ihr Haar nicht lang und offen?«

»Ja, wenn keine guten Gründe dagegen sprechen. Ich hoffe, die Vorratsspeicher deines Vaters sind so groß wie deine Wißbegier. Mein Ritt war lang und bot wenig Gelegenheit zur Stärkung.«

Gismar verstand die versteckte Zurechtweisung und schwieg. Er legte das Gesicht gegen den breiten Rücken des Cheruskers, der ihn ein wenig vor dem scharfen Nordwind schützte. Die Dämmerung setzte schon ein, als sie endlich den Hof erreichten, den ein knapp mannshoher Verhau aus Ästen und Dornenranken schützte. Der Einlaß zeigte nach alter Sitte gen Osten, wo jeden Morgen mit Sunnas Leuchten der neue Tag begann. Als das Pferd hindurchschritt, liefen ihnen Männer, Frauen und Kinder entgegen.

Eine rötlichblonde Frau, der alle bereitwillig Platz machten, mußte die Hofherrin sein. Ihr fragender Blick glitt über das fremde Pferd und seinen Reiter, um auf dem Jungen haftenzubleiben.

»Wen bringst du mit, Gismar?«

»Einen Cherusker, Mutter. Er hat mir gegen die Wölfe geholfen.«

Das schmale Gesicht der Chattin nahm einen erschrockenen Ausdruck an.

»Gegen die Wölfe? Bei Wodan, was ist geschehen?«

»Es ist nicht weiter schlimm, Mutter, reg dich nicht auf.«

»Schau dich doch an, wie du blutest«, sagte die Chattin, und in ihrer Stimme mischten sich Sorge und Verärgerung. »Hast du wieder ohne Erlaubnis den Wölfen nachgespürt?«

Der Cherusker beugte sich vor und sagte beschwichtigend: »Dein Sohn hat den Mut, den man benötigt, um gegen Wölfe jeder Art zu bestehen. Was heute vorfiel, wird ihn lehren, in Zukunft auch die nötige Vorsicht walten zu lassen.«

Die Chattin blickte ihn an. »Ich danke dir, daß du Gismar geholfen hast, Cherusker. Mein Name ist Rika, Frau des Frilings Gisolf, und ich entbiete dir die Gastfreundschaft unseres Hofes. Dein Pferd soll gut versorgt sein und du noch besser. Wenn du mich ins Haus begleiten möchtest, das Abendmahl wird gleich aufgetragen.« Sie wandte sich wieder ihrem Sohn zu. »Und du wäschst dich gründlich, bevor du hereinkommst!«

Als der Cherusker die Frau zum langgestreckten Haupthaus in der Mitte des Gehöfts begleitete, sagte sie: »Du mußt mir meinen schroffen Tonfall gegenüber Gismar nachsehen. Wenn du einen Sohn in seinem Alter hättest, wüßtest du, daß es ebenso viel Sorge wie Freude bedeutet, ein Kind zu haben.«

Er nickte. »Ich weiß, Rika. Mein Sohn ist noch etwas jünger als Gismar.«

»Oh, das wußte ich nicht. Jetzt glaubst du sicher, das schwatzhafte Chattenweib hält den ganzen Tag über den anderen Vorträge.«

»Nein. Ich glaube viel eher, daß euer Leben hier in den Wäldern nicht leicht ist. Und daß Gismar den Göttern danken kann, die ihm eine kluge und liebende Mutter gegeben haben.«

Sie blieb stehen, legte eine Hand auf seinen linken Unterarm und schaute ihn nachdenklich an. »Du siehst abgezehrt und zerlumpt aus wie ein entsprungener Schalk, aber du sprichst wie ein weiser Priester. Wer bist du?«

»Nur ein Reisender, den Müdigkeit, Kälte und Hunger plagen und der dankbar ist für deine entbotene Gastfreundschaft.«

Sie gingen an einer niedrigen, halb in den Erdboden gebauten Webhütte vorbei zum Haupthaus, und Rika klappte die schwere Flechtmatte zur Seite, die Wind und Kälte draußen hielt. Dicke, abgestandene, aber auch warme Luft schlug ihnen beim Eintreten entgegen. Rechts vom Eingang war im größeren Teil des Gebäudes das Vieh untergebracht, unter demselben Dach wie die Menschen. Die Wärme, die von den Pferden, Rindern, Ziegen und Schweinen abgegeben wurden, half den Menschen, die kalten Winternächte zu überstehen. Rika führte ihren Gast nach links, wo sich im zweiten Raum, der von einem großen Herdfeuer erwärmt und erleuchtet wurden, die Menschen zum Abendmahl versammelten.

Der Hofherr Gisolf mochte an die vierzig Winter gesehen haben. In sein einstmals nußbraunes Haar mischten sich erste graue Fäden, und das anstrengende Leben eines Bauern hatte sich tief in sein rötliches Gesicht gekerbt. Er ließ sich von seinem Gast den Vorfall mit den Wölfen schildern und befahl dann einem Knecht, das Trinkhorn des Hofherrn mit dem besten Met zu füllen. Der Schalk brachte ein mit silbernen Einlegearbeiten verziertes Rinderhorn, für Gisolf wahrscheinlich ein höchst kostbarer Besitz. Er nahm das Horn aus den Händen des Knechts und reichte es dem Cherusker.

»Trink du zuerst, wie es dem Herrn über diesen Hof zusteht. Denn du hast meinem Sohn beigestanden, ihm wohl das Leben gerettet. Darum gehört dir alles so wie mir, dem freien Chatten Gisolf, und dein Wort soll wie das meine sein!«

Der Cerusker bedankte sich für die Gastfreundschaft, trank einen Schluck und gab das Horn an Gisolf zurück, der ebenfalls von dem Met kostete. Den Rest der Flüssigkeit schüttete er ins Herdfeuer, das daraufhin zischte und flackerte. Mit dieser Gabe an die Götter hatte Gisolf seinen Hof für die kommende Nacht unter ihren Schutz gestellt und zugleich die dem Cherusker angebotene Gastfreundschaft bekräftigt.

»Setz dich und erzähl, während die Mägde das Essen bringen«, sagte Gisolf und wies auf eine Bank in der Nähe des Feuers. »Aus welchem Gau kommst du?«

»Er kommt aus dem Donargau, und er kennt den Fürsten Thorag!« rief Gismar, der in diesem Augenblick hereingelaufen kam. »Er ist in Thorags Auftrag unterwegs.«

»Ist das wahr?« fragte Gisolf mit einem zweifelnden Blick auf den Cherusker.

»Ich kenne Thorag sehr gut, und seine Angelegenheiten sind die meinen«, antwortete Gisolfs Gast.

»Und wie ist dein Name?«

»Thorag.«

Der Donarsohn hatte lange gezögert, seinen Namen zu nennen. Die vielen Gefahren, die er nur mit Mühe überstanden hatte, hatten ihn vorsichtig werden lassen. Aber hier war er tief im Land der Chatten, Verbündeten im Kampf gegen die Römer. Der Chattenherzog Arpo hatte immer treu an Armins Seite gestanden. Einmal mußte Schluß sein mit dem Verstekken. Er hoffte, von den Nachbarn der Cherusker Neuigkeiten aus den heimatlichen Gauen zu erfahren.

Thorag hatte damit gerechnet, daß die Nennung seines Namens die Chatten überraschen würde. Doch verwundert stellte er fest, daß niemand auch nur ein Wort sagte; statt dessen starrten alle ihn an, als hätte er behauptet, der Donnergott selbst zu sein. Eine junge Magd ließ sogar eine irdene Schüssel mit gebratenen Äpfeln fallen. Als die Schüssel auf die Holzbohlen schlug, zersprang sie mit einem knallenden Laut, und der Inhalt rollte in alle Richtungen davon.

»Ich weiß, ich sehe nicht wie ein Edeling aus«, sagte Thorag. »Hinter mir liegen harte Kämpfe und ein langer Ritt. Ihr könnt versichert sein, daß ich nicht mehr erwarte als das Essen, das auch ihr zu euch nehmt, und einen trockenen Platz zum Schlafen.«

»Warst du lange von der Heimat fort?« fragte Gisolf.

»Ja, viele Monde.«

»Dann weißt du es nicht.«

»Was?«

»Unser Herzog Arpo starb vor fast zwei Monden, und erst kürzlich folgte ihm dein Herzog Armin.«

»Dein Blutsbruder«, fügte Gismar hinzu, als müsse er dem Donarsohn erklären, wer Herzog Armin sei.

Thorag hörte die Worte, doch schienen sie ihm so fremd wie die Sprache der Vindeliker. Armin tot? Das konnte nicht Gisolfs ernst sein. Hielt der Chatte die Behauptung seines Gastes, der Fürst des Donargaues zu sein, für einen so schlechten Scherz, daß er meinte, mit einem noch schlechteren antworten zu müssen?

Die Hände des Donarsohnes schossen vor und umklammerten Gisolfs Arme mit eisernem Griff. »Ich bin Fürst Thorag, das mußt du mir glauben!«

»Ich glaube dir ja«, sagte Gisolf erschrocken.

»Dann sag mir die Wahrheit über Armin! Warum hast du mich belogen?«

»Belogen? Wobei?«

»Über Armins Tod. Er kann nicht tot sein!«

Thorag glaubte seinen eigenen Worten nicht. Insgeheim ahnte er, daß Gisolf ihn nicht belog.

Im Amphitheater von Ravenna hatte er Apicius tot auf der Ehrentribüne des Kaisers liegen sehen. Von dem tödlichen Gift gefällt, das auch Armin zugedacht war, war der Römer binnen weniger Augenblicke verendet, mit Schaum vor dem Mund wie ein abgetriebenes Pferd. Dem Donarsohn dämmerte, daß er zu spät gekommen war. Die Zeit der verlorenen Erinnerung, die er bei dem Töpfer Josos und seiner Tochter Uota verbracht hatte, hatte Armin das Leben gekostet. Thorag hatte versagt, hatte den Blutsbruder nicht retten können.

Der Raum drehte sich um ihn. Er wankte zu einer Bank und ließ sich schwer atmend auf das mit Fell gepolsterte Holz sinken. Vor sich sah er Armins Gesicht mit starren Augen und einem im Todeskampf aufgerissenem Mund, aus dem Schaum quoll.

Thorags Rechte tastete nach dem Schwert, das er einem von Uotas Mördern abgenommen hatte. Seine Finger umschlossen den Elfenbeingriff, und er fragte sich, ob die Götter sein Selbstopfer annehmen würden. Konnte er so die Schande des Versagens von sich und seiner Sippe waschen?

Eine Frauenhand legte sich auf seine Rechte, und vor sich sah er Rikas Gesicht.

»Sagtest du nicht, du hast einen Sohn, der fast noch ein Kind ist, Fürst Thorag?«

Er nickte stumm.

»Hast du auch eine Frau, die auf dich wartet?«

Wieder nickte er.

»Ich weiß nicht viel von den Blutsbanden zwischen dir und deinem Herzog. Aber ich weiß, daß die Bande zu deinem Sohn und deiner Frau nicht minder stark sind. Und sie brauchen dich, mehr vielleicht, als Armin dich gebraucht hat. Der Schlaf einer Nacht klärt oft den Kopf, und wo vorher Verzweiflung war, keimt neue Hoffnung.«

Er dachte an Ragnar und Auja, und seine Hand löste sich vom Schwertgriff. Nicht nur wegen seiner Frau und seines Sohnes. Als Blutsbruder Armins oblag es ihm, dessen Tod zu rächen.

»Wie ist er gestorben?« Er mußte die Worte aus seiner zugeschnürten Kehle herauspressen, und seine Stimme klang heiser.

»Wir wissen nichts Genaues«, antwortete Gisolf so hastig, daß es Thorags Verdacht erregt hätte, wäre er nicht von der Nachricht über Armins Tod wie betäubt gewesen. »Du hast ja gesehen, wie abgeschieden wir hier leben, Fürst. Ein Jagdtrupp, der hier Rast einlegte, berichtete, daß die Cherusker den Tod ihres berühmten Herzogs betrauern. Mehr können wir dir nicht sagen.«

Die Speisen waren aufgetragen, und Gisolf bat zu Tisch. Thorag spürte keinen Hunger mehr. Daß er überhaupt etwas aß, geschah nur aus dem Wissen, daß er seine Kräfte brauchte, um seine Reise fortsetzen zu können. Was immer im Cheruskerland geschehen war – er ahnte, daß er bei seiner Heimkehr keinen leichten Stand haben würde. Und so aß er ofenwarmes Brot, Käse und Nüsse, wie es jeder erfahrene Krieger getan hätte, der nicht hungrig war, aber wußte, daß ihm ein harter Kampf bevorstand.

Nicht nur Thorag war schweigsam. Es herrschte eine gedrückte Stimmung. Niemand schien sich in Anwesenheit des Cheruskers zu trauen, mehr als zwei aufeinanderfolgende Silben von sich zu geben. Als Gisolf endlich die Tafel aufhob, schienen alle erleichtert. Dankbar nahm Thorag sein Angebot an, in der Kammer zu nächtigen, die sonst Gisolf, seinem Weib und seinem Sohn vorbehalten war. Er durfte allein auf dem Lager aus Strohsäcken und Fellen schlafen – falls er schlafen konnte.

Lange lag er wach, und seine Gedanken kreisten um Armin. Irgendwann fielen Thorag die Augen doch zu, und seine Träume entführten ihn in jene glücklichen, längst vergangenen Tage, als er unbeschwert mit Auja und Ragnar auf dem Donarhof gelebt hatte. Aber im Traum war Ragnar älter und größer als damals, so groß, wie er jetzt sein mußte. Und seltsamerweise schlich er sich verstohlen aus dem großen Haupthaus.

Ein scharfer Morgenwind schlug Ragnar ins Gesicht, als er die Holzbohlentür aufstieß und aus dem Dunkel des Langhauses schlaftrunken ins Freie wankte. Sobald er das von Herdfeuern und den Leibern der zahlreichen Schlafenden erwärmte Gebäude verließ, das den Mittelpunkt des großen Donarhofes bildete, fuhr bittere Kälte in seine Glieder und ließ ihn erschauern. Von einem Augenblick auf den anderen war er hellwach.

Er schloß den Mund, aus dem eine weiße Atemfahne stieg, unterdrückte das Zähneklappern und schob die Tür zu, ehe die unerwartete Kälte die schlafenden Krieger und Schalke wecken konnte. Noch lag die Siedlung in nächtlicher Ruhe, und nur die Krieger auf den Wehrgängen wachten. Über den östlichen Palisaden zeichnete sich ein rötlicher Schimmer am blauschwarzen Himmel ab: Sunnas früher, noch schwacher Sendbote.

Ragnar wollte den Wachen nicht auffallen, um kein Aufsehen zu erregen. Zum Glück achteten sie kaum auf die Siedlung, sondern spähten hinaus auf die Wälle und Felder, die den Donarhof umgaben. Die Deckung zweier Vorratsspeicher ausnutzend, gelangte Ragnar zu dem großen Pferdestall, der aus mehreren aneinandergereihten Gebäuden bestand.

Er zog das Tor zum Stall, in dem die Reitpferde der Edelinge und Krieger untergebracht waren, gerade weit genug auf, um hindurchschlüpfen zu können und sich nicht in völliger Dunkelheit bewegen zu müssen. Trotzdem stolperte er über etwas Weiches und schlug hin, kaum daß er zehn Schritte gegangen war. Dicht bei ihm ertönte ein langgezogenes Gemecker, das wie schadenfrohes Gelächter klang.

Es war Gebbo, der hornlose schwarze Ziegenbock, über den Ragnar in dem schwachen Licht gestürzt war. Gebbo war im Pferdestall zuhause. Der Bock, Donars heiliges Tier, sollte die wertvollen Rosse vor bösem Zauber bewahren. Und daß Gebbo über besondere Schutzkräfte verfügte, ersah man an seinem tiefschwarzen Fell und den fehlenden Hörnern. Der Junge streichelte den Bock, um ihn zu beruhigen, und erhob sich.

Den Weg zu Alards hölzernem Unterstand hätte er auch mit geschlossenen Augen gefunden. Das Tier witterte ihn schon von weitem und begrüßte ihn mit freudigem Wiehern. Ragnar, nicht minder aufgeregt als Alard, zog das Tor auf und trat in den Verschlag. Stroh raschelte unter seinen ledernen

Bundschuhen. Alard wieherte erneut und rieb den Kopf an Ragnars Schulter. Der junge Donarsohn streichelte den Rappen zwischen den Ohren, und Alard ließ ein wohliges Kollern hören. Ragnar zog unter seinem Kittel die große Mohrrübe hervor, die er schon am Abend zur Seite gelegt hatte. Sobald er die flache Hand mit der Rübe vor Alard hielt, verspeiste das Roß die willkommene Gabe.

»Bist mein Bester«, flüsterte Ragnar in Alards Ohren und rieb sein Gesicht an dem des Pferdes. »Alle werden uns beneiden, wenn wir eines Tages zusammen gegen die Römer oder die Markomannen in die Schlacht reiten.«

Seit Hatto, Thorags Kriegerführer, dem Sohn des Donarfürsten das Pferd geschenkt hatte, war Ragnar wie ausgewechselt. In den Wochen zuvor war er immer stiller geworden, schien jedes Vertrauen in die Rückkehr seiner Eltern verloren zu haben.

Seine Mutter Auja hatte er seit der Schlacht an den Langen Brücken nicht mehr gesehen, als der Eberfürst Gerolf Auja den Sohn entriß. Vier Winter waren seither vergangen, und der fünfte stand bevor. Ragnars Hoffnung auf ein Wiedersehen mit der Mutter schwand ebenso wie seine Erinnerung an ihr Gesicht und ihre Stimme.

Auch den Vater vermißte er schon lange. Ein Sommer, ein Winter und noch ein Sommer waren über das Cheruskerland gezogen, seit Thorag sich von ihm verabschiedet hatte, um an der Seite des Hariers Katualda gegen den Markomannenkönig Marbod zu ziehen. Bevor er mit einer Hundertschaft seiner Krieger den Donarhof verließ, hatte Thorag ihm versprochen, die Mutter bald heimzubringen. Schon damals hatte Ragnar gespürt, daß sein Vater selbst nicht mit vollem Herzen daran glaubte. Trotzdem hatte Ragnar den ganzen langen Sommer auf die Rückkehr seiner Eltern gewartet, hatte im Winter gehofft, Thorag und Auja mögen heimkehren, sobald das Grün des neuen Lebens die weißen Mäntel der Frostriesen durchbrach – und war dann auch in diesem Sommer enttäuscht worden.

Vor einigen Monden war ein Barschalk aus den Wäldern, die sich ringsum ausbreiteten, mit der Nachricht zum Donarhof galoppiert, eine Hundertschaft berittener Krieger nähere sich von Süden. Im Süden lag das Markomannenreich! Ein zweiter Reiter meldete, daß es tatsächlich die vom Kriegszug heimkehrenden Donarkrieger seien.

Voller Freude und Hoffnung rannte Ragnar mit den Frilingen und Schalken, den Frauen und Kindern vor das Südtor, um die Heimkehrer zu begrüßen, um seinen Vater und vielleicht auch die Mutter wiederzusehen. Und dann kamen sie, diejenigen, die den Krieg gegen Marbod überlebt hatten, kaum einer ohne die Wunden eines ehrenvollens Kampfes. Der verläßliche Kriegerführer Hatto, der knorrige Friese Menold, der junge, für seine Tapferkeit gerühmte Jorit und all die anderen, die sich nach den überstandenen Strapazen auf einen ruhigen Winter freuten, auf die Gesellschaft ihrer Frauen, Kebsen oder Schalksmädchen, auf reichlich Met und Bier, auf lange Abende am Feuer, verbracht mit Liedern, Geschichten und Spielen. Ein Reiter nach dem anderen, beladen mit reicher Kriegsbeute, zog an Ragnar vorüber, dessen Augen nur nach dem einen suchten, der nicht bei ihnen war.

Thorag war ganz allein zu den Römern aufgebrochen, zu der Hafenstadt Ravenna, wo Auja, Thusnelda und Thumelikar als Geiseln festgehalten werden sollten. Das erzählte ihm Hatto, und Ragnars Enttäuschung wandelte sich in neue Hoffnung. Jorit, mit dem er sich anfreundete, berichtete von Thorags Kriegstaten: wie der Donarsohn die Hundertschaften der Cherusker tiefer und tiefer ins Markomannenreich geführt hatte; wie ein von Marbod unterjochter Stamm nach dem anderen sich auf die Seite der Angreifer schlug; wie die große Flußstadt, das Zentrum des Markomannenreiches, in Flammen aufgegangen war; und wie Thorag und seine Kampfgefährten den feindlichen Kuning schließlich aus seiner Bergfestung vertrieben hatten. Marbod selbst konnte zu den Römern überlaufen. Thorag ließ ihn entkommen und erhielt dafür von dem Prätorianerpräfekten Sejanus die Auskunft, wo Auja, Thusnelda und Thumelikar zu finden waren. Wieder und wieder mußte Jorit von Thorags Heldentaten berichten, und Ragnar malte sich aus, wie sein Vater in Ravenna die Verschleppten befreite.

Dann aber neigte sich der Spätsommer unaufhaltsam dem Winter zu, und eine Heimkehr der Eltern wurde ungewiß, ja unwahrscheinlich. Die hohen Berge zwischen dem Reich der Römer und dem Gebiet, das sie Germania genannt hatten, würden in der kalten Zeit des Jahres unpassierbar sein, ließ Ragnar sich von den erfahrenen Kriegern sagen. Noch ein Winter ohne seine Eltern, das erschien ihm wie ein ganzes Leben. Und mit dem kalten Hauch der Sturmriesen, der über den Donargau wehte, erkaltete auch seine Hoffnung, wich tiefer Niedergeschlagenheit.

Bis Hatto ihm Alard schenkte, einen Rappen aus cheruskischer Zucht, nicht so groß wie ein Römerpferd, aber gerade deshalb für den jungen Ragnar gut zu reiten. Daß Alard ein edles Roß war, sah man auf den ersten Blick. Der hoch angesetzte Schwanenhals mündete in einen ausdrucksvollen Kopf mit breiter Stirn, dünnen Ohren und großen, furchtlos blickenden Augen. Ein langer, muskulöser Widerrist zeigte, daß der Hengst wenig anfällig für Verletzungen war. Lange, schräge Schultern ermöglichten ihm beim Laufen ein weites Ausgreifen. Ein gerader, kräftiger Rücken sprach für die robuste Natur des Pferdes und machte Ragnar das Sitzen angenehm, wenn er auf Alard über die Felder ritt. Bewundernde Blicke galten dem Roß mit dem schwarzglänzenden Fell, das seinen Namen Alard, der Edle und Kräftige, mit vollem Recht trug. Alard brachte Ragnar neuen Lebensmut, und der Junge stellte sich vor, an Thorags Seite durch den Gau zu reiten und bei ihrer Rückkehr von einer glücklich lächelnden Auja empfangen zu werden.

»Schwarz wie Nott, stark wie Donar und sicher fast so schnell wie Sleipnir – der ganze Gau beneidet dich um dein Roß«, sagte eine helle Männerstimme.

Ragnar sah eine schlanke Gestalt, die den Stall durch den offenen Spalt betreten hatte und sich ihm näherte. Seine Augen hatten sich bereits an das Zwielicht gewöhnt, so daß er recht schnell Jorits längliches Gesicht erkannte. Eine breite dunkelrote Narbe über dem rechten Auge, das Andenken an die schmerzhafte Bekanntschaft mit einem Markomannenschwert, verlieh dem jungen Krieger ein verwegenes Aussehen. Jorit war schon an Thorags Seite geritten, als die Donarsöhne die Eisenburg belagerten, wo Segestes Thusnelda, Auja und Ragnar gefangengehalten hatte. Immer, wenn Jorit davon und von den vielen anderen gemeinsam mit Thorag bestandenen Abenteuern erzählte, wünschte sich der Sohn des Donarfürsten sehnsüchtig, er wäre an Jorits Stelle gewesen.

Jorit lehnte sich gegen das Gatter des Unterstandes und lächelte. »Die Nächte werden länger, doch dein Schlaf wird immer kürzer, Ragnar. Ich sah dich heute nicht zum ersten Mal in aller Frühe das Haus verlassen. Fürchtest du, Alard könne nicht mehr dasein?«

»Ich gehe gern zu Alard, gerade weil ich weiß, daß er da ist«, erwiderte Ragnar, der sich oft des Gefühls nicht erwehren konnte, von seinen Eltern im Stich gelassen worden zu sein. »Und Alard freut sich immer, wenn ich komme.«

»Das würde ich an seiner Stelle auch, wenn ich etwas Lekkeres zu fressen bekäme. Aber du machst es schon richtig, Ragnar. Gewöhne den Rappen an dich, an deinen Geruch, deine Berührungen und deine Stimme. Sprich zu ihm, singe ihm Lieder vor, und dein Wort wird für ihn sein wie der Ruf Donars für Zähneknirscher und Zähneknisterer. Dann wird Alard auch im größten Schlachgetümmel treu zu dir stehen und lieber sein Leben lassen, als dir den Befehl zu verweigern.«

Aufgeregte Stimmen erschollen draußen, gefolgt von dem Geräusch eines aufgestoßenen Tores und Pferdegetrappel.

»Scheint so, als wärst du nicht der einzige Frühaufsteher«, meinte Jorit. »Wer um diese Zeit zum Donarhof kommt, muß etwas Wichtiges zu melden haben.«

So war es auch, wie Ragnar und Jorit erfuhren, als sie eilig den Pferdestall verließen. Der Barschalk Aimo, dessen kleiner Hof eine Reitstunde nördlich lag, bat Hatto und die Donarkrieger um Hilfe. Der Unsichtbare hatte Aimos Hof schon zum dritten Mal innerhalb weniger Tage heimgesucht und dabei einen Teil der Einfriedung und einen Vorratsspeicher zerstört. Wieder hatte niemand den nächtlichen Störenfried gesehen, nur die Spuren eines offenbar sehr großen Bären hatte Aimo entdeckt. Der Bär, der den gesamten Nordgau unsicher machte, schlug immer nachts zu, verwüstete, was ihm unter die Pranken kam, und verschwand ungesehen. Deshalb nannten die Cherusker ihn den Unsichtbaren und begannen ihn allmählich zu fürchten wie ein Ungeheuer Lokis.

»Ich glaube fast, der Unsichtbare will uns herausfordern«, sagte Hatto. »Anfangs dachte ich, er sucht nur ein paar Vorräte für den Winter und gibt dann Ruhe. Aber wie es aussieht, hat er Freude an der Verwüstung gefunden. Nehmen wir die Herausforderung an!«

Die zusammengeströmten Krieger bekundeten ihre Zustimmung durch das Gegeneinanderschlagen ihrer Waffen oder durch laute Rufe.

»Auf zur Jagd!«

»Donar sei mit uns!«

»Töten wir den Unsichtbaren!«

»Bärenfleisch für den Winter!«

Ragnar trat zu Hatto und sagte: »Ich werde euch helfen.«

Die kräftigen Kiefer des Kriegerführers mahlten unentschlossen, während er den Jungen anschaute. »Du bist noch kein Krieger, Ragnar, und hast keine Erfahrung auf der Jagd.«

»Ich habe ein gutes Pferd und bin stark für mein Alter. Außerdem bin ich Thorags Sohn. Wenn ich euch begleite, wird das Heil des Riesentöters Donar mit euch sein!«

Die Krieger, die Ragnars Worte gehört hatten, riefen laut, Thorags Sohn möge sie begleiten.

Jorit sagte leise zu Hatto: »Ich werde an seiner Seite bleiben und auf ihn achtgeben.«

Zögernd willigte Hatto ein, und Ragnar rannte freudig in den Stall, um Alard für den Ritt vorzubereiten. Bald zog er mit Hatto und Jorit an der Spitze von hundert bewaffneten Kriegern durch das Nordtor in den jungen Tag, gefolgt von Bauern, Jungmännern, Barschalken und Schalken, die als Treiber dienen sollten. Unterwegs schlossen sich ihnen weitere Männer aus den umliegenden Höfen an, durch die Hornsignale des Jagdtrupps benachrichtigt.

Der Donarhof und Ragnar waren verschwunden. Finsternis umgab ihn, und er war verwirrt. Dann erinnerte er sich, wo er sich befand. Dies war die Schlafkammer des Chatten Gisolf, und alles war nur ein Traum gewesen. Doch ein so lebensnaher Traum, daß Thorag geglaubt hatte, wieder daheim zu sein, bei seinem Sohn. Es war, als sei er ein Teil Ragnars gewesen. Er hatte Ragnars Sehnsucht nach den Eltern gespürt und seine Enttäuschung.

Jetzt, als Thorag erwacht war, hatte er Angst um seinen Sohn. Als sein Traum verblaßte und die lange Reihe des Jagdtrupps, die den Donarhof verließ, sich auflöste, war das letzte Bild am nördlichen Himmel eine riesige schwarze Wolke gewesen, die den Donarsohn erschreckte. Die Wolke besaß die Form eines Bären, der seine Pranken nach den Cherus-

kern ausstreckte. Thorag spürte, daß der Bär es auf Ragnar
abgesehen hatte.

Und er spürte noch etwas: Er war nicht länger allein in der
Kammer. Thorag mußte den Eindringling wahrgenommen haben, und das hatte ihn geweckt. Ein erfahrener Krieger schlief
niemals tief und fest, weil er wußte, daß der Schlaf die Vor-
stufe des Todes war. Vorsichtig streckte Thorag die rechte
Hand zur Seite aus, wo das Römerschwert lag, das er zum
Glück aus der Scheide gezogen hatte, bevor er sich hinlegte.

»Keine Angst, ich will dir nichts Böses«, flüsterte eine
Frauenstimme. »Ich bin gekommen, um dich zu warnen.«

»Rika?« fragte Thorag ebenso leise.

»Ja, Fürst Thorag, Du mußt sofort den Hof verlassen! Ich
war schon im Stall, habe deinen Wasserschlauch gefüllt und
Verpflegung bereitgelegt. Je eher du reitest, desto größer sind
deine Aussichten zu entrinnen.«

»Wem?«

»Ich habe mitbekommen, wie Gisolf heimlich einen Boten
zu Adgandest gesandt hat. Niemand sonst weiß davon. Es ist
mir nicht Recht, daß Gisolf das heilige Gastrecht mißachtet,
und das auch noch dir gegenüber, der du Gismar gerettet hast.
Deshalb will ich dir helfen. Aber wir müssen leise sein, um
Gisolf nicht zu wecken!«

»Ich verstehe dich nicht ganz, Weib«, murrte Thorag, während seine Hand sich um den Schwertgriff legte. »Was hatte
dieser Adgandest damit zu tun? Ist er nicht einer eurer Fürsten?«

»Er ist der Fürst des Wolfsgaues und jetzt auch unser Herzog. Und er wird dich töten, wenn er dich erwischt!«

»Warum?«

»Weil du Armins Blutsbruder bist.«

»Du antwortest auf meine Fragen, aber du beantwortest sie
nicht, Rika!«

»Armin starb am Tamfanaberg, als er unser Winterfest besuchte. Man erzählt sich, der heilige Berg habe ihn verschluckt. Aber man flüstert auch, es habe Kämpfe gegeben zwischen Armins Begleitung und Chattenkriegern. Armin soll Tamfana verhöhnt haben und dafür von der Göttin bestraft worden sein. Ich kenne die Wahrheit nicht, war nicht am heiligen Berg, als es geschah. Aber ich weiß, daß Adgandest Boten in alle Gaue gesandt hat mit der Aufforderung, ihm jeden cheruskischen Edeling und jeden Mann aus Armins Gefolgschaft zu melden. Vor vier Nächten kam einer der Boten zu unserem Hof und sprach mit meinem Gemahl. Deshalb hat Gisolf dich verraten.«

Das erklärte einiges, aber längst nicht alles. Gern hätte Thorag noch mehr Fragen gestellt, aber wenn Rika die Wahrheit sagte, drängte die Zeit. Also folgte er ihr leise in den Stall und dankte den Göttern, daß sie nicht durch die Wohnhalle mußte, wo Gisolf und die übrigen Bewohner des Hofes schliefen.

Der Donarsohn sattelte das erbeutete Römerpferd und umwickelte die Hufe mit Lappen, bevor er das Tier hinaus in die Kälte zog. Noch war es Nacht, nur ein zarter Streifen Rot im Osten kündigte Sunnas Erscheinen an. Er führte das Roß am Zügel zu der östlichen Lücke in der Einfriedung, die durch ein Gatter verschlossen war. Rika half ihm, das Gatter zu entfernen.

Als Thorag in den Sattel stieg, umklammerte Rika seine Hand und bat mit Tränen in den Augen: »Sei meinem Gemahl nicht böse, Fürst! Er ist nur ein einfacher Bauer, der seinem Herzog gehorcht. Die Götter mögen verzeihen, daß er sich gegen seinen Gast versündigt hat!«

»Dein Verhalten macht das deines Gemahls wett, Rika. Ich werde Donar bitten, seine schützende Hand über euren Hof zu halten.«

Der dankbare Ausdruck auf ihrem Gesicht war der letzte Eindruck von Gisolf und den Seinen. Dann war Thorag wieder unterwegs, ritt durch fremdes, dunkles Land, und alle Gedanken an eine baldige Heimkehr und einen ruhigen Winter im Kreis seiner endlich wiedervereinten Familie waren verflogen.

Hatte sein Traum ihn auf eine Gefahr aufmerksam machen wollen, die nicht seinem Sohn drohte, sondern ihm selbst? Er hatte Ragnar gesehen, aber vielleicht war Thorag gemeint. Auch der Donarfürst ritt nach Norden, wo er die Heimat wußte, wo aber auch der Tamfanaberg lag. Mit wachen Sinnen beobachtete er den finsteren Wald, den er durchquerte, doch seine Gedanken kreisten sorgenvoll um Ragnar.

Jagdfieber! Ragnar spürte, wie ihn beim Erschallen des Hörnerklangs Erregung überfiel. Aus allen Himmelsrichtungen erscholl in kurzen Abständen dasselbe Hornsignal, das Zeichen, daß die einzelnen Treibertrupps ihre Ausgangsstellungen eingenommen hatten.

Sunna stand hoch am Himmel, auch wenn der Sonnenwagen nicht zu sehen war. Finstere, fast schwarze Wolken überzogen das Cheruskerland. Nott schien beschlossen zu haben, heute nicht vor ihrem Sohn Dagr und der Sonnenjungfrau zu weichen. Ein paar Männer aus dem Kriegertrupp murmelten etwas von einem bösen Vorzeichen, doch ihr Zaudern verstummte beim Klang der Hörner. All ihr Trachten galt jetzt dem unheimlichen Bären, dem Unsichtbaren. Jeder wollte ihn zuerst erspähen und mit seiner Frame durchbohren.

Thorags Sohn bedauerte, daß er keine Frame führen durfte. Sie und das Schwert waren die Waffen des Mannes, er als Knabe trug nur einen Dolch an seiner Seite. Jorit, der neben ihm ritt, lächelte ihm aufmunternd zu, und Ragnar lächelte zurück. Er war stolz, an der Jagd teilnehmen zu dürfen und allen Kriegern sein edles Roß vorführen zu können. Und die

Donarkrieger waren froh darüber, daß seine Anwesenheit ihnen das Heil des Donnergottes sicherte.

Die Wälder des nördlichen Donargaues hallten wider vom unablässigen Lärmen der Treiber: von grellem Hörnerklang, dumpfem Trommelschlag und schrillen Schreien. Die Vögel, die nicht vor dem Winter geflohen waren, stoben zu Hunderten auf, als wollten sie in dem düsteren Wolkengeflecht Schutz vor dem Lärm suchen. Und dann erscholl von Westen das Signal, auf das die Krieger gewartet hatten, dreimal ein langer Hornstoß. Mehrmals wurde das Zeichen wiederholt, um jeden Zweifel zu zerstreuen. Die Treiber im Westen hatten den Unsichtbaren aufgespürt!

Sofort begannen einige Pferde zu wiehern und unruhig zu tänzeln. Sie kannten das Signal und wußten, daß sie jetzt gefordert waren.

Hatto, der auf einem kräftigen Grauschimmel saß, reckte die rechte Hand mit der Frame in die Höhe und rief: »Donar, steh uns bei auf unserer Jagd, damit deine Söhne dir zu Ehren Beute machen können! Laß unsere Hände die Framen so sicher führen wie du deinen Hammer Miölnir! Verleih unseren Framenstößen die Kraft der Blitze, die du aussendest! Gib uns die Stärke deiner eisernen Faust! O Donar, mächtiger Gott und Riesentöter, erhöre unseren Ruf!«

Die Krieger wiederholten dreimal den letzten Satz im Chor, dann sprengten sie nach Westen davon, angeführt von Hatto. Das Trommeln der Hufe, die anfeuernden Rufe der Krieger, das Wiehern der Pferde, die unter ihnen aufspritzende Erde, die Bäume, die an ihnen vorüberflogen – all das erfaßte den jungen Ragnar wie ein Rausch. Er war ein Teil dieser wilden Jagd, fühlte sich zum ersten Mal wie ein Krieger. Daß er nur zusehen konnte, wenn es galt, die Beute zu erlegen, spielte in diesem Augenblick keine Rolle. Die Krieger waren wie ein Leib, der mächtige Leib Donars, der ausgezogen war, den Unsichtbaren zu bezwingen. Der Sieg über das

Untier würde ihr gemeinsamer Sieg sein, und gemeinsam würden die Donarsöhne ihn feiern, wenn Notts Schleier fielen.

Alard machte sich gut, hielt spielend auch mit den größeren Römerpferden mit, auf denen viele der Krieger saßen. Ragnar mußte seinen Hengst nicht einmal anfeuern. Alard wußte, was sein Reiter von ihm erwartete. Ragnars Stolz wuchs ins Unermeßliche.

Von links, wo Jorit auf einem schlanken Falben saß, erscholl ein langgezogener Ruf: »Ragnar, halt an!«

Jorit gab ihm Handzeichen, Alard zu zügeln. Widerwillig folgte Ragnar der Aufforderung und lenkte den Rappen zu Jorit, der abgestiegen war und das rechte Vorderbein seines Falben untersuchte. Mißmutig beobachtete Thorags Sohn, wie die Kriegermeute an ihm vorbeigaloppierte.

»Was hast du, Jorit?«

»Mein Roß lahmt, es hält mit den anderen nicht mit. Aber ich kann nicht entdecken, woran es liegt.«

»Und?« fragte Ragnar mißtrauisch. »Soll ich dir etwa Alard überlassen, damit du an der Jagd teilnehmen kannst?«

»Keine Angst!« Jorit lachte. »Kein anderer als du soll auf Alard reiten.«

»Dann verstehe ich nicht, weshalb du mich gerufen hast«, brummte Ragnar und blickte nach Westen, wo die letzten Krieger hinter einem Tannenwald verschwanden. »Ich werde noch verpassen, wie der Unsichtbare erlegt wird.«

»Genau deshalb habe ich dich gerufen. Ich habe Hatto versprochen, auf dich achtzugeben.«

»Ihr behandelt mich wie ein Kind!«

»Warum wohl, großer Krieger?« lachte Jorit.

»Aber die Krieger brauchen mich, damit Donars Kraftheil mit ihnen ist!«

»Du hast sie bis hierher begleitet, Ragnar, da dürften sie kräftig genug sein.«

Während Ragnar noch überlegte, wie er Jorit umstimmen konnte, nahm er eine Bewegung in einem nahen Haselgebüsch wahr. Erst dachte er an ein vom Jagdlärm aufgescheuchte Tier. Aber es mußte eine ganze Gruppe von Tieren sein, so wie die Zweige wackelten.

»Was schaust du so?« fragte Jorit, der Ragnars verwunderten Blick bemerkt hatte.

Ragnar zeigte zu den Haselsträuchern. »Da ist etwas!«

Jorits Kopf fuhr in dem Augenblick herum, als die seltsamen Wesen, die fellbedeckt waren, aber auf zwei Beinen liefen, aus dem Gebüsch hervorbrachen. Eine ganze Meute stürmte auf die beiden Cherusker zu.

Als das hundertstimmige Gebell erscholl, wußte er, daß er den Häschern nicht entkommen war. Das Bellen und Kläffen kam von allen Seiten. Sie hatten ihn eingekreist. Der Donarsohn trieb den Braunen an und jagte im schnellen Galopp voran. Nur durch Geschwindigkeit konnte er dem Feind noch entwischen.

Finstere Wolken verdunkelten den Tag, aber noch dunkler waren die Bestien, die auf einer Anhöhe vor ihm erschienen. Große schwarze Hunde, die ihrer Beute – Thorag – entgegenstürzten. Sie erinnerten ihn an die römischen Bluthunde, gegen die er in Ravenna gekämpft hatte. Den Bestien folgten Reiter, trotz der Kälte mit nacktem Oberkörper oder nur mit einem Umhang über dem bloßen Leib. Ihre Haut glänzte schwarz, und sie ritten allesamt schwarze Pferde.

Thorag riß sein Roß herum und wandte sich nach links, doch auch dort zeigten sich Hunde und Reiter. Er sah die Bemalung auf den Leibern der Chatten: laufende und springende Hunde oder Hundeköpfe mit aufgerissenen Mäulern, aus denen drohend die Fangzähne ragten. Viele Krieger trugen Ketten aus Hundezähnen um den Hals. Kein Zweifel,

das waren die berüchtigten Hundinge, eine ganze Hundertschaft.

Eine Handvoll Todeshunde sprang aus dem Unterholz und
erschreckte den Braunen so sehr, daß er scheute und mit den
Vorderläufen in die Luft stieg. Thorag verlor den Halt und
stürzte. Eine dicke Laubschicht milderte den Aufprall. Sofort
sprang er auf und umklammerte den Speer.

Die Hunde hatten ihn umkreist, griffen aber nicht an. Der
Befehl ihrer Herren zügelte die Wut der Bestien. Das konnte
nur eines bedeuten: Die Chatten wollten ihn lebend, vorerst
jedenfalls. Immer mehr berittene Krieger mit ihren Hunden
scharten sich um ihn.

Der Donarsohn war bereit zum Zustoßen. Er war entschlossen, ein paar Hundinge mit sich zu nehmen, wenn er
nach Walhall ging. Aber dann dachte er an Ragnar, an Auja –
und an Armin. Wenn Rika die Wahrheit gesagt hatte, waren
die Chatten in Armins Tod verwickelt. Von ihnen konnte er
mehr erfahren. Wenn sie den Hirschfürsten auf dem Gewissen hatten, mochten sie eine Bedrohung für den ganzen
Cheruskerstamm darstellen. Und da Armin nicht mehr lebte,
lastete auf Thorags Schultern eine um so größere Verantwortung für die Cherusker.

Von dieser Erkenntnis geleitet, ließ er den Speer sinken.
Seine Pflicht gegenüber seinem toten Blutsbruder und seinem
Stamm verlangte von ihm, einen ehrlosen Tod in Kauf zu
nehmen. Kaum war der Speer zu Boden gefallen, kamen die
Hundinge über ihn wie ein schwarzer Hornissenschwarm.

Erst glaubte er, eine Schar von Bären vor sich zu sehen. Men-
schenähnliche Bären, die auf zwei Beinen gingen und Waffen
trugen: Framen, Gere, Schwerter und Kriegsbeile. Dann erkannte Ragnar, daß die Wesen Bärenfelle trugen und Bären-
häupter auf ihre Köpfe gestülpt hatten. Und er erinnerte sich

an die Geschichten seines Vaters und Jorits vom Kampf gegen die Bärenkrieger. So ähnlich mußten sie ausgesehen haben.

»Sitz auf, Jorit, Alard kann uns beide tragen!« rief Ragnar seinem Begleiter zu, der neben seinem lahmenden Pferd stand.

»Zu spät, sie kommen von allen Seiten«, erwiderte Jorit und umfaßte die Frame fester.

Er hatte Recht: Bärenmänner zu Pferd und zu Fuß hatten sie eingekreist und stürmten auf sie zu. Es mußte eine halbe Hundertschaft sein. Kein Kriegsruf, kein Laut kam über ihre Lippen, was den Überfall um so unheimlicher machte.

»Dann hole ich Hilfe!« stieß Ragnar atemlos hervor und hieb die Fersen in Alards Flanken.

Der Hengst galoppierte los wie ein Bruder Sleipnirs. Seine Hufe schienen kaum den Boden zu berühren. Ragnar lenkte ihn nach Westen, wo er Hatto mit den anderen wußte, Roß und Reiter flogen auf die Bärenkrieger zu. Auch die nackten Oberkörper mit der weißen Bemalung kannte Ragnar aus den Erzählungen. Waren dies tatsächlich die berüchtigten Anhänger der fluchbeladenen achten Cheruskersippe?

Dies war der letzte klare Gedanke, der ihm durch den Kopf ging, bevor sein Roß mitten im Galopp stürzte. Ragnar überschlug sich mehrmals und prallte mit der linken Schulter gegen eine Baumwurzel. Bärenkrieger liefen auf ihn zu, aber er beachtete sie nicht.

Er starrte nur zu seinem Pferd hinüber, dessen schmerzvolle Schreie in seinen Ohren gellten. Ein Ger war tief in Alards Brust gefahren. Der Rappe wälzte sich am Boden, und blutiger Schaum quoll aus seinem Maul. Ragnar wollte aufstehen und zu Alard laufen, doch ein Bärenkrieger sprang den Jungen an und hielt ihn fest.

Aus dem Mund des Kriegers drang ein triumphierender Ruf: »Haben wir dich endlich, kleiner Donarsohn!«

Kapitel 9

Das Blut der Tamfana

DIE HUNDINGE KANNTEN sich in diesem Teil ihres Stammesgebiets gut aus und ritten auch weiter, als Nott einen Schleier nach dem anderen auf die Menschenwelt fallen ließ. Heftiger Wind kam auf und zerfetzte das dicke Wolkengespinst, das Mond und Sterne verdeckte. Mehrmals zog das Geheul unsichtbarer Wölfe über die Wälder, aber die Raubtiere zeigten sich nicht. Die berittene Hundertschaft und ihre Todeshunde waren Abschreckung genug. Hier erwartete die Wölfe statt Beute der sichere Tod.

Was auf Thorag wartete, wußte der Donarsohn nicht, doch ihm war klar, daß es nicht angenehm sein würde. Die Chatten hatten ihn auf sein Pferd gebunden und so fest mit Stricken verschnürt, daß er gerade noch den Kopf drehen konnte. Seine Hände waren auf den Rücken gefesselt. Ein Hunding zog seinen Braunen am Zügel mit sich.

Der Anführer der Hundinge war ein baumlanger Krieger, größer noch als Thorag, den sie Sikko nannten. An seiner Seite lief der größte Todeshund von allen, der die Ausmaße eines kleinen Pferdes hatte und dessen Fell mit roten Flecken gesprenkelt war, die wie getrocknetes Blut aussahen. Daß er von seinem Herrn Garm gerufen wurde, erschien Thorag passend. So hieß Hels blutbefleckter Hund, der den Eingang zu ihrem düsteren Reich bewachte.

Irgendwann durchstach vor den Reitern eine Vielzahl rotflackernder Sterne die Nachtschleier, als hätte ein wütender

Gott den Feuerriesen die Augen ausgerissen und sie auf einen Berg im Chattenland geworfen. Ein Berg war es tatsächlich, wie Thorag bald erkannte. Immer deutlicher zeichneten sich die Umrisse ab, bis hin zu den beiden nackten Felskegeln, die sich in den Himmel reckten. Der Donarsohn war noch nie hier gewesen, aber er hatte schon von dem Heiligtum der Chatten gehört, dem Tamfanaberg. Die flackernden Sterne waren Lagerfeuer, die sich über den ganzen Höhenzug erstreckten. Demnach waren hier viele tausend Chatten zusammengekommen.

Es waren vorwiegend Krieger, deren Gesänge den Hundingen entgegenschallten. Als Sikkos Männer mit ihrem Gefangenen den Berg hinauffritten, wurden sie von den herbeiströmenden Kriegern jubelnd begrüßt. Die Hundinge hielten erst an, als sie den Gebirgskamm fast erreicht hatten. Sie zogen Thorag vom Pferd, doch seine Arme und Hände blieben gefesselt. Sikko und einige Hundinge brachten ihn zu einer Höhle, und durch einen langen, verwinkelten Gang ging es tief in den Berg hinein. Fackeln beleuchteten das Höhlensystem.

Vor einem schmalen Durchlaß, der durch schwere Holzbohlen versperrt war, hielten drei bewaffnete Hundinge Wache. Drei Todeshunde lagen scheinbar schläfrig, aber mit wachen Augen zu ihren Füßen.

»Wen bringst du da, Sikko?« fragte einer der Wachposten.

»Armins Blutsbruder, den Fürsten der Donarsöhne.«

Die Augen des Wächters leuchteten auf. »Ein großer Fang, der viel Ehre für dich und den Bund der Hundinge bedeutet.«

»Wohl kaum«, grunzte Sikko und warf Thorag einen verächtlichen Blick zu. »Der Cherusker zog es vor, die Waffen zu senken, statt einen ehrenvollen Tod im Kampf zu finden.«

»Adgandest hat Recht«, sagte der Wächter. »Der Hirschstamm verdient nicht die hervorragende Stellung, die er seit dem Kampf gegen Varus unter den freien Stämmen eingenommen hat. Die Cherusker kämpfen nur, wenn sie siegen.«

»Sperrt ihn zu den anderen«, befahl Sikko und wandte sich zum Gehen. »Ich werde den Herzog benachrichtigen.«

Ein Wachposten zog zwei der Holzbohlen aus dem Felsspalt und stieß Thorag unsanft hindurch. Er betrat eine langgestreckte, enge Höhle, in der vier zerlumpte Gefangene auf dem Boden kauerten. Zwei der Gesichter erkannte er, bevor die Holzbohlen den Felsspalt wieder verschlossen und das Fackellicht aussperrten.

Eines der bekannten Gesichter gehörte Omko, Armins friesischem Schalk, das andere einem Cherusker namens Grimard aus Armins Kriegergefolgschaft. Auch die beiden anderen Gefangenen gaben sich als Gefolgsleute Armins zu erkennen. Alle vier waren nicht gefesselt, und sie befreiten Thorag von den Stricken.

Währenddessen fragte er: »Was ist geschehen? Stimmt es, daß Armin tot ist?«

»Wir wissen es nicht genau, aber wir befürchten es«, antwortete Grimard betrübt und schilderte, wie der Cheruskerherzog und seine Begleiter vor acht, neun oder auch zehn Nächten – hier unten gab es keinen Wechsel von Nott und Dagr, und die Zeit verlor an Bedeutung – am festlichen Umzug zu Ehren der Göttin Tamfana teilgenommen hatten. »Wir sind bei den Pferden geblieben und ahnten nichts Böses. Auf einmal stürzten sich die Hundinge auf uns und überwältigten uns, noch ehe wir zu den Waffen greifen konnten. Wodans Fluch wird uns treffen!«

»Dann trifft er auch mich«, sagte Thorag. »Ich legte meinen Speer nieder, statt ihn in den Leib eines Hundings zu rammen. Aber ich tat es nicht aus Angst, sondern um herauszubekommen, was hier vorgefallen ist. Ihr müßt mir dabei helfen. Ich fürchte, was hier beim großen Winterfest geschah, ist erst der Anfang. Unserem ganzen Stamm droht Gefahr. Hat man euch nicht gesagt, weshalb man euch hier festhält?«

»Man hat uns beschimpft, geschlagen und bespuckt«, erzählte Grimard zornig. »Wenn man uns Wasser und Brei bringt, müssen wir uns Schmähreden anhören. Ansonsten sprechen die Hundinge nicht mit uns. Alles, was wir wissen, haben wir zufällig mitgehört, wenn die Chatten sich unterhielten. Aber es ist nicht viel: Adgandest, der neue Chattenherzog, ging mit Armin und den anderen in den Berg, in Höhlen, die vielleicht gar nicht weit entfernt von diesen liegen. Im Leib der Tamfana sollte ein Festmahl auf die Ehrengäste warten. Doch sie kamen nie mehr aus dem Berg heraus. Einer der Hundinge sagte lachend zu einem anderen, die Cherusker hätten einen Festschmaus für die Hunde abgegeben.«

»Wir hoffen, daß Herzog Armin noch lebt«, fügte Omko hinzu. »Aber wir haben wenig Grund es glauben.«

»Auf einem Hof der Chatten erzählte man mir, Armin sei tot«, sagte Thorag. »Aber ich glaube es erst, wenn ich seine Leiche sehe!«

»Das wird schwierig sein«, gab Grimard zu bedenken. »Wenn die Todeshunde wirklich über Armin und die anderen hergefallen sind, ist bestimmt nicht viel von ihnen übrig.«

Auch wenn alles dafür sprach, daß Armin in den Höhlen des Tamfanabergs den Tod gefunden hatte, konnte Thorag sich nicht an den Gedanken gewöhnen. Der stolze Edeling, der die freien Stämme geeint, der die Römer und die Markomannen zurückgeschlagen hatte, sollte von blutgierigen Hunden zerrissen worden sein? Ein unverdientes, unwürdiges Ende. Und vor allem eines, das viel zu früh gekommen war.

Thorag befürchtete, daß der Bund der freien Stämme ohne Armin auseinanderfiel, bevor ein Sommer ins Land gegangen war. Selbst der Cheruskerstamm, den der Hirschfürst nur mühsam vor der Spaltung bewahrt hatte, könnte den Zusammenhalt verlieren. Der Donarsohn hörte Kriegsrufe über dem Cheruskerland und sah, wie die heimatlichen Flüsse sich vom Blut der Gefallenen rot färbten.

»Möchte wissen, wohin die uns bringen. Die Kerle sind irgendwie unheimlich. Echte Bären könnten nicht schweigsamer sein.«

Jorit sprach ganz leise, während er mit den Fingern den dicklichen Haferbrei aus der Holzschüssel schabte. Er schleckte die Finger ab und blickte starr geradeaus, um gar nicht erst den Eindruck zu erwecken, er könnte sich mit Ragnar unterhalten. Schon zweimal hatten die Bärenkrieger sie beim Gespräch ertappt, und jedes Mal hatten die Gefangenen heftige Schläge einstecken müssen. Eine blutige Wunde an Jorits linker Schläfe zeugte von einem Hieb mit der stumpfen Seite eines Kriegsbeils, den er sich am Morgen eingefangen hatte.

Seit sie gestern von den Bärenkriegern überwältigt worden waren, hatte ihnen niemand gesagt, wohin man sie brachte. Die Bärenmänner hatten ihren Gefangenen Tücher über die Köpfe gebunden, bevor sie mit ihnen losgeritten waren. Jorit war auf seinen Falben gesetzt worden, Ragnar auf eines von mehreren reiterlosen Tieren, die zum Teil mit Verpflegung beladen waren. Die nächtliche Rast hatten sie in einem dichten Kiefernwald verbracht, und heute waren sie wieder den ganzen Tag geritten.

Jetzt dämmerte es, und sie lagerten in einem kleinen Tal. Ein von den Hügeln herabrauschender Bach lieferte Mensch und Tier frisches Wasser. Die Bärenkrieger hatten ihren Gefangenen die Tücher von den Gesichtern genommen und die Handfesseln gelöst, damit jeder der beiden Cherusker seine Schale mit frisch angerührtem Haferbrei leeren konnte. Die Beine der Gefangenen hatte man derart mit Stricken umwikkelt, daß der Versuch aufzustehen zum Scheitern verurteilt war – und damit erst recht der Versuch zu fliehen.

Ragnar achtete kaum auf Jorits geflüsterte Worte. Immer wieder sah Thorags Sohn seinen Rappen vor sich, der sich qualvoll am Boden wälzte und vor Schmerz wieherte. Bis einer der Bärenmänner mit dem Sax Alards Hals durchschnitt, wohl weniger aus Mitleid mit dem Roß, sondern damit sein Wiehern nicht Hatto und seine Krieger alarmierte. Die Bewegungen des Rappen erlahmten, während das Blut aus der Halswunde strömte. Als Alard in den letzten krampfartigen Zuckungen lag, erhob er noch einmal den Kopf und richtete seine weit aufgerissenen Augen auf Ragnar. Es war dem Jungen wie der Blick eines Menschen erschienen. Er hatte in Alards Augen Schmerz und Trauer gelesen. Dann fiel das Haupt des Rappen zur Seite, und Alard verendete mit einem letzten Zucken.

»Diese Wälder kenne ich nicht«, fuhr Jorit fort. »Ich habe nicht die geringste Ahnung, wo wir uns befinden.«

»Es geht nach Westen«, erwiderte Ragnar. »Sunna ist schwach am Ende des Sommers, aber noch stark genug, um ihre Strahlen zu spüren, wenn keine Wolken sie verdecken. Als wir aufbrachen, habe ich Sunnas Wärme in meinem Nakken gespürt, und am Ende des Tages erwärmte die Sonnenjungfrau mein Gesicht.«

»Du wirst noch ein großer Jäger und Krieger, Ragnar«, sagte Jorit. »Auch ich habe Sunna gespürt und kenne die Richtung, aber nicht das Ziel der Bärenkrieger.«

»Sind es wirklich die Anhänger der achten Sippe?«

»Sie sehen genauso aus wie die Bärenmänner, gegen die Thorag und ich vor zwei Wintern kämpften, bis hin zu ihrer weißen Bemalung und dem Anhänger mit dem achtbeinigen Bären, den jeder von ihnen um den Hals trägt. Damals glaubten wir die Gefahr gebannt – ein schrecklicher Irrtum.«

»Damals steckte Inguiomar hinter den Bärenmännern, nicht wahr?«

»Ja, der Ingfürst war einer ihrer Anführer«, antwortete Jorit, während er den letzten Rest Brei zusammenkratzte. »Zusammen mit dem Stierfürsten Frowin und dem Ewart Gandulf hat Inguiomar die abgefallenen Sippen der Ing- und der Stierkrieger an Marbods Seite gegen die übrigen Cheruskergaue in die Schlacht geführt. Als wir das feindliche Heer bezwungen hatten, wechselte Inguiomar die Seiten und sagte sich von dem Irrglauben an den Bärengott los. Zum Beweis seiner Sinneswandlung legte er Armin und den anderen Fürsten die Köpfe seiner Mitverschwörer Frowin und Gandulf zu Füßen. Thorag hat ihm nicht geglaubt, daß er aus innerer Überzeugung handelte. Er warf Inguiomar vor, nur seinen eigenen Kopf retten zu wollen.«

»Aber Herzog Armin hat seinem Oheim doch verziehen«, meinte Ragnar.

»Aus Berechnung, nicht aus Überzeugung. Inguiomar hatte stets viele Anhänger unter den Cheruskern, war einmal neben seinem Neffen Armin der Herzog seines Stammes. Indem Armin seinen Oheim wieder an seine Seite nahm, einte er den gespaltenen Stamm. Jetzt aber frage ich mich, ob Armin wirklich so klug gehandelt hat. Wir reiten nach Westen, also kann die Grenze zum Inggau nicht fern sein.«

»Glaubst du, der Ingfürst ist noch immer Anhänger des Bärengottes, Jorit?«

»Bei Inguiomar weiß man nie. Wir können bloß abwarten, was sich ergibt, und auf eine Gelegenheit zur Flucht hoffen. Wenn ich nur wüßte, wohin die Bärenkrieger uns bringen!«

Gegen Mittag des folgenden Tages wußte er es, auch wenn weder Jorit noch Ragnar den Ort kannten. Es war ein zerklüftetes Tal, begrenzt von schroffen, hochaufragenden Felswänden, das perfekte Versteck – und das perfekte Gefängnis. Ein Felsvorsprung hoch über dem Tal besaß die Form eines Bären, der sich wachsam über die Schlucht beugte.

»Jetzt wird mir klar, warum die Bärenmänner diesen Ort für ihr Lager gewählt haben«, brummte Jorit, als man ihm und Ragnar die Tücher vom Kopf nahm und beide den Bärenfelsen erblickten. Daß es ein nicht nur vorübergehendes Lager war, verrieten die aus Holz erbauten Gebäude: Langhäuser, Stallungen, Vorratsspeicher und eine Schmiede. »Sieht ganz so aus, als müßten wir uns auf einen längeren Aufenthalt gefaßt machen.«

Ragnar dachte an seinen ermordeten Rappen. Von dem brennenden Wunsch erfüllt, es den Bärenkriegern heimzuzahlen, erwiderte er: »Wie lange es dauert, liegt ganz bei uns!«

Nächte und Tage zerflossen zu unendlichen Stunden dumpfen, schweigsamen Brütens, während die Gefangenen, vom Licht des Tages und von der Welt der Menschen abgeschnitten, in ihrem dunklen Verlies hockten. Selten leckte Fackellicht in ihre Höhle, wenn die Wärter die Holzbohlen am Eingang wegzogen, um ihnen Schüsseln mit Wasser und Gerstenbrei zuzuschieben. Die Eingesperrten bekamen keine anderen Menschen außer den Wächtern zu Gesicht, erfuhren nicht, was draußen vor sich ging, ob Sunnas Leuchten das Land erhellte, ob Sturm tobte und Regen fiel oder ob die Frostriesen schon ihre weißen Mäntel ausgebreitet hatten. Bald hatten die fünf Männer im Tamfanaberg einander nichts mehr zu berichten, oder sie hatten ganz einfach keine Lust mehr zu reden.

Obwohl die anderen sich nach seinen Erlebnissen in Ravenna erkundigten, hatte Thorag ihnen kaum etwas über die Ereignisse in der römischen Hafenstadt erzählt. Er wußte nicht, was dieser Adgandest mit ihm und den anderen Gefangenen vorhatte, und deshalb wollte er nicht das Risiko eingehen, daß einer seiner Mitgefangenen dem Chattenherzog versehentlich oder unter Zwang Auskünfte gab.

Die vier Cherusker und der Friese wurden nur unregelmäßig mit Speise und Trank versorgt, und Thorag ging, wie zuvor schon den anderen, irgendwann das Zeitgefühl verloren. Er konnte nur schätzen, daß seit seiner Gefangennahme ungefähr fünf oder sechs Nächte vergangen waren, als die Holzbohlen entfernt wurden, ohne daß die Hundinge ihnen Nahrung brachten.

Einer steckte seinen haarumwallten Kopf herein und rief: »Donarfürst, komm her!«

»Weshalb?« fragte Thorag und berührte den neben ihm hockenden Grimard an der Schulter. Anfangs hatten sie noch über Fluchtmöglichkeiten gesprochen, und eine der wenigen Aussichten auf ein Entkommen konnte möglicherweise darin bestehen, daß einer der Wächter in ihre Höhle trat und es ihnen gelang, den Chatten blitzschnell zu überwältigen. Mit seinen Waffen hätten sie die übrigen beiden Hundinge und deren schwarze Bestien niedermachen und anschließend versuchen können, einen Fluchtweg aus dem Höhlenlabyrinth zu finden. Vielleicht war dies die langersehnte Gelegenheit zur Flucht!

»Frag nicht so dumm, komm endlich!« erwiderte der Chatte.

»Ich habe keine Lust«, sagte Thorag wie beiläufig und rührte sich nicht von der Stelle.

Scheinbar teilnahmslos hockte er auf einem niedrigen Stein, den Rücken an die Felswand gelehnt, und starrte stumpf vor sich hin. In Wahrheit waren seine Muskeln angespannt, und aus den Augenwinkeln beobachtete er, was sich bei den Hundingen tat.

Die Chatten vereitelten den Fluchtplan, ehe die Cherusker überhaupt daran gehen konnten, ihn zu verwirklichen. Die Wächter mußten Verstärkung erhalten haben. Sieben oder acht Hundinge zwängten sich durch den Spalt und hieben mit den stumpfen Enden ihrer Waffen auf die Gefangenen ein. Von draußen ertönte das drohende Knurren der Todeshunde wie eine Warnung an die Cherusker und den Friesen, keine Gegenwehr zu leisten.

Omko ging zuerst zu Boden und hielt schützend die Hände vor seinen zerschundenen, blutigen Kopf. Trotzdem schlug der über ihm stehende Chatte unablässig mit dem Schaftende eines Gers zu.

Thorag, der ebenfalls ein paar schmerzhafte Hiebe erhalten hatte, sprang auf und stürzte sich auf Hunding, der immer noch Omko mißhandelte. Beide Männer gingen zu Boden und rangen miteinander. Der Donarsohn gewann die Oberhand, konnte sich rittlings auf den Chatten schwingen und ließ einen Hagel von Fausthieben auf dessen Kopf niederprasseln. Erst als ein anderer Hunding, der schräg hinter Thorag stand, ihm den Knauf seines Schwerts über den Schädel hieb, ließ der Cherusker von dem Chatten ab.

Schwindel packte ihn, und ehe Thorag wieder zu sich kam, hatten die Hundinge ihn schon gepackt und zogen ihn aus der Höhle. Ihre Kameraden schoben wieder die Bohlen vor den Spalt.

Von den Hundingen mit Schlägen und drohend erhobenen Klingen vorangetrieben, wankte Thorag benommen durch mehrere Felsgänge in einen unterirdischen Raum, der durch zahlreiche in den Wänden steckenden Fackeln hell erleuchtet war. Bänke, Tische und auf dem Boden ausgelegte Tierfelle ließen trotz der nackten Felswände einen halbwegs behaglichen Eindruck entstehen. Aus unerfindlichen Gründen war es hier angenehm warm, wogegen das Verlies, in dem Thorag bis vor kurzem noch gesessen hatte, feucht und kalt war.

An einem der Tische saßen drei Edelinge, darunter der Hundingsführer Sikko mit Garm zu seinen Füßen, sowie fünf Römer. Überrascht blickte Thorag in das Pferdegesicht von Gnaeus Equus Foedus. Da der Präfekt seinen Helm abgesetzt hatte, war deutlich der blutigrote Knorpel an der Stelle zu erkennen, wo früher das rechte Ohr gesessen hatte. Die Römer links und rechts von ihm trugen die Rüstungen prätorianischer Reiteroffiziere.

Foedus schien ganz und gar nicht von Thorags Erscheinen überrascht. Ein Lächeln spielte um die Lippen des Präfekten, ein Lächeln ohne jede Wärme und Freude, mehr ein Ausdruck von Rachsucht und bösem Verlangen.

Ein Edeling mit dunklem Bart und weißem Haar erhob sich von der Tafel. Thorag erkannte aus den Erzählungen seiner Mitgefangenen, daß er den neuen Herzog der Chatten vor sich hatte. Schon beim ersten Anblick Adgandests wußte Thorag, daß ihm der alte Herzog sympathischer gewesen war. Arpo hatte ein überschäumendes Temperament gehabt, war aufbrausend und schnell von Zorn erfüllt gewesen, doch es war stets ein gerechter Zorn gewesen. Und im Kampf hatte er sich als tapferer Recke und verläßlicher Verbündeter erwiesen.

Adgandest dagegen galt als Römling und hatte sich nicht an den Kämpfen in den zurückliegenden Sommern beteiligt. Als er jetzt vor Thorag stand, strahlte er zwar nicht die offene Niedertracht eines Foedus aus, aber sein Blick hatte etwas Lauerndes, erinnerte den Donarsohn an die Wölfe, die den Bauernsohn Gismar umstellt hatten. Mit gierigen Blicken, in denen das Verlangen nach Fleisch lag und das Wissen, daß die ersehnte Beute ihnen bald zufallen würde, hatten die Bestien den auf der Eiche hockenden Jungen angestarrt. Derselbe Ausdruck heimlichen Triumphes lag in den Zügen des Chattenherzogs, und vielleicht war es kein Zufall, daß er der Wolfssippe entstammte. Sein Name bedeutete soviel wie edelblütiger Eisenwolf.

Ohne Hohn in der Stimme sagte der Chatte: »Ich bin Adgandest und heiße dich willkommen im Heiligtum der Göttin Tamfana, das zugleich der heiligste Ort der Chatten ist, Fürst Thorag. Setz dich zu uns, iß und trink! Du siehst aus, als könntest du eine Stärkung vertragen.«

Das konnte Thorag tatsächlich. Die letzte vernünftige Mahlzeit hatte er auf Gisolfs Hof eingenommen. Seitdem hatten nur karge Rationen Brei seinen Magen gefüllt. Was die Hundinge ihren Gefangenen zukommen ließen, mochte die

Cherusker am Leben erhalten, konnte sie aber keinesfalls sättigen. Fünf ausgewachsene Männer mußten sich mit dem begnügen, was allenfalls zwei Knaben ausreichend ernährt hätte. Thorags Magen krampfte sich zusammen, als er auf die üppig gedeckte Tafel sah, auf gebratenes Fleisch und Fisch, auf Käseplatten und Schüsseln mit Quark, auf überquellende Obstkörbe und Schalen mit in Honig eingelegten Nüssen. Hätte er in den vergangenen Nächten und Tagen so etwas zu essen gehabt, wäre er besser bei Kräften gewesen und hätte sich vorhin nicht so leicht von den Hundingen überwältigen lassen.

»Greif schon zu, Cherusker!« ermunterte ihn Adgandest und pickte mit einem Dolch ein saftiges Fleischstück aus einer silbernen Schüssel, um es in die Höhe zu halten. »Bärenschinken, gesotten in Tamfanas Blut. Wir Chatten sind für unsere Gastfreundschaft berühmt.«

»Ich weiß«, sagte Thorag. »Der Bauer Gisolf hat mir seine Gastfreundschaft bewiesen, indem er die Hundinge auf mich hetzte. Und wie ich hörte, hast du Herzog Armin mit einer ganz besonderen Art von Gastlichkeit bedacht. Sei versichert, daß ich meine Pflicht als Armins Blutsbruder kenne und mich in seinem Namen auf nicht minder besondere Weise bei dir bedanken werde!«

Die aufgesetzte Höflichkeit verschwand aus der Stimme des Chatten, als er den Bärenschinken zurücklegte und fragte: »Was hat man dir erzählt?«

»Ich hörte, daß die Zahl der zu dir strömenden Gäste die Zahl derjenigen, die dich wieder verlassen, erheblich übersteigt. Was auf die Größe deiner Gastfreundschaft schließen läßt, Chatte.«

Adgandest hob den Dolch, als wolle er ihn gegen Thorag führen, und sagte in schneidendem Tonfall: »Das sind scharfzüngige Worte, wenn man bedenkt, daß du waffenlos und von einigen meiner besten Krieger umstellt bist.«

»Ach ja«, machte Thorag, als hätte er sich gerade an etwas Wichtiges erinnert. »Der berühmte Mut der Chatten darf nicht unerwähnt bleiben. Mit nur hundert Männern und nicht weniger Hunden haben sie mich eingefangen. Und eben erst konnte ich erleben, wie sie in ihrer unvergleichlichen Tapferkeit mit ihren Waffen auf waffenlose, geschwächte Gefangene einschlugen. Das ist wahrlich ein Mut, den noch die Söhne unserer Söhne besingen werden!«

Die Worte erbosten Sikko. Der Hundingsführer sprang auf und gab seinen Männern ein Zeichen. Augenblicklich stieß ein Chatte mit dem stumpfen Ende seines Gers in Thorags Seite. Der Stoß war mit großer Kraft geführt, und der Donarsohn sank stöhnend in die Knie. Galle stieg in ihm hoch, und er spie den Auswurf auf den Boden.

Mit dem Handrücken wischte er sich über den Mund und erhob sich. »Wodan, der Schutzherr der Kriegerbünde, kann wirklich stolz sein auf die Hundinge. Sie werden alle anderen Einherier von den besten Plätzen an seiner Tafel verdrängen.«

Erneut wollte der Chatte mit dem Ger Thorag zu Boden schicken, doch ein scharfer Ruf seines Herzogs hielt ihn davon ab: »Nicht, Krieger! Der Cherusker ist mein Gast. Führe ihn an die Tafel.«

Ein nicht ganz so harter Stoß mit dem Gerschaft in Thorags Rücken, und er ging zur Tafel, um sich in einiger Entfernung von den anderen auf der Bank niederzulassen, auf der die drei chattischen Edelinge saßen. Doch er rührte nichts von den verlockenden Speisen an. Er dachte an das Giftkomplott des Sejanus und daran, daß Foedus ein Mitverschwörer des Prätorianerpräfekten war.

Adgandest und Sikko hatten sich wieder hingesetzt. Die Hundekrieger hielten sich in Thorags Nähe.

Adgandest biß herzhaft in ein Stück des gesottenen Bärenschinkens und sagte, wobei er eine verwunderte Miene zur

Schau stellte: »Du ißt nichts, Cherusker, und du trinkst nichts. Gibt es keinen Wunsch, den ich dir erfüllen kann?«

»Doch. Sag mir, was mit Armin geschehen ist!«

»Du hast es doch schon erwähnt, Thorag. Der Cheruskerherzog trat in den Leib der Tamfana, ohne ihn wieder zu verlassen. Er, seine Edelinge und seine Krieger fanden Aufnahme in der großen Göttin wie all die anderen Opfer, die ihr in der Nacht des runden Mondes dargebracht wurden. Möge aus dem Blut der Opfer neues Blut, möge aus ihrem Sterben neues Leben erwachsen!«

Innerlich kochte Thorag vor Zorn auf den Chattenherzog, zwang sich aber mit Gewalt zur äußerlichen Ruhe. Hätte er seinem Verlangen nachgegeben, sich auf Adgandest zu stürzen, wären augenblicklich die sechs Wächter über ihn hergefallen. Es hätte ihn nicht weitergebracht. Blieb er aber ruhig, konnte es ihm gelingen, dem neuen Anführer der Chatten wichtige Informationen zu entlocken.

»Warum?« fragte der Donarsohn. »Warum hast du das getan?«

»Weil es mein Wunsch war und zugleich der Wunsch der Römer, für die Armin seit der Schlacht im Teutoburger Wald wie ein Stachel ist, der mitten im Herzen steckt und sich mit jedem Winter, der vergeht, schmerzvoll tiefer und tiefer bohrt.«

»Dann ist es wahr, du bist und bleibst ein Römling! Schon immer hast du den Kampf mit den Römern gemieden.«

»Weil ich überzeugt bin, daß dieser Kampf nicht gut für uns ist. Die Römer bringen uns überlegenes Wissen, sei es in der Heilkunst oder in der Bearbeitung unserer Felder. Durch sie erhalten wir Waren aus Teilen der Welt, von denen wir noch nie gehört haben. Du, der du als Soldat in Roms Diensten gestanden hast, solltest das wissen, Thorag! Aber indem Armin und du euch aus kleinlicher Geltungssucht gegen die Römer wandtet, habt mit dem Verrat an Varus und mit dem

Abschlachten seiner Legionen die Möglichkeit verspielt, daß wir ein Teil des mächtigen Römischen Reiches werden. Mehr noch, ihr habt Kriege und Tod und Leiden über die Stämme rechts des Rheins gebracht!«

Thorag hielt seinem vorwurfsvollen Blick stand und entgegnete: »Du redest, als hättest du mit allem unverrückbar Recht, Chatte, doch was du sagst, ist schief und krumm und oft schlichtweg falsch! Ja, ich kenne die Römer, ihre Bäder und Arenen, ihre Ärzte und ihre Schriftsteller. Doch hast du nicht erwähnt, daß sie sich ihr Wissen und ihren Reichtum in vielen Ländern zusammengeraubt haben, daß römische Soldatenstiefel über die Asche verbrannter Häuser und über die Gebeine niedergemetzelter Männer, Frauen und Kinder marschiert sind, um den Reichtum der Römer zu sichern. Ganze Völker wurden von ihnen versklavt, und selbst ihre Ärzte und Schriftsteller sind oft nur Sklaven. Dir als Edeling hat Rom gewiß viele Annehmlichkeiten zu bieten, Adgandest, und es scheint dich nicht zu stören, wie viele aus deinem Volk dafür leiden müssen. Nicht aus Geltungssucht, sondern um unser Land von dem Blutsauger Varus zu befreien, forderten Armin, ich und Tausende weiterer Edelinge und Frilinge sein Heer zur Schlacht. Durch Täuschung lockten wir ihn aus seinem Lager, aber seine Soldaten fielen im offenen Kampf, sofern sie sich nicht ins eigene Schwert stürzten, so wie ihr Feldherr Varus.«

»Und? Was habt ihr erreicht? Starben in den vielen Sommern des Krieges weniger Menschen als gestorben wären, hätten wir die Römer in unser Land gelassen? Oder starben sogar mehr? Mein Weib, meine Söhne und meine Tochter wären gewiß noch am Leben, hätten Armin, du, Arpo und all die anderen die Römer nicht herausgefordert – so sehr, daß ihrer Vergeltung auch die zum Opfer fielen, die auf ihrer Seite standen!«

Thorag horchte auf. Er kam der Wahrheit näher, dem Grund für Adgandests tief sitzenden Haß.

Und der Cherusker fragte: »Was geschaht mit den Deinen, Adgandest?«

Der Chattenherzog schwieg eine ganze Weile; sein Blick wandte sich nach innen, und schließlich berichtete er mit monotoner Stimme von dem Ostarafest der Chatten, zu dem die Edelinge und Frilinge der Gaue nach altem Brauch zusammengeströmt waren. Und als sie feierten und tanzten und sangen und lachten, kam das Verhängnis über sie: Hornstöße, trommelnder Hufschlag, Pilen und Schleuderbleie, römisches Eisen und lodernde Fackeln. Die vollkommen überraschten Chatten flohen, von den Römern vor sich her getrieben wie aufgescheuchtes Wild. Vereinzelte Gegenangriffe prallten am massierten Angriff von vier Legionen und zahlreicher Hilfstruppen ab. Wer überlebte und nicht von den Römern verschleppt wurde, rettete sich schwimmend über die Eder. Das Heiligtum der Chatten ging zusammen mit Siedlungen und Höfen in Flammen auf. In Flammen, die auch Adgandests Weib und Kinder bei lebendigem Leib fraßen, obwohl er sie zu retten versuchte.

»Nur ihre Schreie, die noch immer in meinen Ohren gellen, sind mir geblieben«, schloß er mit zitternder Stimme und streckte seine nackten Unterarme vor. »Und das hier!«

Thorag starrte auf die mit alten Brandwunden übersäten Arme und versuchte, sich vorzustellen, was in dem Chatten vorging. So ganz wollte es ihm nicht gelingen, und er sagte: »Du hast selbst gesagt, daß die Römer die Deinen getötet haben. Germanicus, der auch Armins und meine Angehörigen verschleppte, führte die zweite, zwölfte, vierzehnte und sechzehnte Legion bei dem Massaker an. Ihm und seinem Volk sollte dein ganzer Haß gelten, nicht den Cheruskern.«

»Nein!« Adgandests Züge verhärteten sich. »Germanicus kam, um den Verrat an Varus zu rächen, und verübt wurde dieser Verrat von Cheruskern – von Armin und von dir, Thorag!«

»Ich sagte dir schon, daß der Kampf im Teutoburger Wald kein Verrat war, sondern der einzige Weg, die Freiheit unserer Stämme zu erhalten. Was aber den Überfall der Römer auf euer Heiligtum angeht, so hast du etwas Wichtiges verschwiegen. Diesen Kriegszug – und den am Ende des Sommers zuvor gegen das Heiligtum der Marser – unternahm Germanicus nicht, um die Niederlage des Varus zu rächen, sondern um seinen Legionen, die am Rande einer Meuterei standen, neuen Kampfgeist zu geben. Mit dem Blut der Marser und Chatten, mit dem Tod deines Weibes und deiner Kinder, Adgandest, erkaufte er sich die Treue seiner Soldaten!«

»Du meinst, ich soll gegen die Römer ins Feld ziehen, ihre Städte brandschatzen und plündern? Und was dann? Sollen wir uns gegenseitig morden, Sommer um Sommer, bis ein Volk ausgelöscht ist?«

»Davon kann nicht die Rede sein. Die Römer greifen uns schon seit drei Sommern nicht mehr an. Sie haben sich hinter den Rhein zurückgezogen und sind ebenso froh über das Ende der Kämpfe wie wir. Tiberius selbst hat für Ruhe gesorgt, indem er Germanicus in den Osten sandte. Aber die römische Machtgier ist ungebrochen, und was sie nicht durch offenen Kampf erreichen, versuchen die Söhne der Wölfin durch Intrigen zu gewinnen. Sie wollen uns gegeneinander aufhetzen, und wenn wir durch innere Zwistigkeiten schwach sind, werden unsere Gaue ihnen zufallen, einer nach dem anderen, wie überreife Äpfel, die sich vom Baum lösen. Ich sehe Foedus an deiner Seite und weiß daher, daß auch du von den Römern für ihre Zwecke mißbraucht wirst, Adgandest.«

»Tiberius und ich sind Verbündete im Kampf um den Frieden. Ich unterstütze seine Bestrebungen, Germanien unter römischer Oberhoheit zu vereinigen, und dafür wird nie wieder ein Chatte durch römisches Eisen oder römisches Feuer sterben. Du siehst also, Thorag, nicht Rache ist mein Ziel. Ich handle nicht um des Vergangenen, sondern um des Zukünftigen willen. Die Nornen können es bezeugen.«

»Du magst es vor dir selbst nicht zugeben wollen, aber tief in dir sitzt der Haß, der dich verblendet. Deine Worte eben haben dich verraten. Glaubst du wirklich, Foedus ist ein Gesandter des römischen Herrschers Tiberius?«

Foedus, der das Germanische aus seiner Zeit am Rhein gut genug beherrschte, daß er der Unterhaltung hatte folgen können, sagte jetzt in seiner Muttersprache: »Natürlich bin ich im Auftrag des Princeps hier, der froh ist über das Bündnis mit dem Chattenherzog Adgandest. Der Herzog selbst hat übrigens in einem Brief an den Senat von Rom um dieses Bündnis gebeten.«

»Und was verlangt Tiberius als Gegenleistung?« fragte Thorag in lateinischer Sprache. »Vielleicht nicht nur Armins, sondern auch meinen Kopf?«

Adgandest benutzte, als er antwortete, ebenfalls die Sprache der Römer: »Du hast es getroffen, Cherusker. Genau dieses Anliegen hat Foedus mir im Namen des Princeps überbracht.«

Foedus nickte eifrig. »Ich verfolge Thorag schon geraume Zeit, seit er aus Ravenna geflohen ist. Als Präfekt der Adriatischen Reichsflotte war ich selbst zugegen, als der Cherusker und seine Mitverschwörer einen Mordanschlag auf Tiberius und seinen Sohn Drusus verübten. Zum Glück konnten meine Soldaten und die Prätorianer des Aelius Sejanus das Unheil verhindern. Aber einen dauerhaften Frieden zwischen Römern und Germanen kann es nur geben, wenn keine Verräter wie Thorag mehr zwischen uns stehen!«

»Foedus verdreht die Wahrheit!« rief Thorag. »Er und Sejanus sind die Verschwörer, die es auf das Leben des Princeps und seines Sohnes abgesehen hatten. Ich konnte mithelfen, den Anschlag im letzten Augenblick zu verhindern. Das ist der Grund, warum Sejanus und Foedus meinen Kopf wollen. Sie stecken mit Segestes und Marbod unter einer Decke. Dort in Ravenna, wo der einstige Fürst des Stiergaues und der geflohene Kuning der Markomannen untergekommen sind, wurde der Plan geschmiedet. Während Segestes und Marbod in ihrer Heimat für Unruhe sorgen und die Legionen binden, will Sejanus die Macht in Rom an sich reißen. Und dazu benutzt Sejanus dich, Adgandest, wie er auch Segestes und Marbod benutzt, doch fürchte ich, du weißt es nicht einmal.«

»Du hast ganz Recht, Cherusker, ich weiß nichts davon«, erwiderte der Chattenherzog mit leichtem Spott. »Und ich werde auch nie etwas davon wissen, weil es blanker Unsinn ist. Um deinen Kopf zu retten, versteigst du dich in lächerliche Ausflüchte. Soll ich etwa glauben, der Präfekt der Prätorianergarde, dessen Vater schon ehrenvoll denselben Rang innehatte, und der Präfekt der Adriatischen Reichsflotte stellen sich gegen den römischen Princeps, während du, ein erklärter Feind der Römer, ihn beschützt?«

Chatten und Römer brachen in Gelächter aus, und der dritte chattische Edeling, ein untersetzter Mann mit struppigem Kinnbart, rief: »Sikko hat recht, aus dem gefürchteten Sohn des Donnergottes ist ein Hasenherz geworden, ein Feigling, der um sein Leben winselt. Er ist es nicht wert, von Chattenhand zu sterben. Überlassen wir ihn den Römern!«

»Mein Kriegerführer Hruodwin spricht weise, wir verschwenden nur unsere Zeit«, sagte Adgandest und wandte sich an Foedus: »Präfekt, ich mache dir und Tiberius den Cherusker zum Geschenk. Nimm ihn als Zeichen meiner Aufrichtigkeit und schaffe ihn fort! Sein Gefasel von Verschwörungen, das nur aus dem Mund eines durchtriebenen Verräters stammen kann, verdirbt uns sonst das Mahl.«

Foedus lächelte ergeben. »Ich danke dir, weiser Herzog, daß du dich nicht von Thorags Lügen hast täuschen lassen. Bevor wir den Cherusker wegschaffen, hätte ich gern noch etwas von ihm erfahren.« Er blickte Thorag an. »Wo ist dein Weib?«

Noch immer bemühte Thorag sich um äußere Gelassenheit, besonders in diesem Augenblick, der sein Herz mit großer Erleichterung erfüllte. Er sorgte sich um Auja, und daß Foedus sich nach ihr erkundigte, bewies immerhin, daß sie ihm nicht in die Hände gefallen war. Der Donarsohn erwiderte den Blick des Präfekten, gab aber keine Antwort.

»Ich werde dich schon zum Reden bringen, Barbar!« knurrte Foedus.

»Was ist so wichtig an Thorags Weib?« wollte Adgandest wissen.

»Auch diese Auja war an dem Mordkomplott beteiligt und ist uns entflohen. Tiberius selbst hat befohlen, sie wieder einzufangen.«

Thorag stieß ein verächtliches Schnauben aus. »Sejanus hat es befohlen, um eine Zeugin seines Komplotts aus dem Weg zu räumen!«

Adgandest sagte: »Mit bloßen Worten wirst du den Cherusker nicht zum Reden bringen, Foedus. Ich kenne ein gutes Mittel, seine Zunge zu lösen: das Blut der Tamfana!«

Mit heißen Zungen leckte das Blut der Tamfana an Thorags Beinen, und jede Berührung war wie ein Dolchstich. Er winkelte die Beine an, um sie der flüssigen Glut zu entziehen. Augenblicklich ließen die Hundinge ein Stück des Seils los, und er sank ein wenig tiefer in den unterirdischen Pfuhl. Das blasenwerfende Naß reichte ihm fast bis zu den Knien und verbrannte ihm die Haut, während der Schmerz ihm die Sinne zu rauben drohte.

Die heiße Quelle, die ihr Wasser an dieser Stelle aus der Tiefe emporschleuderte, war der Grund für die Wärme in der angrenzenden Höhle gewesen. Hier, direkt an der Quelle, war es unerträglich heiß und feucht, so daß es Thorag beinahe den Atem verschlug. Wieso das Wasser eine rote Färbung aufwies, wußte er nicht. Vielleicht war es tatsächlich das fruchtbare Blut der Erdgöttin.

»Zieht ihn hoch!« rief Adgandest den Hundingen am Seil zu. »Wenn der Schmerz ihm die Besinnung raubt, kann der Cherusker unserem Freund Foedus nicht mehr antworten.«

Die Chattenkrieger zogen an dem Seil, das über einer Felsnadel hing, welche die heiße Quelle überragte. Das andere Seilende war um Thorags Schultern geschlungen. Zuvor hatte die Chatten Thorag sämtlicher Kleider beraubt und seine Hände auf den Rücken gefesselt. Schon zum dritten Mal hatten sie ihn jetzt in Tamfanas Blut getaucht, jedes Mal ein Stück tiefer. Und jedes Mal hatte er die Zähne zusammengebissen und stumm gelitten.

Als die Hundinge ihn hochzogen, drehte sich der Strick, und mit ihm Thorag. Für ihn aber sah es so aus, als würde die Höhle sich um ihn drehen, und Adgandest, Hruodwin, Sikko und Foedus, die Prätorianer und die Hundinge, die ihn allesamt neugierig anstarrten, führten einen seltsamen Tanz auf, hüpften wie spielende Kinder. Neben Sikko stand Garm; die roten Flecke auf dem Hundefell verschwammen vor Thorags Augen. Er spürte kaum Erleichterung, als seine Beine nicht mehr in dem sprudelnden, zischenden, dampfenden Pfuhl steckten. Noch immer brannte seine tiefrote, von Blasen überzogene Haut, als wäre sie in glühende Kohlen gebettet.

»Der Donarsohn hält sich gut«, brummte Sikko anerkennend. »Vielleicht ist er doch kein solcher Feigling, wie ich dachte.«

»Oder der Schmerz hat ihm den Verstand geraubt«, wandte Hruodwin ein. »Vielleicht weiß er gar nicht mehr, was Schmerz ist.«

»Ich habe wenigstens Verstand!« rief Thorag ihnen zu. »Im Gegensatz zu euch, die ihr auf Foedus' falsches Spiel hereinfallt. Von ihm kommt nichts Gutes! Er wird euren ganzen Stamm ins Verderben führen!«

Foedus trat vor und betrachtete Thorags verbrühte Beine mit sichtlichem Wohlgefallen. »Denken und reden kannst du also noch. Dann sag mir endlich, wo du dein Weib gelassen hast!«

»Vorher sag du den Chatten, in wessen Auftrag du wirklich hier bist!«

»Es ist *dein* Schmerz«, meinte Foedus betont gleichgültig und gab den Hundingen einen Wink. »Herunter!«

Thorag bereitete sich auf neue Schmerzwellen vor. Diesmal würden seine Peiniger wohl nicht bei den Knien Halt machen. Er schloß die Augen und bat Donar um Stärke. Plötzlich erklang unerwarteter Lärm, und er schlug die Augen wieder auf.

Bewaffnete, die in die Höhle stürmten, stachen und hieben auf die Hundinge ein. Die Chatten stürzten verletzt oder tot zu Boden. Ihre Gegner hielten das Seil fest und verhinderten, daß Thorag mit dem ganzem Leib in das kochende Blut der Erdgöttin fiel.

Der Donarsohn erkannte auf den Schilden der Angreifer den Hirschkopf, das Zeichen der Hirschkrieger. Und er sah an ihrer Spitze seinen alten Kampfgefährten Ingwin, Armins Kriegerführer, der mit dem Sax um sich schlug wie ein Berserker. Thorag konnte es kaum glauben, hatte er doch gedacht, Ingwin sei an Armins Seite hier im Tamfanaberg gestorben.

Hundinge und Prätorianer wehrten sich mit blanker Waffe, doch die Hirschkrieger waren in der Überzahl und hatten die Überraschung auf ihrer Seite. Im Schwertkampf drängte Ingwin einen Prätorianer so weit zurück, daß der Römer den Halt verlor und rücklings in die Quelle fiel. Das kochende Wasser, das über ihm zusammenschlug, erstickte sein angstvolles Schreien. Er wollte sich an Land retten, aber Tamfana hielt ihr Opfer mit glühenden Fingern fest und kochte es bei lebendigem Leibe.

Vorsichtig zogen die Hirschkrieger das Seil, an dem Thorag hing, über die Felsnadel zurück und packten ihn, damit er nicht doch noch ins Wasser fiel. Sobald seine verbrannten Füße den Fels berührten, war der unerträgliche Schmerz wieder da. Er wäre gestürzt, hätten ihn nicht zwei Cherusker gehalten.

Er rang die Schmerzwelle nieder, die von seinen Beinen ausging und durch seinen ganzen Körper raste, atmete tief durch und blickte sich um. Adgandest, Hruodwin und Foedus konnte er nirgends entdecken; sie schienen sich abgesetzt zu haben. Nur noch zwei Männer wehrten sich gegen die Hirschkrieger, ein Prätorianer und Sikko, den wütend um sich beißenden Garm an der Seite. Der Hals des Römers wurde in diesem Augenblick von einem kraftvoll geschleuderten Ger durchbohrt, und der Getroffene kippte mit einem gurgelnden Laut zur Seite.

Garm hatte zwei Hirschkriegern böse Bißverletzungen beigebracht, aber immer mehr Angreifer bedrängen ihn, und ein wuchtiger Axthieb spaltete schließlich den Schädel der riesigen Bestie. Sikko, der aus mehreren Wunden blutete, stieß einen zornigen Schrei aus. Er schwang in einer Hand den Sax, in der anderen die Spatha, und verteidigte sich gegen drei Angreifer. Erst ein vierter Cherusker, der den Chatten von hinten ansprang und eine Schwertklinge in dessen mächtigen Leib rammte, brachte ihn zu Fall. Sikko lebte noch und wälzte sich stöhnend hin und her, war aber unfähig aufzustehen.

»Er ist der Führer der Hundinge«, keuchte Thorag, während ein Cherusker seine Fesseln durchtrennte. »Sikko hat mich gefangen und zu den Chatten gebracht.«

»Sein Lohn soll Walhall sein«, knurrte Ingwin und hob den blutigen Sax über Sikkos Kopf.

»Nein!« rief Thorag. »Verbindet seine Wunden!«

Sikko bedachte ihn mit einem furchteinflößenden Blick. »Ein wahrer Krieger fürchtet den Tod nicht. Ich will lieber sterben als ein Gefangener der verräterischen Cherusker sein.«

»Pech für dich«, beschied Thorag.

»Ehrlich gesagt, würde ich ihn auch lieber töten«, meinte Ingwin. »Wir müssen hier so schnell wie möglich weg, und dieser Riese von einem Chatten würde uns nur aufhalten.«

»Ich brauche ihn noch, er kommt mit!« beharrte Thorag, während er vorsichtig seine Hose anzog. Tränen stiegen ihm dabei in die Augen. Es fühlte sich an, als würde die Haut von seinen Beinen abgezogen. Endlich war es geschafft, und er griff nach seinem zerschlissenen Kittel. »Ingwin, ich freue mich, daß du lebst! Was ist mit Armin?«

Ingwin zögerte mit der Antwort. Nach einem langen Blick auf den Hundingsführer sagte er schließlich: »Er ist tot. Er hatte schon zuviel von dem Gift getrunken. Ich habe ihn noch aus der Höhle gezerrt, bevor die schwarzen Bestien der Hundinge seinen Leib zerfleischen konnten, aber er hat es nicht überstanden. Ich begrub ihn an einem sicheren Ort, wo ihn die verfluchten Chatten nicht aufspüren können, um seinen Leichnam zu verhöhnen.«

Die bei Ingwins Erscheinen neu erwachte Hoffnung, der Hirschfürst könnte noch leben, erstarb. Aber jetzt war keine Zeit zur Trauer. Tausend Gedanken gingen Thorag durch den Kopf, und er fragte: »Wieso seid ihr hier, Ingwin? Und wie ist es euch gelungen, mitten ins Allerheiligste der Chatten einzudringen?«

»Wir sind auf demselben Weg in den Berg gekommen, auf dem ich dem Verräter Adgandest entkam. Eine junge Chattin, die schon einige Zeit als Jungfrau der Tamfana in dem Berg lebte, kannte einen verborgenen Gang und verriet ihn mir. Dafür nahm ich sie mit. Die Todeshunde machten nämlich keinen Unterschied zwischen Cheruskern und Chattinnen. Heute kamen wir zurück, um mögliche Überlebende zu befreien. Drei meiner Krieger und den Friesen Omko fand ich in ihrem Verlies, und sie erzählten mir von dir.«

»Sieht so aus, als hätte Donar seine schützende Hand über mich gehalten«, sagte Thorag.

»Sein Anstrengung wird vergeblich gewesen sein, wenn wir nicht schnell verschwinden«, meinte Ingwin. »Ich habe eine tapfere Hundertschaft bei mir, aber dieser Berg wimmelt nur so von Chatten.«

Eilig zogen sie sich zurück. Drei Hirschkrieger trugen den notdürftig verbundenen Sikko, zwei andere stützten Thorag, für den jeder Schritt eine Qual darstellte. Unterwegs sah er mehrere Chatten, die von Ingwins Kriegern niedergestreckt worden waren, auch die drei Verlieswächter sowie ihre Hunde. Seine Mitgefangenen begrüßten ihn freudig, aber kurz. Ingwin drängte zum Aufbruch. Irgendwo in den Höhlen ertönten laute Rufe und schnelle Schritte. Offenbar hatten Adgandest, Hruodwin und Foedus Hilfe geholt.

Die Cherusker waren schneller und verschwanden in dem versteckten Felsgang, bevor sie von den heranstürmenden Chatten entdeckt wurden. Fünf Hirschkrieger, die in dem Gang gewartet hatten, beleuchteten mit Fackeln den schwierigen und nur unter Lebensgefahr zu bewältigenden Weg vorbei an unvermittelt klaffenden Abgründen und einem kleinen See mit heißem Wasser, das vielleicht jener Quelle entsprang, der Thorag nur knapp entronnen war.

»Draußen kommen wir hoffentlich besser voran«, sagte er zu Ingwin. »Falls unsere Pferde schneller sind als die der Chatten.«

»Pferde?« Ingwin blickte ihn erstaunt an. »An deinen Worten merkt man, daß du schon längere Zeit hier gefangen bist.«

Was der Kriegerführer meinte, erkannte Thorag kurz darauf, als unerwartete Helligkeit die vom Fackelschein nur unzureichend beleuchtete Düsternis der Höhlenwelt verdrängte. Die Außenwelt war weiß, schneeweiß. Während Thorag in dem Felsverlies vor sich hinbrütete, hatten die Frostriesen ihre Mäntel ausgebreitet. Eine dicke Schneeschicht begrub das Land unter sich, und die Äste der Bäume bogen sich unter der weißen Last. Und noch immer sandte Hulda den Schnee in dicken Flocken zur Menschenwelt nieder.

Die Hirschkrieger waren auf Schneeschuhen hergekommen, die von drei Männern am Ende des Ganges bewacht wurden. Sie hatten auch an Schneeschuhe für die befreiten Gefangenen gedacht. Sikko, der nicht laufen konnte, sollte auf einer eilends aus Framenschäften und einem Umhang gefertigten Schleppe gezogen werden.

»Er könnte erfrieren, wenn wir ihn durch den Schnee ziehen«, gab ein Hirschkrieger zu bedenken.

Ingwin blickte mitleidlos auf den Hundingsführer hinab. »Er sieht zäh aus. Ist er's nicht, werde ich ihn nicht vermissen.«

Von der anderen Seite des Tamfanaberges, wo die Hütten der Chatten standen, erklang ein Hornsignal. Mehrere kürzere und lange Hornstöße drangen an die Ohren der Cherusker. Es klang wie der Lockruf eines brünftigen Hirsches.

»Die Chatten sammeln sich zur Jagd«, stellte Thorag fest. »Brechen wir auf! Wenn Hulda weiterhin so fest die Betten der Frostriesen ausschüttelt, wird der Schnee unsere Spuren verdecken.«

»Genau das war mein Plan«, sagte Ingwin mit einem grimmigen Lächeln.

Sie legten die Schneeschuhe an und stapften über das weiße Feld am Fuß des Tamfanabergs. Eine lange Reihe schwerbewaffneter Krieger, die sich zum Schutz gegen das stärkere Schneetreiben in ihre Umhänge hüllten. Jeder trat in die Fußstapfen des Vorangehenden, um eine möglichst schmale Spur zu hinterlassen.

Für Thorag war jeder Schritt ein neuer Schmerz, doch irgendwann gelang es ihm, das Brennen und Stechen in seinen Beinen zu verdrängen. Er dachte an ein baldiges Wiedersehen mit Auja und Ragnar, und das machte es ihm leicht, den Schmerz zu überwinden. Mit jedem Schritt kam er dem Donarhof näher. Ein Schritt, und noch einer, immer weiter – dem Cheruskerland entgegen.

Kapitel 10

Todesbringer

NICHT OSTIA AN der Westküste, der große Hafen nahe Rom, sah die Flottille Agrippinas landen, sondern Brundisium an der Ostküste des südlichen Italiens. Damals, an jenem Tag auf See, als die beiden Flotten sich begegneten und Agrippina das schnelle, uneinholbare Schiff mit Westkurs davonfliegen sah, hatte sie die Entscheidung getroffen. Sie hatte gewußt, daß Pisos Bote, wer immer es sein mochte, vor ihr bei Tiberius eintreffen würde. Dies war der Grund für die unterbliebene Schlacht: Calpurnius Piso und Munatia Plancina glaubten ihr Ziel schon erreicht. Sie hatten Agrippinas Plan durchkreuzt, bei Tiberius und in Rom die Stimmung gegen Piso zu schüren.

Doch Agrippina war nicht gewillt, ihre Niederlage hinzunehmen und beschloß, ihrerseits den Plan ihrer Feinde zu durchkreuzen. Deshalb ging sie in Brundisium an Land, von wo die Via Appia quer durch das ganze südliche Italien bis nach Rom führte. Ein langer Weg, aber er würde sich lohnen. Unterwegs würde sie ihre Sicht der Dinge verbreiten, und wenn sie endlich in Rom anlangte, würde sie mehr Anhänger gewonnen haben als die Hauptstadt Einwohner hatte. Daß sie das Wettrennen nach Rom verlor, stand fest, aber sie würde die Niederlage in einen Triumph verwandeln!

Ihre Rechnung schien aufzugehen, denn schon ihre Ankunft in Brundisium geriet zur Sensation. Etliche kleinere Schiffe und ein ganzer Schwarm von Booten eilten der Flottille entgegen, um sie in den Hafen zu geleiten.

Unendlich langsam glitten die vier Schiffe aus Antiochia auf das Hafenbecken zu. Den freudigen Ruderschlag, der üblicherweise einlaufende Kriegsschiffe begleitete, hatte Agrippina untersagt. Der Taktgeber schlief beinahe ein, bis der Lederkopf seines großen Schlegels das Kalbsfell auf der Trommel das nächste Mal traf. Auch dem letzten Zaungast sollte klarwerden, daß dies ein Trauerzug war.

Deshalb hatte Agrippina bei ihrem Zwischenhalt auf der Insel Corcyra große Mengen an schwarzem Tuch eingekauft, mit dem die Schiffe jetzt verhängt waren. Als der Hafen ihren Gesichtskreis ausfüllte, sah sie mit Genugtuung die riesige Menschentraube, die jeden freien Flecken bedeckte. Auf den Mauern und Dächern, von wo der Ausblick besonders gut war, hockten sie so dicht gedrängt, daß ein paar Gaffer in die Tiefe stürzten.

Agrippina verließ die *Apollo* als Erste, mit langsamen, würdevollen Schritten, den Blick zu Boden gesenkt, vor sich die Urne tragend. Ihr folgten Gaius und Julia Livilla in Begleitung ihrer Ammen. Lautes Wehklagen setzte ein, und es schien, als hätte Germanicus in Brundisium und der ganzen Umgegend nur die besten Freunde gehabt.

Agrippina wußte sehr wohl, daß nicht bei jedem die Trauer echt war. Viele alte Kriegskameraden und auch manche aufrichtigen Verehrer ihres Gemahls mochten unter den Klagenden sein, aber die Menge zählte wohl ebenso viele Mitläufer, die gekommen waren, um ein Spektakel zu erleben oder um eine Gabe der dankbaren Witwe zu empfangen. Agrippina erfüllte die Erwartungen und ließ reichlich Sesterzen und kleine Perlen unters Volk streuen.

»Eine Gabe des Germanicus, auf daß ihr sein Andenken für immer bewahrt!« verkündeten dabei Agrippinas Sklaven.

Wie ihre Ankunft geriet auch ihr ganzer Weg nach Rom zum Triumphzug. Tiberius konnte auf Grund der allgemeinen Trauer, die das Land erfaßte, nicht anders, als Agrippina zwei

Kohorten Prätorianer zum Empfang zu senden. Tribunen und Zenturionen trugen die Urne mit den Überresten des Germanicus auf ihren Schultern.

Und gleich, wohin sie kamen, nach Tarentum oder Venusia, nach Aquilonia oder Beneventum, nach Capua oder nach Aricia, überall drängte sich das Volk in schwarzer Trauerkleidung an den Straßen und auf den Dächern, hatte jeder Ritter seine Staatstoga umgelegt, wurden an Traueraltären Tränen vergossen und duftende Stoffe verbrannt, damit der aufsteigende Rauch die Götter dem Andenken des Verstorbenen günstig stimmte.

In Tarracina schließlich wurde der immer längere Trauerzug von Drusus Caesar empfangen, der die Grüße seines Vaters Tiberius überbrachte. In seiner Begleitung befanden sich Claudius, der närrische Bruder des Toten, und die vier in der Heimat gebliebenen Kinder des Germanicus und der Agrippina: Nero, der dritte Drusus, Agrippina minor und die kleine Drusilla.

In diesem Augenblick erschien Agrippina ihr Sieg vollkommen. Sie ahnte nichts von dem Verhängnis, das sich fast zur selben Stunde in Brundisium vollzog, wo ein weiteres Schiff aus Antiochia eingetroffen war.

Winterliche Winde brachten das Meer in Aufruhr, und jedes Schiff, das nicht aus unaufschiebbaren Gründen hinaus auf See mußte, verbrachte diese Monate im Hafen. Der Warenverkehr mit den fernen Provinzen kam fast vollständig zum Erliegen. Glücklich der Händler, der große Lagerhäuser besaß. Im Winter stiegen die Preise, leerten sich die Geldbeutel der Käufer und füllten sich die der Händler, die über große Vorräte verfügten.

Das einsame Schiff, das eines stürmischen Nachmittags in den Hafen von Brundisium einlief, war kein breitbäuchiger Kauffahrer, sondern ein schlankes Kriegsfahrzeug, eine Trireme, die sich in einem erbärmlichen Zustand befand. Der hohe Segelmast in der Schiffsmitte war abgebrochen, der hölzerne Schützenturm und die Achter-decksaufbauten nur noch Ruinen. Mehr als die Hälfte aller Ruder fehlte, war in der stürmischen See zerbrochen. Als die Stadt näher und näher kam, jubelte die erschöpfte Schiffsbesatzung. Seeleute und Soldaten dankten den Göttern für das glückliche Ende der schlimmen Fahrt, doch sie freuten sich zu früh.

Das Meer peitschte mit solcher Gewalt gegen die Hafenmauern, daß die Trireme kaum ihr Anlegemanöver ausführen konnte. Das Schiff war ohnehin schwierig zu steuern, weil auch eines der beiden Steuerruder Neptuns Zorn zum Opfer gefallen war. Die Stimmen des Trierarchen, des Steuerers und des Rojermeisters überschlugen sich bei dem Versuch, das heftig schaukelnde Schiff langsam mit dem Heck voran zum Anlegeplatz zu führen.

Endlich schien es geschafft, da stürzte einer jener Matrosen, die mit Sand gefüllte Prellsäcke über die hintere Bordwand warfen, ins Hafenbecken. Ein spitzer Schrei, und der Mann verschwand zwischen Schiff und Kai, wurde zerdrückt wie eine lästige Fliege von einem Daumen. Als seine Kameraden endlich die Leiche mit Netzen herausfischten, war der Seemann längst tot, sein zerquetschter Kopf eine unförmige Masse aus Knochen und Fleisch.

Der Tribun Tertius Candidus stieß in Gedanken einen ganzen Schwall von Flüchen aus, als er mit einem bewaffneten Trupp und der Gefangenen über die breite Laufplanke an Land ging. Die Tage und Nächte auf See waren schlimmer gewesen als ein Feldzug gegen syrische Wüstenräuber. Der Gedanke machte ihn rasend, daß er jetzt, einen Becher süßen Weins in der einen und die warme Brust einer süßen Syrerin in der anderen Hand, in einem der zahlreichen Vergnügungshäuser Antiochias sitzen könnte. Ein verläßlicher Soldat zu sein, brachte nicht nur Vorteile.

Oder wie Sentius Saturninus, der neue Generalstatthalter des Ostens, gesagt hatte: »Du bist ein guter Soldat, Tribun, hast mir das verfluchte Weib gebracht. Deshalb sollst du die Gefangene auch nach Rom geleiten. Ich kann mir niemanden vorstellen, dem ich diese wichtige Aufgabe lieber anvertrauen würde als dir, Candidus.«

Heftiger Regen trieb in dichten Schwaden durch den sonst vor Leben überquellenden, jetzt aber nahezu ausgestorbenen Hafen. Zum Schutz vor dem Unwetter beugte Tertius Candidus seinen behelmten Kopf vor und zog den roten Umhang vor seiner gepanzerten Brust zusammen.

Wenigstens etwas Gutes hatte dieses Sauwetter: Niemand schenkte der Gefangenen mit dem verhüllten Haupt Beachtung. Sentius Saturninus hatte ihm eingeschärft, das Inkognito der Frau unter allen Umständen zu wahren. Zwar war kaum damit zu rechnen, daß jemand hier in Brundisium das Weib aus Antiochia kannte, aber um sicherzugehen, hatte der Tribun befohlen, ihr ein Sacktuch über das Haupt zu ziehen.

Zögernd verließ ein untersetzter Optio, der am Hafen Wachdienst schob, seinen Unterstand und trat durch den Regen auf den hohen Offizier zu. »Salve, Tribun! Was führt dich nach Brundisium?«

»Ein Auftrag, über den du nichts weiter zu wissen brauchst, Optio. Zeig mir einfach den Weg zum Carcer.«

»Ich werde dich hinbringen, Herr.«

Tertius Candidus und der Optio führten die Gruppe an. Die Gefangene, deren Hände vor der Brust gefesselt waren, wurde von einem Soldaten an einem Strick mitgezogen. Zweimal stolperte sie auf dem unebenen Basaltpflaster, und ihre Bewacher scheuchten sie mit höhnischen Rufen und Stiefeltritten wieder auf die Beine.

Der Tribun schenkte dem kaum Beachtung. Jede Kopf-
drehung hätte sein Gesicht nur noch stärker dem schmerzhaft niederprasselnden Regen ausgesetzt. In Gedanken hatte
er die Gefangene bereits im Carcer abgeliefert und wärmte
sich in einer Schenke mit einem Becher würzigen Glüh-
weins auf.

»Eine Gefangene aus Antiochia?« Der faßbäuchige Optio
Carceris schüttelte zweifelnd den Kopf. »Aber wie heißt sie,
und wessen wird sie angeklagt?«

»Das hat dich nicht zu interessieren.« Tertius Candidus
sprach in einem schärferen Tonfall, als es der Lage angemessen war. Der Optio Carceris tat nur seine Pflicht. Aber die
aufgestaute Wut über den mißliebigen Auftrag, der ihn aus
dem behaglichen Antiochia weggeführt hatte, brach sich in
Candidus Bahn. Etwas versöhnlicher fuhr er fort: »Sie wird
nicht lange hier bleiben. Falls die Instandsetzung meines
Schiffes schnell vonstatten geht, werde ich sie bald wieder an
Bord nehmen. Vorausgesetzt, Neptun hat seine Wut bis dahin
ausgetobt. Sonst wird die Frau auf der Via Appia nach Rom
gebracht. Ich fälle die Entscheidung spätestens übermorgen.
Bewache das Weib bis dahin gut, und laß niemanden mit ihr
sprechen! Nur die Wächter sollen ihr Gesicht zu sehen bekommen, kein Fremder! Verstanden?«

»Ja, Tribun, du kannst dich auf mich verlassen.«

Trotz dieser Zusicherung ließ Tertius Candidus drei seiner
Soldaten in der Wachstube zurück. Ihren Gesichtern konnte
er die Enttäuschung darüber ansehen, sich nicht in einer
Hafenschenke von der Reise erholen zu können. Darum ver-
sprach er, ihnen Wein und Speise zu schicken, bevor er den
Carcer in etwas besserer Laune verließ.

Er mußte noch dem Tempel der Fortuna einen kurzen Besuch abstatten, um für den letztlich glücklichen Ausgang der
Seereise ein Dankesopfer zu bringen. Und er mußte einen berittenen Eilkurier losschicken, der die Via Appia nach Rom

nehmen würde. Dann lagen ein paar erholsame Stunden vor
ihm, die er in angenehmer weiblicher Gesellschaft verbringen
würde.

Starr wie eine Statue, ein Mahnmal des Jammers, hockte die
Gefangene auf dem dreibeinigen Schemel, dem einzigen Ein-
richtungsgegenstand in ihrer düsteren Zelle. Durch das
Gitterloch in der Tür fiel nur die Ahnung eines Lichtscheins.
Irgendwo weit hinten auf dem Gang brannte eine mickrige
Ölfunzel, deren ranziger Gestank bis in die Zelle drang. Es
erinnerte sie an den Brandgeruch, mit dem ihr Haus in Flam-
men aufgegangen war. Vor vielen Tagen, als der Tribun
Tertius Candidus mit seinen Soldaten hereinstürmte und alles
verwüstete.

»Zeig mir deine geheime Kammer!« hatte er sie an-
geschrien. »Leugne nicht, ich weiß von deiner Giftküche!«

Da hatte sie gewußt, daß sie verraten worden war. Kein
Geheimnis war so gut behütet, daß es nicht mit Geld oder
durch Furcht zu lüften war. Aber sie hatte ihren versteckten
Raum nicht preisgegeben, wäre es doch einem Schuld-
geständnis gleichgekommen. Der Tribun drohte, ihr ganzes
Haus niederzubrennen, und er machte seine Drohung wahr.

Erst als man sie ins Prätorium gebracht hatte, gestand sie
unter der Folter ihre Vergehen. Noch jetzt schmerzten ihre
Wunden an Brust, Bauch und Schenkeln, spürte sie, wie die
glühenden Kohlen sich in ihr Fleisch fraßen. Aber den Namen, den man von ihr erfahren wollte, behielt sie für sich.
Nur im Angesicht des Kaisers wollte sie ihn verraten, und
Tiberius, so lautete ihre Bedingung, müsse sie im Gegenzug
begnadigen.

*Wer weiß, dachte sie, vielleicht ist der Princeps mir für die
Aufklärung der Angelegenheit so dankbar, daß er mich reich
belohnt.*

Das metallische Klacken des Schlüssels riß sie aus ihrer Erstarrung. Als die Tür mit einem langgezogenen Quietschen aufsprang, glaubte sie, ein Wärter würde ihr zu essen und zu trinken bringen. Aber der ungewöhnlich große und kräftige Mann, der in ihre Zelle trat, trug weder Krug noch Schale bei sich. Und seltsam – hinter sich verschloß er die Tür wieder.

Martina spürte die Gefahr, die von ihrem Besucher ausging, wie eine Antilope das Nahen des hungrigen Löwen ahnte. In der Düsternis nur als Umriß zu erkennen, stand er schweigend da und starrte sie an. Seine Augen waren kleine Flecke, die das schwache Licht zurückwarfen. Zitternd erhob sie sich und stieß dabei den Schemel um. Sie wich zurück, bis eine der kalten Mauern in ihrem Rücken sie aufhielt.

»Seit wann fürchtest du dich vor Männern?« fragte der Unbekannte mit rauher Stimme. »Ich hörte, in deiner Schenke in Antiochia wärst du ihnen gern zu Willen gewesen.«

»Wer bist du?« brachte sie mit Mühe hervor, da ihre Kehle wie zugeschnürt war. »Was willst du von mir?«

Er trat einen Schritt vor. »Das weißt du doch, du spürst es. Ich bin von deiner Art.«

»Das verstehe ich nicht«, stammelte sie mit zitternder Stimme, ohne ihre Angst verbergen zu können.

»Ich bin ein Todesbringer wie du«, erklärte der Unbekannte ruhig. »Meine Waffen sind andere, der Erfolg ist derselbe: Charon freut sich über einen neuen Fährgast.«

»Charon? Du sprichst vom Fährmann der Toten. Bist du ein Grieche?« Sie wollte den Unbekannten in ein Gespräch verwickeln, um Zeit zu gewinnen. Sie brauchte einen Plan oder zumindest so viel Zeit, um ihre vibrierende Stimme zu festigen. Vielleicht würde ein lauter Schrei die Wächter herbeirufen, falls sie nicht mit dem *Todesbringer* gemeinsame Sache machten. Als der nicht antwortete, fuhr sie fort: »Wie bist du in den Carcer gekommen?«

»Ein Hintereingang und ein für Gold empfänglicher Wächter haben genügt.«

Sie wollte etwas erwidern, doch die großen, kräftigen Hände des Fremden legten sich um ihre Schultern und zwangen sie nach unten, bis sie vor ihm kniete.

»Du bist doch gern lieb zu Männern, Weib. Sei es also auch zu mir und genieß es! Du erhältst die Gelegenheit nicht wieder.«

Er hob den Saum seiner Tunika, und der strenge Geruch nach Schweiß und Urin verursachte ihr Übelkeit. Trotzdem wehrte sie sich nicht, als er sein Fleisch gegen ihr Gesicht drückte. Sie wollte sich lieber ekeln als sterben. Solange sie lebte, hatte sie Hoffnung, ihr Leben zu retten. Sie wußte, wie man einen Mann in Entzückung versetzte. Vielleicht, schoß es ihr durch den Kopf, verschonte der Unbekannte sie, half ihr sogar bei der Flucht!

Also öffnete sie den Mund und nahm sein Fleisch in sich auf, leckte und sog an dem extrem großen Phallus, bis der Fremde leise stöhnte. Sie hatte es ja gewußt, ihrer Zungenfertigkeit konnte kein Mann widerstehen!

Als ihr dieser Gedanke durch den Kopf ging, schob der Unbekannte ruckartig seinen Unterleib vor. Ihr Hinterkopf wurde gegen die Mauer gepreßt, sein Fleisch verstopfte ihre Kehle. Sie würgte, bekam kaum noch Luft. Aber der Mann zog sich nicht zurück, erhöhte den Druck sogar noch, als wollte er ihren Kopf zwischen sich und der Wand zerquetschen.

Martina atmete durch die Nase, in kurzen, immer schneller aufeinanderfolgenden Zügen.

Der Fremde schob eine Hand zwischen seinen entblößten Unterleib und ihr Gesicht, Zeigefinger und Daumen drückten ihre Nasenflügel zu. Martina bekam keine Luft mehr.

Trotz aller Anstrengungen konnte sie sich nicht befreien. Ihr krampfhaft zuckender Körper war eingezwängt, und schließlich erlahmten ihre Kräfte.

Kapitel 11

Die achte Sippe

DIE FROSTSTARREN BÄUME lichteten sich, und vor der kleinen Gruppe erschöpfter Wanderer breiteten sich schneebedeckte Felder aus, in deren Mitte auf einer Erhebung die Wälle und Palisaden des Donarhofes lagen. Aus zahlreichen Dachlöchern stieg der Rauch wärmender Feuer, den sie schon von weitem gesehen hatten, in den grauen Himmel. Thorag blieb stehen, lehnte sich gegen den breiten Stamm einer alten Eiche und dachte an vergangene Zeiten.

Als Knabe war er mit den Kindern von Frilingen und Schalken durch diese Wälder gestreift, und mit ihren stumpfen Holzwaffen hatten sie die gefährlichsten Feinde und schrecklichsten Ungeheuer besiegt, die ihre Vorstellungskraft erschaffen konnte. Weiter östlich in den Wäldern, bei Araders inzwischen längst verfallenem Hof, hatte er einen von Liebe und Zärtlichkeit erfüllten Sommer mit Auja verbracht, als sie beide noch halbe Kinder waren. Nach vielen Wintern war Auja endlich sein Weib geworden und hatte ihm Ragnar geschenkt. Mit dem kleinen Donarsohn vor sich auf dem Pferd war Thorag stolz über die Felder geritten, hatte den Leuten aus seinem Gau zugewunken und sich vorgestellt, wie es sein würde, wenn Vater und Sohn einst Seite an Seite die Wälder auf der Jagd nach einem Eber oder einem Ur durchstreiften. Aber dazu war es nicht gekommen. Den wenigen Wintern und Sommern der Ruhe und des Glücks mit Auja und Ragnar war eine neue Zeit des Kämpfens und Tötens, des Sterbens und Trauerns gefolgt. Eine finstere Zeit, die kein Ende finden wollte.

Er setzte seine müden, vor Kälte frierenden und gleichzeitig vor Schmerz brennenden Beine wieder in Bewegung und stapfte auf den breiten Flechtschuhen über den bei jedem Schritt leise knirschenden Schnee. Ihm folgten die zehn Hirschkrieger, die Ingwin ihm als Begleitung mitgegeben hatte. Zwei von ihnen zogen Sikko hinter sich her, der seit ihrem Aufbruch vom Tamfanaberg kaum ein Wort von sich gegeben hatte. Er lag im fiebrigen Halbschlaf auf der Schleppe, dick in Decken gehüllt und nahe daran, vom Reich der Menschen in das der Toten zu wechseln. Die Cherusker waren nicht sehr erbaut darüber, ihn mitzuschleppen, doch Thorag hatte in dieser Frage nicht mit sich reden lassen.

Die Götter waren mit ihnen gewesen und hatten sie den Verfolgern entkommen lassen. Kurz nach dem Verlassen der Tamfanahöhlen war das Schneetreiben so dicht geworden, daß die Hirschkrieger am Ende der Marschkolonne kaum noch die Männer am Anfang sehen konnten. Der bis weit in die Nacht hinein fallende Schnee nahm auch den Chatten die Sicht und bedeckte rasch die Spur der Fliehenden. Von fern hörten die Cherusker Pferdegewieher und Hundegebell, aber der tiefe Schnee hinderte die Verfolger am Vorankommen.

Tagsüber stapften die Cherusker durch den Schnee, die Nächte verbrachten sie ohne wärmendes Feuer hinter mit bloßen Händen aufgeschichteten Schneewällen, die sie einigermaßen vor dem kalten Wind schützen sollten. Brauchbares Feuerholz hätten sie kaum auftreiben können, und der Rauch hätte sie vielleicht den Chatten verraten. Jeder erhielt morgens und abends eine handvoll getrockneter Nüsse und Beeren, abends zusätzlich einen schmalen Streifen geräucherten Schweinefleisches. Das mußte genügen.

Am zehnten Tag des Marsches hatte der Trupp sich im Grenzgebiet zum Cheruskerland aufgespalten. Ingwin war mit der Hauptmacht zum Hirschgau gezogen, Thorag mit seiner kleinen Begleitung zum Donargau. Er und Ingwin würden sich wohl erst beim runden Mond nach der Tagundnachtgleiche wiedersehen, wenn es anläßlich des Sommerthings bei den Heiligen Steinen für den Stamm der Cherusker galt, einen neuen Herzog zu wählen.

Jetzt, am dritten Tag nach der Trennung von Ingwins Gruppe, war Thorag endlich am Ziel! Seine Schritte wurden schneller, als er über die zugeschneiten Felder stapfte, auf den heimischen Hof zu, den er am Ende des vorletzten Winters verlassen hatte. Es war mehr als ein Hof; es war eine große Siedlung mit Bauernhäusern, Stallungen, Vorratsspeichern und den Hütten der Handwerker, deren Dienste im ganzen Umland gefragt waren. Sie alle genossen den Schutz des Donarfürsten und seiner Kriegergefolgschaft und leisteten dafür Abgaben.

Als Thorags Vater Wisar noch lebte und Fürst des Donargaues war, waren die Befestigungen der Siedlung nicht so stark gewesen. Den Palisadenzaun hatte es schon gegeben, nicht aber die Gräben und Wälle, die eine vorgeschobene Verteidigungslinie bildeten. Außerdem hatte Thorag den Waldrand rings um die Felder durch Abholzung zurückdrängen lassen. Das verschaffte den Bauern eine größere Anbaufläche und allen Menschen in der Siedlung noch mehr Sicherheit, denn ein möglicher Angreifer wurde eher entdeckt. Thorag wollte nicht noch einmal so etwas erleben wie kurz nach seiner Rückkehr aus römischen Diensten, als Onsakers Eberkrieger den Donarhof beinahe überrannt hätten.

Zufrieden nahm er zur Kenntnis, daß die Wachen auf den Wehrgängen hinter den Palisaden nicht schliefen. Ein Wächter hatte die kleine Gruppe bemerkt und um Verstärkung gerufen. Krieger um Krieger bemannte den Wehrgang an der Südseite, und eine laute Stimme fragte die Ankömmlinge, wer sie seien.

»Thorag, euer Fürst«, rief der Donarsohn zurück. »Und zehn tapfere Krieger aus dem Hirschgau.«

Aufgeregte Rufe hallten über die Südpalisaden, und das Tor wurde aufgestoßen. Als Thorag hindurchtrat, empfingen ihn ungläubige Gesichter und freudige Zurufe.

Und Auja!

Sie lief ihm entgegen, und dann lagen sie sich in den Armen. Endlich! Für Augenblicke oder eine Ewigkeit – er wußte es nicht – vergaß Thorag alles andere um sich herum. Nur Auja zählte, ihre Wange an der seinen, ihr weiches, duftendes Haar, ihre Nähe und ihre Wärme.

Bei Donar, wie hatte er sie vermißt!

Irgendwann bemerkte er die Schatten unter ihren Augen und die Sorge in ihrem Blick.

»Was hast du, Auja?«

»Ragnar«, sagte sie leise. »Er ist fort!«

Am wärmenden Herdfeuer seines Hauses erfuhr er die ganze Geschichte, während die heilkundige Irmil seine entblößten Beine und Füße mit einer gelben Salbe aus Butter und Kräutern bestrich. Vor acht Nächten hatten Auja und ihr Begleiter Nigrinus den Donarhof erreicht. Anfangs durch die Schläue des ehemaligen Hypokaustensklaven, dann, als sie sich dem Cheruskerland näherten, durch Aujas Kenntnisse von Land und Leuten, war es ihnen gelungen, allen Gefahren zu entgehen. Doch Aujas Freude über die glückliche Heimkehr hatte nicht lange gewährt, als sie weder Thorag noch Ragnar vorfand.

Irmil war mit ihrer Arbeit fertig und empfahl Thorag, seine Beine zwecks besserer Einwirkung der Salbe noch eine Weile entblößt zu lassen. Er dankte ihr und bat sie, sich um Sikko zu kümmern, der in einem anderen Raum lag.

Jetzt war Hatto an der Reihe. Zerknirscht berichtete der Kriegerführer seinem Fürsten von der Treibjagd auf den Unsichtbaren. »Wir fanden die Bestie nicht. Inzwischen bezweifle ich, daß es sie je gegeben hat. All die Verwüstungen

könnten das Ziel gehabt haben, ein wütendes Untier vorzutäuschen. Ich glaube, man wollte uns nur vom Donarhof fort-
locken, um leichter an Ragnar heranzukommen.«

»Aber das Hornsignal!« entfuhr es Thorag. »Ich dachte,
die Treiber hätten den Bären aufgespürt.«

»Sie hatten einen Bären aufgestöbert, ja, aber das kann nie
und nimmer der gefürchtete Unsichtbare gewesen sein. Er
war eher von kleiner Gestalt und schickte uns sein Gebrüll
mehr aus Angst als aus Angriffslust entgegen. Ihn zu erlegen,
war keine große Tat. Wir setzten die Jagd fort und stellten erst
am Abend fest, daß Jorit und Ragnar verschwunden waren.
Es war schon so dunkel, daß wir den Ort des Überfalls erst
am nächsten Morgen fanden. Ragnars getöteter Rappe, an
dem sich schon Wölfe und Krähen zu schaffen machten, war
nicht zu übersehen. Wir entdeckten eine Spur, die nach Westen wies. Doch felsiges Gelände, das Ragnars Entführer
wohl mit Absicht gewählt hatten, erschwerte die Verfolgung.
Mehrmals verloren wir die Spur, und dann stellten sich die
Frostriesen gegen uns. Sie überzogen das Land mit ihren
Mänteln und verbargen darunter jede Fährte. Ich ließ die
Suchtrupps weiterreiten, um Ragnar vielleicht durch Zufall
zu entdecken. Aber dann wurde es so kalt, daß wir umkehren
mußten. Doch wir haben einen Hinweis auf die Unbekannten,
die deinen Sohn verschleppt haben. Das hier fanden wir in
der Nähe von Ragnars Roß.«

Hatto legte einen Stein, einen Anhänger mit einem zerris-
senen Flechtband, in Thorags Hand. In den Stein war ein
achtbeiniges Tier mit dem Betrachter zugewandtem Haupt
geritzt, viel zu kräftig, als daß es sich um eine Abbildung von
Sleipnir hätte handeln können. Thorag wußte sofort, daß das
Tier mit den rot leuchtenden Augen ein Bär war. Er hatte ähnliche Anhänger bereits gesehen, hatte gegen die Männer gekämpft, die sie trugen, und hatte sogar einem achtbeinigen
Bären im Kampf gegenübergestanden.

»Die Bärensippe?« kam es ungläubig über Thorags Lippen. »Sie existiert noch, und Ragnar ist in den Händen der Bärenkrieger?«

Begleitet von einem unbehaglichen Brummen, antwortete Hatto: »Alles deutet darauf hin, mein Fürst.«

»Wenn es ist, wie du sagst, Hatto, haben sie einen ausgeklügelten Plan verfolgt«, meinte Auja. »Aber was hätten die Bärenkrieger getan, wäre Ragnar nicht mit auf die Jagd gekommen?«

Thorag gab die Antwort: »Dann hätten sie vielleicht die Abwesenheit der Krieger genutzt, um den Donarhnof zu überfallen. Eine andere Frage beschäftigt mich: Was wollen sie von Ragnar?«

»Die Frage ist nicht so wichtig«, widersprach Auja. »Mich interessiert nur eines: Wie kriegen wir Ragnar zurück?«

»Das weiß ich nicht – noch nicht«, sagte Thorag zu ihrer Enttäuschung. »Aber es wird gewiß nicht leicht. Die Bärenkrieger sind keine angenehmen Gegner.«

Hatto spie ins Feuer und knurrte: »Verflucht sei die Bärensippe bis ans Ende der Zeiten!«

»Kennst du den Ursprung der Bärensippe?«

Während der Grauhaarige ihn freundlich lächelnd anschaute, dachte Ragnar nach. Nicht über den Ursprung der Bärensippe, sondern darüber, was sein Gegenüber von ihm wollte. Berold wurde er genannt, der Gebieter des Bären. Ragnar wußte nicht, ob es sein wahrer Name war oder ein Titel. Die Donarkrieger hatten ihm erzählt, daß auch die Bärenkrieger, gegen die sie damals gekämpft hatten, von einem Berold angeführt worden waren. Doch der war gestorben.

Jorit und Ragnar lebten in einem der Langhäuser mit einer Gruppe der Bärenkrieger. Auch Frauen und ein paar wenige Kinder gab es hier, doch waren die Bärenmänner eindeutig in der Überzahl. Und die Jüngeren blickten neidvoll, wenn die Älteren des Nachts ihre Weiber zu sich unter die Decke holten.

Die Gefangenen waren nicht gefesselt oder eingesperrt, aber sie hätten im Winter auch kaum eine Aussicht gehabt, aus dem tief verschneiten Tal zu entkommen. Jeden Tag führte man Ragnar in dieses Haus, zu Berold. Auch Jorit wurde zu dem Graukopf gebracht, doch nie zusammen mit Ragnar. Wenn Thorags Sohn bei ihm war, stellte Berold seine Fragen, die Ragnar manchmal belanglos erschienen. Berold fragte nach seinen Vorlieben und Abneigungen, nach Spielgefährten und dem Leben auf dem Donarhof. Ragnar war mit seinen Antworten stets sehr zurückhaltend, weil er fürchtete, Berold bereite einen Überfall auf den Donarhof vor.

Um Berolds Schultern lag ein weißes Bärenfell, doch hatte er sich keinen Bärenschädel übergestülpt. Sein Gesicht war faltig und narbig, aber Ragnar empfand es nicht als abstoßend oder böse, was ihn sehr ärgerte. Er hatte Alards Tod weder vergessen noch verziehen und hatte beschlossen, alle Bärenmänner bis an sein Lebensende zu hassen – oder besser noch: bis an *ihr* Lebensende. Die Freundlichkeit Berolds, der den jungen Donarsohn mit heißem Beerensaft und honigbestrichenen Weizenfladen bewirtete, machte es Ragnar nicht leicht, an seinem Vorsatz festzuhalten.

Berold schien seine Gedanken zu erraten. »Ich will dir nichts Böses, Ragnar. Du kannst meine Fragen ohne Sorge beantworten.«

»Warum?« entgegnete Ragnar. »Was willst du von mir?«

»Du sollst die Wahrheit erkennen!« sagte Berold in eindringlichem Tonfall, und seine im Licht des Herdfeuers rötlich leuchtenden Augen waren unverwandt auf den Jungen gerichtet. »Die Bärensippe wird von allen anderen Sippen gehaßt. Haß entsteht aus Furcht und Zorn, vermengt mit der Unkenntnis der Menschen oder ihrer Bequemlichkeit, die sie hindert, die Wahrheit zu erkennen. Nur weil die Bärensippe vor vielen Generationen mit den anderen Sippen im Streit lag, werden wir Bärensöhne noch heute gehaßt. Aber der Cheruskerstamm ist unvollständig ohne die achte Sippe. Acht Beine hat Wodans Hengst, acht Beine hat der heilige Bär, und acht Sippen muß der Stamm der Cherusker zählen, um zu ganzer Stärke zu erblühen. Du bist jung, jung genug, die Wahrheit zu erkennen. Und wenn du eines Tages ein Krieger bist, ein Edeling, vielleicht der Fürst deines Gaues oder der Herzog unseres ganzen Stammes, Ragnar, kannst du es sein, der die achte Sippe wieder in den Stammesbund aufnimmt und die Cherusker zu neuer Größe führt. Was sagst du dazu?«

»Ihr habt mein Pferd getötet!«

»Es geschah im Eifer des Kampfes. Vielleicht war dein Alard das Opfer, das gebracht werden mußte, damit du zu uns kommst. Wir sind nicht so böse, wie du glaubst, Ragnar.«

»Mein Vater hat gesagt, die Bärensippe ist vom Bösen besessen. Sie hat einst den ganzen Stamm und die angrenzenden Stämme unterjocht und würde es wieder tun, wenn sie zu neuer Macht gelangt.«

»Glaubst du das wirklich?« fragte Berold und schob noch einen honigbestrichenen Fladen über den Tisch zu Ragnar.

»Ich weiß nicht«, sagte Ragnar zögernd und biß in das leckere warme Brot. »Es muß einen Grund geben, daß alle euch hassen.«

»Vielleicht würden sie uns nicht hassen, würden sie mehr von uns wissen«, sagte Berold mit einem Lächeln, das eher traurig als fröhlich wirkte. »Dann würden sie erkennen, daß die Bärensippe die wichtigste von allen ist – die achte Sippe und zugleich die erste, auf die alles zurückgeht.«

»Das verstehe ich nicht«, gab Ragnar zu und trank schnell von dem Saft, bevor der kalt wurde.

»Deshalb habe ich dich gefragt, ob du den Ursprung der Bärensippe kennst, Ragnar. Unser Ahne ist nämlich der Urbär

Ymir, der Brausende, der da war, bevor es die Welt der Menschen gab. Hast du von Ymir gehört?«

Ragnar nickte und wischte sich Beerensaft vom Kinn. »Kein Wesen war jemals so groß wie Ymir. Er überragte die höchsten Eichen und die gewaltigsten Gebirge. Selbst die Riesen, deren Stammvater er ist, sind klein im Vergleich zu ihm.«

»Das stimmt, du weißt gut Bescheid«, lobte Berold. »Weißt du auch, wie Ymir starb?«

»Ja, Wodan und die ersten Götter haben ihn erschlagen, als er schlief. Aus seinem ausströmenden Blut entstanden das Meer, die Seen und die Flüsse. Aus seinem Fleisch formte sich die Erde, und aus seinen Knochen erwuchsen die Berge. Aus seinen Haaren entsprossen die Bäume, und sein Schädel wurde zum Himmel über der Welt. Ymirs Tod verdanken wir alles.«

»Du sagst es, kluger Donarsohn. Aber wenn Ymir der Vater von allem ist, kann dann die Bärensippe, die ihn verehrt, schlecht und böse sein?«

Nach einigem Nachdenken fragte Ragnar zurück: »Gibt es denn nicht auch böse Väter? Und haben die manchmal nicht böse Kinder?«

Berold hob die Brauen und bedachte Ragnar mit einem anerkennenden Blick. »Du sprichst nicht wie ein Kind, sondern wie ein Weiser. Wenn jemand die Wahrheit erkennen kann, dann du. Ich will dir eine Frage stellen, auf die ich jetzt keine Antwort erwarte. Du sollst einfach darüber nachdenken, solange du möchtest. Es ist eine wichtige Frage – vielleicht sogar eine, auf die es keine Antwort gibt.«

»Ist es dann nicht Zeitverschwendung, darüber nachzudenken?«

»Nein, Ragnar. Nur wer nachdenkt, gewinnt Erkenntnis. Und nur Erkenntnis kann Dummheit und Bequemlichkeit, Haß und Zorn besiegen. Bist du bereit für die Frage?«

»Ja.«

»Dann überleg: Wieso haben die Götter Ymir erschlagen?«

Ragnar war erstaunt. »Das ist gar keine schwere Frage. Die Antwort ist leicht: Sie mußten es tun, um die Welt zu erschaffen.«

»Hätten sie Ymir nicht bitten können, ihnen etwas von seinem Fleisch und seinem Blut, von seinem Haar, von seinem Schädel und seinen Knochen zu überlassen? Bei seiner Größe wäre es kein Opfer für ihn gewesen.«

»Vielleicht hatten sie Angst vor dem großen Urbären. Er soll fürchterlich anzuschauen und ziemlich böse gewesen sein.«

»Dann töteten sie ihn aus Furcht. Aber war ihre Furcht begründet? Oder waren sie nur zu unwissend und bequem, vielleicht zu ängstlich, um ihn zu fragen?«

Angestrengt dachte Ragnar darüber nach. »Meinst du, die Götter damals waren ebenso unwissend und furchtsam wie heute die Menschen, die euch Bärensöhne hassen?«

»Kann das nicht sein?« fragte Berold. »Ist es so schwer zu glauben, daß wir nur deshalb gegen alle kämpfen müssen, weil jeder uns haßt?«

»Vielleicht ist es so«, meinte Ragnar. »Aber wie soll ich das herausfinden?«

»Indem du nachdenkst und dein Herz prüfst, Sohn des Donnergottes! Vielleicht hast du die Wahrheit erkannt, wenn die Mäntel der Frostriesen zu Wasser zerfließen.«

Kapitel 12

Nachrichten aus Brundisium

ZAHLREICHE JUBELRUFE BEGLEITETEN Agrippina auf ihrem Weg zum Palatin. Die Prätorianer in ihrer Begleitung hatten Mühe, den beiden Sänften, in denen die Witwe des Germanicus und Vibius Marsus saßen, einen freien Weg zu bahnen, so sehr verlangte es das Volk danach, seiner Verehrung für den Verstorbenen und seine Gemahlin Ausdruck zu verleihen.

Ein unentwegter Regen von Blumen fiel auf den Sänftenzug herab. Als endlich heimgekehrte Zierde der Vaterstadt wurde Agrippina gerühmt und als einzige Nachfahrin des vergöttlichten Augustus, dem unvergleichlichen Vorbild der alten Zeit. Und als ahnten die Menschen, daß der Tote und seine Familie mächtige Feinde hatten, riefen sie die Götter um Schutz für Agrippina und ihre Kinder an und darum, daß sie ihre Widersacher überlebten.

Natürlich ahnen sie es, dachte die Enkelin des Augustus mit grimmiger Genugtuung. Sie selbst hatte dafür gesorgt, daß die Anschuldigungen, die sie dem Princeps vortragen wollte, in Roms Straßen schon die Runde machten. Dadurch wollte sie verhindern, daß ihre Anklage unter den Tisch gekehrt wurde. Aber danach sah es nicht aus, hielt sie doch das Schreiben in Händen, das heute der Kurier aus Brundisium gebracht hatte.

Mit klopfendem Herzen und leicht zitternden Knien stieg sie vor dem eher bescheidenen Haus, das der Kaiser auf dem

Palatin bewohnte, aus der Sänfte, und ergriff dankbar Marsus'
dargebotene Hand. Zwar hatte sie Tiberius schon gestern gesehen, als die Asche des Germanicus in der Gruft des Augustus beigesetzt worden war, aber erst an diesem Abend sollte
es zu einem persönlichen Gespräch zwischen ihnen kommen.
Tiberius hatte sie und Marsus zu einem kleinen Essen eingeladen, und Agrippina war fest entschlossen, die Gelegenheit
zu nutzen.

Sie winkte der Menge, die ihr fast bis zum Anwesen des
Herrschers gefolgt war, noch einmal zu, und trat zusammen
mit Marsus ein. Im Triclinium, dessen bescheidene Ausmaße
zum ganzen Haus paßten, erhielt ihre Zuversicht einen
Dämpfer. In Gesellschaft des Tiberius und seines Sohnes
Drusus lagen zwei Männer am Tisch, die Agrippina hier lieber nicht angetroffen hätte.

Der eine war Lucius Aelius Sejanus, Präfekt der Prätorianergarde. Er war ein enger Vertrauter des Kaisers, so wie
Calpurnius Piso, und das mochte der Grund für Agrippinas
Abneigung sein. Sie hatte den ehrgeizigen Sejanus noch nie
gemocht. Er war ihr schon immer als ein bißchen zu eilfertig
erschienen, wenn es darum ging, Tiberius zu schmeicheln.
Vielleicht war es aber nur der Neid, mußte sie sich insgeheim
eingestehen, der Neid darauf, daß Sejanus beim Princeps in
höherer Gunst stand als ihr Gemahl.

Ehrgeiz trieb sie alle an, doch Agrippina empfand ihren
Ehrgeiz als gesund und gerechtfertigt. Hatte man nicht
Germanicus den großen Triumph zuerkannt, und war er, noch
auf Geheiß des Augustus, nicht zum Thronfolger bestimmt
worden? Sie rang den Schmerz nieder, der sie bei dem Ge-
danken an die Vergeblichkeit all ihrer ehrgeizigen Pläne für
Germanicus überwältigen wollte, und lächelte gequält, als
Sejanus sie begrüßte. Das Licht der silbernen Kandelaber
blitzte auf seinem Siegelring, der den Skorpion zeigte, das
Wahrzeichen der Prätorianer.

Dann kam der zweite unerwartete Gast auf sie zu. Im Gegensatz zu Sejanus, auf dessen sonst so verkniffenen Lippen ein gewinnendes Lächeln lag, verzog der hochaufgeschossene Jüngling keine Miene. Daß er Agrippina begrüßte, entsprach nur dem Anstand, nicht ehrlichen Gefühlen. Auch sie blickte ihn finster an, war sein noch jugendlich schmales Antlitz ihr doch doppelt verhaßt. Es trug zu deutlich die Züge beider Elternteile, des Calpurnius Piso und der Munatia Plancina. Jetzt wußte Agrippina, wen bei ihrer Begegnung mit Pisos Flottile die schnittige, unein-holbare Trireme übers Meer davongetragen hatte.

Als nach der allgemeinen Begrüßung alle bei Tisch lagen, sagte Tiberius mit Blick auf den Jüngling: »Ich freue mich, daß der Sohn meines Freundes Calpurnius rechtzeitig nach Rom gekommen ist, um an diesem schlichten Mahl teilzunehmen. Düster wie eine Wolke, die den ganzen Himmel verdunkelt, lastet der Tod meines geliebten Sohnes Germanicus auf dem Reich. Gerüchte von Verschwörung und Mord kursieren auf Roms Straßen, und das aufgeheizte Volk glaubt, man hätte ihm den Enkel des Antonius mit boshafter Gewalt entrissen. Marcus Piso wird sicher dazu beitragen, die Düsternis ein wenig zu erhellen.«

»Das bezweifle ich«, sagte Agrippina scharf. »Er kommt doch wohl als Botschafter seines Vaters. Und diesem wird kaum an einer Aufhellung der Ereignisse gelegen sein, war Calpurnius Piso es doch selbst, der meinem Gaius den Tod brachte!«

Die Reaktionen auf ihre offenen Worte waren höchst unterschiedlich. Auf den feisten Zügen des Drusus zeichnete sich Verwunderung ab. Tiberius wirkte verärgert; seine großen Augen traten aus ihren tiefen Höhlen hervor und musterten Agrippina wie eine Aussätzige, die ihm zu nahe getreten war. In Marcus Pisos Gesicht zuckte jeder Muskel, spiegelten sich überdeutlich Empörung und Zorn. Sejanus, der sich als einziger von Agrippinas Worten unbeeindruckt zeigte, gab ihm Zeichen der Mäßigung und drückte den jungen Piso, der wutschnaubend aufspringen wollte, zurück auf die Liege. Vibius Marsus konnte sein Erschrecken nicht ganz verbergen; er hätte es lieber gesehen, daß Agrippina ihre Anschuldigung gegen den Freund des Kaisers taktvoller vorgebracht hätte.

Tiberius ließ den rubinverzierten Weinbecher sinken, den er gerade zum Mund führen wollte. »Ich ahnte bereits, daß du die Quelle der Gerüchte und Verdächtigungen bist, Agrippina. Du solltest dich mehr zusammennehmen. Dein Schmerz über Germanicus' Ableben mag größer sein als der aller anderen Römer zusammen, aber er gibt dir nicht das Recht zu haltlosen Beschuldigungen. Marcus Piso hat mir bereits berichtet, wie übel du seinen Vater verleumdest, den ich als einen meiner verläßlichsten und treuesten Freunde schätze.«

»Wir haben ihn von einer anderen Seite kennengelernt.« Agrippina berichtete von den vielen Streitereien zwischen Germanicus und Calpurnius Piso und von dem Festmahl zu Pisos Ehren, nach dem Germanicus schwer erkrankt war. »Ich frage dich, weiser Tiberius, kann das ein Zufall sein? Piso lag während des Essens dicht neben meinem Gemahl. Wie leicht ist ein wenig Gift in den Wein oder in die Soße gestreut.«

»Noch leichter streut man böse Verdächtigungen und schürt den Volkszorn!« rief Marcus Piso mit hochrotem Kopf.

Tiberius nickte. »Unser junger Freund erregt sich zu Recht. Auf Roms Straßen versammeln sich die Massen und fordern eine hohe Strafe für den Mörder meines Sohnes und Neffen. Dabei ist nicht einmal sicher, daß er ermordet wurde. Das ist der Grund, warum ich Sejanus zu diesem Mahl einlud. Er muß die Prätorianer darauf vorbereiten, die kaiserliche Familie vor dem Volkszorn zu schützen. Lieber wäre mir allerdings, du ließest deine aufwieglerischen Reden, Töchterchen.«

Die Herablassung, mit der Tiberius zu ihr sprach, erregte Agrippina nur noch mehr. »Meine Vorwürfe sind nicht haltlos, ich habe Beweise! Germanicus selbst erhob auf dem Sterbelager Beschuldigungen gegen Calpurnius Piso. Gegen denselben Piso, der den Osten des Reiches an den Rand eines Bürgerkriegs geführt hat, der Meuterer und bewaffnete Sklaven um sich schart, der meine Schiffe beinahe auf den Grund des Meeres geschickt hätte, als wir ihm auf der Fahrt in die Heimat begegneten.«

»Was die Anschuldigungen deines Gemahls gegen Piso betrifft, so könnten sie im Fieberwahn ausgesprochen sein«, erwiderte der Princeps. »Die Unruhen im Osten bedrücken auch mich. Aber wurde Calpurnius nicht zu gewaltsamen Handlungen getrieben, als er durch die Ernennung von Sentius Saturninus zum neuen Generalstatthalter von diesem Posten ausgeschlossen wurde? Immerhin habe ich selbst ihn als Stellvertreter des Germanicus in den Osten geschickt!«

»Saturninus ist ein sehr guter Mann«, sagte Agrippina und griff in die Falten ihrer schwarzen Stola, um das Schreiben des Eilkuriers hervorzuziehen, das sie dem Kaiser reichte. »Er hat eine Giftmischerin festnehmen lassen, die Licht auf die Schatten über den Mord an meinem Gemahl werfen wird, sobald sie vor dir steht, Princeps.«

Tiberius reichte das Schreiben dem Sejanus, der es laut vorlas: »Tribun Tertius Candidus an Agrippina, Gemahlin des über den Tod hinaus verehrten Germanicus Caesar und Enkelin des von den Göttern an ihrer Seite aufgenommenen Augustus: Im Auftrag des Generalstatthalters Sentius Saturninus bin ich nach stürmischer Überfahrt von Antiochia im Hafen von Brundisium gelandet. Ich bringe als Gefangene die berüchtigte Giftmischerin Martina, die ausgesagt hat, das Gift zur Ermordung des Germanicus bereitgestellt zu haben. Ihren Auftraggeber wird sie nennen, sobald sie vor dem Princeps Senatus steht und er ihr Gnade zugebilligt hat. Unser Schiff ist vom Sturm beschädigt, doch schon bald schicke ich die Gefangene auf dem Seeweg oder über Land nach Rom. Bis über die Instandsetzung des Schiffes entschieden ist, wird die Giftmischerin sicher im hiesigen Carcer verwahrt.«

Tiberius reagierte seltsam kühl auf Agrippinas triumphierenden Blick. »Wir wissen nicht, ob diese Martina die Wahrheit sagt. Setzen wir es voraus, dann stimmt es also, Germanicus ist ermordet worden. Aber wir kennen noch immer nicht seinen Mörder.«

»Den werden wir bald kennen«, meinte Vibius Marsus zuversichtlich, »sobald die Gefangene hier eintrifft.«

»Das bezweifle ich.« Tiberius winkte einem Sklaven, der ihm einen zusammengerollten Papyrus brachte. »Auch ich bekam eine Nachricht aus Brundisium, jüngeren Datums als die des Tribuns.«

Und wieder las der Prätorianerpräfekt das Schreiben laut vor: »Marius Chrysogonus, Optio Carceris in Brundisium, an Tiberius Julius Caesar, Princeps des Senats von Rom: Verehrter und geliebter Princeps, verzeih die Störung deiner wichtigen Geschäfte durch einen unbedeutenden Beamten im fernen Brundisium. Aber in den Mauern des mir unterstellten Carcers geschah ein Unglück, dessen Kenntnis für dich wichtig sein könnte, weshalb ich dir einen berittenen Boten sende. Obwohl der Tribun Tertius Candidus die Gefangene, um die es geht, ohne nährere Angaben bei mir eingeliefert hat, habe ich durch Gerüchte vernommen, daß sie vor dir Höchstselbst eine Aussage zu machen hatte. Dazu wird es leider nicht mehr kommen, verehrter Tiberius. In der Nacht nach ihrer Einlieferung fand man die Gefangene tot in ihrer Zelle. In ihrem Haarknoten hatte sie Gift versteckt, das aber nicht die

Ursache ihres Ablebens zu sein scheint. Diese Ursache ist noch nicht geklärt. Weder liegen Anzeichen für ein Verbrechen vor, noch für einen Selbstmord. Ich halte dich auf dem Laufenden.«

Agrippina schnappte nach Luft. Es war ein ähnliches Gefühl wie damals, als das Herz ihres Gaius endgültig zu schlagen aufgehört hatte. Als sie in die betretenen Gesichter der versammelten Ärzte und Legaten geblickt und nichts anderes vorgefunden hatte als Mitleid und Ratlosigkeit. Aber keinen Trost. So einsam und hilflos fühlte sie sich auch jetzt.

Als sie vor wenigen Tagen das Schreiben des Tribuns Candidus erhielt, hatte es ihr frischen Mut gegeben. Sie hegten keinen Zweifel daran, wen diese Martina als Mörder entlarven würde. Und nun, wo sie sich dem Triumph eben noch so nahe geglaubt hatte, geriet alles ins Wanken.

Selbst die mosaikgeschmückten Wände schienen zu schwanken, und die Liege unter ihr wackelte. Agrippina wollte sich am Tischrand festhalten, riß aber ihren Teller mit in Honigteig gebackenen Datteln zu Boden und stürzte dann selbst. Dunkle Schleier verhüllten ihren Blick.

Kräftige Hände packten Agrippina, hielten sie fest und hoben die Gestürzte wieder auf die Liege. Sie atmete tief durch und schämte sich für ihre Schwäche. Aus dem ersehnten Triumph war eine schmachvolle Niederlage geworden.

Als sie wieder klar sehen konnte, machte Tiberius einen zufriedenen Eindruck. Daß er heuchelte, als er sich nach ihrem Befinden erkundete, erkannte sie sofort.

Wie hatte sie nur glauben können, er würde ihren Anwürfen gegen seinen Freund Piso Gehör schenken? Wie dumm war sie gewesen, wie überaus dumm!

Aber stärker noch als ihr Zorn war ihr Kampfgeist. Und deshalb antwortete sie auf Tiberius' Bemerkung, ihre Anschuldigungen gegen Calpurnius Piso hätten sich damit wohl erledigt: »Keineswegs, Vater meines toten Gemahls. Ich werde andere Beweise erbringen. Denn ich bin überzeugt, daß Piso der Mörder deines Sohnes und Neffen ist. Und deshalb verlange ich, was Mitgliedern der kaiserlichen Familie in dieser Lage zusteht: eine Gerichtsverhandlung gegen Piso vor dem Senat!«

Zweiter Teil

Das Heil der Götter

Kapitel 13

Der Fimbulwinter

NACH EINEM SPRUNG ÜBER drei Felder stieß der schwarze Gott gegen einen Riesen und warf ihn um.

»Riesenwurf!« ertönte Sikkos dunkle Stimme, und eine seiner Bärenpranken hob den daumengroßen Riesenstein hoch. »Zwei Striche.« Der Chatte grinste beim Betrachten der Unterseite. »Der Riese gehört mir.« Er stellte den ersten Riesen, der in dieser Runde geworfen worden war, neben das Spielbrett aus Eichenholz und griff wieder nach seinen Göttersteinen. Wer einen Riesen geworfen hatte, war noch einmal am Zuge. Und er führte Sikkos Gott zu einer der weißen Götterscheiben, auf die er seine bislang aus drei Steinscheiben bestehende Götterfigur setzte. Seine Augen blitzten sein Gegenüber an. »Jetzt ist mein Gott so stark wie deiner, Donarsohn, und ich habe schon einen Riesen geworfen. Zaudern zahlt sich nicht aus – im wirklichen Kampf so wenig wie auf dem Spielfeld!«

»Einen Plan zu verfolgen, solltest du nicht mit Zaudern verwechseln, Sikko.« Thorag zog den roten Gott an einem Riesen vorbei und erhöhte die Stärke seiner Figur um einen weiteren Götterstein. »Auch Donar war oft auf die List angewiesen, wenn es galt, der unbändigen Kraft der Riesen zu widerstehen.«

Seine letzten Worte wurden von einem lauten Krachen beinahe verschluckt. Die Sturmriesen, die schon seit vielen Nächten und Tagen tobten, Bäume entwurzelten, Zäune umwarfen,

das Reet von den Dächern rissen und das Flechtwerk der Haus-
wände zerfetzten, hatten etwas Schweres gegen eine Außen-
wand des großen Langhauses geschleudert. Was es war, konnte
niemand sagen. Türen und Windaugen waren fest verschlossen, und nur das Licht des Herdfeuers und einiger Öllampen erhellte das Innere. Selbst die abgebrühten Recken aus Thorags
Kriegergefolgschaft zuckten bei dem unerwarteten Lärm zusammen. Der nicht enden wollende Winter zerrte an ihnen. Seit
Monaten auf dem Donarhof eingesperrt, fragten sie sich, ob die
Wut der Sturmriesen sich jemals wieder legen würde.

Die Frostriesen hielten das Land mit solch erbarmungslo-
ser Kraft in ihrem eisigen Griff, daß die Hirschkrieger, die
Thorag zum Donarhof begleitet hatten, bislang nicht die
Heimkehr in ihren Gau gewagt hatten. Die Cherusker hatten
schon geglaubt, sie könnten den Winter verabschieden, da
suchten plötzlich neue Kälte, neuer Schnee und die mit jeder
Nacht anschwellenden Stürme ihr Land heim.

Kriegserprobte Männer, die ohne Zögern gegen eine Übermacht in die Schlacht zogen oder sich Eber und Bär entge-
genstellten, fragten sich nun, ob der Fimbulwinter angebrochen war, der alles verheerende Riesenwinter, der zwei
Sommern die Wärme und das Leben raubte, indem er aus
Nord, Ost, Süd und West Schnee herantrug und das Land mit
klirrendem Frost und tosenden Stürmen überzog. In den alten
Liedern hieß es, der Fimbulwinter sei die Strafe für die Zwietracht auf der Menschenwelt, wo ein Bruder den anderen
bekämpfte, wo Sippen auseinanderbrachen, wo Treue nicht
einmal mehr zwischen Mann und Weib herrschte, wo die
Sommer widerhallten vom Klirren der Kriegsbeile, der
Schwerter und Schilde. Und war die Welt nicht wahrhaftig so,
wie die Lieder erzählten?

Als Thorag darüber nachdachte, fühlte er die eisige Hand
eines Frostriesen nach seinem Herzen greifen. Wenn das unablässige Getöse draußen das Brüllen des Fimbulwinters war,

stand das Ende der Menschen wie der Götter bevor: Die Midgardschlange würde das Wasser des Meeres über das Land peitschen, der Fenriswolf würde die Sonne verschlingen, und Surturs flammende Horden würden die ganze Welt mit Feuerbrand überziehen. Die meisten Götter, allen voran Wodan und Donar, würden im vergeblichen Kampf gegen das Schicksal fallen, und wenn die Götter starben, war auch das Ende der Menschen gekommen.

»Der zweite Riese!« drang Sikkos Stimme durch Thorags finstere Gedanken. »Du wirkst wie erstarrt, Donarsohn. Hast du eingesehen, daß dein Zaudern ein Fehler war?«

Thorag hatte kaum darauf geachtet, wie Sikko einen Riesen mit drei Strichen warf und seinen Götterstein in die Nähe eines weiteren Riesensteins zog. Nachdenklich blickte er den Chatten an, der sich dank Irmils guter Pflege von seinen Verletzungen erholt hatte. Ebenso wie Thorag, dessen Beine nicht mehr schmerzten. Nur zahlreiche rote Narben, die sich von den Füßen bis zu den Knien zogen, zeugten noch von seinem Bad im Blut der Tamfana.

»Hältst du mich noch immer für ein Feigling, Sikko?«

Der Chatte zog verwundert die dunklen Brauen hoch. »Was soll ich antworten? Ich bin in deiner Gewalt.«

»Ich habe dich nicht gesundpflegen lassen, um dich wegen einer ehrlichen Antwort zu töten.«

»Bist du sicher, daß du eine ehrliche Antwort haben willst?«

»So sicher, wie ich der Sieger dieses Spiels sein werde.«

Sikko brach in ein so heftiges Lachen aus, daß die Bank erbebte, auf der er saß. »Deine Worte zeigen mehr Zuversicht als der Stand des Spiels, Donarsohn. Zwei Riesen für mich, keiner für dich.«

»Ich habe Augen zu sehen. Und ich habe Ohren, die auf deine Antwort warten, Chatte.«

»Du bist Donars Sohn, und der ist nicht feige. Ich habe gesehen, wie du dem Blut der Tamfana widerstanden hast. Ich habe die Narben vergangener Schlachten und Prüfungen gesehen, die deinen ganzen Leib bedecken wie die Mäntel der Frostriesen unser Land. Ein ganzer Winter gab mir Zeit zum Nachdenken. Ich erahne zumindest, was dich davon abhielt, dein Leben im Kampf gegen meine Hundinge zu geben. Es ist eine Ehre, dein Gefangener zu sein.«

»Aber es wäre dir lieber, auf diese Ehre zu verzichten.«

»Du kennst meine geheimsten Gedanken, Cherusker«, feixte Sikko und hielt sein Trinkhorn einem Schalk hin, der mit einem Bierkrug von Tisch zu Tisch ging.

Auch Thorag ließ sein Horn auffüllen, und beide tranken. Dann fragte der Donarsohn: »Wann wirst du fliehen? Sobald die Mäntel der Frostriesen zu Wasser werden, nehme ich an.«

»Soll ich dir vorher Bescheid geben?«

»Nein, Sikko, ich möchte dich um etwas anderes bitten: Unterlaß jeden Fluchtversuch. Als Gegenleistung darfst du dich auf dem Donarhof frei bewegen. Und wenn der Tag gekommen ist, wirst du als freier Mann von uns scheiden, auf eigenem Roß und in voller Bewaffnung.«

»Ein seltsamer Vorschlag, Fürst Thorag. Was versprichst du dir davon?«

»Das kann ich noch nicht sagen.«

»Aha. Und wann ist der Tag gekommen, an dem du mich als freier Mann entlassen willst?«

»Auch das kann ich noch nicht sagen«, antwortete Thorag.

Sikko musterte ihn zweifelnd. »Ich glaube, wenn ich fliehe, bin ich eher ein freier Mann.«

»Vermutlich. Allerdings nur unter der Voraussetzung, daß dir die Flucht gelingt.« Thorag schaute wieder auf das Spielbrett. »Du glaubst also, du schlägst mich?«

»Ich glaube es nicht, ich weiß es. Unsere Götter sind gleich stark, und ich habe schon zwei Riesen geworfen. Wie willst du das noch einholen?«

»Bevor ich's dir zeige, schlage ich dir einen Handel vor. Wenn du das Spiel gewinnst, darfst du den Donarhof jederzeit als freier Mann verlassen, bewaffnet und mit einem Roß, das Du dir aus meinem Stall aussuchen kannst. Siege jedoch ich, bleibst du so lange mein Gast, bis ich dich entlasse.«

»Einverstanden. Und vielen Dank für Pferd und Waffen«, kicherte Sikko. »Dein Zug, Donarsohn!«

Als die Bärenkrieger die Tür aufzogen, wehte eiskalter Wind ins Langhaus, und selbst das Herdfeuer erzitterte unter dem Hauch der Sturmriesen. Unzählige Eisfedern hingen in den Bärenfellen der beiden Eintretenden. Einer zeigte mit seiner Framenspitze auf Ragnar, der mit Jorit in einer Ecke beim Würfelspiel hockte.

»Berold schickt mal wieder nach mir«, seufzte der Junge und ließ den hartledernen Würfelbecher sinken. »Er ist hartnäckig wie Loki, der sich einen Streich vorgenommen hat.«

»Ich fürchte, er hat mehr als nur einen Streich im Sinn«, sagte Jorit. »Aber laß ihn nicht warten. Sicher gibt es wieder heißen Saft und süße Honigfladen.«

Ragnar stand von der dicken Flechtmatte auf und folgte den beiden Bärenmännern nach draußen. Sunna verbarg ihr Antlitz hinter Wolkenbergen und Tausenden Eisfedern, die der Sturmwind durch die Schlucht des kauernden Bären trieb, wie die Bärenkrieger diesen Ort nannten. Aber selbst der Felsvorsprung mit der Form eines kauernden Bären lag hinter dem Schneegestöber verborgen. Zum Schutz gegen den scharfen Biß des Windes senkte Ragnar sein Haupt, zog die Augen zu Schlitzen und preßte die Lippen fest aufeinander, während er vornübergebeugt durch das kalte Weiß stapfte, das ihm bis zu den Hüften reichte. Zweimal zogen die Krieger ihn mit sich, weil er kaum noch vorankam.

Berold wies seinem Gast einen Platz dicht am Herdfeuer zu. Nach der eisigen Kälte draußen erschien Ragnar die Wärme des Herdes wie die Hitze Muspelheims, wo das Urfeuer brannte. Er schloß die Augen, und für kurze Zeit bestand die Welt nur aus Wärme und dem heimeligen Knacken der verbrennenden Holzscheite. Die Erinnerung an längst dahingeschmolzene Winter kehrte zurück, und er sah sich wieder mit seinen Eltern auf dem Donarhof. Thorag kroch auf allen Vieren um das Herdfeuer. Auf seinem breiten Rücken hockte Ragnar und trieb sein menschliches Roß in die Schlacht. Auja blickte lächelnd zu ihnen herüber und rief sie zu Tisch, von wo der Duft heißen Brombeersafts und frischer Fladen aufstieg. Und endlich, endlich wieder erinnerte Ragnar sich an ihr Gesicht.

»Schon lange war kein Winter mehr so kalt und stürmisch wie dieser. Die Männer munkeln, der Fimbulwinter sei gekommen.«

Berolds Stimme zerstörte den kurzen Traum. Ragnar öffnete die Augen, und die Züge seiner Mutter lösten sich im Qualm des Herdfeuers auf, der als zitternde Rauchfahne zur Uhlenflucht aufstieg. Dort staute er sich und breitete sich wie auf der Suche nach einem Unterschlupf unter dem Gebälk aus. Selbst der Atem des Feuers schien Sturm und Kälte zu fürchten.

»Der Fimbulwinter?« fragte Ragnar, der nur mit halbem Ohr zugehört hatte.

»Der letzte und strengste Winter von allen, der jedes Grasbüschel bedeckt und das Vieh vor Kälte sterben läßt. Die Menschen hungern und frieren und sind beinahe froh, wenn am Ende des Fimbulwinters die Riesen und Ungeheuer ihrem kärglichen Dasein ein Ende setzen.« Berolds ernste Miene verwandelte sich in ein Lächeln, und er schob einen Tonbecher mit dampfendem Saft und einen Honigfladen zu Ragnar. »Die Macht der Sturm- und Frostriesen erweicht die

Herzen selbst tapferer Krieger, weil sie spüren, wie klein und schwach sie sind. Furcht vor dem, das ihnen unbegreiflich ist, läßt sie an das Ende der Zeiten denken. So wie die Furcht vor der ihnen unheimlichen Bärensippe den Haß der Cherusker weckt. Du erinnerst dich?«

»Du sprichst oft darüber.« Ragnar biß herzhaft in den Fladen.

»Ist leider nur ein Gerstenfladen, der Weizenvorrat ist erschöpft«, sagte Berold. »Schmeckt's trotzdem?«

Ragnar nickte nur, zum Sprechen war sein Mund zu voll.

»Sehr gut. Was die Furcht und den Haß der Menschen auf meine Brüder und mich betrifft – hast du dir darüber Gedanken gemacht?«

»Habe ich«, kam es undeutlich über Ragnars Lippen, während er versuchte, durch eifriges Schlucken den Mund zu leeren.

»Und? Glaubst du noch immer, daß die achte Sippe böse ist?«

Ohne nachzudenken, antwortete Ragnar: »Ja.«

»Ja?« Berold beugte sich weit über den Tisch und blickte Ragnar zweifelnd an. »Ich dachte, in den vergangenen Monden hätte ich dich gelehrt, zwischen den Gedanken der Furcht und des Unwissens auf der einen und denen des Erkennens auf der anderen Seite zu unterscheiden.«

»Das hast du, Berold.«

»Wieso antwortest du dann mit Ja?«

»Als ich hierherkam, wußte ich nicht viel von der Bärensippe. Ich hielt sie für böse, weil alle das von ihr sagten. Inzwischen weiß ich es aus eigener Erfahrung.«

»Du redest unverständlich, Ragnar!«

»Finde ich nicht. Ich habe darüber nachgedacht, wie ich hergekommen bin. Nämlich gegen meinen Willen. Ihr habt mich verschleppt. Jorit ebenfalls. Ihr habt uns überfallen. Hättet ihr nichts Böses in Sinn gehabt, hättet ihr uns offen entgegentreten und uns fragen können, ob wir mit euch kommen.«

»Wir Bärenmänner sind nicht sehr beliebt. Ihr beide hättet kaum freiwillig mit meinen Kriegern gesprochen.«

»Sie waren in der Überzahl und hatten uns umzingelt. Wir hätten nicht fliehen können.«

»Oho!« machte Berold, halb belustigt, halb erzürnt. »Du hast doch zu entkommen versucht, Ragnar!«

»Ich habe es nicht geschafft. Ich hätte es auch dann nicht geschafft, hätten deine Krieger Alard nicht angegriffen.«

Berolds geballte Rechte krachte auf die Tischplatte, und der Beerensaft schwappte über den Rand von Ragnars Becher.

»Das ist es also! Du hast den Tod deines Rappen noch nicht verwunden. Ich habe dir doch erklärt, daß Alard eine Art Opfer gewesen ist. Wodan opferte ein Auge, um aus der Quelle der Erkenntnis zu trinken. Du mußtest dein Roß opfern, um zu uns zu gelangen. Dieses Tal ist für dich, was Mimirs Quelle für Wodan bedeutet – der Ort des Erkennens, wo Furcht zu Wissen und bloße Ahnung zu festem Glauben werden.«

»Ein Opfer ist etwas, das gebracht werden muß«, sagte Ragnar den Satz, den er sich lange überlegt hatte. »Aber Alard hätte nicht sterben müssen. Deine Krieger hätten mich ohnehin gefangen.«

»Sie sind das Kämpfen so sehr gewohnt, daß sie nicht groß nachgedacht haben. Alard zu töten, erschien ihnen als der sicherste Weg, deiner habhaft zu werden. Sie haben die Falle lange vorbereitet und fürchteten, du könntest ihnen im letzten Augenblick entkommen.«

Das war die Antwort, mit der Ragnar gerechnet hatte. Und die Erwiderung fiel ihm leicht, da er sie sich in langen Nächten zurechtgelegt hatte: »Dann seid ihr es, die Bärenmänner, die voller Furcht und Zorn stecken. Vielleicht ist es nicht die

Unwissenheit der anderen, sondern eure eigene, die euch in Verruf bringt. Hört auf damit, euch zu verstecken und andere aus dem Hinterhalt anzugreifen, wenn ihr wollt, daß die anderen euch nicht länger fürchten! Nicht die übrigen Sippen der Cherusker tragen die Schuld am gegenseitigen Haß. Die achte Sippe muß sich ändern, Berold!«

Der Graukopf schwieg lange und starrte in die Flamme des Herdfeuers. Offensichtlich hatte er mit dieser Antwort nicht gerechnet. Und was Ragnar noch mehr befriedigte: Berold schien nicht zu wissen, wie er die Worte des Jungen widerlegen sollte.

Stolz gesellte sich zu Ragnars Befriedigung. Zum ersten Mal verstand er, daß ein Sieg der Worte und Argumente bedeutsamer sein konnte als einer, der mit Schwert und Frame errungen war. Er wünschte sich, jetzt bei seinem Vater zu sein und mit ihm darüber zu sprechen.

Früher hatte Ragnar sich oft über Thorags Verhalten gewundert. In der Zeit nach der Varusschlacht, als Thorag sich von Armin losgesagt hatte, wollte es Ragnar nicht in den Kopf, daß eine andere Entscheidung wichtiger – besser – sein konnte als Krieg und blutiger Kampf. Es hatte dem Jungen wehgetan, wenn andere Kinder seinen Vater als Feigling verspotteten. Er erinnerte sich an den Morgen nach Armins Hochzeit mit Thusnelda, als Thorag dem Sohn vergeblich den Unterschied zwischen Dummheit und Mut, zwischen Arglosigkeit und Angstüberwindung beizubringen versuchte. Einen Satz seines Vaters hatte Ragnar nie vergessen, aber erst heute verstand er ihn: *Nur wer weiß, was Angst bedeutet, kann ein tapferer Krieger werden.*

Berolds Blick kehrte zu Ragnar zurück. »Du hast den Winter gut genutzt, Ragnar. Meine Hoffnung, aus dir könnte einst ein weiser Fürst werden, scheint sich zu erfüllen. Du hast gelernt, eigene Gedanken gegen fremde zu verteidigen und deine eigenen Schlüsse zu ziehen. Ich gebe zu, daß mir deine Schlußfolgerung nicht gefällt. Und ich halte sie für falsch!«

Ragnar trank genüßlich von dem Beerensaft, bevor er antwortete: »Du wirst mir bestimmt gleich sagen, warum.«

»Die Bärensippe wird verachtet und verfolgt. Sie ist gezwungen, sich im Verborgenen zu halten. Die anderen sind stärker. Sie können ohne Gefahr auf uns zugehen.«

»Als ich auf deine Männer zuritt, bohrten sie einen Ger in den Leib meines Rappen.«

»Hältst du uns wirklich für böse, für schlecht, Ragnar?«

»Ja.«

»Du glaubst es im tiefsten Herzen?«

»Ich glaube es nicht, ich weiß es.«

»Woher?«

»Ihr habt mein Pferd getötet!«

»Riesenwurf!«

Der rote Gott zog über fünf Felder und kippte einen Riesen um. Drei Striche auf der Unterseite des Riesensteins zeigten, daß er Thorag gehörte. Der siebte in seiner Sammlung. Und schon wanderte der rote Gott weiter, um sich noch einen Götterstein einzuverleiben. Sechsfach war jetzt seine Kraft, und sechs Felder weit durfte er in einem Zug zurücklegen.

Sikko winkte den Bierschalk herbei und starrte mißmutig auf den Tisch mit dem Spielbrett und den daneben aufgehäuften Riesensteinen. Sieben für Thorag, fünf für ihn, das konnte er kaum begreifen. Er stürzte sich das frisch nachgefüllte Bier in die Kehle und griff nach seinem Götterstein. Fünf Felder weit durfte er höchstens ziehen. Ging er nach vorn, konnte er eine der weißen Götterscheiben gewinnen, um seine Stärke und Schnelligkeit zu erhöhen. Aber links stand ein Riese in seiner Reichweite. Ihn zu werfen, würde den schmerzlichen Abstand zu Thorag verringern.

Der Chatte stieß ein tierhaftes Grunzen aus und zog den schwarzen Gott nach links.

»Riesenwurf!«

Der graue Riesenstein kippte und enthüllte sechs Striche. Voller Unglauben starrte Sikko auf die Unterseite des Steins.

Lässig griff Thorag nach dem Riesen und stellte ihn wieder auf das Feld, von dem der Hundingsführer ihn geworfen hatte.

»Ich bin an der Reihe, Sikko. Du mußt zurück auf das Feld, von dem aus du diesen Zug begonnen hast. Und vergiß nicht, eine Götterscheibe abzulegen.«

»Das ist ungerecht«, brummte Sikko, dessen Zunge schon ein wenig schwer war vom vielen Bier. »Warum gerate ich immer an die Riesen mit den hohen Werten?«

»Weil du nicht abwartest, bis dein Gott stark genug zum Angriff ist«, sagte Thorag und zog den roten Gott in Richtung auf eine Götterscheibe, die er aber nicht ganz erreichte, über das Brett.

Sikko zeigte auf einen Riesen. »Den hättest du werfen können.«

»Hätte ich, aber warum etwas überhasten? Ich liege sowieso vorn.«

»Hmmm«, machte der Chatte gedehnt und blickte auf das Trinkhorn des Donarsohnes. »Warum läßt du dir nicht mehr nachschenken, Cherusker?«

»Weil ich auf deine Gesellschaft nicht so rasch verzichten möchte«, antwortete Thorag mit einem offenen Lächeln.

Sikko legte die Stirn in Falten. »Hast du mich etwa in eine Falle gelockt?«

»Wie meinst du das?«

»Vor etlichen Nächten, als du erstmals mit dem Spiel zu mir gekommen bist ...«

»Ja?«

»Hast du da etwa den Einfall gehabt, diese Wette mit mir zu schließen und mich zu besiegen?«

»Nein, Sikko.«

»Ehrlich nicht, Thorag?«

»Ehrlich nicht.«

Skeptisch blinzelte Sikko ihn an. »Würdest du das schwören? Bei deinem Ahnen Donar?«

»Gewiß. Denn Donar weiß, daß mir der Einfall schon kam, als ich im Tamfanaberg die Anordnung gab, dich mitzunehmen.«

Eine ganze Weile starrte Sikko den Donarsohn an, als wollte er ihn mit Haut und Haaren verschlingen. Dann schüttelte er sich und brach in brüllendes Gelächter aus, das durch das ganze Haus schallte.

»Beim Schoße der Tamfana, du gefällst mir mit jedem Tag mehr, Cherusker! Wenn ich mir vorstelle, wie viele Nächte ich hier gelegen und Fluchtpläne geschmiedet habe. Und jeder Gedanke an ein Entkommen war verschwendet. Du hattest längst vor, mich nicht durch Fesseln, sondern durch mein Wort zu binden.«

»Noch ist der Krieg nicht gewonnen. Acht Riesen stehen noch auf dem Feld.«

»Wahrscheinlich weißt du schon genau, wie du mindestens vier davon werfen kannst«, meinte Sikko mit breitem Grinsen.

»Genau weiß ich es nur bei dreien«, erwiderte Thorag mit demselben Grinsen. »Beim vierten bin ich noch unsicher.«

»Angeber!« knurrte der Chatte mit gespielter Entrüstung.

»Wenn es so ist, dann schlag mich doch!«

»Und wenn es mir gelingt?« fragte Sikko mit drohendem Unterton. »Selbst wenn du die mehr Riesen wirfst als ich, kann ich dich schlagen. Die Riesen, die ich werfe, müssen nur mehr Striche haben als deine.«

»Ich kenne die Regeln beim Riesenwurf«, erwiderte Thorag gelassen. »Gerade deshalb frage ich mich, wie du mit einem nur vierfach starken Gott Riesen mit vielen Strichen werfen willst.«

»Wart's ab!«

Verbissen setzte Sikko das Spiel fort und hätte dem Bierschalk, der unaufgefordert sein Trinkhorn nachfüllen wollte, fast einen Tritt versetzt. Der Chatte warf vier weitere Riesen, bis Thorag seinen elften Riesen warf, den letzten, der noch auf dem Brett stand. Und nicht nur an der Zahl, auch an der Stärke der geworfenen Riesen war der Cherusker dem Chatten überlegen.

Thorag ließ ihre Hörner auffüllen und sagte: »Hiermit endet die Zeit deiner Gefangenschaft, Sikko. Ab jetzt bist du ein willkommener Gast auf dem Donarhof!«

»Mir wird ganz warm ums Herz«, spottete der Hundingsführer und leerte zugleich mit Thorag das Horn. Sein Gesicht wurde ernst. »Du kannst dich auf mein Wort verlassen, Donarsohn. Ich werde nicht fliehen!«

»Warum auch?« Thorag spielte den Verständnislosen. »Schließlich bist du ab heute freiwillig hier.«

In der Nacht, als die Feuer klein wurden, wickelten die Cherusker sich in ihre Decken, die sie fast bis zu den Ohren zogen, um den kalten Fingern der Frostriesen zu trotzen. Thorag und Auja hatten sich in ihrer kleinen Kammer dicht aneinandergedrängt, um sich gegenseitig zu wärmen. Lange Zeit lagen sie so da, und beide atmeten tief und ruhig.

Bis Auja leise sagte: »Du schläfst nicht.«

»Du auch nicht«, erwiderte Thorag. »Warum nicht?«

»Weil ich nachdenke.«

»Über Ragnar, nehme ich an.«

»Natürlich. Meine Sorge um ihn ist größer als in der langen Zeit, die ich weit weg von ihm und dir verbringen mußte. Nur du scheinst dich nicht sehr zu sorgen. Beim Spiel mit Sikko hast du dich offenbar prächtig vergnügt.«

Thorag hatte den Vorwurf in ihren Worten gehört und entgegnete: »Ich habe ja auch gewonnen. Und du weißt, warum ich gegen Sikko gespielt habe.«

»Weil die Sorge um den Frieden zwischen Cheruskern und Chatten dich umtreibt. Ich frage mich bloß, ob die Sorge um unseren Sohn nicht die drängendere sein sollte.«

»Du bist ungerecht, Auja. Ich denke jede Nacht und jeden Tag an Ragnar. Aber zur Zeit kann ich nichts für ihn tun. Erst wenn die Frostriesen das Land verlassen haben, können wir ihn suchen. Aber ich kann jetzt etwas für den Frieden tun. Anfangs stand Sikko mir feindlich gegenüber, er hat mich sogar verachtet. Jetzt mag er zwar kein Freund sein, aber er achtet mich.«

»Ja, mit Achtung voreinander werft ihr im Spiel die Riesen, und mit Achtung voreinander werdet ihr im Krieg die Klingen kreuzen, sobald Sommer ist.«

»Vielleicht muß es nicht dazu kommen. Sikko könnte mir helfen, einen Krieg zwischen Chatten und Cheruskern zu verhindern.«

»Und wie?« fragte Auja.

»Darüber denke ich noch nach. Aber eines weiß ich: Wenn die Götter uns Ragnar zurückgeben, wird das Glück kurz sein, gelingt es uns nicht, den Frieden zu wahren.«

Nach langem Schweigen sagte Auja: »Du hast Recht.«

»Damit, den Frieden zu wahren?«

»Damit auch. Ich meinte aber deinen Vorwurf, ich sei ungerecht zu dir gewesen. Nach Armins Tod lastet die Sorge um unseren Stamm besonders schwer auf deinen Schultern. Ich sollte froh sein über jeden Augenblick, den die Götter dich lächeln lassen.«

»Ich weiß, daß auch du dich sorgst, Auja, daß du vor Sorge um Ragnar beinahe den Verstand verlierst.«

»Trotzdem sollte ich meine Furcht und Wut nicht an dir auslassen. Wie kann ich das wiedergutmachen?«

»Indem du dich enger an mich drückst«, antwortete Thorag und küßte ihre Wangen.

Er strich zärtlich und zugleich verlangend über ihren warmen Leib, schob ihren Kittel hoch. Als er unter dem Stoff ihre bloßen Brüste berührte, keuchte Auja und erbebte. Die kleinen Hügel wurden zwischen seinen Fingern hart, und ähnliches fühlte Thorag zwischen seinen Lenden.

Auja löste sich von ihm, um seinen Unterleib zu entblößen. In ihren mal zärtlichen, mal kräftigen Händen wuchs seine Erregung. Sie beugte sich über ihn. Ihr Haar kitzelte seinen Bauch und seine Beine.

Als er die Wärme und Feuchtigkeit ihres Mundes um sein Fleisch spürte, lief ihm ein Schauer über den Rücken. Seine Hände packten ihr Haar und hielten ihren Kopf mit sanfter Gewalt zwischen seinen zuckenden Beinen fest.

Die Menschenwelt bestand nur noch aus der kleinen Kammer, und auf ihr existierten keine anderen Wesen als die beiden Liebenden. Ihre erhitzten Leiber erregten einander, und jeder tat alles, um dem anderen die höchste Lust zu bereiten. Sie umschlangen einander und hielten sich gegenseitig fest, als wären sie miteinander verwachsen.

Es war wie damals, in jenem fernen Sommer, als sie sich zum ersten Mal geliebt hatten. Alle Sorgen verblaßten. Es gab nur Thorag und Auja für einen langen, viel zu kurzen Augenblick des Glücks.

Kapitel 14

Eine Frage der Ehre

DAS ENDE DER Zeiten war nicht angebrochen. Die Welt verbrannte nicht im heißen Atem der Feuerriesen. Götter und Einherier trafen sich nicht zur letzten Schlacht gegen die Riesen und Ungeheuer. Wodan und Donar fanden nicht den Tod im heldenhaften Kampf gegen Fenriswolf und Midgardschlange. Sunnas Strahlen stachen Löcher in die Mäntel der Frostriesen und brachen das Eis, das Seen und Flüsse überzogen hatte. Wo sich gestern noch weiße Unendlichkeit erstreckt hatte, zeigte sich heute erstes, noch zaghaftes Grün; bald würden sich dort schon Rehe und Hasen tummeln, begleitet von den Dankesliedern der Vögel.

Gesänge des Dankes und der Freude erschollen auch bei dem Fest, das die Bärenkrieger am ersten Abend nach Einsetzen der Schneeschmelze feierten, um die Vorboten des Sommers zu begrüßen. Unter dem Fels des kauernden Bären brannte ein großes Feuer, und jeder Bärenmann warf eine Opfergabe hinein: eine Handvoll Getreide oder Nüsse, etwas Käse oder gar ein Stück Fleisch. Sie schlugen ihren Waffen aneinander und sangen im selben Takt.

> *Fürchtet mich, verehrt mich!*
> *So sprichst du,*
> *mächtiger Bärengott.*
> *Du kommst!*

Du bist ein tapferer Krieger,
mächtiger Bärengott.
Du kriechst aus deinem weißen Pelz,
du kommst!

Wir fürchten dich,
wir verehren dich,
wir opfern dir,
mächtiger Bärengott!

Du kommst,
Achtfüßiger, Achthändiger.
Wir sind du,
und du bist wir!

Wieder und wieder sangen die Männer das Lied, jedes Mal in einem schnelleren Takt, in größerer Ekstase. Schweiß glänzte auf ihren Stirnen, nicht nur der Hitze des Feuers wegen. Jeweils bei der dritten Strophe flogen die Opfergaben in die Flammen, und bei der vierten neigten die Krieger ihre Leiber vor und pendelten von einer Seite zur anderen, wie es die Angewohnheit der Bären war. Mit ihren umgehängten Fellen und den Bärenhäuptern auf dem Kopf glichen die zuckenden Schatten, die das Licht der Flammen auf die Felswand malte, tatsächlich einer Bärenhorde.

Ragnar und Jorit hockten ein Stück entfernt auf einem hüfthohen Felsen und aßen von dem Rind, das über dem Feuer briet. Die Wachen am Ausgang der Schlucht nahmen nicht an der Zeremonie teil, spähten aber neidisch zum Festplatz herüber. Das Feuer warf einen weiten Lichtschein. Die beiden Donarsöhne hätten sich nicht davonstehlen können, ohne den Wachen aufzufallen. Also saßen sie bei den Frauen und Kindern, aßen gebratenes Fleisch, tranken frischen Met oder, soweit es Ragnar betraf, mit Wasser vermischten

Schlehenwein und fragten sich, was der Sommer für sie bereithielt.

»Kann sein, daß sie uns fortbringen«, meinte Jorit. »Vielleicht ist diese Schlucht nur ihr Winterlager.«

»Aber wohin sollten sie uns bringen?« fragte Ragnar. »Weit weg vom Cheruskerland?«

»Wohl kaum. Immerhin sind auch sie Cherusker.«

»Aber wozu halten sie uns fest?«

»Ich denke, Berold hat es dir gesagt. Er will aus dir einen Edeling nach seinem Geschmack formen.«

»Ich glaube, das hat er aufgegeben«, sagte Ragnar mit deutlicher Enttäuschung. »Seit ich ihm sagte, daß ich die Bärensippe für böse halte, hat er mich nicht mehr zu sich rufen lassen.«

»Vielleicht hättest du deine Meinung nicht so offen äußern sollen.«

»Ich hielt es für richtig.« Lustlos kaute Ragnar auf dem Fleisch und spie ein zähes Stück aus. »Jorit, weshalb halten sie dich fest? Du warst nicht so oft bei Berold wie ich. Was wollte er von dir?«

»Er wollte auch mich auf seine Seite ziehen. Er sagte, noch sei die Bärensippe klein, und jeder neue Anhänger des Bärengottes sei wichtig. Ich sagte ihm, daß ich zuviel Schlechtes über die achte Sippe wüßte, um ihr jemals anzugehören. Da ich kein Abkömmling Donars bin, nicht einmal ein Edeling, hat der Alte sich mit mir nicht so viel Mühe gegeben wie mit dir.«

Ragnar grinste und ahmte Jorits Tonfall von eben nach: »Vielleicht hättest du deine Meinung nicht so offen äußern sollen.«

»So habe ich wenigstens meine Ruhe und kann ungestört über eine Fluchtmöglichkeit nachdenken.«

»Und?« wollte Ragnar gespannt wissen. »Hast du eine gefunden?«

»Noch nicht. Aber vielleicht können wir entkommen, wenn

der Sommer die Krieger auf die Jagd lockt. Oder wenn sie uns an einen anderen Ort bringen. Aus dieser Schlucht zu fliehen, ist fast so schwer, wie den Fenriswolf zu fesseln.«

Das hatte Ragnar auch erkannt, und deshalb hatte er Jorit nichts von seinem Fluchtplan gesagt. Denn falls Ragnars Flucht gelang, konnte er Jorit nicht mitnehmen. Er konnte nur versuchen, möglichst schnell Hilfe zu holen, um den Krieger zu befreien, der für ihn fast so etwas wie ein großer Bruder war. Ragnar schwieg auch jetzt, besonders, als er Berold auf sich zukommen sah. Der Gesang war verstummt, und die Bärenmänner ließen sich auf Steinen oder um das Feuer aufgestellten Bänken nieder.

Berold, der sein weißes Bärenfell und ein ebenfalls weißes Bärenhaupt trug, blieb vor den Gefangenen stehen und erklärte: »Wir haben dem Bärengott Opfer gebracht, aus Dank dafür, daß er den ganzen Winter schützend über uns gewacht hat. Keiner von uns ist verhungert oder erfroren. Nur wer dankbar ist und Opfer bringt, kann auch in kommenden Zeiten göttlichen Schutz erwarten. Auch ihr habt den Winter gut überstanden, Donarsöhne. Wollt ihr dem Bärengott nicht durch Opfer danken?«

»Sollen wir uns dafür bedanken, daß seine Anhänger uns hier gefangenhalten?« entgegnete Jorit bitter.

Berold heftete seinen Blick auf Ragnar. »Was ist mit dir, junger Edeling? Hast du deine Ansicht über die achte Sippe geändert?«

»Dazu hatte ich keinen Anlaß.«

Ragnars Mundwinkel zuckten. Erst hielt Berold es für einen Ausdruck der Verärgerung, doch dann sah es ihm mehr nach einem unterdrückten Lächeln aus.

»Komm mit mir, Ragnar!« sagte Berold, bevor er sich umdrehte und zurück zum Feuer schritt.

Ragnar warf Jorit einen fragenden Blick zu, aber der zuckte mit den Schultern.

»Geh nur, Ragnar, das hält ihn bei Laune. Und sag was Nettes über die achte Sippe, auch wenn's dir schwerfällt!«

Berold holte zog einen brennenden Ast aus dem Feuer und ging in Richtung der kleinen Siedlung. Entgegen Ragnars Erwartung hielt er nicht auf das Haus zu, in dem der Anführer mit einem Teil seiner Krieger wohnte, sondern auf den großen Pferdestall. Im Innern begrüßten die von dem unerwarteten Besuch verwirrten Tiere sie mit lautem Schnauben und vereinzeltem Gewieher. Langsam schritt Berold, gefolgt von Ragnar, den langen Mittelgang entlang, und das Licht seiner Fackel beleuchtete die Rosse.

»Gute Pferde aus unserer Heimat, keine Römertiere«, sagte er. »Die mögen größer sein und schneller, aber wenn es darauf ankommt, läßt ihre Ausdauer und Widerstandskraft schnell nach, besonders bei kaltem Wetter. Das sind die Römerpferde einfach nicht gewohnt. Auch du hast kein Römerpferd geritten, nicht wahr?«

»Ich bin ja noch nicht erwachsen. Ein großes Römerroß ist für mich schwer zu reiten.«

»Ein Grund mehr, deinem Rappen nachzutrauern«, meinte Berold und blieb stehen. »Du vermißt Alard noch immer, nicht wahr?«

»Ja«, gab Ragnar ehrlich zur Antwort.

»Und weil meine Krieger Alard getötet haben, hältst du uns für besonders schlecht.«

»Ja.«

»Das spricht für dich, Donarsohn«, sagte Berold zu Ragnars Erstaunen. »Ein Friling und besonders ein Edeling ist nichts ohne seine Ehre. Die Tötung seines Pferdes hinzunehmen, als wäre nichts geschehen, mindert die Ehre eines jeden Cheruskers. Nur wer auf Vergeltung besteht, wird seiner Ehre gerecht und sorgt dafür, daß eine verbotene Tat anderen kein schlechtes Beispiel ist. Das habe ich übersehen, als ich dich mit Verachtung strafte, weil du darauf beharrt hast, die Bärensippe sei böse. Dafür entschuldige ich mich. Aber ich weiß, daß die Entschuldigung nicht ausreicht, den Verlust zu ersetzen und die Ehre wiederherzustellen. Das kann nur durch eine Sühnegabe geschehen. Würdest du eine solche annehmen, Donarsohn?«

Ragnar war beeindruckt. Berold sprach zu ihm wie zu einem Gleichgestellten, einem Erwachsenen, einem angesehenen Edeling, nicht wie zu einem Kind. Das schmeichelte Ragnar, doch zugleich fühlte er, daß der Anführer der Bärenkrieger es ehrlich meinte. Und das beeindruckte ihn noch mehr.

»Ich werde eine Sühnegabe annehmen, falls sie eine ausreichende Sühne darstellt. Aber das heißt nicht, daß ich deshalb meine Meinung über die achte Sippe ändere.«

»Das mußt du auch nicht. Ich möchte nur, daß der Tod deines Rappen dich nicht mehr davon abhält, dich unvoreingenommen mit dem Bärengott und uns zu beschäftigen, seiner Gefolgschaft. Versprichst du, noch einmal in Ruhe über all das nachzudenken, was wir besprochen haben, wenn Alards Tod gesühnt ist?«

»Ich verspreche es.«

Berold nickte zufrieden und schwenkte den allmählich niederbrennenden Ast, um einen größeren Teil des Stalles zu beleuchten.

»Dein Rappe war ein einzigartiges Tier, und kein anderes Roß kann so sein wie er, das weiß ich. Aber hier stehen bestimmt ein paar Pferde, die ihm nahe kommen. Du darfst dir eines aussuchen, egal welches, und es soll dir gehören. Dies biete ich dir als Sühne für den Verlust deines Pferdes und deiner Ehre, Ragnar.«

Ragnar tat, als überlegte er, während er innerlich jubilierte. Genau das hatte er erreichen wollen! War Berold wirklich in seine Falle gegangen? Oder ahnte der Mann mit dem weißen Bärenhaupt etwas und stellte ihm eine viel geschicktere Falle? Lange schaute Ragnar in das faltige, narbige Gesicht, ohne etwas anderes als erwartungsvolle Anspannung darin zu entdecken.

Schließlich sagte der Junge: »Einverstanden, Berold. Ich werde mir ein Roß aussuchen, nachdem ich alle in Ruhe geprüft habe.«

»Gut. Du kannst morgen damit beginnen, wenn Sunnas Strahlen das Land erhellen. Der Ast ist bald verbrannt. Gehen wir zum Feuer zurück.«

Dort konnte Ragnar nirgends Jorit entdecken, und er fragte Berold nach dem Freund.

»Jorit ist nicht mehr bei uns. Er hat sein Pferd zurückbekommen und ist mit einer Botschaft fortgeritten.«

Erst jetzt fiel Ragnar auf, daß er Jorits Falben nicht im Stall gesehen hatte. »Eine Botschaft?« wiederholte er verwirrt. »An wen?«

»Darüber sprechen wir ein anderes Mal, wenn es an der Zeit ist«, sagte Berold und wandte sich dem Feuer zu. »Dies ist nicht die Zeit für Erklärungen, sondern für Gesänge und Gebete.« Und mit lauter Stimme rief er allen zu: »Preisen wir den Bärengott, den Stammvater unserer Sippe!«

Längst hielt Nott den Donarhof umschlungen, als der Runenbote kam. Es war ein langer Tag gewesen, der erste, nachdem Sunna große Löcher in die Mäntel der Frostriesen gerissen hatte. Früh am Morgen waren Thorags berittene Boten aufgebrochen, um im ganzen Gau Helfer für die Suche nach Ragnar und Jorit zu sammeln. Auch die zehn Hirschkrieger hatten ihre Hilfe angeboten, aber Thorag hatte die Männer heimgeschickt, als er in ihren Augen die Sehnsucht nach Freunden und Geliebten gesehen hatte. Jedem hatte er als Dank für ihre Hilfe ein gutes Roß geschenkt.

Schon morgen sollte die große Suche nach Ragnar und

Jorit im ganzen Westgau beginnen. Der Abend aber war den Göttern gewidmet und der Freude der Menschen darüber, daß Wodan und die Seinen sie vor dem Fimbulwinter bewahrt hatten. Ausgelassenes Gelächter und dröhnender Gesang schallten über den Donarhof, und nur die Wächter am Südtor bemerkten den einsamen Reiter, der keine Furcht vor der Finsternis zu kennen schien. Sie ließen ihn ein und grüßten den noch jungen Mann ehrerbietig, als sie die bronzene Fibel mit Wodans einäugigem Antlitz an seiner rechten Schulter erblickten. Jeder Friling im Cheruskergau kannte diese Fibel, hatte sie schon bei den Heiligen Steinen gesehen. Silbern war sie bei den Priestern, bronzen bei ihren Helfern.

»Ist der Gaufürst auf dem Hof?« fragte der Priesterhelfer, kaum daß er vom Rücken der braunen Stute gerutscht war.

Einer der Wächter bejahte die Frage und erbot sich, den Fremden zu Thorag zu führen. Der saß mit Auja, Hatto, Sikko, dem Friesen Menold und dem kleinwüchsigen Nigrinus an einem der reich mit Speisen gedeckten Tische in Thorags Langhaus. Alle in dem großen Saal lauschten einem Friling, der mit einer Trommel zwischen den Beinen auf einer Bank saß und zu dem Takt, den er selbst schlug, das Lied von den weichenden Frostriesen sang, die sich vor Sunnas Strahlen einen ganzen Sommer lang in ihren eiskalten Höhlen hoch im Norden verbergen mußten. Nach jeder Strophe wiederholten die versammelten Cherusker seine Worte im Chor.

Ihr Gesang verstummte, als sie den Priesterhelfer erblickten, der einen länglichen Gegenstand unter seinem Gürtel hervorzog, einen hölzernen Stab, den er Thorag hinhielt. In das frische Holz waren drei Runen geschnitzt. Ein senkrechter Strich, von dem ganz oben und etwas weiter unten jeweils ein abzweigender Strich schräg nach rechts unten wies: Ansuz, die Asenrune, die für Wodans Macht und Weisheit stand. Ein weiterer senkrechter Strich, mit dessen oberem Teil zwei kleinere Striche ein Dreieck bildeten:

Thurisaz, die Rune der Riesen und des Riesenbezwingers Donar. Und ein nach oben weisender Pfeil: Tiuwaz, die Rune des Gottes Tiu.

Wodan, Donar und Tiu, die drei mächtigsten Götter! Donar und Tiu waren die Schutzgötter des Things, und Wodan half den zu einem Thing Versammelten, weise Entscheidungen zu fällen. Als Thorag den Runenstab sah, kannte er bereits die Botschaft, die der Priesterhelfer nun laut aussprach: »Fürst Thorag, diesen Zweig, frisch geschnitten von Donars heiligem Baum, sendet dir Alfhard, Ewart der Heiligen Steine. Ein Stammesthing ist geboten, sobald Manis Wagen sich rundet. Im Namen der Götter bittet der Ewart dich, alle Frilinge deines Gaues zu den Heiligen Steinen zu führen.«

Thorag nahm den Stab aus der Hand des Boten und sagte: »Ich habe die Botschaft vernommen und werde die Frilinge des Donargaues zu den Heiligen Steinen führen. Setz dich und stärke dich, mein Freund, und sei mein Gast in dieser Nacht. Aber vorher sag mir, weshalb schon jetzt, kaum daß die Frostriesen sich zurückgezogen haben, ein Thing abgehalten wird. Der Hirschstamm sollte sich nach altem Brauch erst zum runden Mond nach der Tagundnachtgleiche versammeln.«

Der Priesterhelfer sah ein wenig unglücklich drein. »Ich weiß nicht genau, was die Priester zu dieser Entscheidung bewogen hat. Ein Edeling aus dem Hirschgau kam zu den Heiligen Steinen und sprach mit dem Ewart. Der rief eine Versammlung der Priester ein, und kurz darauf sandte Alfhard Runenboten in alle Gaue.«

Während der vom langen Ritt erschöpfte Bote sich dankbar an den Tisch setzte, blickten Thorag und Auja sich betreten an. Beide wußten, was die Vorverlegung des Stammesthings bedeutete, und Thorag fühlte sich hin und her gerissen zwischen seiner Pflicht als Vater und der als Fürst des Donargaues. Er brannte darauf, Ragnar zu suchen und in Aujas Augen wieder das glückliche Leuchten zu sehen, das er so lange schon vermißte. Doch als Donarfürst mußte er der Ladung zum Thing Folge leisten, besonders jetzt, wo der Cheruskerstamm von den chattischen Nachbarn bedroht wurde und ohne Herzog war. Die Wahl eines neuen Herzogs konnte über das Fortbestehen oder den Untergang des ganzen Stammes entscheiden. Dabei kam der Stimme des Donarfürsten, der noch dazu ein Blutsbruder des toten Herzogs war, ein besonderes Gewicht zu.

Noch etwas anderes beschäftigte ihn: die Bemerkung des Runenboten über den Edeling aus dem Hirschgau, der den Ewart besucht hatte. Das schien mit der Vorverlegung des Things zu tun zu haben. Doch Thorag konnte sich nicht vorstellen, was für Ereignisse in Armins Gau zu dem Besuch geführt hatten.

Auja legte eine Hand auf seine Rechte und sagte: »Du mußt mit den Frilingen zu den Heiligen Steinen reiten, Thorag! Was du in jener Nacht zu mir gesagt hast, ist wahr. Alles Glück wird nicht von Dauer sein, wenn in unseren Gauen kein Frieden herrscht. Die Priester werden gute Gründe haben, das Thing zu gebieten.«

»Das sind auch meine Gedanken«, sagte Thorag, dankbar über Aujas Worte, aber nicht erleichtert. »Doch was soll aus Ragnar werden? Wer soll ihn suchen?«

»Ich«, sagte Auja.

»Du?«

»Warum nicht?« meinte sie lächelnd. »Ich habe einige Winter und Sommer als römische Geisel verbracht und in der Arena gegen die Bestien gekämpft. Traust du mir nicht zu, nach unserem Sohn zu suchen?«

»Doch. Aber du allein?«

»Nur die Frilinge müssen sich bei den Heiligen Steinen versammeln. Die Halbfreien und Schalke unseres Gaues werden mir helfen. Wir werden sie in verschiedene Gruppen aufteilen. Findet eine Gruppe Ragnar, sollen ihre Halbfreien in den Stand der Frilinge und ihre Schalke in den der Halbfreien erhoben werden.«

»Kein schlechter Plan«, meinte Thorag. »Und doch wäre es mir lieber, erfahrene Krieger an deiner Seite zu wissen.«

»Auch die halbfreien Barschalken leisten Kriegsdienst, wenn der Stamm in Not ist.«

»Aber nicht in vorderster Reihe. Wer immer Ragnar und Jorit in seiner Gewalt hat, ist kein leicht zu bezwingender Gegner. Die Art seines Vorgehens beweist es.«

»Ich werde Auja begleiten«, sagte Nigrinus mit zwar fremdartigem Zungenschlag, doch gut verständlich. Der ehemalige Hypokaustensklave hatte schon in Ravenna seine Klugheit unter Beweis gestellt, und so hatte es Thorag nicht überrascht, wie schnell Nigrinus die einheimische Sprache gelernt hatte. Als Nigrinus jetzt bemerkte, daß viele erstaunte Blicke auf ihm ruhten, fügte er hinzu: »Ich habe Auja sicher auf dem langen Weg von der Küste des Adriatischen Meeres bis hierher begleitet. Mein Körper mag klein sein, aber das heißt nicht, daß ich ein Weib nicht zu beschützen vermag.«

»Außerdem wirst du nicht allein sein«, sagte der Friese Menold, der früher als Fährmann am Rhein gearbeitet und vor drei Wintern dem von Sejanus eingekerkerten Thorag bei der Flucht aus der Ubierstadt geholfen hatte. Seitdem lebte er bei den Donarsöhnen und hatte sich als furchtloses, verläßliches Mitglied von Thorags Kriegergefolgschaft erwiesen. »Ich reite zwar an der Seite der Donarkrieger, aber ich bin Friese, kein Cherusker. Also muß ich nicht bei den Heiligen Steinen erscheinen.«

»Das Muß ich auch nicht«, meldete Sikko sich zu Wort. »Ich würde mit der Gemahlin des Donarfürsten reiten und mit meinem Leben für das ihre bürgen. Nur müßte ich die Erlaubnis erhalten, diesen Hof zu verlassen.«

Hatto blickte den Hundingsführer zweifelnd an. »Auf einem guten Pferd, und auch noch ausgerüstet mit guten Waffen, wie?«

Sikko nickte. »Nur so könnte ich Auja beschützen.«

»Oder ihr etwas antun und dich aus dem Staub machen«, brummte Hatto.

Der Chatte blickte ihn finster an. »Zweifelst du an meiner Ehre, Cherusker?«

»Das tut niemand hier!« sagte Thorag rasch, um weiteren Streit zu vermeiden. »Du sollst Roß und Waffen erhalten, Sikko. Ich könnte mir keinen besseren Schutz für Auja vorstellen.«

»Und ich gelobe, treu an ihrer Seite zu stehen!« erwiderte Sikko feierlich.

Hatto schwieg, nahm Thorag aber später am Abend beiseite und fragte ihn, ob er dem Chatten wirklich vertraue. »Er ist und bleibt ein Chatte. Seine Leute haben Armin und fünfzig andere Cherusker abgeschlachtet.«

»Die meisten starben an dem Gift, das Adgandest ihnen verabreichen ließ«, berichtigte Thorag. »Was Sikko betrifft – ja, ich vertraue ihm. Wie er richtig bemerkte, es ist eine Frage der Ehre. Beim Riesenwurf hat er mir sein Wort gegeben. Und du weißt, wie es bei uns heißt: Spielschulden sind Ehrenschulden.«

Hatto wackelte unsicher mit dem Kopf. »Mögen die Götter geben, daß du dich nicht irrst, Thorag!«

»Vorwärts, Brauner, lauf! Lauf schon!«

Und der schlanke Hengst mit der gut ausgeprägten Muskulatur gehorchte, preschte durch die Schlucht des kauernden Bären. Ragnar mußte sich in der üppigen Mähne festkrallen, um nicht vom Rücken des Tieres zu fallen.

Lange hatte er sich im Stall umgesehen, bis er den Braunen

ausgewählt hatte. Offenbar verstand er mehr von Pferden, als er geglaubt hatte. Der Hengst schien geradezu dankbar für die Gelegenheit, sich nach dem langen Winter, den er eingesperrt im Stall verbracht hatte, endlich einmal richtig austoben zu können.

Eine vorspringende Felswand wuchs vor ihnen in die Höhe, und im letzten Augenblick konnte Ragnar den Braunen am Zügel herumreißen. Er stieß den angehaltenen Atem aus und lenkte das Tier zurück zur Siedlung, wo Berold mit den meisten anderen Bärenkriegern stand. Ihr Johlen und Lachen zeigte, daß sie die Roßprobe, wie Berold es genannt hatte, für einen großen Spaß hielten. Für Ragnar war es keiner. Seine Freiheit hing davon ab, daß weiterhin alles nach Plan verlief. Er mußte das schnellste Pferd von allen reiten, wenn er den Kriegern der achten Sippe entkommen wollte.

Der Winter war auch für Ragnar lang gewesen, und in ihm wuchs das drängende Gefühl, etwas unternehmen zu müssen. Wenn Jorits Vermutung zutraf und die Bärenmänner ihren Gefangenen im Sommer an einen anderen Ort brachten, mochte die Flucht von dort noch schwieriger sein. Und wer konnte schon wissen, wo dieser Ort lag? Auch Jorits Verschwinden, für das Berold standhaft jede weitere Erklärung verweigerte, trug zu Ragnars Beunruhigung bei. Beruhigend waren nur die rhythmischen Bewegungen des galoppierenden Pferdes. Thorags Sohn stellte sich vor, wie er auf dem Tier in die Freiheit ritt.

»Und?« fragte Berold gespannt, als Ragnar den Braunen vor ihm hielt und vom Pferderücken rutschte. »Nimmst du dieses Roß als Sühnegabe an?«

»Nein«, antwortete Ragnar.

»Nein?« wiederholte Berold. »Aber es ist ein gutes Tier, ein sehr gutes!«

»Ich weiß, das habe ich eben festgestellt.«

»Dann verstehe ich dich nicht, Ragnar. Erst gestern abend

hast du mir versichert, du würdest ein Pferd als Sühnegabe annehmen.«

»Ich sagte, nachdem ich mir die Tiere angeschaut habe.«

»Du hast sie dir doch alle angesehen! Den halben Vormittag haben wir im Stall verbracht.«

»Aber ich habe erst eines geritten!«

Berold schluckte und schaute zu dem großen Stallgebäude hinüber. »Soll das heißen, du willst jedes Pferd reiten, bevor du dich entscheidest? Das kann Tage dauern.«

»Vielleicht nicht jedes einzelne, aber jedes, das in Betracht kommt. Ein Pferd kann man nur dann richtig kennenlernen, wenn man es reitet, hat mein Vater immer gesagt. Frag deine Krieger, Berold, sie werden es dir bestätigen.«

Der Bärenführer blickte seine Männer an, und die gaben, von der Szene belustigt, dem Jungen Recht, bevor sie in schallendes Gelächter ausbrachen. Sie mochten erheitert sein, Ragnar aber war zutiefst zufrieden. Er war der Freiheit wieder ein Stück nähergekommen.

Kapitel 15

Der Tod eines Mörders

»STIRB, VERFLUCHTER PISO, du Mörder, stirb!«

Mit diesen Rufen stürzte sich Gaius auf sein Gegenüber, das er mit seinem kurzen Schwert traktierte. Der Angegriffene, fast doppelt so groß wie der Angreifer, ging in die Knie, hob schützend die Arme vors Gesicht, und winselte um Gnade. Mit zornig aufgerissenen Augen stand Gaius vor dem Knienden, das Schwert zum Schlag erhoben. Rachsucht stand in seinen Zügen, nicht Erbarmen. Und dann schlug er zu, und die Schwertklinge fuhr immer wieder auf den Kopf des anderen nieder, auch dann noch, als der reglos am Boden lag.

Als hinter dem rechten Ohr des Mannes Blut austrat und auf das kostbare Fußbodenmosaik floß, sprang Agrippina von ihrer Liege auf und rief Gaius zu, er möge einhalten. Aber der Junge, der seine kindgroße Soldatenkleidung trug, hörte nicht. Er rückte den kleinen Helm zurück, der ihm ins Gesicht gerutscht war, und fuhr fort, mit seinem Holzschwert auf den unglücklichen Sklaven einzuschlagen, der die Rolle Pisos spielen mußte.

Anfangs hatte Agrippina das Spiel ihres Sohnes erheitert. Sie hatte Gaius ermutigt, Piso und seine Familie bis aufs Blut zu hassen. So wie sie den Haß draußen auf den Straßen mit Geldgeschenken und Gerüchten geschürt hatte.

Calpurnius Piso, der sich schon seit Tagen vor dem Senatsgericht verantworten mußte, war auf dem Weg zu und von den Sitzungen seines Lebens nicht sicher, auch wenn er von einer starken Wache der Prätorianer eskortiert wurde. Die Menge überschüttete ihn mit Flüchen, verlangte nach seinem Kopf. Und weil die aufgehetzten Anhänger des Germanicus Pisos Kopf nicht kriegen konnten – noch nicht –, holten sie seine Standbilder und Büsten von den Sockeln, zertrümmerten sie oder warfen sie die Gemonische Treppe hinab in den Tiber, wie es sonst mit den im Carcer Erdrosselten geschah.

Auch vor dem Senat hatte Piso einen harten Stand, besonders seit seine mitangeklagte Gemahlin ihr Verfahren von dem seinen losgelöst hatte. Die Anklage gegen Munatia Plancina beschränkte sich auf Beihilfe zum Giftmord an Germanicus, Piso dagegen mußte sich auch wegen schlechter Amtsführung, Lockerung der militärischen Disziplin und Widerstands gegen den Staat verantworten. Hochverrat also, und da ließen die ehrwürdigen Senatoren nicht mit sich spaßen. Plancinas Antrag, ihr Verfahren getrennt durchzuführen, erschien den Feinden Pisos als Bestätigung seiner Schuld. Warum sonst, wenn Plancina ihn nicht für schuldig hielt, hätte sie diesen Schritt unternommen?

»Bist du endlich tot, Piso?« kreischte Gaius mit sich überschlagender Kinderstimme.

»Ja, Herr, aber ja, ich bin längst tot«, wimmerte der Sklave und verzog vor Schmerz das Gesicht, als er seine Kopfwunde betastete.

»Aber nicht tot genug«, befand Gaius. »Ein Giftmörder wie du kann gar nicht tot genug sein!«

Und wieder schlug er zu, mitten ins Gesicht des Sklaven, dessen linke Wange aufriß.

Agrippina trat hinzu und entwand ihrem Sohn die Waffe. »Schluß jetzt, Gaius, es ist doch nur ein Spiel!«

Obwohl der Junge zu ihr aufschauen mußte, hatte sie den Eindruck, er sehe sie von oben herab an. Mit erboster Stimme rief er: »Wer wagt es, Gaius Caesar zu behindern? Ich nehme Rache für meinen ermordeten Vater!«

»Für heute hast du genug Rache genommen, Caligula!«

Vielleicht war es Agrippinas strenger Tonfall, vielleicht auch die Verwendung seines Spitznamens. Jedenfalls zog Gaius einen Flunsch und lief in den hinteren Teil des Atriums, wo er mit Armeen bemalter Holzfiguren die Germanenfeldzüge seines Vaters nachspielte. Während Agrippina den Sklaven davonschickte, damit er seine Wunden versorgte, hörte sie die munter plappernde Stimme ihres Sohnes: »Hab ich dich endlich in der Falle, du Verräter! Ich, der berühmte Germanicus, werde jetzt Vergeltung üben für das Massaker an Varus und seinen Legionen. Und die Erde wird dein Blut trinken, Arminius!«

Vor ihren Augen verwandelten sich die Wände des Atriums in die unendlichen Urwälder Germaniens, und im Geiste durchlebte sie noch einmal die Feldzüge, die ihr Gemahl gegen den Germanenfürsten geführt hatte. Agrippina war an seiner Seite gewesen, in der Niederlage und im Sieg. Der größte Sieg, die Gefangennahme oder der Tod des Arminius, war Germanicus versagt geblieben.

Vor kurzem war die Nachricht nach Rom gedrungen, daß der Cheruskerherzog unter dunklen Umständen gestorben war. Man munkelte von Verrat, von einem Giftanschlag wie im Falle des Germanicus. Doch das Interesse der Öffentlichkeit am Tod des Germanen, der über so viele Jahre hinweg der Schrecken Roms gewesen war, war nur gering. Die Trauer um den Thronfolger Germanicus, die sich immer mehr zur Hysterie steigerte, beherrschte ganz und gar die Öffentlichkeit, und nichts hätte Agrippina willkommener sein können.

Der Türhüter meldete, wie am Abend jedes Gerichtstages, das Eintreffen des Legaten Vibius Marsus, und Agrippina empfing ihn unter vier Augen in dem Raum, der einst das Arbeitszimmer ihres Gemahls gewesen war. Nachdem Marsus sich mit einem Schluck Falerner erfrischt hatte, schaute er Agrippina zufrieden an.

»Es läuft gut, Herrin. Die Senatoren lassen sich von Piso nicht beschwatzen. Es zeigt sich immer mehr, daß sie in Plancinas Antrag auf Abtrennung ihres Verfahrens ein Bekenntnis zur Schuld ihres Gemahls sehen. Obwohl Tiberius, der auch heute der Verhandlung beiwohnte, ein mißbilligendes Gesicht zeigte, haben die Richter Piso zu verstehen gegeben, er möge seine starre Haltung überdenken. Striktes Leugnen könne ihre Gnade nicht erwecken, doch wenn er einlenke und ihnen mit einem Geständnis entgegenkomme, zumindest einen Teil der Vorwürfe betreffend, könnten auch sie ihm entgegenkommen und über eine mildere Strafe nachdenken als den Tod und die Entehrung seiner ganzen Familie.«

»Ich will nicht hoffen, daß sie Milde walten lassen«, erwiderte Agrippina.

»Dazu wird es kaum kommen. Piso wurde zwar bleich wie das Haar einer germanischen Sklavin, aber er sagte voller Trotz, er könne nicht gestehen, was er nicht getan habe. Ich glaube, als er zu seiner Sänfte ging, zitterten ihm die Knie.«

Die Vorstellung gefiel Agrippina. Sie malte sich aus, wie Piso und sein Weib vor ihr auf die Knie fielen und um Gnade baten, um Rücknahme der Anklagen.

Von draußen, wo Gaius sein Spiel wiederaufgenommen hatte, hörte sie seine helle Stimme: »Bleib stehen, Piso, damit mein Schwert dich durchbohren kann!«

Piso schritt weit ausholend durch sein Haus und stieß eine dunkelhäutige Sklavin mit einem Wäschestapel auf dem Arm brüsk zur Seite. Zorn und Furcht vermischten sich in seinem Innern zu einem Gefühl der Panik, wie er es noch nie gekannt hatte.

Voller Zuversicht war er nach Rom gekommen. Er hatte damit gerechnet, daß die haltlosen Vorwürfe gegen ihn sich schon bei seiner Ankunft zerschlugen. Schließlich war er ein

Freund des Kaisers, und seine Gemahlin Plancina war eine Vertraute der Augusta, der Mutter und Mitregentin des Tiberius.

Es stimmte zwar, er hatte bewaffnete Sklaven und Fahnenflüchtige gegen römische Legionäre in den Kampf geführt, aber doch nur, um seinen rechtmäßigen Anspruch auf die Statthalterschaft im Osten durchzusetzen. Man hätte kaum darüber gesprochen, gewiß aber nicht vor dem Senat darüber verhandelt, wäre nicht der Mordvorwurf gewesen. Was das betraf, war sein Gewissen wahrhaftig rein. Nichts, gar nichts hatte er mit dem Tod des Germanicus zu schaffen!

Als er die Räume seiner Gemahlin betrat, fand er Plancina über ihren Schreibtisch gebeugt. Überrascht blickte sie ihn an, rollte schnell einen Papyrus zusammen und ließ ihn in einem hölzernen Wandfach verschwinden, dessen Tür sie sorgfältig zuzog.

»Du, Gnaeus? Ich dachte, wir würden uns erst beim Abendmahl sehen.«

»Am liebsten würdest du mich gar nicht sehen, oder?«

Die Verwirrte spielend, verdrehte Plancina die Augen. »Was willst du damit sagen, Gnaeus? Du scheinst zornig zu sein. Warum?«

»Ich könnte dir mehr Gründe nennen, als ich Finger an den Händen habe. Schon daß ich auf dem Heimweg von einem Haufen weinschwangerer, schmutziger Plebejer um ein Haar aus der Sänfte gezogen und totgeprügelt worden wäre, sollte genügen.«

»Natürlich, Liebster, aber warum läßt du deinen Zorn an mir aus?«

»Seit du dich mit mir nicht mehr in der Öffentlichkeit zeigst, sind der Haß und die Verachtung, die mir entgegenschlagen, noch schlimmer geworden. Genauer gesagt, seitdem du die Abtrennung deines Verfahrens von dem meinen beantragt hast.«

Plancina versuchte ein entschuldigendes Lächeln, aber es geriet ihr mehr zum raubtierhaften Blecken der gelblichen Zähne. »Meine Verteidiger haben mir dazu geraten. Da ich nicht wegen Widerstand gegen den Staat angeklagt sei, könne ich auf diese Weise den Senat milde stimmen, sagten sie.«

»Milde für dich, aber Zorn auf mich. Genau das hast du damit erreicht!«

»Verzeih, Gnaeus, aber das habe ich nicht gewollt.«

»Wirklich nicht?« fragte er und trat langsam näher. »In den letzten Nächten, wenn ich trotz meiner Erschöpfung wachlag und der Schlaf mich floh, habe ich viel nachgedacht. Ich habe mich gefragt, ob Germanicus bei dem Festmahl nicht doch vergiftet worden ist. Und ich habe mich gefragt, wer ihm das Gift verabreicht haben mag. Denn eines weiß ich sicher: Ich war es nicht!«

Plancina machte sich auf ihrem Schemel klein wie eine Maus, die sich ängstlich in eine Ecke verkroch. »Beschuldigst du etwa mich?«

»Heißt es nicht, man hätte dich in Antiochia bei dieser Giftmischerin gesehen?«

»Die ist doch tot«, erwiderte Plancina und konnte ihre Erleichterung darüber nicht ganz verbergen.

»Eben!« brüllte Gnaeus Calpurnius Piso. »Ich glaube nicht an einen natürlichen Tod im Carcer von Brundisium, das wäre ein zu großer Zufall. Hat man sie aber beseitigt, muß es einen Grund dafür geben – und einen Auftraggeber.« Seine Augen entdeckten etwas auf der Platte des Schreibpults, und er nahm das kleine Stück Wachs auf, ehe Plancina es verhindern konnte. »Ein zerbrochenes Siegel. Sieht aus wie der gebogene Schwanz eines Skorpions. Ich erkenne es. Dies ist das Siegel des Prätorianerpräfekten. Was hast du mit diesem Intriganten Sejanus zu schaffen, Plancina? Sag es mir, auf der Stelle!«

Plancina wußte, daß der Augenblick der Wahrheit gekommen war. Ihr Gemahl hatte sie durchschaut und ahnte, was er nicht wußte. Jetzt galt es, ihn auf ihre Seite zu ziehen, und so sagte sie mit weicher Stimme: »Alles, was ich tat, geschah für dich, für unsere Söhne, unsere Familie.«

»Was hast du getan?«

»Ich war bei der Giftmischerin, Gnaeus. Ich ahnte, daß Germanicus das Festmahl dir zu Ehren nur ausrichten ließ, um dich noch mehr zu verhöhnen. Aber du gehörst auf den Posten des Generalstatthalters. Ich wollte dich nicht länger erniedrigt, dem Spott und den Verleumdungen des Germanicus ausgesetzt sehen. Deshalb schüttete ich das Gift in seinen Wein.«

Piso blickte Plancina an, als sähe er sie zum ersten Mal. Langsam, leise und ungläubig formten seine Lippen die Worte: »Mörderin! Du bist eine Mörderin!« Er schloß die Augen und rief: »Du hast unsere Familie entehrt. Deinetwegen werde ich in Schande sterben, vielleicht auch du und unser Sohn Marcus. Und ich Narr habe Agrippina für eine schamlose Verleumderin gehalten!«

Plancina legte ihm die Hände auf die Unterarme. »Uns wird nichts geschehen, Gnaeus, wir haben starken Schutz.«

Er öffnete die Augen wieder und starrte sie mit trübem Blick an. »Du hoffst vergebens auf Tiberius. Er verfolgt die Gerichtssitzungen sehr genau wird sich angesichts des Volkszorns niemals auf unsere Seite schlagen. Oder setzt du auf die Augusta, deine Freundin?«

»Auch sie wird zu uns stehen, aber ich meinte einen anderen.«

Piso schüttelte ihre Hände ab und starrte auf das Stück Wachs in seiner Rechten. »Sprichst du etwa von ihm?«

»Ja, Sejanus gab den Befehl zur Ermordung des Germanicus.«

»Dann stimmt es also, was hinter vorgehaltener Hand geflüstert wird? Der Präfekt selbst will den Thron besteigen?

Und du hilfst ihm dabei? Du weißt, daß Tiberius mein Freund ist. Ich kann nicht zulassen, daß Sejanus ihn stürzt!«

»Du hast eben noch gesagt, daß der Princeps keinen Finger für dich rührt!« entgegnete Plancina, und ihre Stimme klang wieder hart. »Sejanus aber hat mir versprochen, dir den alleinigen Oberbefehl über den Osten zuzuerkennen.«

»Er wird kaum zu einem verurteilten Mörder stehen.«

»Dazu kommt es gar nicht erst. Sejanus wird uns helfen. Er *muß* uns beistehen!« Plancina holte den Papyrus, den sie vorhin hastig weggelegt hatte, aus dem Wandfach. »Das hier ist der Brief, der uns seinen Schutz garantiert.«

Sie reichte ihrem Gemahl die Botschaft des Skorpions, die sie in Antiochia erhalten hatte.

»Ein Mordauftrag«, erkannte Piso. »Aber er trägt nicht die Unterschrift des Präfekten.«

»Nicht die Unterschrift, jedoch sein Siegel. Die eine Hälfte des Siegels hängt an dem Brief, die andere hältst du in Händen. Beide Hälften passen genau zusammen und zeigen das Bild des Skorpions. Das ist besser als eine Unterschrift. Die kann man fälschen, aber nur Sejanus verfügt über seinen Siegelring. Gnaeus, er ist in unserer Hand!«

»Deine erste vernünftige Bemerkung heute«, sagte Piso nachdenklich, während er prüfend auf die beiden Siegelhälften starrte. »Mit diesem Schreiben können wir das falsche Spiel des Prätorianers aufdecken, und dann wird Tiberius erkennen, daß ich treu zu ihm stehe.«

»Das darfst du nicht tun!« rief Plancina erschrocken und sprang von ihrem Schemel auf. »Du würdest dann zwischen allen Stühlen sitzen, und ich ...« Ihre Stimme zitterte und erstarb.

»Du würdest als Mörderin entlarvt, und das zu Recht. Was immer ein Mensch tut, er sollte aufrecht für seine Taten einstehen!«

Er wandte sich um und verließ den Raum. Brief und Siegel

nahm er mit. Plancina wußte, daß das Band zwischen ihnen auf immer zerrissen war. Piso mochte das politische Ränkespiel schätzen, aber er würde sich nicht dazu hergeben, einen Mord zu decken. Und er würde auch nicht zulassen, daß Sejanus den Princeps stürzte.

Als sie dies erkannte, holte sie eine schlichte Palla aus einer ihrer Kleidertruhen und verließ das Haus durch eine kleine Seitenpforte. Mit verhülltem Gesicht eilte sie durch das dämmrige Rom und dachte daran, wie sie in Antiochia inkognito zu der Giftmischerin gegangen war. Damals hatte sie ihren Aufstieg zur ersten Frau im Osten sichern wollen. Jetzt ging es um ihren Kopf.

»Bist du von Sinnen, mich in meinem Haus aufzusuchen?« zischte Sejanus, als er in die enge Kammer trat, in die ein Sklave Plancina geführt hatte.

Von fern hallten Musik und Gelächter. Die Trauerzeit für Germanicus war vorüber. Tiberius hatte sie in einem Erlaß für beendet erklärt und sämtliche Bürger Roms ermahnt, sich wieder den Dingen des Alltags zuzuwenden.

Plancina war nicht verwundert, daß der Prätorianerpräfekt einer der ersten war, die zum Festschmaus luden. Er galt den Genüssen des Lebens als sehr zugetan; es hieß, er liebte sowohl hübsche Frauen als auch schöne Männer. Eine enge, möglicherweise intime Freundschaft zu einem der berühmtesten Feinschmecker des Reiches wurde ihm nachgesagt: zu Marcus Gavius Apicius, der vor einigen Monaten in Ravenna ums Leben gekommen war.

Apicius, so munkelte man, sollte seine Freundschaft zu Sejanus ausgenutzt haben, um die Prätorianergarde in Sicherheit zu wiegen und einen Anschlag auf Tiberius und Drusus zu verüben. Der Plan war gescheitert. Apicius und viele seiner Anhänger hatten den Tod gefunden. Man sagte, Sejanus sei unerbittlich gegen die Mitverschwörer des Apicius vorgegangen. Plancina, die den Machthunger des Prätorianers kannte, glaubte, daß er damit auch seine eigenen Mitverschwörer beseitigt hatte – und zudem unliebsame Zeugen.

Auch Plancina verzichtete auf jede Begrüßung und sagte: »Wenn ich von Sinnen bin, dann mit gutem Grund. Mein Gemahl weiß alles. Er ... hat deinen Brief gefunden, Aelius Sejanus.«

»Meinen Brief?«

»Das Schreiben, das dein Bote mir nach Antiochia gebracht hat. Darin weist du mich an ...«

Mit einer Handbewegung, die einem Schwertstreich ähnelte, schnitt er ihr das Wort ab.

»Ich weiß, wovon du sprichst. Du solltest das Schreiben vernichten, so war es abgesprochen!«

»Ich habe es vergessen«, log sie und erwartete nicht, daß Sejanus ihr glaubte.

»Ich hätte mich nicht darauf einlassen sollen, du bist eine unsichere Verbündete«, schnaubte er und zitierte Vergil: »*Varium et Mutabile semper femina!* – Schwankend und unbeständig ist stets das Weib!«

»Nicht ich habe mich an dich gewandt. Du bist an mich herangetreten, Sejanus!«

»Mit einigem Aufwand«, raunzte er. »Einen guten Zenturio hat es das Leben gekostet.«

Seine Worte trafen Plancina wie ein Schlag. Sie sank auf eine Liege, dem einzigen größeren Einrichtungsgegenstand in diesem kleinen Ruheraum, den sonst übernächtigte oder betrunkene Gäste des Präfekten in Anspruch nahmen.

Sie dachte an den Zenturio Hilarius, dem sie in Leidenschaft verbunden gewesen war und den sie getötet hatte. Auf einmal war ihr klar, daß Hilarius im Auftrag des Prätorianerpräfekten gehandelt hatte. Sejanus mußte dies alles von sehr langer Hand eingefädelt haben!

Er hatte den Zenturio geopfert und aus Plancina eine Mörderin gemacht, um sie für einen zweiten Mord vorzubereiten. Sie erinnerte sich noch gut, wie er sie bei einem Besuch in Antiochia angesprochen und für seine Pläne gewonnen hatte: »Ich weiß von deiner Mordtat, Plancina, aber ich kann schweigen. Keine Angst, ich schätze tatkräftige Frauen, und deine Tatkraft werde ich eines Tages brauchen.«

»Was hat Calpurnius Piso unternommen?« fuhr Sejanus sie an.

Seine wütende Fratze hatte nichts mehr von dem halb gewinnenden, halb verschwörerischen Lächeln, das er damals in Antiochia gezeigt hatte.

»Als ich das Haus verließ, hatte er sich in sein Arbeitszimmer zurückgezogen. Er durchdenkt die Lage, wie es seine Art ist. Aber ich fürchte, die aufgehende Sonne wird ihn im Haus des Princeps sehen.«

»Du irrst, die Sonne wird deinen Gemahl nie mehr erblicken. Und falls du auch nur ein verräterisches Wort verlauten läßt, wird es dir ebenso ergehen!«

Als Plancina auf der finsteren Straße stand, erstarrte sie. Im Haus des Präfekten grölten rauhe Stimmen die immer wieder von Gelächter unterbrochenen Strophen eines zweideutigen Liedes, und aus den Straßen der Kaufleute rollte der allnächtliche Wagendonner über Rom; so nannte man den Lärm der vielen hundert Wagen mit Weinfässern und Getreidesäcken, Stoffballen und Töpferwaren, die wegen des Fahrverbots, das tagsüber auf den engen Straßen der Tiberstadt herrschte, erst nach Einbruch der Dunkelheit über das Pflaster ratterten, dann aber in großer Zahl und ohne Unterlaß. All das drang dumpf und wie aus weiter Ferne an ihre Ohren.

Ihr Geist weilte in der Vergangenheit. Sie dachte an die Liebe, die sie und Calpurnius Piso vor vielen Jahren füreinander empfunden hatten. Und gerade hatte sie denselben Mann seinem Henker überantwortet.

Doch sie konnte nichts daran ändern. Ihre Lebensbahnen hatten sich getrennt. Jetzt mußte sie für sich und ihre Kinder sorgen. Auf Sejanus durfte sie nicht bauen. Sie war für den Präfekten nicht weiter von Nutzen, stellte für ihn eher eine Gefahr dar, wie ihm ihr Besuch verdeutlicht haben mußte. Und ohne das Schreiben aus Antiochia hatte sie ihn nicht mehr in der Hand.

Wie Sejanus mit unliebsamen Mitwissern umsprang, hatte Martinas Schicksal gezeigt. Obwohl Plancina nicht mit Sejanus darübergesprochen hatte, hegte sie keinen Zweifel, daß er für den Tod der Giftmischerin verantwortlich war. Ängstlich blickte sie über die Schulter zum erleuchteten Haus des Präfekten und beschloß, nie mehr einen Fuß über seine Schwelle zu setzen.

Mit schnellen Schritten entfernte sie sich, entschlossen, das Haus der Augusta aufzusuchen. Nach Hause konnte sie nicht gehen, denn sie wollte nicht in Pisos Nähe sein, wenn es geschah. Außerdem könnte Sejanus auf die Idee kommen, zwei Zeugen auf einen Streich zu beseitigen. Das Klügste war, sich des Schutzes ihrer alten, mächtigen Freundin zu versichern. Denn wie sagte man in Rom: »Der Princeps entscheidet, was seiner Mutter genehm ist.«

»Durch meinen Gehorsam, den ich in fünfundvierzig Jahren unter Beweis gestellt habe, und durch unser gemeinsam ausgeübtes Konsulat als dein Freund ausgewiesen, bitte ich, der ich einst schon das Vertrauen des vergöttlichten Augustus genoß, deines Vaters, und der ich dir ansonsten keine Bitte mehr unterbreiten will, um das Leben meines unglücklichen Sohnes.«

Mit brüchiger Stimme las Calpurnius Piso halblaut den Satz, den er eben auf den Papyrus gebracht hatte. Es war ein Schreiben an Tiberius, in dem er dem Herrscher seine Unschuld und Treue versicherte.

Piso wollte seiner Familie die Ehre und seinen Kindern das Leben bewahren, besonders Marcus, der sich an seinen Feldzügen gegen die Truppen des Sentius Saturninus beteiligt hatte. Er konnte nur hoffen, daß Tiberius ihm seine Bitten um ihrer alten Freundschaft willen erfüllte. Piso selbst würde es nicht mehr erleben. Er wußte, was er zu tun hatte, um zumindest einen Teil der Schande zu tilgen, die Plancina über sein Haus gebracht hatte. Ein heißes Bad und eine scharfe Klinge erwarteten ihn, sobald der Brief beendet und abgesandt war.

Die schwierigsten Zeilen mußte er noch schreiben. Bis hierher hatte er Plancina nicht einmal erwähnt. Jetzt mußte er die rechten Worte finden, ihre Mordtat zu beschreiben, ohne Tiberius' Zorn auf die ganze Familie zu lenken. Es war schwer, und Pisos Hand zitterte. Mehrmals tauchte er die Schreibfeder in das bronzene Tintenfaß, ohne daß die Spitze den Papyrus berührte. Ungeduldig tropfte die Tinte von der Feder und befleckte die Tischplatte.

Seine Suche nach den richtigen Formulierungen beanspruchte ihn derart, daß er die Männer erst hörte, als die Tür aufflog und die Fremden in sein Zimmer drängten. Sie waren zu fünft, sämtlich von stattlicher Statur, jung an Jahren und trotz der schmutzigen Tuniken, die ihnen den Anstrich von Gesetzlosen geben sollten, sauber und gepflegt. Die Schwerter in ihren Händen wirkten ebenso gefährlich wie ihre entschlossenen Gesichter.

Piso wußte sofort, daß es Männer des Sejanus waren, Prätorianer. Das erklärte auch, daß die Prätorianerwachen, die sein Anwesen vor dem Pöbel schützen sollten, keinen Alarm geschlagen hatten.

Zwei Schwertspitzen drückten gegen seine Brust. Die Fremden konnten nicht wissen, wie wenig ihn das ängstigte. Er hatte beschlossen zu sterben und bedauerte nur, daß er den Brief nicht mehr beenden konnte.

Suchend huschten die Blicke der verkleideten Prätorianer

umher, und einer von ihnen, der durch sein helles Lockenhaar auffiel, entdeckte das Schreiben mit dem Mordauftrag an Plancina. Er nahm den Papyrus und auch die zweite Siegelhälfte an sich, wobei sein Blick auf das von Piso entworfene Schriftstück fiel.

»Das klingt ja wie ein Abschiedsbrief«, sagte er grinsend. »Ein überführter Mörder, der im Tod die letzte Zuflucht sucht. Das kommt uns sehr gelegen!«

»Dann nehmt mir schon die Arbeit ab«, sagte Piso und blickte den Lockenköpfigen an.

Der hob sein Schwert und führte es an Pisos Kehle.

Kapitel 16

Das Flüstern der Götter

HOCH UND MÄCHTIG reckten sich die Steinriesen in den wolkigen Himmel über dem waldreichen Cheruskerland, eine Brücke zwischen den Welten von Menschen und Göttern. Dort oben auf den windumtosten Steinen vernahmen die Priester das Flüstern der Götter und brachten deren Wünsche und Weisheit zu den Menschen.

Als Thorag an der Spitze eines langen Zuges von Donarsöhnen die Heiligen Steine erreichte, schien es ihm, als müßten die Götter brüllen, um das allgemeine Getöse zu übertönen. An den Tagen des Things verwandelte sich der sonst eher ruhige und nur von wenigen Menschen bewohnte Ort zum Sammelpunkt des ganzen Stammes. Aus allen Richtungen trafen die Frilinge der sieben Gaue ein, suchten sich einen Lagerplatz und errichteten mehr oder minder feste Hütten und Pferche. Händler breiteten ihre Waren aus, und mancher Cherusker begrüßte lauthals einen Freund, den er seit dem letzten Thing nicht mehr gesehen hatte.

Trotz des allgemeinen Lärmens lag eine gedrückte Stimmung über dem Stammesheiligtum. Thorag erspähte etliche düstere Blicke und sorgenvolle Gesichter, als er die Gruppe der kranken Donarsöhne zu den Heilerinnen begleitete. Das Ende des langen Winters hätte ein Grund für ausgelassene Heiterkeit sein sollen, aber der Tod ihres Herzogs und die Bedrohung durch die Chatten lasteten schwer auf den Cheruskern. Wie die grauen Wolken, die über den Himmel trieben und immer wieder Sunnas Strahlen verschluckten, schien die Ungewißheit um das Kommende das neu erblühende Leben des anbrechenden Sommers zu überschatten.

Auch über dem Donarfürsten lagen diese Schatten, vielleicht stärker noch als über den meisten anderen. Seine Sorge galt nicht nur dem Stamm, sondern auch Frau und Sohn. Noch vor Thorag hatte Auja den Donarhof verlassen, begleitet von Sikko, Menold, Nigrinus und einem hundertköpfigen Trupp aus Barschalken und Schalken. Auja wollte unterwegs auf den Höfen, zu denen sie kam, weitere Helfer für die Suche nach Ragnar anwerben.

Nur ungern hatte Thorag seine Frau vom Hof reiten lassen. Sie und die Schalke hatten eine Aufgabe übernommen, die schon Männern, Frilingen, alles abverlangt hätte. Falls wirklich die Bärensippe hinter Ragnars Verschleppung steckte, ritten Auja und ihre Begleiter höchster Gefahr entgegen. Thorag wünschte sich, das Thing wäre bereits vorüber und er könnte mit seinen Kriegern aufbrechen, um Auja beizustehen.

Auf einer Lichtung am Rande der Heiligen Steine versammelten sich die Kranken, einige so geschwächt, daß sie von Freunden oder Knechten teils gestützt, teils sogar getragen werden mußten. Die heilkundigen Priesterinnen schritten zwischen ihnen einher, um die Hilfesuchenden nach ihren Gebrechen in Gruppen einzuteilen. Während die Kranken aus dem Donargau sich zu den Heilerinnen begaben, lenkte Thorag seinen Grauschimmel auf eine Anhöhe und ließ seinen Blick suchend über die Lichtung schweifen. Vergebens, er konnte weder Astrid noch ihre Mutter Alrun entdecken.

Er riß den großen Römerhengst herum und lenkte ihn zu der Siedlung, in der die Hütten der Priester und ihrer Helfer standen. Grüßend erhobene Hände und Framen säumten seinen Weg, und nicht nur die Donarsöhne ehrten ihren Fürsten. Armins Blutsbruder war auch bei den Frilingen der anderen Gaue wohlbekannt. Die meisten hatten schon mit ihm in der

Schlacht gestanden, und vielleicht hofften sie, daß Armins Rat- und Kampfheil auf ihn übergegangen waren.

Zielstrebig ritt er zu Astrids kleiner Hütte, wo ihn die Priesterin einst von den schweren Verletzungen des schwarzen Ebers geheilt hatte. Mit bloßen Händen hatte er dem Keiler gegenüber gestanden; ohne Astrid, die ihm vor dem Kampf einen schmerztötenden Trank gegeben und ihn danach gepflegt hatte, hätte er die Götterprobe kaum überlebt. Fast wäre Liebe zwischen ihm und Astrid entstanden, aber sie hatte sich für das Leben einer Priesterin entschieden. Und Thorag, der damals die Heiligen Steine als Sohn des Gaufürsten Wisar verließ, kehrte erst als Fürst des Donargaues zu ihnen zurück.

Schon immer hatte ein besonders enges Verhältnis zwischen Thorag und Astrid bestanden. Seit jenem fernen Sommer, als die jungen Edelinge Armin und Thorag aus römischem Dienst ins Cheruskerland heimgekehrt waren. Damals war Astrid noch Schalkin des Bauern Thidrik gewesen, und Thorag hatte ihren kleinen Bruder Eiliko vor Thidriks rasendem Sohn Hasko beschützt. Mehrmals hatte Astrid, die von ihrer Mutter die seherische Gabe geerbt hatte, Thorag vor Gefahren gewarnt. Sie hatte sogar Eiliko zu ihm in die Ubierstadt geschickt, um den Donarsohn über den Tod seines Vaters und die dunklen Machenschaften des Eberfürsten Onsaker in Kenntnis zu setzen, und dort war der Junge in der römischen Arena gestorben.

Auch jetzt erhoffte Thorag sich Hilfe von Astrid oder ihrer Mutter. Alrun hatte ihm ihre Begabung bewiesen, die Zukunft aus den Runen zu lesen, als er ihr vor drei Wintern am Rhein begegnet war und sie ihn vor den Flammenreitern gewarnt hatte. Vielleicht konnte eine der beiden Seherinnen ihm etwas über Ragnars Verbleib sagen.

Astrids Hütte sah verlassen aus, die Tür war verschlossen. Er stieg aus dem Sattel und stellte verwirrt fest, daß Spinnweben einen Teil des Eingangs bedeckten. Sein rechter Arm stieß vor und beseitigte das feine Gespinst, dann zog Thorag die Tür auf. Muffiger Geruch schlug ihm aus der Hütte entgegen, und unzählige Staubteilchen tanzten im breiten Strahl des einfallenden Tageslichts.

Er betrat die Hütte, und seine Lederstiefel hinterließen tiefe Abdrücke in der dicken Staubschicht auf dem Boden. Es sah so aus, als habe während des ganzen Winters niemand hier gehaust. Und doch waren die beiden Schlafstätten zerwühlt, standen auf dem kleinen Tisch irdene Schüsseln und ein Krug, als hätten die Bewohner ihre Unterkunft erst an diesem Morgen verlassen.

Thorag ging hinaus, schob achtlos die Tür zu und stieg auf sein Pferd, als ihm ein sommersprossiger Priesterhelfer, ein Knabe noch, entgegenkam. Er rief den Jungen zu sich, zeigte auf die Hütte und erkundigte sich nach den Frauen.

»Welche Frauen meinst du?«

»Die in der Hütte gewohnt haben«, sagte Thorag ungeduldig. »Die Priesterin Astrid und ihre Mutter Alrun. Kennst du sie etwa nicht?«

»Doch, natürlich.«

»Wo sind sie hin? In der Hütte kann seit Monaten niemand gewohnt haben.«

Der Knabe nickte. »Die Hütte steht den ganzen Winter leer, seit Astrid und ihre Mutter fort sind.«

»Wann sind sie fortgegangen?«

»Ich erinnere mich nicht genau. Es war jedenfalls, bevor die Mäntel der Frostriesen das Land bedeckten.«

»Wo sind sie hin?«

»Das weiß ich nicht, Herr.«

»Und wer könnte es wissen?«

»Vielleicht der Ewart.«

»Kannst du mir sagen, wo ich ihn finde?«

»Ich glaube, er ist in seiner Hütte auf dem Ewartstein.«

Mit gemischten Gefühlen ritt Thorag auf die hohen Felsen zu. Er hatte sich von Astrid und Alrun Aufklärung über Ragnars Schicksal erhofft, zumindest einen Hinweis, doch ein neues Rätsel schien sich vor ihm aufzutun.

Vor dem Ewartstein standen zwei Priesterhelfer, um Alfhard vor ungebetenem Besuch zu schützen. Wo so viele Cherusker zusammenkamen, gab es immer welche, die glaubten, den obersten Priester des Stammes mit ihren Sorgen behelligen zu müssen. Thorag bildete da zwar keine Ausnahme, aber er war der Donarfürst. Das machte er den beiden Priesterhelfern so unmißverständlich klar, daß sie ihn durchließen. Einer erbot sich sogar, Thorags Pferd zu halten.

Als Thorag die steilen Stufen hinaufstieg, sorgte er sich nicht darum, ob Alfhard sich durch seinen Besuch belästigt fühlte. Außerdem spürte er, daß es eine Verbindung zwischen Ragnars Verschleppung und den dunklen Wolken gab, die sich über dem Cheruskerstamm zusammenbrauten.

Auf einer Decke vor der Hütte saßen Alfhard und zwei weitere Priester, die Thorag kannte: Frohmund und Riklef. Mit geschlossenen Augen murmelten sie Worte, die der Donarsohn nicht verstand, und ihre Hände schwebten über einem kleinen Haufen zurechtgeschnittener Zweigstücke, die mit den heiligen Runen geschmückt waren. Thorags Schritte und das Geräusch seiner gegen den Fels schlagenden Schwertscheide rissen die Priester aus ihrer inneren Sammlung. Erstaunt blickten sie dem Besucher entgegen.

Alfhard erhob sich, trat Thorag mit einem offenen Lächeln entgegen und legte ihm die Hände auf die Schultern. »Endlich sehen wir uns wieder, Donarfürst! Als die Kunde von deinem einsamen Ritt ins Römerreich zu den Heiligen Steinen drang, sahen viele dich schon an Wodans Tafel sitzen. Ich bin froh, daß du wieder hier bist, besonders jetzt, wo nach Armins Tod das Schicksal unseres Stammes so ungewiß ist wie selten zuvor.«

Thorag deutete zur Decke. »Sagen die Runen euch Priestern nichts über das Schicksal der Cherusker?«

Der Ewart schüttelte den ergrauten Kopf. »So oft wir die heiligen Zeichen befragen, sie wollen uns keinen Hinweis geben.«

»Warum nicht? Haben die Götter sich von den Cheruskern abgewandt?«

Bei diesen Worten Thorags verdüsterte sich Alfhards Miene. Trotzdem sagte der Ewart: »Das Muß es nicht bedeuten. Vielleicht hat Skuld die Schicksalsfäden, die in die Zukunft weisen, noch nicht miteinander verknüpft. Dann liegt es bei uns selbst, das Rechte zu tun.«

»Wir müßten nur wissen, was das Rechte ist«, murmelte Thorag.

Alfhard nickte. »Möge Wodans Weisheit uns auf diesem Thing den Weg zeigen!«

»Weshalb habt ihr das Thing vorverlegt?«

»Ingwin hat darum gebeten.«

»Ingwin?« wiederholte Thorag erstaunt.

»Du kennst ihn gut, ich weiß. Er erzählte mir, daß er dich aus den Höhlen des Tamfanaberges gerettet hat. Ich war sehr froh, von deiner Rückkehr zu erfahren. Ingwin kam zu mir, kaum daß die Mäntel der Frostriesen löchrig wurden. Er sagte, aus dem Chattenland drohe den Cheruskern große Gefahr. Je eher unser Stamm sich auf einem Thing hinter einen starken Herzog schare, desto besser könnten wir uns für die Abwehr des Feindes wappnen. Der Rat der Priester stimmte ihn zu, deshalb sandte ich die Runenboten aus.«

»Wo ist Ingwin jetzt?«

»Im Lager der Hirschmänner, nehme ich an. Ich habe ihn nicht oft gesehen. Aber du wirst ihn am Abend des zweiten Thingtages an Mimirs Quelle treffen, falls bis dahin alle Gaufürsten hier eingetroffen sind.«

»Wer fehlt noch?«

»Die Fürsten des Inggaues und des Stiergaues, Inguiomar und Botan«

»Ausgerechnet sie!« entfuhr es Thorag.

»Das scheint dich zu beunruhigen, Donarfürst.«

»Ing- und Stierkrieger hatten sich damals zum Bärengott der achten Sippe bekannt, als sie sich mit Marbod gegen den restlichen Cheruskerstamm verbündeten. Ich fürchte, daß die Gefahr durch die Bärenkrieger noch nicht überstanden ist.«

Bestürzung zeichnete sich auf Alfhards Zügen ab, und auch die beiden anderen Priester blickten Thorag erschrocken an. Als der Ewart ihn um eine Erklärung bat, berichtete der Donarsohn von Ragnars Verschwinden und zeigte Alfhard den Bärenstein. Thorag trug den einzig greifbaren Hinweis auf Ragnars Entführer bei sich, in einem Beutel an seinem Gürtel verstaut. Sorgsam betrachtete Alfhard den Anhänger, um ihn dann an Riklef und Frohmund weiterzureichen.

»Wenn das wahr ist ...«, stammelte Frohmund und starrte wie gebannt auf den Stein. Das ständige Blinzeln seines linken Auges, das den gemütlichen Gesamteindruck des kleinen, rundlichen Mannes störte, nahm einen schnelleren Takt an. Er schluckte mehrmals. »Wir müssen etwas unternehmen, müssen herausfinden, ob die Bärensippe wirklich zu neuem Leben erstarkt ist – und zu neuen Untaten!«

»Wenn wir Ragnar und Jorit finden, finden wir auch die Bärenkrieger«, sagte Thorag. »Leider fehlt uns jede greifbare Spur, abgesehen von dem Anhänger.«

Der hagere Riklef streckte seinen vogelartigen Kopf vor. »Der Stein bringt uns derzeit nicht weiter.«

»Deshalb wollte ich Astrid und Alrun fragen, ob die Götter ihnen eine Spur zeigen«, erklärte Thorag. »Aber ihre Hütte ist verwaist, und ein Priesterhelfer erklärte mir, sie hätten die Heiligen Steine noch vor dem Winter verlassen.«

»Die Priesterin Astrid stand dir nahe, nicht wahr?« fragte Alfhard.

»Stand?« krächzte Thorag. »Heißt das ...« Er sprach es nicht aus, weil er sich weigerte, es zu glauben. Flehend blickte er in grauen Himmel und murmelte: »Nicht auch noch Astrid und ihre Mutter, ihr Götter!«

Der Ewart schaute ihn traurig an. »Wir wissen es nicht genau, aber wir vermuten, daß sie nicht mehr leben. Sie wollten zum Tamfanaberg, um Armin zu warnen. Ich gab ihnen Pferde und als Begleitung einen zuverlässigen Priesterhelfer mit auf den Weg. Aber Armin fand den Tod. Und da die Frauen und der Priesterhelfer nicht zurückgekehrt sind, steht zu vermuten, daß sie das Schicksal des Herzogs teilen. Wahrscheinlich haben die Chatten auch sie der Erdgöttin geopfert.« Er seufzte schwer. »Der Traum hat sich ebenso erfüllt wie Alruns Weissagung.«

»Wovon sprichst du jetzt, Ewart?« fragte Thorag.

Alfhard erzählte ihm von dem Traum, von dem sterbenden Hirsch und von dem Wolf, den Alrun im Traum gesehen hatte. Und er berichtete, daß Alrun diesen Traum mit der Weissagung in Verbindung gesetzt hatte, die sie einst dem römischen Feldherrn Germanicus gegenüber ausgesprochen hatte. »Zu Recht, wie sich jetzt erweist, ist Germanicus doch einen ähnlich schändlichen Tod gestorben wie unser Herzog.«

»Germanicus?« Ungläubig schüttelte Thorag den Kopf. Die Überraschungen wollten keine Ende nehmen. »Germanicus ist tot?«

»So haben es gestern Männer aus dem Dachsgau berichtet, die es von Brukterern erfahren haben wollen, die in der Nähe des Rheins siedeln«, antwortete der Ewart. »Germanicus soll im Fernen Osten elend an Gift gestorben sein, und auch Armin ist vergiftet worden. Alrun hat ein gutes Ohr für das Flüstern der Götter, aber ich wünschte, sie hätte sich verhört, was Armin angeht. – Was hast du, Donarfürst? Du siehst so abwesend aus. Nimmt dich die Kunde über den Tod des Germanicus so sehr mit?«

»Es ist nicht richtig, daß große Krieger wie Armin und

Germanicus den tückischen Gifttod sterben. Aber eben dachte ich an etwas anderes. Der dritte Mann in Alruns Weissagung, der Vater werden sollte und es doch nicht wurde, das bin ich. Auja trug zur gleichen Zeit wie Thusnelda und wie die Gemahlin des Germanicus ein Kind im Leib, verlor es aber in römischer Gefangenschaft. Wäre es nicht so gewesen, hätte mich dann auch der Gifttod ereilt? Habe ich mein Leben mit dem Tod meiner ungeborenen Tochter erkauft?«

»Selbst wenn es so wäre, war es nicht deine Entscheidung, sondern die der Götter«, sagte Alfhard. »Und nach allem, was wir über die derzeitige Lage wissen, können die Cherusker froh sein, daß Fürst Thorag noch unter ihnen weilt.«

Riklef zeigte auf die Runenstäbe, die noch immer auf der Decke lagen. »Die heiligen Zeichen sagen uns nichts über das Schicksal der Cherusker, aber vielleicht geben sie uns Auskunft über Ragnar und die Bärenkrieger.«

»Ein guter Vorschlag«, meinte der Ewart. »Versuchen wir es!«

Er und Thorag setzten sich zu den beiden anderen auf die Decke. Die drei Priester erhoben die Augen zum Himmel und strichen mit den linken Händen durch die Runenstäbe, während sie feierlich im Chor sprachen: »Wodan, ältester der Asen, erhöre uns! Wodan, Allwissender, sei bei uns! Wodan, Hüter der Weisheit, dein Heil komme über uns! Wodan, Runenkundiger, sprich zu uns!«

Sie hatten die Runen verteilt, ohne auf die Decke zu schauen. Jetzt richtete Alfhard den Blick auf Thorag: »Schließ die Augen und umfaße den Bärenstein mit der rechten Hand! Die Linke, die näher am Herzen ist, strecke aus und erwähle drei Runen. Sei nicht vorschnell und höre, ob die Runen zu dir sprechen, bevor du sie ergreifst. Weisen sie dich ab, so laß sie liegen. Zieht es dich aber zu ihnen, so nimm sie!«

Mit geschlossenen Augen fest an Ragnar denkend, tastete Thorags linke Hand über die Runenstäbe. So manche Berührung löste nichts in ihm aus, einige Stäbe aber schienen seiner Hand einen Schlag zu versetzen. Schnell tastete er weiter, und dreimal ergriff er die Runenstäbe, als ein warmes, angenehmes Gefühl die Hand durchströmte.

»Jetzt öffne die Hand und laß die Runen fallen, denn auch durch ihre Lage sprechen sie zu uns«, sagte Alfhard.

Thorag befolgte die Anweisung und öffnete wieder die Augen. Die Priester hatten die übrigen Runenstäbe eingesammelt und in einen Lederbeutel gelegt. Zwischen den vier Männern auf der Decke lagen nur noch die drei Runen, die der Donarsohn auserwählt hatte: Thurisaz, Eihwaz und Elhaz.

Lange starrten die Priester auf die Runenstäbe. Es schien für sie nichts anderes mehr zu geben.

Schließlich sagte Alfhard leise, wobei er noch immer auf die Runen starrte: »Ich sehe die Rune Thurisaz, das heilige Zeichen Donars. Ein Abkömmling des Donnergottes wird Hindernisse überwinden, wenn er sich seinen freien Willen bewahrt. Wenn Donars Sohn sich den Schatten stellt, die ihn quälen, wird er das Wahre erkennen. Und die Erkenntnis verleiht ihm Kraft, den richtigen Weg zu gehen.«

Der Ewart schwieg, und nach einer kleinen Ewigkeit sprach Riklef: »Ich sehe Eihwaz, die Todesrune. Eihwaz ist die Eibe, aber auch die Weltesche, die unsere Menschenwelt mit Asgard und dem Totenreich verbindet. Ich sehe Donars Sohn zwischen den Welten wandern wie Uller durch das wintertote Land.«

Wieder herrschte Schweigen, bis Frohmunds Stimme monoton verkündete: »Ich sehe die Rune Elhaz, und sie steht auf dem Kopf. Wie die Wurzeln der Weltesche streckt Elhaz die Arme aus, tief unter die Menschenwelt, bis ins Reich der Hel. Auf diesen Wurzeln gleitet Donars Sohn hinab ins Dunkle, wo die Tochter Lokis und Angurbodas auf ihn wartet.«

»Nein!«

Kaum hatte Frohmund ausgesprochen, hallte Thorags

Schrei über den Ewartstein. Erschrocken starrte er auf die drei Runenstäbe und wünschte sich, er hätte die heiligen Zeichen nicht zu Rate gezogen. Nach den Worten Riklefs und Frohmunds schien die Aussicht mehr als gering, daß er Ragnar lebend wiedersah.

Die Blicke der Priester richteten sich auf Thorag, und Alfhard sagte: »Du darfst nicht verzweifeln, Donarfürst. Ich sehe große Kraft in Thurisaz, und mit dieser Kraft kann dein Sohn es schaffen, alle Gefahren zu meistern.«

»Aber Riklef und Frohmund sprachen vom Totenreich«, brachte Thorag mit stockender, brüchiger Stimme hervor. »Von Hel, die auf Ragnar wartet.«

»Eihwaz muß nicht den Tod des Leibes meinen«, belehrte ihn Riklef. »Eihwaz steht auch für die Prüfung, die Wodan ablegte, als er neun Nächte am Weltenbaum hing. Sein altes Selbst starb, und ein neues, weiseres wurde geboren. Vielleicht muß Ragnar eine ähnliche Prüfung bestehen, um zu einem neuen Selbst zu gelangen. Dann wird die Kraft Thurisaz' mit ihm sein.«

»Auch Elhaz muß nicht den Tod Ragnars bedeuten«, erklärte Frohmund. »Eine große Prüfung scheint deinem Sohn gewiß, Thorag, sein Selbst wird erschüttert, und groß ist die Gefahr, daß er zum Opfer falscher Zungen wird. Aber Donars Kraft, auf die Thurisaz hinweist, ist auch eine Kraft des Selbst und kann Ragnar helfen, die Prüfung zu bestehen.«

Thorag schaute einen nach dem anderen müde an. »Dann bin ich nicht klüger als zuvor. Ich brauchte die Runen nicht, um zu wissen, daß Ragnar sich in Gefahr befindet.«

Alfhard maß ihn mit strengem Blick. »Du irrst, wenn du den Runenspruch als nicht hilfreich abtust. Die Runen und ihre Lage zueinander zeigen, daß eine große Kraft in Ragnar steckt, die Kraft eines Mannes, nicht die eines Kindes. Der Donnergott selbst ist mit ihm und in ihm. Das sollte dir Mut geben, Thorag!«

»Du magst Recht haben«, sagte der Donarsohn schwach. »Vielleicht bin ich nur enttäuscht, weil ich mir mehr erhoffte. Einen Hinweis auf den Ort, wohin die Bärenkrieger Ragnar verschleppten.«

Er stand auf und trat an den Rand der kleinen Felsplatte. Tausende von Cheruskern tummelten sich tief unter ihm wie winzige Tiere. Ameisen, die scheinbar planlos durcheinanderliefen und von denen doch jede einen besonderen, mit den anderen abgestimmten Zweck verfolgte. Erfüllten auch die Menschen einen solchen Zweck, bestimmt vom Willen der Götter, festgelegt von den Nornen im Netz der Schicksalsfäden? Und wenn, was mochte den mächtigen Göttern am Schicksal eines Jungen liegen?

Alfhard trat hinter ihn und sagte: »Ich erahne deine Gedanken, Donarsohn. Aber verliere nicht das Vertrauen in die Götter, dann verlieren sie auch nicht das ihre in dich!«

Thorag wandte sich ihm zu. »So viele sind gestorben. Armin und Germanicus, Astrid und ihre Mutter. Etliche Edelinge und große Krieger unseres Stammes, die von den Chatten ermordet wurden. Alles scheint in einem Zusammenhang zu stehen, der Tod scheint von einer einzigen Quelle aus zu strömen. Wie ein Stein, den man ins Wasser wirft, und um den sich daraufhin immer größere Kreise bilden. Ich sehe die Kreise des Todes, die sich unaufhaltsam ausweiten und frage mich, wann sie meinen Sohn erreichen. Wenn ich wenigstens wüßte, ob Ragnar noch lebt!«

Einer der beiden Priesterhelfer, denen Thorag am Fuß des Ewartsteins begegnet war, eilte keuchend die Stufen herauf und wäre beinahe ausgerutscht. Oben lehnte er sich an eine Wand der Hütte und sagte, hastig atmend: »Ein Bote ist gekommen. Er hat wichtige Nachricht für dich, Fürst Thorag.«

»Warum kommt er nicht selbst zu mir?«

»Er soll ziemlich erschöpft sein, am Ende seiner Kräfte. Das sagte mir ein Friling aus deinem Gau, den dein Kriegerführer Hatto gesandt hat. Der Bote hält sich im Lager der Donarsöhne auf.«

»Hat man dir nicht seinen Namen genannt?«

»Doch«, erwiderte der Priesterhelfer. »Der Bote heißt Jorit.«

»Eine Spur!« rief Sikko und stieg von seinem Pferd. Der riesenhafte Chatte kniete sich, Frame und Schild in der Linken, auf den weichen Waldboden und betrachtete die leichten Einbuchtungen im feuchten Laub. Er streckte die Rechte aus und deutete nach Nordwesten. »Ein Mann ist in diese Richtung gegangen, heute erst.«

Hinter ihm saßen Auja, Menold, Nigrinus sowie zwanzig Barschalke und Schalke auf ihren Pferden. Es war einer von zwanzig Trupps, die nach Ragnar suchten.

Die Zahl der Suchtrupps mochte sich hoch anhören, und doch glich das Unternehmen der Suche nach einer verlorenen Fibel im Heuhaufen. Dieser Teil des Cheruskerlandes war kaum bekannt und kaum bewohnt. Dichte, nur schwer zu durchdringende Urwälder endeten unerwartet vor schroffen Felszügen, hinter denen sich unüberschaubare Moore dehnten. Schon mehrmals hatte Aujas Schar den mühsam erkämpften Weg zurückreiten müssen, weil kein Durchkommen mehr war. Vom ersten Sonnenstrahl bis zum letzten saßen Auja und die Männer im Sattel, waren müde und abgekämpft und suchten doch weiter.

Auja trieb sie voran. Ihr Gesicht verriet keine Müdigkeit, nur Sorge und bange Erwartung. Natürlich war es kühn von ihr zu glauben, daß ausgerechnet ihr Trupp auf Ragnar stoßen würde. Und doch war es das, worum sie die Götter jeden Morgen und jeden Abend bat. Sie wollte ihren Sohn endlich wieder in den Armen halten, lebend, gesund!

Sikko erhob sich und strich fauliges Laub von seiner ledernen Hose. »Wir sollten dem Unbekannten folgen.«

»Ich weiß nicht recht«, brummte Menold. »Dieser Weg, falls man es überhaupt so nennen kann, dem wir seit heute morgen folgen, führt nach Südwesten. Wo der Fremde gegangen ist, kommt kaum ein Mann durch, geschweige denn ein berittener Trupp. Ich fürchte, wir machen uns viel Mühe für nichts.«

Nigrinus reckte sich auf seinem kleinen Braunen, was ihn aber nicht viel größer erscheinen ließ. »Wer sich in dieser von allen Göttern verlassenen Gegend herumtreibt, muß sich hier auskennen. Er kann uns mehr über die Wälder sagen. Schon deshalb lohnt es sich, der Spur zu folgen.«

»Nigrinus hat Recht«, entschied Auja. »Wir folgen der Fährte, auch wenn wir dazu von den Pferden steigen müssen!«

Die Rosse an den Zügeln führend, zwängten sie sich durchs dichte Unterholz. Sikko ging voran und hieb immer wieder mit seinem Sax auf tiefhängende Zweige, mannshohe Farnwedel und scharfe Dornenranken ein. Hin und wieder beugte er sich über den Boden, um sich zu vergewissern, daß sie die Spur nicht verloren hatten. Nach einiger Zeit lichtete sich das Unterholz ein wenig, und sie kamen besser voran.

Irgendwann blieb Sikko stehen und gab den Nachfolgenden ein Handzeichen, ebenfalls zu halten. Auja, die hinter ihm ging, trat an seine Seite und erblickte ebenfalls die Lichtung mit der kleinen windschiefen Hütte, die aussah, als würde sie beim nächsten Husten eines Sturmriesen einstürzen. Hinter einem nicht minder windschiefen Zaun stand eine einsame Ziege mit struppigem Fell und rupfte an einem Grasbüschel. Am Rande der Lichtung sprudelte eine Quelle, der Anfang eines Baches, der sich im Gehölz verlor.

»Der diese Spuren hinterlassen hat, ist vermutlich in der Hütte«, flüsterte Sikko. »Wir lassen die Pferde hier und schleichen uns mit ein paar Mann an.«

»Warum so vorsichtig?« fragte Auja.

»Wer sich hier versteckt, hat seine Gründe und ist vielleicht über Besuch nicht sehr erfreut.«

Wie Recht Sikko damit hatte, zeigte sich kurz darauf, als er, Auja, Menold, Nigrinus und fünf weitere Männer, allesamt die Waffen in den Händen, die Lichtung betraten. Auja hielt einen Sax in der Rechten, bereit, das kurze Schwert auch zu benutzen. Es würde ihr keine Schwierigkeiten bereiten. Im Amphitheater von Ravenna hatte sie mit Schwert und Schild gegen blutgierige Raubtiere kämpfen müssen.

Sie hatten die halbe Strecke zwischen dem Waldrand und der Hütte überwunden, da ruckte der Kopf der Ziege zu ihnen herum, und das Tier stieß ein langgezogenes Meckern aus. Ein stark behaarter Kopf zeigte sich im Hütteneingang, dann sprang ein dürres Wesen nach draußen und verschwand im Halbdunkel des Waldes.

»Ein richtiger Waldschrat«, knurrte Sikko und rief laut den anderen zu: »Los, hinterher, bevor er uns entwischt!«

Die Männer rannten über die Lichtung zu jenem Bereich des Waldrandes, wo der Fremde untergetaucht war. Auja lief zu der Hütte aus Lehm und Flechtwerk und spähte hinein. Beißender Gestank schlug ihr aus dem Halbdunkel entgegen. Licht fiel nur durch das unregelmäßige Loch des Eingangs. Sie sah ein zerwühltes Lager aus Stroh und Laub, zwei wenig kunstvoll geflochtene Körbe mit eßbaren Wurzeln und Nüssen sowie ein paar ungleichmäßig geformte Tonschalen. Kein Mensch, kein Tier und kein Waldgeist hielt sich in der Hütte auf.

Die übrigen kamen mit den Pferden auf die Lichtung. Zwei Schalke blieben bei den Tieren zurück, die anderen drangen ebenfalls in den Wald ein, um den Entflohenen zu suchen.

Auja hatte einen anderen Plan gefaßt. Sie ging zu dem kleinen Ziegengehege und zog das Holztor beiseite. Das graue Tier mit den nach hinten gebogenen Hörnern beäugte sie furchtsam und ließ erneut ein erschrockenes Meckern hören.

Auja betrat das Gehege und sagte: »Hast du Angst vor mir? Dann lauf doch zu deinem Herrn oder was für ein Wesen es auch sein mag!«

Gleichzeitig versetzte sie dem Tier mit der flachen Seite ihrer Saxklinge einen heftigen Schlag aufs Hinterteil.

Wieder meckerte die Ziege, diesmal eher empört als erschrocken, und verließ mit sprungartigen Sätzen das Gehege. Mitten auf der Lichtung hielt sie kurz an und drehte den Kopf in alle Richtungen, als würde sie nach dem besten Fluchtweg Ausschau halten. Dann lief sie in den Wald hinein, unweit der Stelle, wo auch die dürre Gestalt des Hüttenbewohners verschwunden war.

Auja lief ihr nach und hatte im Unterholz Mühe, sie nicht aus den Augen zu verlieren. Die Cheruskerin war jetzt doppelt froh, daß sie den Kittel und die Hose eines Mannes trug. Ursprünglich hatte sie sich für diese Kleidung entschieden, weil sie beim Reiten weniger hinderlich war als der Rock einer Frau. Jetzt erleichterte ihr der Aufzug das Laufen und bewahrte sie wenigstens zum Teil davor, von Zweigen und Dornen zerkratzt zu werden. Ihr ungeschütztes Gesicht dagegen trug zahlreiche Schrammen davon, Kletten und Blattwerk verfingen sich in ihrem Haar. Auf dies alles durfte sie keine Rücksicht nehmen, wollte sie nicht riskieren, daß die Ziege ihr entwischte.

Bald hatte Auja ihre Begleiter aus den Augen verloren. Hin und wieder hörte sie ein weit entferntes Knacken im Gehölz oder einen Ruf, von dem sie nicht sagen konnte, aus welcher Richtung er kam. Sie dachte auch nicht weiter darüber nach, konzentrierte sich ganz auf das Dunkelgrau des zottligen Ziegenfells, das im Dämmerlicht des tiefen Waldes nur verschwommen zu erkennen war.

Unerwartet blieb die Ziege stehen und meckerte freudig. Etwa dreißig Schritte von ihr entfernt hielt auch Auja. Sie war so schnell gelaufen, daß ihr Atem rasselte. Vor ihren Augen tanzten bunte Flecke. Mit der linken Hand stützte sie sich an einer verwachsenen Birke ab und versuchte, mehr zu erkennen. Die Ziege hatte offenbar beschlossen, den verwitterten Stamm einer umgestürzten Buche mit freudigem Geschrei zu überschütten.

Auja ging langsam auf das Tier zu, und ihre rechte Hand krampfte sich um den hölzernen Saxgriff zusammen. Die Ziege mußte einen Grund haben, daß sie nicht von der gefällten Buche abließ. Und dieser Grund streckte gerade eine Hand unter dem Baumstamm hervor, um das Tier zu beruhigen. Tatsächlich hörte es mit dem Gemecker auf und leckte an der ausgestreckten Hand. Vergebens bemühte Auja sich, mehr zu erkennen. Der Zwischenraum zwischen Buchenstamm und Waldboden war zu dunkel und zum Teil von niedrigem Gestrüpp verdeckt.

Sie trat auf einen trockenen Zweig, weil sie die Buche und nicht den Boden vor sich beobachtete. Das Knacken war laut und verräterisch. Die Hand zuckte von der Ziege zurück, und eine dürre Gestalt sprang unter dem gestürzten Baum hervor.

Auch Auja machte einen Satz nach vorn, hob den Schwertarm und rief: »Wenn du fortläufst, spalte ich deinen struppigen Schädel!«

Die dürre Gestalt erstarrte und sah sie an wie einen Geist. Oder wie eine Walküre. In ihrer Männerkleidung, von ihrem Lauf durch den Wald zerzaust und zerschunden, das lange Blondhaar in wirren Strähnen im Gesicht und mit dem erhobenen Sax, mochte sie auf ihr Gegenüber tatsächlich wie eine Totenjungfrau wirken.

Ihre Blicke trafen sich nur kurz, dann wandte der Mann seinen Blick scheu von ihr ab. Er sah nicht weniger nach einem jenseitigen Wesen aus, schien nur aus Haut, Knochen und dem unentwirrbaren Geflecht aus grauem Haupt- und Barthaar zu bestehen, das seinen Kopf fast völlig verdeckte. Kittel und Hose waren so schmutzig und zerfetzt, als hätte er die Kleidung in seinem ganzen Leben weder gewechselt noch gewaschen. Er ging barfuß, und seine Füße waren schwarz wie Notts finsterste Schleier. In einem Strick, der den Gürtel ersetzte, steckte ein Messer, aus einem Knochen gefertigt. Der Bärtige versuchte nicht, die Waffe zu ziehen. Seine klauenartigen Hände hingen so kraftlos herunter, wie seine ganze Gestalt schlaff und ausgemergelt wirkte.

»Wer bist du?« fragte Auja. »Sag mir deinen Namen!«

Er hob den Kopf und schaute sie ängstlich an. »Kommst du aus Walhall oder aus dem Reich der Hel? Ich bin nicht würdig, an Wodans Tafel zu sitzen. Aber ich will auch nicht, daß die Schlangen am Totenstrand in mich kriechen und meinen Leib zerfressen!«

Seine Stimme klang wenig geschmeidig, beinahe kreischend wie eine Eisenklinge, die über einen Schleifstein reibt. Vermutlich kam der alte Einsiedler nicht oft dazu, sie zu gebrauchen.

Noch auffälliger war das schwärzlichrote Mal, das die Stirn über seiner Nasenwurzel verunzierte. Ein senkrechter Strich, der nach oben unter dem wild wuchernden Haar verschwand. Er wurde in der Mitte von einem kürzeren Strich gekreuzt, der schräg verlief, von links oben nach rechts unten. Das tief in die Haut gebrannte Zeichen war Naudhiz, die Rune der Not und des Elends, des Zwangs und der Unfreiheit. Und die Rune der Hel. Wem sie eingebrannt war, der hatte auf ewig Ehre und Heil, Recht und Sippe verloren. Bei den Cheruskern und den meisten Nachbarstämmen war es Sitte, all jene mit der Elendsrune zu brandmarken, die auf einem Thing für lebenslang friedlos erklärt wurden.

Der Einsiedler mußte schwere Schuld auf sich geladen haben, daß ihn dieses Schicksal getroffen hatte, einen Verrat an der eigenen Sippe oder eine Bluttat. Waldgänger oder auch Wolfsgenoß nannte man solche Friedlosen, weil sie, von jeder menschlichen Gemeinschaft ausgeschlossen, einsam in den Wäldern hausten und mit den Wölfen heulten, statt mit Menschen zu sprechen. Ein Friedloser hatte keinen Besitz und keine Familie. Die Bande zu seiner Sippe galten als aufgelöst. Wer auf ihn traf, durfte ihn erschlagen, ohne die Blutrache oder eine sonstige Bestrafung von der Sippe des Getöteten zu befürchten. Kein Wunder, daß der Bärtige Hals über Kopf geflohen war, als er die Bewaffneten erspäht hatte.

Auja trat langsam auf ihn zu, ohne ihn aus den Augen zu lassen. »Dir soll nichts geschehen, wenn du mir gehorchst und nicht weiter zu fliehen versuchst.«

»Du willst mich nicht töten?«

»Nein.«

»Aber du bedrohst mich mit dem Schwert!«

Auja steckte den Sax in die Lederscheide an ihrer linken Seite.

Augenblicklich stieß der Einsiedler einen schrillen Schrei aus, der mehr nach einem wilden Tier als nach einem Menschen klang, und warf sich auf sie. Im Sprung zog er sein Knochenmesser, um das ihr das spitze Ende in die Brust zu rammen.

Instinktiv ließ Auja sich fallen. Der Bärtige stolperte über sie und ging ebenfalls zu Boden. Auja warf sich auf ihn und entwand ihm das Messer, das sie gegen seine Kehle drückte.

»Willst du, daß ich dich töte?« stieß sie mit bebender Stimme hervor.

Er riß die Augen auf und stammelte: »Nein, ich will leben – bitte!«

Aus seiner Stimme und seinem Blick sprach die nackte Angst. Als Friedloser hatte er wohl lernen müssen, jeden anderen Menschen zu fürchten. Vermutlich hatte er Auja wirklich nur aus Furcht und Verwirrung und nicht aus Mordlust angegriffen. Trotzdem hatte sein Verhalten gezeigt, daß ihm gegenüber jede Nachsicht unangebracht war. Sie sprang auf und schleuderte das Knochenmesser weit weg in die Büsche. Der Sax sprang wieder in ihre Rechte, und sie forderte den Einsiedler auf, sich zu erheben.

Er gehorchte und fragte: »Was willst du mit mir tun?«

»Wir gehen zurück zu deiner Hütte. Du voran!«

Anders wäre es kaum gegangen, da Auja bei der wilden Hatz die Orientierung verloren hatte. Auch nach dem Stand der Sonne konnte sie sich nicht richten. Jener Teil des Himmels, der nicht von den dicht beisammenstehenden Baumkronen verdeckt wurde, lag hinter großen, dunklen Wolken verborgen. Die Ziege hatte den Ernst der Lage nicht begriffen. Sie freute sich, daß es heimwärts ging, und blökte munter, während sie neben ihrem Herrn herlief.

Die meisten von Aujas Begleitern hatten die Suche nach dem Entsprungenen aufgegeben. Um so erstaunter waren ihre Blicke, als die Cheruskerin mit ihrem Gefangenen erschien.

»Ein Friedloser«, rief Sikko nach einem kurzen Blick auf die Elendsrune. »Was sonst soll man in diesen trostlosen Wäldern erwarten? Wegen so einem haben wir uns abgehetzt und glaubten Auja schon verschollen. Wir sollten ihm den Kopf abschlagen!« Und er zog sein Schwert.

Der Einsiedler fiel auf die Knie. »Ihr seid also doch gekommen, um mich zu töten! Ich weiß, daß die Bestien der Unterwelt auf mein Fleisch lauern. Schon lange sind die Bärenmenschen, die Hel ausgesandt hat, auf der Suche nach mir. Ob sie mich töten oder ihr, das bleibt sich gleich ...« Die letzten Worte gingen in ein leierndes Gewimmer über, eine Art Totenklage.

Auja gab Sikko ein Zeichen, sein Schwert wegzustecken, und wandte sich dem Friedlosen zu. »Was erzählst du da von Bärenmenschen?«

Er schaute zu ihr auf. »Auch sie sind Boten der Hel, ganz sicher. Warum sonst sollten sie durch diese Wälder streifen, wo es keine Höfe gibt und keine Menschen? Bevor der Winter kam, habe ich sie oft gesehen.« Plötzlich hellte seine Miene sich auf, und er kicherte irre. »Haben mich aber nicht entdeckt, die zweibeinigen Bestien, nein, nein!«

»Bärenmenschen? Wirklich?« vergewisserte sich Auja. »Woran hast du das erkannt?«

»Wenn ein Mann das Fell und das Haupt eines Bären trägt, was ist er dann?«

»Wo hast du sie gesehen?«

»Dort.« Sein ausgestreckter knochiger Finger zeigte ziemlich genau nach Westen.

»Hast du sie immer in dieser Richtung gesehen?«

»Ja, Botin der Hel.«

»Weißt du, wo ihr Lager ist?«

Erstaunt kratzte er seinen verfilzten Bart. »Du meinst, sie haben ein Lager auf der Menschenwelt?«

»Das scheint mir sicher.«

»Dann ist es gewiß in den zerklüfteten Höhenzügen dort im Westen. Da gibt es viele versteckte Täler.«

»Möglich«, pflichtete Auja ihm bei. »Weißt du sonst noch etwas von den Bärenmenschen? Hast du ein Kind bei ihnen gesehen, einen Jungen von etwa zehn Wintern?«

»Nie sah ich einen anderen Menschen bei ihnen, auch kein Kind. Und mehr weiß ich auch nicht von ihnen, weil ich mich immer sofort verbarg.« Der Einsiedler verzog den Mund zu einer jämmerlichen Grimasse. »Sonst lägen meine abgenagten Knochen längst am Totenstrand!«

Auja besprach kurz mit Sikko, Menold und Nigrinus die Lage. Sie glaubten dem verschreckten Alten und waren sicher, daß in den westlichen Bergen das Lager der Bärensippe zu finden war. Der Einsiedler zeigte ihnen einen Waldpfad, der westwärts führte. Zum Dank ließen sie ihm einen Beutel Pökelfleisch und ein neues Messer zurück, eines mit eiserner Klinge.

Der Friedlose kniete im Gras neben seinen Geschenken

und starrte den Reitern nach. Als der Letzte im Wald verschwunden war, sagte er mit harter Stimme: »Mögen die Bärenmenschen sie fressen, besonders die Botin der Hel!«

Im Lager der Donarsöhne, das sich über die ganze Länge eines ausgedehnten Talkessels erstreckte, herrschte dasselbe aufgeregte Treiben wie überall rings um die Heiligen Steine. Die Männer errichteten Vorratshütten für die mitgebrachte Verpflegung und Pferche für die Pferde. Danach erst würden sie darangehen, die behelfsmäßigen Unterkünfte zu bauen, in denen sie während des Things schlafen würden. Das Tal hallte wider von lauten Zurufen und dem Geräusch aufprallender Axtklingen und zersplitternden Holzes.

Gefolgt von Alfhard, Riklef und Frohmund, die auf edlen Schimmeln saßen, ritt Thorag zwischen den Frilingen seines Gaues hindurch zu der mit Eichen bewachsenen Anhöhe, wo seine Kriegergefolgschaft lagerte. Dort erhoben sich die Wahrzeichen Donars über die Köpfe seiner Gefolgsleute: drei übergroße Schilde, bemalt in rot leuchtender Farbe, Miölnir auf dem ersten, ein gezackter Blitz auf dem zweiten und die beiden heiligen Böcke, die Donars Wagen zogen, auf dem dritten.

Hatto trat ihm entgegen und winkte ihn zu einer eilig errichteten Hütte, vor der einige Pferde grasten. Die Tiere waren mit langen Stricken an Pfähle gebunden, die man ins Erdreich gerammt hatte. Verwundert blickte der Kriegerführer auf die Priester, um sie dann ehrerbietig zu grüßen. Er winkte ein paar junge Krieger herbei, die den Priestern beim Absteigen halfen. Er selbst hielt die Zügel von Thorags Hengst.

»Ich wußte nicht, wo ich dich suchen sollte, Fürst. Deshalb sandte ich mehrere Männer aus, als Jorit eintraf.«

»Wo ist er?«

»Dort.« Hatto deutete auf die Hütte in seinem Rücken. »Er war ziemlich erschöpft und hungrig, sonst aber gesund.«

»Wo kommt er her?«

Hatto zuckte mit den breiten Schultern. »Er sagt nicht viel, will nur zu dir sprechen.«

»Das kann er haben«, sagte Thorag und ging auf die Hütte zu, gefolgt von Hatto und den Priestern.

Er schlug die schwere Flechtmatte zurück und betrat das dämmrige Innere. Die Hütte, die aus einem einzigen großen Raum bestand, hatte keine Windaugen. Die einzigen Öffnungen waren der Eingang und der Rauchabzug über dem Herdfeuer in der Mitte der langgestreckten Unterkunft. Das durch den Windzug beim Öffnen des Eingangs aufflackernde Feuer warf seinen rötlichen Schein auf den jungen Friling, der auf Fellen und Decken saß und von einem Streifen Pökelfleisch abbiß. In der anderen Hand hielt er ein Trinkhorn. Beides legte er vor sich und sprang auf, als er Thorag erblickte.

Der Donarfürst sah Jorit die Anstrengungen an, die hinter ihm lagen. Das längliche Gesicht war noch schmaler als sonst, und dunkle Ringe hatten sich tief unter die Augen gegraben. Vermutlich hätte das Antlitz hohlwangig gewirkt, hätte nicht ein ungepflegter Bart, der Jorit viel älter aussehen ließ, den größten Teil des Gesichts bedeckt.

Jorit kam ihm entgegen, fiel vor ihm auf die Knie und sagte mit bebender Stimme: »Ich habe versagt, Fürst Thorag. Ragnar stand unter meinem Schutz, und doch fiel er in die Hände des Feindes. Sie waren so viele und kamen so überraschend über uns, daß ich noch nicht einmal dazu kam, meine Waffen gegen sie zu richten.«

»Wenn es so war, trifft dich kein Vorwurf«, sagte Thorag und faßte ihn bei den Schultern, damit er aufstand. »Widerstand hätte einen Kampf herausgefordert, und dabei hätte Ragnar etwas zustoßen können.« Er holte tief Luft, um end-

280

lich die Frage zu stellen, die ihn mehr als alles andere bewegte: »Wie geht es Ragnar?«

Jorit schaute Hatto und die Priester an. »Meine Botschaft ist nur für deine Ohren bestimmt, mein Fürst. Das wurde mir ausdrücklich aufgetragen.«

»Du kannst hier offen reden«, erwiderte Thorag. »Das ist mein Wunsch und mein Befehl!«

»Ragnar lebt, und es ging ihm so gut, wie es einem Gefangenen gehen kann«, sagte Jorit zu Thorags großer Erleichterung. »So war es jedenfalls, als ich ihn vor sechs Nächten verließ. Und ich glaube nicht, daß sich daran etwas geändert hat.«

»Wo ist er?« fragte Thorag.

»Du wirst es nicht glauben, Fürst. Wir waren Gefangene der Bärenkrieger, der achten Sippe. Und Ragnar ist es noch.«

»Ich glaube das unbesehen – leider«, sagte Thorag und zeigte ihm den Bärenanhänger.

Die sechs Cherusker setzten sich um das Feuer, und Jorit berichtete ausführlich von seinen Erlebnissen mit der achten Sippe bis hin zu jener Nacht, als die Bärenkrieger ihrem Gott für die Vertreibung des Winters dankten.

»Dieser Berold nahm Ragnar mit sich. Ich sah noch, wie sie zu den Stallungen gingen. Da kamen drei Bärenkrieger zu mir und führten mich zu vier aufgezäumten Pferden. Eines davon war mein Falbe. Mit gefesselten Händen und verbundenen Augen wurde ich aus dem Tal geführt. Wir rasteten in einem Wald, den ich nicht kannte. Einen ganzen weiteren Tag waren meine Augen verbunden, so daß ich nicht erkennen konnte, wohin sie mich brachten. Als Nott wieder ihre Schleier auf die Menschenwelt geworfen hatte, lösten sie meine Fesseln und ritten davon in das Dunkel der Nacht. Vorher trugen sie mir auf, welche Botschaft ich dir überbringen soll.«

»Sag es schon!« verlangte Thorag, den die Sorge um seinen Sohn beinahe zerriß, wobei er den zweifelnden Blick ignorierte, den Jorit den anderen Männern zuwarf. Der Donarfürst hatte keinen Grund, ihnen zu mißtrauen. Seitdem Argast im Kampf gegen Marbod und die Bärenkrieger gefallen war, hatte sich dessen Nachfolger Hatto als würdiger Führer von Thorags Kriegergefolgschaft erwiesen. Und auch die drei Priester waren weit davon entfernt, mit der achten Sippe im Bunde zu stehen. Sie hatten den Vorsitz im Thinggericht geführt, vor dem der ehemalige Ewart Gandulf der Verschwörung mit der Bärensippe beschuldigt worden war, und dabei hatten sie ihre Rechtschaffenheit bewiesen. Nein, gewiß würde keiner der vier Männer den Bärenkriegern verraten, daß Jorit nicht unter vier Augen mit Thorag sprach.

»Die Botschaft ist sehr kurz«, fuhr Jorit fort. »Du sollst dich nicht um die Würde des Cheruskerherzogs bewerben, Thorag. Denn falls ein Herzog Thorag den Stamm führt, wird er keinen Sohn mehr haben.« Jorit schluckte und blickte betreten ins Feuer. »Das soll ich dir ausrichten.«

»Diese feige Bande!« stieß Hatto wütend hervor. »Am liebsten würde ich jedem einzelnen von ihnen das Bärenfell um den Hals legen und so lange zuziehen, bis er erstickt vor meinen Füßen liegt!«

Thorag fühlte ähnlich, doch er zwang sich zur Ruhe. So knapp und einfach die Botschaft der Bärenkrieger auch klang, es steckte sehr viel dahinter. Und nur mit Besonnenheit konnte es gelingen, das Flechtwerk aus Drohungen und Intrigen zu durchdringen. Mit Sicherheit war die Botschaft, die Jorit überbrachte, ein Hinweis auf die wahren Absichten der Bärenkrieger. Und wenn Thorag diese Absichten durchschaute, konnte er Ragnar vielleicht retten.

»Was ist, wenn ich mich dem Wunsch der achten Sippe beuge?« fragte der Donarfürst. »Wird Ragnar dann freigelassen?«

»Davon haben die Bärensöhne nichts gesagt«, antwortete Jorit. »Sie haben überhaupt nichts weiter zu mir gesagt. Nur, daß ich nicht versuchen soll, ihr Versteck aufzuspüren und Ragnar zu befreien. In dem Fall würden sie ihn töten.«

Thorag bezwang die Unruhe, die Jorits letzter Satz in ihm auslöste. »Dieses Tal, in dem sie lagern – hat es kein besonderes Merkmal, das uns helfen kann, es zu finden? Oder haben sie einen Namen genannt?«

Jorit schüttelte den Kopf. »Nichts dergleichen. Hast du vor, Ragnar aufzuspüren und zu befreien?«

»Was sonst? Soll ich meinen Sohn etwa bis ans Ende der Zeiten bei den verfluchten Bärenkriegern lassen? Auja ist bereits unterwegs, um Ragnar zu suchen. Bist du ihr nicht begegnet?«

»Auja? Nein.« Jorit war offensichtlich überrascht. »Ich wußte gar nicht, daß es dir gelungen ist, sie und Thusnelda heimzuholen.«

»Nicht Thusnelda, nur Auja. Sie hat einen Trupp aus Schalken und Halbfreien bei sich, um Ragnar zu suchen.«

»Ich habe sie nicht getroffen. Nachdem die Bärenkrieger mich verlassen hatten, brauchte ich einen halben Tag, um mich einigermaßen zurechtzufinden. Sunna versteckte sich hinter dicken Wolken, und nur mit Mühe konnte ich den Heimweg finden. Auf dem Weg zum Donarhof traf ich einen fahrenden Händler, der zu den Heiligen Steinen wollte. Von ihm erfuhr ich, daß ein Thing geboten ist. Deshalb ritt ich gar nicht erst zum Donarhof, sondern kam gleich hierher.«

Alfhard, der bislang schweigend zugehört hatte, sagte: »Was Jorit berichtet hat, erfüllt mich mit großer Sorge. Noch düsterer erscheint mir jetzt die Zukunft der Cherusker. Wenn die Verschleppung Ragnars wirklich zum Ziel hat, dich, Fürst Thorag, davon abzuhalten, den Stamm als Herzog in den Krieg zu führen, müssen die Bärensöhne schon seit langem gewußt haben, daß Hel ihre gierige Hände nach Armin ausstreckt. Wahrscheinlich wußten sie es schon, als Armin noch lebte. Und das bedeutet, daß sie mit den Chatten im Bunde sind. Es ist wie damals, als Marbod unser Land bedrohte. Wieder müssen die Cherusker gegen zwei Feinde antreten, einen äußeren und einen inneren. Deine Vermutung, daß die achte Sippe ihren Machtanspruch nicht aufgegeben hat, scheint sich zu bestätigen, Thorag.«

»Der Ewart hat recht, die feigen Chatten fürchten dein Heil, Thorag«, schnaubte Hatto. »Armins Heil ist auch das seines Blutsbruders. Sie wollen nicht, daß du uns in den Kampf führst, weil sie dann zu unterliegen glauben. Fast hätten sie dich in ihren Höhlen getötet. Doch als du ihnen entkamst, hatten sie längst einen zweiten Plan geschmiedet, ihr Bündnis mit den Bärenkriegern.«

Frohmund räusperte sich und musterte Thorag. »Wird ihr zweiter Plan Erfolg haben, Donarfürst?«

»Ich weiß es nicht«, sagte Thorag. »Die Pflicht als Fürst des Donargaues steht gegen meine Pflicht als Vater. Aber vielleicht kommt es gar nicht dazu, daß ich mich zwischen diesen Pflichten entscheiden muß. Vielleicht wählt das Thing einen anderen zum neuen Herzog.«

»Was aber ist, wenn die Mehrheit des Stammes meint, daß du der beste Herzog bist?« beharrte Frohmund.

Die Frage des Priesters hallte noch in Thorag wider, als er nachts vor der großen Eiche stand.

Lange, nachdem Notts Schleier gefallen waren, hatte er das Lager der Donarsöhne verlassen und war tief in den finsteren Wald hineingeritten, bis er keinen Feuerschein mehr sah und keinen Gesang mehr hörte. Er ritt weiter, bis er zu einer uralten Eiche kam, die aus mehreren zusammengewachsenen Bäumen bestand. Ihre Krone ragte hoch über die der anderen Bäume. Thorag war vom Pferd gestiegen, hatte die Arme um den Stamm gelegt und das Gesicht gegen die borkige Rinde gedrückt.

Mit geschlossenen Augen stand er lange Zeit da und lauschte auf das Rauschen des Windes im Geäst. Immer wieder dachte er über Frohmunds Frage nach, die er nicht beantwortet hatte, und bat die Götter um Rat.

Doch eine Antwort bekam er nicht. Selbst Donar schwieg, sein Ahnherr, an dessen heiligem Baum er stand. Thorag hörte das Rauschen des Windes, doch er vernahm nicht das Flüstern der Götter.

Kapitel 17

An Mimirs Quelle

»WELCHE TRÄUME HABEN die Nachtgeister dir gebracht?«

Überrascht blickte Ragnar von seiner Breischale auf, so unvermutet kam die Frage seines Gegenübers. Eben noch hatte auch Berold den Gerstenbrei gelöffelt, jetzt wischte er mit dem Handrücken über seine schmalen Lippen und blickte den jungen Donarsohn abwartend an. In den letzten Tagen hatten sie jeden Morgen gemeinsam gefrühstückt. Ragnar kam das nicht unwillkommen. Seit Jorits Verschwinden hatte er sonst niemanden, mit dem er sprechen konnte.

»Ich träumte von meinen Eltern«, antwortete er ehrlich, weil er keinen Grund sah, es geheim zu halten. »Sie standen auf einem Hügel, an dessen Fuß ich mich aufhielt. Obwohl ich nach ihnen rief, schienen sie mich nicht zu bemerken. Da eilte ich den Hügel hinauf, aber je schneller ich lief, desto weiter entfernten sich Thorag und Auja von mir.«

Er ließ den Löffel in die Schale fallen, der Hunger war ihm vergangen. Die Erinnerung an den Traum bedrückte ihn. Als die Gestalten seiner Eltern klein wie Ameisen geworden waren, war er mit demselben bedrückenden Gefühl aufgewacht.

»Ich sehe dir an, was dich bewegt«, sagte Berold mitfühlend. »Es war ein Traum der bitteren Erkenntnis. Deine Eltern haben dich längst aufgegeben, auch wenn du es nicht wahrhaben willst.«

»Aus deinem Mund hört sich das seltsam an, Berold, Du hast mich doch vom Donarhof verschleppt!«

»Vom Donarhof ja, aber auch von deinen Eltern? Deine Mutter ist schon lange bei den Römern, und auch dein Vater zieht lieber in den Krieg, als bei dir zu sein. Sträube dich nicht länger gegen die Erkenntnis, daß du deinen Eltern gleichgültig geworden bist, Ragnar! Du mußt dich von ihnen lösen. Bei uns findest du eine neue Heimat. Bald wird die Bärensippe wieder stark sein, und du könntest einer ihrer hervorragendsten Edelinge werden, ein Fürst!«

Forschend starrte Ragnar in Berolds Gesicht, das im Licht des knisternden Herdfeuers rötlich erschien. Es wirkte nicht wie das Antlitz eines Lügners. Offen und ehrlich blickte der Anführer der Bärenkrieger ihn an, mit einer Besorgnis, wie ein Vater sie dem Sohn zuteil werden ließ.

»Bald werden wir uns nicht länger in diesem abgelegenen Tal verstecken«, fuhr Berold fort. »Du wirst andere Menschen sehen, auch Jungen in deinem Alter. Vergiß die, die sich nicht um dich sorgen, Ragnar! Bei uns findest du eine neue Heimat.«

»Mag sein«, sagte Ragnar und trank von seiner Ziegenmilch. »Aber erst muß ich ein neues Roß finden.«

»Jeden Morgen dasselbe.« Berold stieß einen Seufzer aus. »Wie viele Pferde willst du noch reiten, bis du dich für eines entscheidest?«

»Ich habe auf allen Pferden gesessen, die mir edel und stark genug erscheinen, um Alard zu ersetzen. Heute möchte ich das noch einmal reiten, auf das ich zuerst stieg. Ich meine den Braunen namens Gisun.«

»Willst du wieder von vorn anfangen?« Ungeduld lag in Berolds Stimme.

»Nicht bei allen Tieren, nur bei den besten. Du hast es mir versprochen, Berold. Du warst damit einverstanden, daß ich alle Rosse in Ruhe prüfe.«

»Dann fangen wir an, wenn du mit deinem Brei fertig bist.«

Als sie zum Pferdestall gingen, schenkte ihnen kaum jemand Aufmerksamkeit. Die allmorgendliche Roßprobe war den Bärenkriegern schon zur Gewohnheit geworden. Nur eine Handvoll Neugieriger fand sich bei Berold ein.

Ragnar selbst zäumte den Braunen auf und legte ihm die helle Reitdecke über, bevor er ihn aus dem Stall führte. Am Himmel zogen Wolken in schneller Folge nach Osten, dorthin, wo irgendwo der Donarhof lag. Sunnas Strahlen blitzten durch das Wolkengeflecht, wie um den Braunen zu begrüßen. Sein Name, Gisun, bedeutete Sonnenstrahl. Ragnar wußte nicht, ob die Bezeichnung sich auf das glänzende Fell bezog oder auf die Schnelligkeit des Rosses. Beides wäre angebracht gewesen. Von all den Pferden, die er in den letzten Tagen geritten hatte, konnte keines schneller laufen als Gisun.

Langsam ließ er Gisun antraben, tiefer ins Tal hinein. Der Braune bekundete seine Freude über den morgendlichen Ausritt durch ein tiefes Kollern. Der Hengst liebte es, sich zu bewegen. Und das war gut, denn nur so konnte Ragnars Plan gelingen. Er ließ Gisun umdrehen und allmählich schneller werden, je näher sie dem Pferdestall kamen, bis die Hufe in wildem Galopp über den Boden wirbelten.

Ragnar beugte sich vor und versuchte, sich möglichst leicht zu machen. Auf Gisun zu reiten, war wie durch die Luft zu fliegen. Es hätte Ragnar großes Vergnügen bereitet, wären seine Gedanken nicht ganz auf die Durchführung seines Plans gerichtet gewesen. Die Gestalten Berolds und der paar Neugierigen wurden größer, und Ragnar hielt den Braunen mit festem Schenkeldruck dazu an, noch schneller zu laufen.

Auf Berolds Antlitz zeichnete sich Verblüffung ab, dann Erkenntnis. Er begriff, daß nicht nur er ein Spiel mit Ragnar getrieben hatte. Auch Thorags Sohn hatte ihn benutzt, so wie Berold Ragnar benutzt hatte, um sein Ziel zu verfolgen. Berold schaute den Jungen an, als wollte er es nicht glauben. Enttäuschung lag in Berolds Blick und die Frage nach dem Warum. Berold rief dem Reiter etwas zu, doch der nahm nur wahr, daß der Anführer der Bärenkrieger die Lippen bewegte. Die Stimme wurden von Gisuns Hufschlag verschluckt.

Berold und die Schaulustigen blieben hinter Ragnar und Gisun zurück. Ragnar lenkte den Hengst nach rechts, um der Schmiede auszuweichen. Verblüfft sah der muskelbepackte Schmied von der Esse auf. Schweiß glänzte auf seiner Stirn und dem nackten Oberleib.

Die Schmiede flog an Ragnar vorüber, und Gisun tauchte in das enge Felsgewirr am Ausgang der Schlucht ein. Hinter ihnen ertönte ein tiefes Heulen, laut genug, um an Ragnars Ohren zu dringen. Ein Hornsignal, dessen Bedeutung er sofort erahnte.

»Jetzt wird's gefährlich«, rief er Gisun zu. »Lauf, so schnell du kannst!«

Fünf oder sechs Bärenkrieger tauchten im Durchlaß zwischen den Felsen auf. Das Hornsignal hatte die Wachen alarmiert. Ein Arm zuckte, und eine Frame flog durch die Luft. Sie verfehlte den Braunen nur knapp und zerbrach an einem Felsblock.

Zwei Männer stellten sich mitten in den Weg, die Framen gegen das heranstürmende Roß gerichtet. Neben ihnen erstreckte sich eine natürliche Barriere aus schulterhohem Gestein. Ragnar riß die Zügel zur Seite, und Gisun stürmte auf die Barriere zu und sprang. Einen Augenblick sah Ragnar das Pferd und sich am Fels zerschellen. Dann aber lag die Barriere hinter ihnen, und Gisun setzte den rasenden Galopp fort. Erleichterung und Stolz stiegen in Ragnar auf. Er hatte sich wahrhaftig das beste Tier im Pferdestall der Bärenkrieger ausgesucht!

Vor ihnen traten die Felsen zurück, und Ragnar blickte auf hügeliges, stark bewachsenes Land. Er kannte sich hier nicht aus, wußte nur eines: Der Donarhof lag im Osten. Und so lenkte er Gisun in diese Richtung, noch immer im schnellen Galopp. Die Freiheit war gewonnen, aber noch längst nicht gesichert.

Mit gemischten Gefühlen ritt Thorag an der Spitze eines kleinen Trupps von Donarsöhnen durch den dämmrigen Wald. Ihr Ziel war Mimirs Quelle, wo die Stammesfürsten über das große Ereignis des kommenden Tages beratschlagen würden: die Wahl des neuen Herzogs.

Zwei Tage dauerte das Thing bereits. Der erste Tag war nach altem Brauch der feierlichen Einheung des Thingplatzes, den Tieropfern und der Kriegerweihe der Jungmänner gewidmet gewesen. Als Thorag die nackten Leiber der Jungmänner im schnellen Rhythmus der Musik zwischen den Spitzen der im Boden steckenden Gere tanzen sah, hatte er sich gefragt, ob einst auch Ragnar diese Prüfung ablegen würde. Würde Thorag dann als Fürsprecher seines Sohnes die Schlinge knüpfen, mittels derer Ragnar an der Eiche hing, um von seinem Vater die Speermerkung mit der glühenden Framenspitze zu empfangen, so wie Thorag einst die Speermerkung von seinem Vater Wisar empfangen hatte? Seit Jorits Ankunft bei den Heiligen Steinen hatte Thorag nichts Neues von Ragnar oder von Auja gehört. Die Zweifel, ob er sich für seinen Stamm oder seinen Sohn entscheiden sollte, nagten tief in ihm.

Am zweiten Thingtag hatte Thorag als Nachfahre Donars den Gerichtsvorsitz übernommen. Mit dem goldenen Hammer in der Hand, dem Abbild Miölnirs, hatte er über die Freilassung der Halbfreien und über die Beilegung der vorgetragenen Streitigkeiten entschieden. Unentwegt hatte er daran gedacht, wie es Auja und ihrer aus Halbfreien und Unfreien zusammengewürfelten Truppe ergehen mochte. Würden ihre Helfer bald zu Vollfreien und Halbfreien aufsteigen? Suchten sie vergeblich nach dem Versteck der Bärenkrieger? Oder kam es gar zu einem Kampf, wenn sie das Versteck aufspürten?

Immer wieder hatte Thorag nach links geblickt, wo Inguiomar saß, und sich gefragt, ob der Fürst des Inggaues hinter Ragnars Verschleppung steckte. Inguiomar und Bror als die beiden ältesten Gaufürsten des Stammes waren Thorags Beisitzer. Durch keine Regung und keine Äußerung gab Inguiomar zu erkennen, ob er ahnte, was den Donarfürsten bewegte.

Thorags Gedanken kehrten ins hier und jetzt zurück, als die Bäume zurücktraten und sich vor ihm die von einem Bach durchschnittene Lichtung auftat, wo die Begleiter der Fürsten warteten. Während die Pferde friedlich grasten, saßen die Edelinge der verschiedenen Gaue beisammen und sprachen angeregt miteinander. Als sie Thorag bemerkten, grüßten sie ihn achtungsvoll. Der Donarfürst traf als vorletzter bei Mimirs Quelle ein. Nur Inguiomar fehlte noch.

Die Männer aus dem Donargau stiegen von ihren Pferden. Während Hatto und die anderen Edelinge auf der Lichtung zurückblieben, folgte Thorag dem Lauf des Baches zu dem schmalen Durchlaß zwischen zwei alten, verwitterten Eschen, deren Kronen so zusammengewachsen waren, daß es wie ein Torbogen aussah. Und tatsächlich war die Öffnung zwischen den beiden Bäumen ein Tor – das Tor zu Mimirs Quelle.

Jenseits der Eschen lag eine zweite, kleinere Lichtung, wo mehrere Felsen die Quelle des Baches umgaben. Der Dachsfürst Bror, der Eberfürst Thimar, der Balderfürst Rowart, der Stierfürst Botan und Ingwin als Vertreter des Hirschgaues hatten sich bereits hier eingefunden, um über die morgige Wahl des neuen Herzogs zu beraten.

Zwar würden die Frilinge des ganzen Stammes in dieser wichtigen Frage abstimmen, aber das Wort ihrer Fürsten galt ihnen als Richtschnur für ihre Entscheidung. Außerdem wollten die Fürsten die Frage klären, wer sich überhaupt zur Wahl stellte, in der Hoffnung, daß ihnen an diesem heiligen Ort etwas von Wodans Weisheit zuteil wurde. Der Allvater Wodan hatte ein Auge gegeben, um aus Mimirs Quelle der Weisheit zu trinken, die am Fuß der Weltesche entsprang. Vor Urzeiten hatten die Cherusker die Quelle an der Doppelesche nach der Weisheitsquelle benannt, weil sie glaubten, hier dem göttlichen Ratheil besonders nahe zu sein. Thorag fragte sich, ob die Edelinge hier endlich das Flüstern der Götter vernehmen würden.

Kurz nach dem Donarfürsten traf Inguiomar ein. Äußerlich ähnelte der Ingfürst in mancher Hinsicht seinem Brudersohn Armin. Beide Edelinge waren von hoher, breitschultriger Statur und hatten kantige, entschlossen wirkende Gesichter mit wachsamen, mitunter feurigen Augen. Das lange Haar des Ingfürsten war einst so blond gewesen wie das seines Neffen, nahm aber mit zunehmendem Alter eine immer grauere Färbung an. Und auch die tiefen Falten in Inguiomars Gesicht zeugten von den vielen Wintern, die er ins Land hatte gehen sehen. Aufrecht und gemessenen Schrittes trat er durch das Eschentor, und sofort zog er die Blicke der an Mimirs Quelle Versammelten auf sich. Sein Auftreten war einem Fürsten des Cheruskerstammes ebenso angemessen wie seine große Redekunst – auch dies eine Gemeinsamkeit mit Armin –, um die Thorag den Ingfürsten zuweilen beneidete.

Letztlich hatte der Ingfürst nur einen großen Fehler: sein Charakter. Er war ein Neidling, und der Neid hatte ihn von innen heraus zerfressen, hatte sich tiefer und tiefer in sein Herz gegraben, so wie der Drache Nidhögg unablässig an den Wurzeln der Weltesche nagte. Die führende Rolle, die Armin seit der Schlacht im Teutoburger Wald in seinem Stamm eingenommen hatte, ließ seinen Oheim nicht ruhen. Immer wieder hatte Inguiomar versucht, den Neffen auszustechen. Die Zeit, in der beide als gleichberechtigte Herzöge den Stamm in den Krieg geführt hatten, war auf Grund der Zwistigkeiten zwischen Oheim und Neffe mehr Fluch als Segen für die Cherusker gewesen.

Das breite Ansehen bei den Frilingen aller Gaue hatte Inguiomar verspielt, als er sich dem Bärenkult zuwandte und an Marbods Seite gegen den eigenen Stamm focht. Armins Entscheidung, Inguiomar zu vergeben, mochte richtig gewesen sein, um den entzweiten Stamm zu einen. Aber damals schon hatte Thorag gespürt, daß Inguiomars Umkehr nicht auf wahre Einsicht zurückging, sondern unter dem Druck der verlorenen Schlacht erfolgt war. Jetzt, wo sein Rivale Armin nicht mehr lebte, mochte Inguiomar hoffen, bald der erste Mann im Cheruskerstamm zu sein.

Wußte Inguiomar, wo die Bärenkrieger Ragnar festhielten? Thorags prüfender Blick ruhte lange auf dem Ingfürsten. Der erwiderte den Blick lächelnd, ohne sich eine Blöße zu geben.

Der alte Bror, der das runenverzierte Trinkhorn in Händen hielt, ging an der Quelle auf die Knie, füllte das Silberhorn mit Wasser, erhob sich wieder und sagte, das Horn gen Himmel reckend: »Wodan, o göttlicher Vater, o Runenwissender, laß uns, die Fürsten der Cherusker, durch diesen Trunk aus Mimirs Quelle teilhaben an deiner Weisheit!« Er trank einen Schluck, und das Silberhorn ging reihum, bis es wieder bei ihm anlangte. Nachdem er es auf einen Felsen gelegt hatte, sprach er: »Wir haben das Wasser der Weisheit getrunken. Wodans Ratheil möge mit uns sein, wenn wir über die Zukunft unseres Stammes beratschlagen!«

Alle sieben Edelinge setzten sich um die Quelle auf die moosbewachsenen Felsen. Wer das Wort ergreifen wollte, mußte sich erheben.

Thimar stand als erster auf und blickte in die Runde, wobei seine Augen besonders lange auf Ingwin verweilten. »Bror sprach zu Wodan von den Fürsten der Cherusker. Der Hirschgau aber hat keinen Fürsten mehr. An seiner Stelle weilt Armins Kriegerführer unter uns. Wie ist das zu erklären?«

»Du weißt doch, was auf dem Opferfest der Chatten geschehen ist«, erwiderte Ingwin.

»Das weiß ich. Aber wieso hat der Hirschgau keinen neuen Fürsten gewählt?«

»Es war Armins Wunsch, als ich ihn aus dem Bauch der Tamfana rettete. Sein Gau sollte mit der Wahl eines neuen Fürsten bis nach dem nächsten Stammesthing warten.«

»Und was ist mit dem neuen Herzog?« fragte der Eberfürst weiter. »Hat Armin diesbezüglich auch einen Wunsch geäußert?«

Ingwin nickte. »Sein Wunsch war, daß ein kriegserfahrener Edeling den Stamm im Kampf gegen die Chatten anführt.«

Botan, der nach Frowins Tod zum Fürsten des Stiergaues gewählt worden war, erhob sich. »Ingwin, du redest vom Krieg gegen die Chatten, als stünde er unverrückbar fest. Woher willst du wissen, daß die Chatten uns wirklich angreifen werden?«

»Meinst du, sie hätten die Edelinge unseres Stammes, auch aus die aus dem Stiergau, nur zum Spaß ermordet? Im übrigen lassen sich Adgandests Absichten nur zu deutlich aus dem ablesen, was er Fürst Thorag gesagt hat.«

Thorag stand auf und schilderte, was der Chattenherzog ihm über seinen Haß auf die Cherusker erzählt hatte. »Daß der Präfekt Foedus bei Adgandest war, untermauert die Worte des Chatten. Er zieht ein Leben unter römischer Herrschaft dem als freier Cherusker vor. Ich rechne fest mit einem Überfall der Chatten auf das Cheruskerland. Vielleicht bereiten sie ihren Kriegszug schon vor, jetzt, wo die Mäntel der Frostriesen geschmolzen sind. Doch die Chatten stellen nicht die einzige Gefahr für uns dar. Die Bärenkrieger, die immer dann auftauchen, wenn unser Stamm ohnehin in Gefahr ist, scheinen ihre finsteren Pläne noch immer nicht aufgegeben zu haben.« Er berichtete von Ragnars Entführung, ohne die Drohung zu erwähnen, die Jorit ihm übermittelt hatte. »Ich halte es nicht für einen Zufall, daß Chatten und Bärenkrieger sich zur gleichen Zeit gegen uns wenden. Wir müssen uns darauf einstellen, daß uns auch von innen Gefahr droht. Wie groß diese zweite Gefahr ist, können wir nicht sagen, da wir nicht wissen, wie viele Anhänger der Bärengott noch unter den Cheruskern hat.«

Inguiomar ergriff das Wort: »Ich merke wohl, daß du mir mißtraust, Donarfürst, und ich verstehe dich. Die Sorge um deinen Sohn und der Umstand, daß ich einst dem Bärengott huldigte, machen deine Gefühle nur zu verständlich. Aber sei versichert, daß ich mit dem falschen Gott gebrochen habe. Zum Beweis habe ich Armin damals die Köpfe Frowins und Gandulfs gebracht, und seitdem hatte niemand einen Grund, an meiner Aufrichtigkeit zu zweifeln.«

Als nächster stand Botan auf und sagte: »Auch die Krieger meines Gaues fielen damals von den Cheruskern ab, weil ihr Fürst Frowin dem Bärengott verfallen war. Dafür haben die Stierkrieger im Kampf gegen ihren eigenen Stamm einen hohen Blutzoll entrichtet. Ich weiß nicht, ob in versteckten Winkeln des Stiergaues noch vereinzelte Männer zum Bärengott beten. Aber ich weiß, daß die meisten Stiermänner ihren Irrtum eingesehen haben und treu zum Herzog der Cherusker stehen, wie immer der auch heißen mag.«

Thorag betrachtete den gedrungenen, kräftigen Stierfürsten und fragte sich, weshalb er Botan mißtraute. Lag es daran, daß er die Fürsten der Stiersippe seit den Tagen des Segestes nur als Verräter kannte? Zwar war Frowin tot, aber Segestes schmiedete in Ravenna seine Ränke, in die auch Sejanus verwickelt war. Es hieß, Botan hätte Segestes zu den Zeiten, als Thusneldas Vater noch Fürst des Stiergaues gewesen war, sehr nahe gestanden. War Botan die Verbindung zwischen Sejanus und Segestes auf der einen und den neuerlichen Umtrieben der Bärenkrieger auf der anderen Seite?

Rowart sprach jetzt: »Die Treue der hier versammelten Fürsten, der Edelinge, Frilinge und Barschalken wird sich erweisen, wenn der Herzog der Cherusker seine Krieger in die Schlacht führt. Daß es zu dieser Schlacht kommen wird, davon bin ich überzeugt. Ich sehne sie sogar herbei, nicht nur, weil mein Sohn Rolef im Tamfanaberg den Tod fand. Was die Chatten dort getan haben, hat die Ehre jedes Cheruskers zutiefst verletzt. Und selbst wenn Adgandest zum gegenwärtigen Zeitpunkt keinen Überfall auf unser Land planen sollte, müssen wir doch jederzeit damit rechnen, solange er Herzog der Chatten ist. Deshalb kann es für uns nur einen Weg geben: Ein neuer, starker Herzog muß uns gegen die Chatten in den Kampf führen, bis der ehrlose Adgandest auf ewig im dunklen Reich der Hel umherirrt!«

Bror, Thimar und auch Inguiomar nickten und murmelten Worte des Beifalls. Jede Sippe hatte Edelinge im Tamfanaberg verloren, doch Rowarts Schmerz über den Tod seines Sohnes war wohl am größten.

Inguiomar sagte: »Der Fürst des Baldergaues hat mit derselben Klarsicht gesprochen, die seinem Oheim zu eigen gewesen war, dem nach Walhall gegangenen Fürsten Balder. Wenn es zum Kampf gegen die Chatten kommt, sollten wir Cherusker das Schlachtfeld bestimmen. Deshalb bin ich dafür, daß wir morgen einen Herzog erwählen und den Kriegszug gegen Adgandest beschließen. Und mein verstorbener Neffe Armin hat Recht, der Herzog muß ein kriegserprobter Recke sein, einer, der über dasselbe Siegheil verfügt wie Armin!«

Thimar warf dem Ingfürsten einen zweifelnden Blick zu. »Das klingt so, als würdest du von dir selbst sprechen, Inguiomar.«

Der Ingfürst schüttelte den Kopf. »Ich weiß, daß viele Cherusker mir mißtrauen, seit ich an Marbods Seite ritt. Nein, wir brauchen einen Anführer, der beim ganzen Stamm geachtet ist. Wer könnte ein besserer Herzog sein als Thorag, Armins Blutsbruder? Für ihn sollten morgen alle Frilinge stimmen!«

Als Thorag das hörte, fühlte er sich, als hätte Donar ihm seine eiserne Hand vor die Stirn geschlagen. Auch Thorag hatte damit gerechnet, daß der Ingfürst die Stellung des Stammesherzogs für sich beanspruchen würde. Daß Inguiomar das nicht tat, war schon Überraschung genug. Daß er aber im selben Atemzug den Blutsbruder seines Rivalen Armin als neuen Herzog vorschlug, empfand Thorag als schier unglaublich.

Größer noch als sein Erstaunen war sein innerer Zwiespalt. Vor diesem Augenblick hatte er sich gefürchtet. Bror und Thimar, Rowart und Botan stimmten Inguiomar zu. Nur Ingwin schwieg, wahrscheinlich, weil er sich nicht mit den Fürsten gleichsetzen wollte. Und Inguiomar fragte Thorag, ob er morgen auf dem Thing vor die Frilinge treten und sie bitten wolle, ihm die Herzogswürde zuzuerkennen.

Zögernd antwortete Thorag: »Vielleicht ist Armins Siegheil auch das meine. Aber das allein genügt nicht, um ein guter Herzog zu sein. Als solcher muß ein Mann oft Entscheidungen treffen, die gegen den Rat seines Herzens sind. Ich habe es oft genug bei Armin erlebt und ihm mein Mißfallen darüber ausgedrückt. Das Ziel, das man erreichen will, über alles zu setzen, ist schwieriger als den Feind im offenen Kampf zu töten. Ich weiß nicht, ob ich dazu in der Lage bin.«

Inguiomar runzelte die Stirn. »Heißt das, du lehnst unser Ansinnen ab?«

Vor seinem inneren Auge sah Thorag drei Gesichter. Das des Chattenherzogs Adgandest, der die Freiheit des Cheruskerstammes bedrohte. Dann das seines Sohnes Ragnar, dessen Leben verwirkt war, falls ein Herzog Thorag die Cherusker in den Kampf führte. Und das Antlitz Armins, dem die Entscheidung vielleicht nicht leicht gefallen wäre, der sich aber gewiß für die Würde des Herzogs entschieden hätte. Der Donarsohn wußte nicht, wie er sich entscheiden sollte. Das war der Unterschied zwischen ihm und Armin. Und es war der Grund, weshalb er an seiner Befähigung als Herzog zweifelte.

Noch immer blickten alle fragend Thorag an, bis er sagte: »Ich kann euch jetzt keine Antwort geben. Vielleicht erteilen die Götter mir in der Nacht einen Rat.«

»Und wenn nicht?« fragte Rowart. »Was sollen wir morgen den Frilingen sagen, wenn sie uns nach dem besten Herzog fragen?«

»Das weiß ich nicht«, antwortete Thorag. »Vielleicht weiß ich es morgen. Aber dann seid ihr womöglich ganz anderer Meinung als jetzt.«

Genau das wünschte er sich, wenn er ehrlich zu sich war.

Aus hellem Tageslicht wurden graue Schleier, aus dem Grau ein dämmriges Zwielicht, und bald würde sich Finsternis über das unbekannte Land senken. Gisun trabte erschöpft zwischen den mächtigen Stämmen riesenhafter Buchen hindurch. Sie waren lange geritten, und auch ein ausdauerndes Tier wie der Braune war einmal erschöpft.

Gegen Mittag hatten sie an einem Bach eine Rast eingelegt, mehr Ruhe hatte Ragnar dem Pferd nicht gegönnt. Dann war er eine Weile durch das Bett des Baches geritten, um seine Spur zu verwischen. Von Verfolgern war nichts zu sehen und zu hören, doch er war sicher, daß die Bärenkrieger ihn suchten. Zumal sie ahnen mußten, in welche Richtung er ritt. Er hatte kurz überlegt, eine andere Richtung einzuschlagen, diesen Gedanken aber wieder verworfen. Es hätte ihn zu weit vom Donarhof weggeführt, und es wäre noch schwieriger geworden, den Weg nach Hause zu finden.

Ragnar ließ Gisun anhalten und sah sich nach einem geeigneten Platz für das Nachtlager um, bevor es vollends dunkelte. Gern hätte er einen Bach oder einen Teich gefunden, denn Roß und Reiter waren durstig. Auch Ragnars Magen knurrte wie ein wütender Hund, aber dagegen ließ sich im Augenblick nichts machen. Ganz bewußt hatte er darauf verzichtet, vor seiner Flucht heimlich Verpflegung beiseitezulegen. Hätten die Bärenkrieger ihn dabei erwischt, wäre sein ganzer Plan aufgeflogen.

Der basierte auf dem Umstand, daß Ragnar nichts heimlich tat. Jeder in der Schlucht des kauernden Bären hatte gewußt, daß der Donarsohn jeden Morgen die Pferde ausprobierte. Nur hatte niemand geahnt, daß er auf diese Weise sein Entkommen vorbereitete, indem er die Bärenkrieger in Sicherheit wiegte und sich gleichzeitig das Schnellste unter allen Rossen heraussuchte.

Er strich über Gisuns Kopf und murmelte ratlos: »Ich glaube nicht, daß wir heute noch etwas zu trinken finden. Bei dir wird es hoffentlich auch das saftige Gras tun. Wie es aussieht, können wir ebenso gut hier rasten.«

Gerade wollte Ragnar absteigen, da hob Gisun den Kopf und spitzte die Ohren. Das Zeichen für starke Erregung. Und dann hörte auch Ragnar es: ein Geräusch wie ferner Donner. Er wußte, daß es Hufschlag war. Er lauschte angestrengt und stellte fest, daß der Donner allmählich lauter wurde. Die Verfolger hatten seine Spur gefunden.

Obwohl es kühl geworden war, brach ihm der Schweiß aus. Er hatte sich schon in Sicherheit gewähnt, und nun das! Übelkeit breitete sich in ihm aus, beinahe hätte er sich übergeben. Nur nicht den Kopf verlieren! Er mußte ruhig sein, überlegen. Sobald Nott sich ganz und gar über dem Land ausgebreitet hatte, konnten die Bärenkrieger seiner Spur nicht mehr folgen. Er brauchte ein gutes Versteck für die Nacht, und morgen, wenn Gisun ausgeruht war, bestanden gute Aussichten, den Häschern zu entkommen.

»Weiter!« flüsterte er dem Braunen in die Ohren. »Weg hier, bevor Berolds Männer kommen!«

Kapitel 18

Aus dem Reich der Hel

NACH DER ZUSAMMENKUNFT an Mimirs Quelle traten die Gaufürsten und Ingwin durch das Eschentor. Die Edelinge auf der großen Lichtung blickten ihnen gespannt entgegen, erpicht darauf zu erfahren, zu welchem Ergebnis die Beratung geführt hatte. Sie musterten jeden, der auf die Lichtung kam, in der Erwartung, den neuen Herzog der Cherusker vor sich zu sehen. Die Fürsten gaben ihren Begleitern zu erkennen, daß noch keine Entscheidung gefallen war, und Enttäuschung zeichnete sich auf den Gesichtern ab.

Thorag und Ingwin durchschritten als letzte die zusammengewachsenen Eschen, und der Hirschmann hielt den Donarsohn an der Schulter fest. »Thorag, weißt du wirklich nicht, ob du den Stamm führen willst?«

»So ist es. Ich hoffe, es verwundert dich nicht zu sehr. Immerhin hat dein Gau sich auch noch nicht für einen neuen entschieden.«

Thorag hatte erwartet, von Ingwin für seine Unentschlossenheit gerügt zu werden. Um so mehr erstaunte ihn das feine Lächeln, das die Mundwinkel des Kriegerführers umspielte.

»Du hast deine Gründe, und die Hirschleute haben die ihren«, sagte Ingwin. »Du wirst unsere Gründe verstehen, wenn du mich begleitest.«

»Wohin?«

»Das siehst du dann.« Ingwin sprach so leise, daß niemand sonst ihn hören konnte. »Vor den anderen möchte ich nicht darüber reden. Du müßtest deine Begleiter in ihr Lager zurückschicken.«

»Und deine Begleiter?«

»Sind eingeweiht und werden mit uns reiten.«

»Eingeweiht?« wiederholte Thorag mißtrauisch. »Worin?«

»Ich sagte schon, vor den anderen will ich nicht darüber sprechen.«

»Also gut, ich komme mit. Aber ich hoffe, deine Geheimnistuerei hat einen guten Grund!«

Ingwin nickte und verzog sein verunstaltetes Gesicht zu einem verschwörerischen Grinsen. »Du wirst nicht enttäuscht sein, Donarfürst.«

Nur ungern ließen die Edelinge aus dem Donargau Thorag allein mit den Hirschkriegern auf der Lichtung zurück. Besonders, da Thorag ihnen weder den Grund noch das Ziel oder die Dauer des geplanten Rittes nennen konnte.

Hatto saß schon auf seinem Pferd, da beugte er sich zu Thorag vor und raunte: »Ich bin mit deiner Entscheidung nicht einverstanden, mein Fürst. Laß wenigstens mich mit dir kommen!«

»Nein, Hatto, Ingwin würde das als Mißtrauen auffassen und sich in seiner Ehre beschnitten fühlen.«

»Ich sehe lieber Ingwin in seiner Ehre beschnitten als dich einer möglichen Lebensgefahr entgegenreiten, Thorag.«

»Deine Besorgtheit ehrt dich. Aber ich bitte dich, meinen Wunsch zu achten und uns auch nicht heimlich zu folgen, Hatto. Bei Ingwin und den Edelingen aus dem Hirschgau bin ich vollkommen sicher.«

So sicher, wie er es Hatto gegenüber behauptet hatte, fühlte Thorag sich nicht, als er an Ingwins Seite tiefer und tiefer in die unendlichen Wälder ritt, die sich rings um die Heiligen Steine über Höhenzüge und durch Täler erstreckten. Als behinderten die dichte Bewaldung und die fortgeschrittene Dämmerung die Sicht noch nicht genug, entstiegen gelblichgraue Nebelschwaden dem weichen Waldboden, in dem die Beine der kleineren Cheruskerpferde, die einige der Edelinge ritten, fast bis zur Hälfte versanken. Thorag hatte sich die ungefähre Richtung gemerkt: Sie ritten nach Westen. Genaueres hätte er nicht sagen können. Dieses Gebiet war ihm gänzlich unbekannt, und er bewunderte Ingwin, der seinen Weg auch da noch fand, wo die düsteren Baumriesen so eng beieinanderstanden, daß ihre Äste einander berührten. Sie wirkten wie eine Armee aus der Totenwelt, angetreten, um mit ihren weit verzweigten Armen die Menschen ins Reich der Hel zu zerren.

Je länger der seltsame Ritt dauerte, desto unwohler fühlte sich der Donarfürst. Während eine Hand die Zügel hielt, tastete er mit der anderen nach dem Schwert an seiner Seite. Zwar war es eine prächtig verzierte Prunkwaffe, wie alle Gaufürsten sie für das Treffen an Mimirs Quelle umgehängt hatten, aber die Klinge war scharf und tödlich.

Ingwin hatte die Bewegung bemerkt und schaute zu Thorag hinüber. »Du brauchst nicht um dein Leben zu fürchten, Donarsohn. Wenn ich dich nach Walhall hätte schicken wollen, hätte ich es einfacher haben können. Dann hätte ich dich im Blut der Tamfana kochen lassen.«

»Vielleicht hast du deine Pläne geändert.«

Ingwins eben noch erheitertes Gesicht nahm einen ernsten Ausdruck an. »Hältst du mich wirklich für einen Verräter? Ich habe dein Leben gerettet, und ich habe Armin aus dem Tamfanaberg geschafft.«

»Armin ist tot, und du lebst.«

Der Kriegerführer zügelte seinen braun-weiß gescheckten Hengst und blickte den Donarsohn mit versteinerter Miene an. Auch die übrigen Hirschmänner, die hinter ihnen ritten und ihr Gespräch zumindest in Teilen mitbekommen hatten, ließen ihre Pferde halten.

»Du zweifelst an meiner Ehre und meinem Mut, Thorag?

Ich hätte mein Leben hingegeben, um Armin zu retten, aber die Umstände ließen es nicht zu.«

»Ich zweifle nicht, ich stelle mir nur Fragen. Du hast das Gemetzel im Tamfanaberg überlebt. Und du bist, wie von den Göttern gesandt, gerade in dem Augenblick wieder in den Höhlen aufgetaucht, als die Lebensgeister mich zu verlassen drohten. Das Heil der Götter muß wirklich mit dir sein, oder ...«

»Oder was?« schnappte Ingwin, als Thorag den Satz nicht zu Ende führte.

»Ach, nichts«, seufzte der Donarfürst. »Seitdem ich aus Ravenna zurückgekehrt bin, ist alles so undurchschaubar wie Notts finsterste Schleier. Wenn ich dir bei dem Versuch, ein wenig Licht ins Dunkel zu bringen, Unrecht zugefügt habe, so verzeih mir, Ingwin.«

»Auch wenn du es nichts aussprichst, weiß ich, was du denkst. Wenn nicht das Heil der Götter mit mir war, muß ich mit dem Verräter Adgandest im Bunde stehen. Anders hätte es mir nicht gelingen können, unbeschadet aus dem Tamfanaberg und dann wieder hinein zu gelangen. Und du denkst, jetzt führe ich dich geradewegs in einen Hinterhalt der Chatten.«

»Ich gebe zu, daß mir dieser Gedanke durch den Kopf ging. Aber es war verkehrt. Ich kenne dich und deine unbedingte Treue zu Armin schon lange. Du würdest den Hirschfürsten niemals verraten, auch nicht nach seinem Tod.«

»So ist es! Können wir weiterreiten? Oder glaubst du immer noch, daß gleich eine Hundertschaft der Chatten über dich herfällt?«

Lächelnd erwiderte Thorag: »Sollte es so sein, bin ich froh, dich an meiner Seite zu haben.«

Sie ritten weiter, ohne auf Chattenkrieger zu treffen. Trotzdem wurde Thorag den Gedanken an einen Hinterhalt nicht ganz los, schon gar nicht, als sich irgendwann zu beiden Seiten des Weges Bewaffnete aus den Schatten der Bäume lösten und sie einkreisten. An den Hirschköpfen und den Geweihen, die Schilde und Waffen, Fibeln und Gürtelschließen verzierten, erkannte Thorag die Hirschkrieger. Mit stoßbereit erhobenen Framen bildeten sie einen immer engeren Kreis um die acht Reiter und wichen erst zurück, als Ingwin ihnen ein Handzeichen gab.

»Eine Vorsichtsmaßnahme«, sagte der Kriegerführer zu Thorag.

Der zeigte auf die schwerbewaffneten Männer. »Wen bewachen deine Krieger?«

»Das wirst du gleich sehen, Donarfürst.«

Als sie weiterritten, lichteten sich die Bäume und schufen Platz für mehrere Hütten, in denen mindestens eine Hundertschaft der Hirschkrieger Unterschlupf fand. Die Baumkronen, die sich hoch über den Köpfen der Reiter bislang wie ein Dach zusammengeschlossen hatten, gaben den Blick auf den Himmel frei, wo Mond und Sterne aufgezogen waren. Ihr Licht spiegelte sich auf dem ruhigen schwarzblauen Wasser des Sees, der sich vor ihnen ausbreitete. Thorag konnte nicht erkennen, wie groß das Gewässer war. Auch aus dem Wasser stieg Nebel, der den vermutlich größten Teil des Sees verschluckte.

Ingwin lenkte seinen Grauen am Ufer entlang bis zu einem großen Einbaum, der von zwei Kriegern bewacht wurde. Mit dem Boot fuhren der Kriegerführer, die sechs Edelinge und Thorag auf den See hinaus. Wie ständig ihre Form verändernde Schlangen krochen die Nebelschwaden über den See, leckten am Bootsrumpf entlang und umhüllten die acht Cherusker schließlich derart, daß sie das Ufer nicht mehr sehen konnten. Unverdrossen schwangen einige der Hirschmänner die Paddel, und der Einbaum durchschnitt Wasser und Nebel.

Der Kriegerführer zog unter seinem Hirschfellumhang ein

Urhorn hervor, das an einer Schnur um seinen Hals hing. Mehrmals stieß er in einem sich wiederholenden Rhythmus hinein, und bald erhielt er eine Antwort in demselben Rhythmus. Dumpf und unwirklich klangen die Laute des fremden Horns durch den Nebel wie ein Ruf aus der Götterwelt. Die Hirschleute änderten ihren Kurs und lenkten den Einbaum geradewegs auf die Quelle der fremden Laute zu. Die unförmigen Umrisse festen Landes schälten sich aus dem dichten Dunst. Daß es sich um eine Insel handelte, erahnte Thorag mehr, als daß er es wirklich erkennen konnte. Aber nur so war zu erklären, daß sie den letzten Teil des Weges in einem Boot zurückgelegt hatten.

Der flache Rumpf schrammte über festen Untergrund, und mehrere Männer sprangen herbei, um den Einbaum an Land zu ziehen. Thorag und seine Weggefährten stiegen aus, und der Donarsohn blickte sich neugierig um. Einige Felsen und zahlreiche Bäume bedeckten die Insel. Zwischen den Baumkronen sah er eine dunkle Rauchsäule aufsteigen, der Atem eines Feuers.

Seine Gedanken an einen Hinterhalt waren fast vollständig verflogen. Hätten Ingwin und die anderen ihn töten wollen, hätten sie draußen auf dem Wasser die beste Gelegenheit dazu gehabt. Gespannte Erwartung beherrschte Thorag, und willig ging er mit den Edelingen auf die dunklen Schatten von hochaufragenden Tannen und Kiefern zu. Die Bewaffneten, die sie am Ufer empfangen hatten, blieben bei dem Einbaum zurück. Nach kurzer Zeit kam Thorags Gruppe zu einer kleinen Lichtung, die fast vollständig von einem aus Holz erbauten Langhaus eingenommen wurde. Aus der Öffnung im rohrgedeckten Dach quoll der schwarze Rauch, und aus dem nicht ganz geschlossenen Eingang drang Feuerschein nach draußen. Die Hirschmänner baten Thorag, draußen zu warten, während sie das Haus betraten.

Nach kurzer Zeit kam Ingwin mit einer rußenden Fackel in

der Hand wieder heraus und führte Thorag tiefer ins Innere der Insel, vorbei an alten Bäumen und mehr als mannshohen Felsen. Von irgendwo erscholl die dumpfe Stimme einer Eule, und es klang fast wie das Horn, das den Männern im Einbaum den Weg zur Insel gewiesen hatte. Leises Plätschern mischte sich in den Eulenruf, woraus Thorag schloß, daß sie das andere Ende der Insel fast erreicht hatten. Hinter einer Reihe von Tannen erstreckte sich das felsgesprenkelte Ufer. Auf den Felsen saßen zwei Gestalten, ein Mann und eine Frau, und beide spähten in den Nebel hinaus.

Bei jedem Schritt Thorags und Ingwins knirschte der Kies unter ihren Stiefeln, und das Geräusch lenkte die Aufmerksamkeit der Frau auf die Ankömmlinge. Als sie sich zu ihnen umwandte, sah Thorag, daß sie noch ein halbes Mädchen war. Rote Locken umspielten ein fein geschnittenes Gesicht, das mit Sommersprossen übersät war. Wache Augen musterten kurz den Kriegerführer, um dann lange auf Thorag zu verweilen. Er kannte die Rothaarige nicht, doch ihm schien, daß sie genau wußte, wen sie vor sich hatte. In ihrem Gesicht lag ein fragender Ausdruck, vielleicht sogar Angst, als sähe sie in dem Donarsohn den Überbringer einer schlechten Nachricht.

Ingwin rammte die Fackel in einen Felsspalt und sagte: »Der Donarfürst ist gekommen, mein Herzog.«

Wolken bedeckten den Nachthimmel, und noch tiefere Dunkelheit herrschte hier unten zwischen den Baumriesen. Ragnar war abgestiegen und führte Gisun am Zügel hinter sich her. Es war eine Erleichterung für das erschöpfte Roß und trug auch zu ihrer Sicherheit bei. Baumwurzeln wölbten sich aus dem Waldboden, und leicht hätte der Hengst darüber stürzen können.

Ragnar wünschte sich, daß jetzt ein strahlend heller Sonnentag wäre, und er würde auf Gisun über weithin offenes

Land reiten. Dann hätte für die Verfolger keine Aussicht bestanden, sie einzuholen. So aber kamen sie ihnen näher und näher. Schon hörte er das Wiehern der Pferde und die Stimmen der Bärenkrieger, wenn er auch die Worte nicht verstand.

Verfügten sie über Zauberkräfte, daß sie seiner Spur auch im Dunkeln folgten? Oder hatten sie ihn gar nicht entdeckt, nahmen sie rein zufällig denselben Weg? Das Ergebnis blieb sich gleich; es bedeutete für den Donarsohn höchste Gefahr.

Seine Hände zitterten, und am liebsten hätte er sich in den Armen seiner Mutter verborgen. War er ein Feigling? Oder hatte Thorag genau das gemeint, als er sagte, nur wer die Angst kenne, könne ein tapferer Krieger werden? Ob Angst oder Tapferkeit Ragnar vorantrieb, blieb sich gleich, eines stand für ihn fest: Er brauchte schnell ein Versteck.

Und dann sah er es: eine Gruppe umgestürzter Bäume, von den Sturmriesen in einem Zornesausbruch umgerissen. Buchen und Eichen, einst stark und groß, lagen am Boden oder übereinander. In der Dunkelheit sah es aus, als wären die Stämme ineinandergewachsen, ein unentwirrbares Geflecht aus Holz. Dorthin zog er den Braunen.

Ragnar zwängte sich zwischen den Stämmen hindurch, und auch für Gisun war gerade genügend Raum. Es war eine Höhle aus Holz, die sie vor den Augen der Bärenkrieger verbarg. Hier drin waren sie sicher, es sei denn, die Männer der achten Sippe besaßen tatsächlich Zauberkräfte. Dieser Gedanke schoß Ragnar durch den Kopf, als er die Verfolger nahen hörte.

Der hünenhafte Mann neben dem Mädchen erhob sich von dem Felsen und drehte sich zu Ingwin und Thorag um. Sein im Fackelschein rötlich wirkendes Gesicht zeigte ein schmales Lächeln.

»Endlich sehen wir uns wieder, Bruder. Lange habe ich auf

diese Nacht gewartet. Setz dich zu mir, wir haben viel zu bereden.«

Aber Thorag setzte sich nicht. Wie versteinert stand er da und starrte sein Gegenüber an, als wäre es ein Trugbild, ein Dämon aus dem Reich der Hel, der auf die Menschenwelt gekommen war, um den Donarsohn zu verhöhnen. Der Hirschfürst war der letzte, den Thorag auf der Welt der Menschen zu treffen erwartet hätte. Tief unten im Totenreich oder zechend an Wodans Tafel hätte Armin sein sollen, nach allem, was Thorag von Ingwin und anderen gehört hatte. Fragend ruckte sein Kopf zu dem Kriegerführer herum.

Der setzte eine entschuldigende Miene auf. »Wie ich vorhin sagte: Ich hätte mein Leben gegeben, um Armin zu retten, aber die Umstände ließen es nicht zu. Auch ohne mein Blut den Göttern zu weihen, konnte ich ihn lebend aus dem Tamfanaberg schaffen.«

In Thorag jagten sich die unterschiedlichsten Gefühle: Unglauben erst; dann die Freude darüber, daß Armin noch lebte; Verwunderung; und schließlich Ärger und Zorn, weil Armin und Ingwin den Donarsohn und mit ihm den ganzen Cheruskerstamm so lange belogen hatten.

Er konnte seine Wut nicht beherrschen und sagte mit bebender Stimme: »Lokis Fluch über euch, wenn ihr nicht für alles eine gute Erklärung habt!«

Armin blickte ihn auf seltsame Weise an. Obwohl seine Augen auf Thorag gerichtet waren, sahen sie durch ihn hindurch wie durch einen sich auflösenden Nebel. Sein sonst so stechender Blick, genauso scharf wie sein Verstand und seine Zunge, schien seltsam verschwommen, als habe er tatsächlich die jenseitigen Welten betreten und hätte Dinge geschaut, gegen die alles auf der Menschenwelt zur Unwichtigkeit verblaßte.

»Ich verstehe dich, Thorag«, sagte er schließlich. »Aber du wirst auch mich verstehen. Ich hielt mich nicht aus Spaß vor dem eigenen Stamm verborgen. Ich tat es auch nicht in erster Linie, um mein Leben zu schützen, obwohl auch das ein Grund war. Es ging um das Wohl des Stammes, vielleicht aller freien Cherusker. Anfangs war es nicht einmal meine Entscheidung, sondern Ingwins. Und er hat recht gehandelt.«

»Noch verstehe ich kaum etwas«, murrte Thorag und schaute den Kriegerführer an. »Was hast du entschieden?«

»Denk an den Tamfanaberg, Thorag«, sagte Ingwin. »Denk an das Gift, das die Jungfrauen der Erdgöttin uns verabreichten und das sie selbst tranken, weil sie nichts von Adgandests Verrat ahnten. Ich sah Cherusker und Jungfrauen um mich herum zu Boden sinken, sie wanden sich in schmerzvollen Krämpfen. Als ich das Gifthorn aus Armins Hand riß, hatte er es schon zum Teil geleert. Aber es war noch Leben in ihm. Zusammen mit Wina« – er zeigte auf das rothaarige Mädchen – »brachte ich Armin durch einen Felsspalt in Sicherheit. Er war nicht tot, aber er war auch nicht weit davon entfernt. Das Gift wütete in seinem Leib und beraubte ihn schließlich seiner Sinne. Wir mußten Armin verbergen, bis es ihm besser ging. Und niemand durfte erfahren, daß er am Leben ist, sonst hätten die Chatten alles getan, um ihn aufzuspüren.«

»Fiel ihnen nicht auf, daß der Herzog entkommen war?«

»Die Todeshunde wüteten schrecklich unter den Vergifteten. Von ihren Fängen zerfleischt, war kaum noch ein Gesicht zu erkennen. Viel schlimmer noch als das hier, nehme ich an.« Ingwin zeigte auf seine vernarbte Wange.

Armin übernahm das Wort: »Meinen Tod vorzutäuschen, war eine kluge Entscheidung, die wohl mein Leben rettete. Als ich das Bewußtsein wiedererlangte und nach langer Zeit wieder zu Kräften kam, beschloß ich, noch eine Weile in Walhall zu bleiben. Ich wollte herausfinden, wer mich dorthin schicken wollte.«

»Doch wohl Adgandest«, sagte Thorag.

»Ja. Aber nur er allein?«

»Nein, der Chattenherzog bat die Römer um Gift und erhielt es. Er glaubt sich mit Tiberius im Bunde, doch in Wahrheit ist er ein Handlanger des Sejanus.« Thorag berichtete von den Umsturzplänen des Prätorianerpräfekten.

»Das ahnte ich zu jener Zeit nicht«, erwiderte Armin. »Aber ich vermutete, daß ich nicht nur bei den Chatten Todfeinde habe, sondern auch in meinem eigenen Stamm. Zu reibungslos gaben die Anhänger der Bärensippe damals, als wir Marbod besiegt hatten, ihre dunklen Pläne auf. Aus den entfernten Winkeln des Cheruskerlandes hatten meine Späher berichtet, daß sich die Anhänger des Bärengottes auch nach Marbods Niederlage zu versteckten Zusammenkünften einfanden. Was mit deinem Sohn Ragnar geschehen ist, bestätigt meinen Verdacht, daß die Macht des Bärengottes noch nicht gebrochen ist. Ich hoffte, der versteckte Feind würde sich offen zeigen, wenn er mich tot glaubte.«

»Deshalb also hast du nicht an der Beratung bei Mimirs Quelle teilgenommen«, sagte Thorag. »Du hast wohl wie ich erwartet, daß Inguiomar seine Hände nach dem Titel des Stammesherzogs ausstreckt.«

Armin nickte. »Und? Hat er es getan?«

»Er hat das getan, womit ich am wenigsten gerechnet habe«, antwortete Thorag und berichtete über den Verlauf der Beratung.

»Mein Oheim ist ein Quell steter Überraschung«, meinte der Hirschfürst. »Als er damals seine Abkehr vom Bärengott bekannte, war mir klar, was ein Verbündeter wert ist, der als Treuebeweis die abgeschlagenen Häupter seiner Mitstreiter vorlegt. Falls die Anhänger des Bärengottes mehr sind als bloß versprengte Gruppen, falls sie einen gemeinsamen Anführer haben, kommt dafür niemand mehr in Frage als Inguiomar. Aber das ist nur eine Vermutung, für die ich keinen Beweis habe. Und nach dem, was du gerade erzählt hast, muß ich mich fragen, ob ich den Ingfürsten nicht zu Unrecht verdächtige.«

»Ich befürchte, er ist uns wieder einmal über«, sagte Thorag. »Schon zu oft hat er uns getäuscht. Du kennst seinen brennenden Ehrgeiz, den Cheruskerstamm anzuführen. Ein Sinneswandel erscheint mir kaum glaubhaft.«

»Eine seltsame Taktik«, brummte Ingwin. »Wenn Inguiomar Herzog werden will, warum schlägt er dann Thorag vor?«

»Vielleicht weil er weiß, daß ich nicht darauf eingehen kann, ohne Ragnar zu verlieren.« Thorag erzählte von der Botschaft, die Jorit ihm überbracht hatte. »Der Ingfürst könnte damit rechnen, daß ich mich nicht der Wahl zum Herzog stelle. Dann wäre er tatsächlich der Anführer der Bärenmänner.«

»Nur ist auch das kein Beweis gegen ihn«, stellte Armin fest. »Unsere Mutmaßungen sind so wenig greifbar wie die Nebelgeister, die über dem See tanzen. Gern hätte ich den Feind gekannt, bevor er mir in den Rücken fällt. Jetzt aber sieht es so aus, als müsse unser Stamm ein weiteres Mal gegen die bösen Schatten der eigenen Vergangenheit kämpfen, wo er doch alle Kräfte braucht, um gegen die Gefahr von außen zu bestehen.«

»Du sprichst von den Chatten?« erkundigte sich Thorag.

»Ich bin mir sicher, daß sie einen Kriegszug gegen uns vorbereiten. Überall an der Grenze zu ihrem Land hat Ingwin Späher aufgestellt. Bestimmt werden bald die ersten von ihnen mit beunruhigenden Nachrichten hier eintreffen. Dann müssen wir zum Kampf bereit sein.«

»Unter deiner Führung, Armin, hoffe ich.«

»Ja, Thorag, falls ich morgen auf dem Thing als Herzog bestätigt werde.«

»Daran zweifle ich nicht.«

Armin musterte ihn skeptisch. »Deine Worte sprechen eine andere Sprache als deine Stimme. Schwang da eben ein Vorbehalt mit?«

Thorag zeigte auf das Mädchen. »Diese Chattin, Wina – können wir ihr trauen?«

Armin legte eine Hand auf Winas linke Schulter. »Ich traue ihr mehr als manchem Cherusker. Als das Gift in mir wühlte, hat sie sich um mich gekümmert, wie meine Mutter es nicht sorgenvoller hätte tun können. Und was vielleicht noch wichtiger ist: Wina hat erkannt, daß Adgandest nicht nur unserem, sondern auch seinem Stamm geschadet hat, als er das heilige Gesetz der Gastfreundschaft brach.«

»Die meisten Männer meines Stammes werden nicht wissen, was wirklich im Tamfanaberg geschehen ist«, sagte Wina. »Wenn sie es wüßten, würden sie Adgandest nicht länger folgen. Auch mein Vater nicht, der Edeling Egolf.«

»Dann solltest du zu deinem Vater gehen und ihm sagen, was geschehen ist«, schlug Thorag vor.

»Mein Vater ist von edlem Blut, aber er gehört nicht zu den mächtigsten Männern des Stammes. Ich glaube nicht, daß er allein Adgandest aufhalten kann. Adgandest würde mich der Lüge bezichtigen, wenn ich erzählte, was in der Nacht des Opferfestes wirklich geschah.«

Armin strich über den Kopf der Chattin wie über den eines kleinen Kindes. »Vielleicht kann Winas Aussage uns noch von Nutzen sein. Aber wir müssen den richtigen Zeitpunkt abwarten. Sie hat leider Recht, ihr Wort allein wird Adgandest nicht bezwingen.«

»Das werden unsere Schwerter und Framen besorgen«, meinte Ingwin.

»Hoffen wir es.« Armin stieß einen tiefen Seufzer aus und setzte sich wieder neben Wina auf die Felsen. »Komm zu mir, Thorag, und berichte mir von Thusnelda und Thumelikar.«

Zögernd trat Thorag auf ihn zu. Gewiß war ihm durch

Ingwin schon zu Ohren gekommen, was sich in Ravenna ereignet hatte. Doch das machte es Thorag nicht leichter, seinem Blutsbruder zu sagen, daß sein Weib sich für einen anderen Mann entschieden hatte und daß er seinen Sohn vielleicht niemals zu Gesicht bekommen würde.

Das Wiehern klang erschöpft, klagend. Die Rosse waren vom Morgen bis jetzt auf den Beinen gewesen und verlangten endlich nach nächtlicher Rast. Die Pferdelaute vermischten sich mit Hufschlag, leisem Waffenklirren und menschlichen Stimmen. Während Ragnar mit klopfendem Herzen in seinem Baumversteck kauerte, hörte er die Geräusche lauter und lauter werden. Und dann verstand er, was die Stimmen sagten:

»Verflucht sei dieser Bengel von einem Donarsohn! Hetzt uns durch den Wald, wo wir jetzt gemütlich in unseren warmen Hütten liegen könnten.«

»Hast Recht, dem Burschen gehört der Kopf abgeschlagen. Ich habe nie ganz verstanden, was Berold von dem will.«

Eine dritte Stimme meinte: »Deshalb ist Berold unser Anführer und nicht du, Lantwin.«

»Und was haben wir davon?« giftete Lantwin zurück. »Stapfen hier durch die Nacht und finden den Donarsohn doch nicht. Der lacht sich vermutlich über unsere Dummheit ins Fäustchen.«

»Ich glaube nicht, daß er weit entfernt ist«, sagte die andere Stimme wieder. »Vor kurzem noch haben wir seine Hufspuren gesehen.«

»Was nützt es uns?« fragte eine weitere Stimme. »Jetzt ist es so dunkel, daß man nicht einmal die Spuren des Urbären erkennen könnte.«

Wie zur Bestätigung dieser Worte stieß eines der Pferde ein lautes, langgezogenes Wiehern aus. War es ein Tier, das im

Stall in Gisuns Nähe gestanden hatte? Der Braune schnaubte erregt, laut genug, daß die Bärenkrieger es hörten.

»Habt ihr das auch gehört?«

»Ja, es kam von links.«

»Aber da sind nur umgestürzte Bäume.«

»Vielleicht ist ja irgend etwas hinter diesen Bäumen. Ein Roß und ein Donarsohn!«

Eilige Schritte näherten sich Ragnars Versteck. Er vernahm das helle Schaben von Schwertern, die aus den Scheiden gezogen wurden. Sein Plan war gescheitert, das stand jetzt fest. Seltsamerweise empfand er keine Angst, nur Bedauern. Hätte er wenigstens eine Waffe gehabt, dann hätte er sich wehren und vielleicht einen der Bärenmänner mit in den Tod nehmen können. So aber mußte er sich ihnen ergeben, als sie ihn aufforderten, sein Versteck zu verlassen.

Starker Wind trieb die Wolken auseinander. Im bleichen Mondlicht sahen die verschwommenen Umrisse der Zwitterwesen aus Menschen und Bären noch unheimlicher aus. Es waren insgesamt fünf. Ragnar konnte ihnen nicht entfliehen. Einer hielt die Pferde an den Zügeln. Die anderen umstanden ihn, bereit, mit Framen und Schwertern zuzustoßen. In ihren Augen las er, daß sie große Lust dazu hatten. Aber irgend etwas hielt sie davon ab, vermutlich Berolds Befehl.

Einer stieß in ein Urhorn und erhielt kurz darauf eine Antwort. Mehrmals wiederholte er sein Zeichen, um den anderen in der Dunkelheit den Weg zu weisen. Bald würde es hier von Bärenkriegern wimmeln.

Gisun stupste Ragnar mit der Nase an, wie um sich zu entschuldigen. Mit seinen herabhängenden Ohren wirkte das Pferd zutiefst betrübt.

Ragnar streichelte seinen Kopf. »Du mußt dir keine Vorwürfe machen, Gisun. Die Götter waren gegen uns. Kein anderes Roß hätte mich so weit gebracht wie du.«

Starker Wind war aufgekommen. Der Atem der Sturmriesen pfiff durch den Wald, kräuselte das zuvor glatte Wasser des Sees und trieb die Nebelgeister durcheinander. Die vorher undurchdringlichen Schwaden lösten sich mehr und mehr auf und gaben den Blick auf das dicht bewaldete Ufer jenseits des Gewässers frei. Ungehindert fiel das matte Licht der Gestirne auf die Menschenwelt und auf das Gesicht des Hirschfürsten, der mit starrem Blick hinaus aufs Wasser sah.

Gespannt beobachteten Thorag, Ingwin und Wina den Herzog der Cherusker, der schweigsam zugehört hatte, während der Donarsohn von Ravenna erzählte, von Thusnelda und ihrer Liebe zu dem Weinhändler Amatus. Thorag hatte berichtet, wie er darüber nachgedacht hatte, die untreue Gemahlin seines Blutsbruders zu töten. Aber dann hatte er erkannt, daß Thusnelda das Recht hatte, die Ehe aufzulösen. Aus freiem Willen hatte sie Armin zum Mann genommen, aus freiem Willen konnte sie dieses Band auch wieder zerschneiden. Die ganze Zeit hatte Armin geschwiegen, und er schwieg auch jetzt noch, als Thorags Stimme längst verstummt war.

Thorag betrachtete abwechselnd Armin und Wina. Die Chattin schaute Armin so mitfühlend an, als würde sie ihn am liebsten tröstend in die Arme schließen und seinen Kopf an ihre Brust drücken, wie eine Mutter es bei ihrem Kind tat, wenn es sich wegen eines zerbrochenen Spielzeugs oder einer Rüge des Vaters grämte. Doch Winas Gefühle sind wohl nicht nur mütterlich, überlegte der Donarsohn. Sie hätte Armins Tochter sein können, doch schien sie zu wünschen, er hätte sie statt Thusnelda zum Weib genommen.

Armins Kopf ruckte herum, und er starrte Thorag mit jenem feurigen Blick an, den seine Feinde fürchteten. »Vielleicht hast du Recht, und Thusnelda unterstand nicht meiner Munt. Dann steht es ihr frei, bei diesem Amatus zu bleiben. Ich hatte den ganzen Winter Zeit, darüber nachzudenken, seit

Ingwin mir erzählte, was er von dir erfahren hat. So konnte ich mich an den Gedanken gewöhnen, Thusnelda niemals wiederzusehen. Aber an eines kann ich mich nicht gewöhnen. Daß mein Sohn nicht bei mir ist. Daß ich Thumelikar noch nie von Angesicht zu Angesicht sah und daß ich ihn auch niemals sehen soll!«

»Hätte ich ihn der Mutter entreißen sollen?« verteidigte sich Thorag.

»Ja, bei Wodan, das hättest du! Ein Sohn untersteht der Munt des Vaters, nicht der Mutter. Dir an meiner Stelle wäre der Gedanke, daß dein Sohn bei den Römern aufwachsen soll, auch unerträglich.«

»Ich weiß nicht«, sagte Thorag zögernd. »Vielleicht wäre Ragnar bei den Römern besser aufgehoben als bei der Bärensippe.«

Die Blicke der Blutsbrüder trafen sich, und bedrückendes Schweigen senkte sich auf die beiden Fürsten.

»Du sorgst dich sehr um Ragnar, ich weiß«, fuhr Armin schließlich in einem weniger vorwurfsvollen Tonfall fort. »Aber meine Sorge um Thumelikar ist nicht geringer, auch wenn ich ihn niemals sah, niemals seine Stimme hörte, niemals die Wärme seines Leibes spürte. Er ist von meinem Fleisch, von meinem Blut, von meiner Sippe und meinem Heil. Zu wissen, daß du ihm so nahe warst, daß du ihn hättest heimbringen können und es doch nicht getan hast, schmerzt schlimmer als das Gift des Verräters Adgandest.«

»Mein Weg zurück ins Cheruskerland war höchst gefährlich«, gab Thorag zu bedenken. »Deinem kleinen Sohn hätte leicht etwas zustoßen können.«

»Auja ist unbehelligt heimgekehrt!«

»Ich danke den Göttern dafür, und ich hoffe, sie halten weiterhin schützend ihre Hände über Auja – und über Ragnar.«

»Die Aussichten, daß du die Deinen wiedersiehst, sind

weitaus besser als in meinem Fall«, sagte Armin. »Was Thumelikar betrifft, hast du gegen das Gebot verstoßen, so zu handeln, wie es einem Blutsbruder obliegt. Das kann ich nicht ungesühnt lassen, sonst wäre meine Ehre und die meiner ganzen Sippe auf Dauer befleckt.«

Thorag verstand Armin. Jeder Cherusker wußte, daß Thorag nicht nur wegen Auja, sondern auch wegen Thusnelda und Thumelikar gen Ravenna gezogen war. Und selbst wenn niemand außer den Blutsbrüdern es gewußt hätte, den Göttern war es bekannt. Die Ehre eines Mannes war das unsichtbare Band, das ihn mit seiner Sippe und den Göttern verknüpfte. Für einen Ehrlosen gab es kein Heim auf der Menschenwelt und keinen Platz an Wodans Tafel. Und war die Ehre verletzt, war auch das Heil beeinträchtigt. Einem Mann, der nicht alles unternahm, seine verletzte Ehre wiederherzustellen, würden die Götter ihr Heil ganz entziehen. Deshalb mußte Armin die Verletzung seiner Ehre sühnen, selbst an seinem Blutsbruder.

»Du hast ein Recht auf Sühne, Armin«, sagte Thorag laut. »Was verlangst du?«

Der Hirschfürst betrachtete den Donarsohn, als sinne er über eine angemessene Sühne nach. Endlich antwortete er: »Das werde ich dir sagen, wenn es an der Zeit ist. Bis dahin stehst du in meiner Schuld, Thorag, vergiß das nicht!«

»Ein Bruder braucht den Bruder nicht zu ermahnen«, versetzte Thorag.

»Gut.« Armins Miene hellte sich auf. »Bevor du zum Lager der Donarsöhne zurückkehrst, will du sicher noch die beiden Frauen sehen, denen ich mein Leben nicht weniger verdanke als Ingwin und Wina. Ich spreche von Astrid und Alrun. Sie sind im Haus. Ingwin führt dich hin.«

Dies war wahrlich eine Nacht der Überraschungen. Als Ingwin die weit heruntergebrannte Fackel aus der Felsspalte nahm und den Weg zurück zum Haus schritt, folgte Thorag ihm voller Neugier. Als er einen letzten Blick zurück zum Seeufer warf, sah Thorag Armin wieder hinaus auf das Gewässer starren. Wina kauerte neben ihm und schaute den Herzog unverwandt an.

»Denkst du an deinen Sohn?« fragte Wina nach langer Zeit, als Thorag und Ingwin längst hinter Felsen und Bäumen verschwunden waren.

Armin wandte sich ihr zu und sah müde aus. Nichts kündete mehr von der Entschlossenheit, mit der er zu Thorag gesprochen hatte.

Mit schleppender Stimme sagte er: »Ich denke an alle, die ich verlor. An meinen Vater Segimar, der starb, als ich noch römischer Ritter war und Seite an Seite mit Tiberius und Germanicus focht. An meinen Bruder Isgar, der sich jetzt Flavus nennen läßt und lieber in römischen Diensten bleibt, als mich in meinem Kampf zu unterstützen. An Thusnelda, die mich einst so sehr liebte, daß sie heimlich ihren Vater verließ, um eine Raubehe mit mir einzugehen. Und ich denke an meinen Sohn und daran, daß es vielleicht ein Fehler war, ihn Thumelikar zu nennen.«

»Das verstehe ich nicht.«

»Meine Mutter Adina sollte schon vor mir einen Sohn gebären, dem mein Vater den Namen Thumelikar gegeben hatte. Doch das Lebensheil war nicht mit Thumelikar, und sein Leib kam tot auf die Menschenwelt. Ihm zum Gedenken gab ich meinem Sohn den Namen. Vielleicht hätte ich es nicht tun sollen, vielleicht liegt ein Fluch darauf. Wie sonst ist es zu erklären, daß die Götter mir den Sohn entrissen, noch bevor er geboren wurde? Thorag hat seinen Sohn Ragnar zurückerhalten, damals, als wir die Römer über die Langen Brücken getrieben hatten. Und jetzt ist es ihm auch gelungen, sein Weib zurückzuholen.«

Ihre Hände tasteten nach seinem rechten Arm und hielten ihn fest, als fürchte sie, Armin könnte ihr entgleiten. Mit belegter Stimme fragte Wina: »Wäre es dir lieber, Thusnelda säße jetzt hier an meiner Stelle?«

Was daraufhin in Armins Gesicht vorging, erschreckte die Chattin. Binnen kürzester Zeit wechselte sein Ausdruck so schnell, daß die Gefühlsregungen sich vermischten: Sehnsucht, Trauer, Schmerz, Zorn, Liebe, Haß, Verzweiflung.

Man sagte Armin nach, daß er seine Gefühle ebenso gut im Griff habe wie sein Schwert – eine unabdingbare Voraussetzung, den Cheruskerstamm so lange Zeit als Herzog zu führen wie er. Nicht nur auf dem Schlachtfeld, auch im Thingkreis oder im Gespräch unter Fürsten mußte er den anderen stets überlegen sein. Aber das hieß nicht, daß er keine Gefühle hatte. Er verstand es nur besser als andere, diese Gefühle nicht zu zeigen, sich vom Kopf leiten zu lassen statt vom Herzen.

Jetzt aber, in dieser windigen Nacht, in diesem Augenblick, der bedeutungslos schien im großen Gefüge der Zeiten, brach aus ihm heraus, was er über all die Winter und Sommer hinweg in sich hineingefressen hatte. Seine Augen weiteten sich, und seine Lippen öffneten sich zu einem langen, stummen Schrei. Sein Schmerz war so groß, daß seine Stimme versagte.

Mit einem Ruck sprang Armin auf. Wina, die noch immer seinen Arm umklammerte, wurde von der Wucht seiner Bewegung zurückgestoßen. Sie verlor das Gleichgewicht und stürzte rücklings, so daß ihr Hinterkopf gegen einen Felsen schlug. Jäher Schmerz durchraste ihren Kopf wie eine Frame, die durch ihren Schädel gerammt wurde. Und doch mußte es belanglos sein im Vergleich zu dem Schmerz, der Armin quälte.

Mit schweren Schritten, als müßte er gegen die Last des Schicksals ankämpfen, ging er in Richtung Wasser. Als das

Naß schon seine Füße umspielte, blieb er unvermittelt stehen, und sein Leib krümmte sich nach hinten. Mit himmelwärts gereckten Fäusten bäumte er sich gegen den Willen der Götter auf, gegen den Preis, den sie dafür verlangten, daß sie ihm Siegheil und Ratheil verliehen.

Die Götter sprachen zu ihm durch das Rauschen des Windes und der Wellen, und Armin verstand ihre Worte. Er begriff, daß alles seinen Preis hatte, auch das Heil der Götter.

Wer eines Mannes Heil angriff, indem er seine Ehre verletzte, mußte dafür bezahlen, sei es mit seinem Blut und dem seiner Sippe, sei es durch Knechtschaft oder durch das Überlassen von Vieh. Das war der Preis, durch den die beschädigte Ehre wiederhergestellt und das Heil bewahrt wurde.

Genauso war es mit den Göttern. Sie gaben das Heil dem Menschen, und dafür mußte der Mensch Opfer bringen. Die Götter verliehen Armin Weisheit und Kraft bei der Führung seines Stammes, und als Preis hatten sie sein Glück gefordert. Er verstand, daß er Thusnelda verloren hatte, noch bevor sie seine Frau geworden war. Und Thumelikar hatte er verloren, bevor er ihn gezeugt hatte. Als Armin sich um die Herzogswürde bewarb und sich entschieden hatte, gegen die Römer zu kämpfen, den Stamm zu einen und vielleicht eines Tages an der Spitze aller Germanenstämme als Fürst – als Kuning – zu stehen, hatte er einen Pakt mit den Göttern geschlossen, der Thusneldas und Thumelikars Schicksal besiegelte. Und sein eigenes.

Daß Thusnelda und Thumelikar in Ravenna zurückgeblieben waren, hatte nicht an Thorag gelegen, auch das wurde Armin jetzt klar. Der Donarsohn hatte seine Gemahlin Auja zurückbringen können, weil sie kein Teil des Paktes zwischen Armin und den Göttern war. Donars Heil war mit seinem Abkömmling und hatte ihm ermöglicht, sich wieder mit Auja zu vereinen. Doch Thusnelda und Thumelikar unterfielen nicht dem Heil der Donarsippe, sondern dem der Hirschsippe. Zu ihnen kam Thorag als Armins Blutsbruder, an Armins Stelle, und so war Thorag auch an das gebunden, was Armin mit den Göttern vereinbart hatte: Macht zum Preis von Glück, Sieg zum Preis von Wärme, Ruhm zum Preis von Geborgenheit.

Geben und Nehmen beherrschte das Verhältnis von Menschen und Göttern, von Leben und Schicksal seit Anbeginn der Zeiten. Darüber durfte, konnte und wollte Armin sich nicht beklagen. Es gab nur eine Ungerechtigkeit, eine Willkür der Götter, die in seinen Eingeweiden wühlte wie das hungrige Maul des Fenriswolfes. Das war nicht der Umstand, daß die Götter ihr Opfer verlangten, nein, es war die Art des Opfers.

Daß er es erst jetzt erkannte, als es zu spät war und ihm keine Wahl mehr blieb, den verhängnisvollen Pakt zu lösen und jene zurückzuholen, die er liebte, erfüllte ihn mit dem tiefsten Schmerz, den er jemals gespürt hatte. Er wünschte sich, er hätte im Tamfanaberg den Giftbecher bis zur Neige geleert. Die bittere Erkenntnis traf ihn wie Donars Blitz und schleuderte ihn zu Boden, wo das Wasser des Sees ihn umspülte.

Ein plötzlicher Windstoß bog die Baumkronen und peitschte das Wasser auf, daß die Gischt bis zu Wina spritzte. Eine hohe Welle flutete an Land und bedeckte den Leib des Herzogs, als wollten die blutrünstigen Seeweiber ihn verschlingen, die nach altem Glauben in den Tiefen der Gewässer hausten.

Als Wina sah, wie Armin zusammenbrach und von der hohen Welle umschlungen wurde, sprang sie auf und eilte zu ihm. Der Schmerz in ihrem Kopf war nicht wichtig, jetzt zählte nur der Mann, dem sie sich auf seltsame Weise verbunden fühlte.

Beim Winterfest ihres Stammes hätte sie fast unwissentlich dazu beigetragen, ihm das Leben zu rauben. Das Schicksal hatte es anders gewollt, und sie hatte geholfen, Armin zu retten. Den ganzen Winter war sie bei ihm gewesen und hatte sich, solange er noch mit dem Tode rang, mit Astrid und Alrun abgewechselt, an seinem Lager zu sitzen, seine heiße Stirn zu kühlen, ihm Wasser, Milch, Brei und den heilsamen Kräutersud zu geben, den die Frauen von den Heiligen Steinen gebraut hatten. Wina hatte Armin in Decken gehüllt, wenn er zitterte. Sie hatte sein Lager, seinen Leib, sein Gesicht und seinen Mund gesäubert, wenn er sich erbrach. Sie hatte seine Hand gehalten, wenn er im Fieberwahn sprach und immer wieder die Namen seiner Gemahlin und seines Sohnes ausstieß. Und irgendwann hatte sie gewußt, daß sie für keinen anderen Mann sorgen, um keinen anderen Mann bangen wollte. Selbst als vom Gift Geschwächter zeigte Armin im Ringen um sein Leben eine Kraft, wie Wina sie noch bei keinem Mann gespürt hatte. Und seitdem wünschte sie sich, er würde einmal, nur ein einziges Mal, ihren Namen so sehnsuchtsvoll ausrufen wie den von Thusnelda.

Die Welle zog sich zurück wie von Winas Erscheinen bedrängt. Armin lag auf der rechten Seite, und sein Leib erbebte in krampfhaften Zuckungen. Wina wußte sofort, daß er weinte, und sie schämte sich nicht für ihn. Es war sein Recht, mehr als das jedes anderen Menschen. Er hatte in so vielen Schlachten gekämpft, für die Freiheit seines Stammes und seines ganzen Volkes, hatte so viele Wunden davongetragen, an seinem Leib und in seinem Innern, wo niemand sie sehen konnte außer er selbst. Eine ungefähre Ahnung vom Ausmaß dieser inneren Wunden, von der ungeheuren Stärke seines Schmerzes beschlich sie.

Wina fiel auf die Knie und bettete seinen Kopf in ihren Schoß, während der Wind sie umtoste und das Wasser des Sees rundherum den Boden aufwühlte. Sie spürte den Zorn der Seeweiber, denen sie Armin entrissen hatte, und sie war fest entschlossen, jedem zu trotzen, der ihr den Geliebten rauben wollte. Eng aneinandergeschmiegt, hockten Wina und

Armin im schäumenden Wasser wie die beiden Letzten des Menschengeschlechts im von der Midgardschlange aufgepeitschten Meer, wenn einst Götter und Recken am Ende von Zeit und Welt gegen die Ungeheuer kämpften.

Irgendwann beruhigte sich Armin, sein Blick wurde klar, und er erkannte Wina, die ihm das nasse Haar aus der Stirn strich. Er wollte etwas sagen, doch ihre Hand verschloß seinen Mund. Ihre Lippen folgten der Hand, und beider Zungen trafen sich zu einem innigen Kuß. Obwohl Wina noch niemals zärtlich zu seinem Mann gewesen war, wußte sie, was sie zu tun hatte. Wie Frauen und Männer es seit Urzeiten wußten, wenn Lust und Liebe sie zusammenführten.

Eng drückte sie ihren Leib gegen seinen, und sie erschauerte, als sie seine Hände unter ihren Kleidern, auf ihrer Haut fühlte. Stoff zerriß, und ihre Schulterfibel wurde vom See verschluckt, bis sie nackt in seinen Armen lag, noch immer vom Wasser umspült, dessen Kälte erbärmlich war im Vergleich zur Hitze ihrer Leidenschaft.

Winas Brüste waren so klein, daß Armin jede mühelos mit einer Hand umschließen konnte. Der starke, beinahe schmerzhafte Griff seiner rauhen Hände, die sich in ihr Fleisch verkrallten, steigerte ihr Verlangen ins Unermeßliche.

Daheim im Chattenland hatte ihr eine Schalkin erzählt, daß es einer Frau großen Schmerz bereitete, wenn sie zum ersten Mal einen Mann in sich spürte. Aber das hinderte Wina nicht, zwischen Armins Schenkel zu langen, seine Hose hinunterzustreifen und nach dem starken, straffen Fleisch zu greifen, das sein Begehren deutlicher als jedes Wort ausdrückte. Im Gegenteil, sie sehnte den Schmerz herbei, war er doch der Beweis ihrer Vereinigung mit dem Mann, nach dem sie sich schon so lange sehnte.

Doch Armin stieß sie plötzlich zurück, und ein scheuer Ausdruck trat in seine Augen. Was ihm eben noch große Lust bereitet hatte, schien ihm jetzt zu widerstreben. War ihre Jugend der Grund? Oder war es Thusnelda? Glaubte Armin, sein Weib endgültig dem Schicksal preiszugeben, wenn er sich mit Wina vereinigte?

Sie konnte seinen bestürzten Blick nicht länger ertragen. Aber sie wußte auch, daß sie sich jetzt nicht zurückziehen durfte. Dann hatte sie verloren, gegen die Götter, gegen das Schicksal, gegen Thusnelda.

Wina rutschte tiefer und küßte sein steifes Fleisch, erst flehend, dann fordernd, als sie sein leises Stöhnen hörte und begriff, daß ihre Berührungen ihm Lust bereiteten. Mit Händen und Lippen umschloß sie sein Glied und genoß jede seiner ruckartigen Bewegungen. In diesem Augenblick, da die Welt rings um sie versank, gehörte Armin ihr, nur ihr allein. Es war ein beglückender Traum, der erst endete, als sie durch das Rauschen des Wassers hörte, wie Armin in höchster Erregung Thusneldas Namen hervorstieß.

Die Geschichte war so unglaublich wie alles, was Thorag in dieser stürmischen Nacht auf der kleinen Insel zu sehen und zu hören bekam. Während draußen die starke Faust des Windes an Holzpfählen und Rohrmatten rüttelte, lauschte er gebannt den Stimmen Alruns und Astrids.

Sie saßen ein Stück abseits des großen Herdfeuers, um das sich essend., trinkend und erzählend jene Männer aus Armins Kriegergefolgschaft scharten, die nicht zum Wachdienst auf der Insel eingeteilt waren. Der Priesterhelfer Bertil, der die beiden Frauen seit ihrem Weggang von den Heiligen Steinen begleitet hatte, brachte ihnen und Thorag von der Fleischsuppe, die in einem bauchigen Kessel über dem Feuer dampfte, und zog sich in eine dämmrige Ecke zurück. Der Donarsohn achtete kaum auf ihn. Auch den Holzlöffel mit der Suppe führte Thorag wie geistesabwesend zum Mund. Er aß, ohne es richtig zu bemerken, während Alrun und Astrid berichteten, wie sie die Ausläufer des Tamfanabergs am Tag nach dem Winteropferfest erreicht hatten.

Ungläubig blickte er Mutter und Tochter an. »Aber wie seid ihr auf Ingwin und Armin gestoßen? Sie werden sich versteckt gehalten haben, um den Chatten nicht in die Hände zu fallen.«

»Wie schon so oft wies uns auch diesmal ein Traum den Weg«, antwortete Astrid. »Alrun und ich träumten in der Nacht des Opferfestes von einem bewaldeten Hügel. Hoch über allen Bäumen erhob sich eine Eiche, die ihr dichtes, stark gerötetes Laub gegen alle Winterstürme verteidigte. Als wir erwachten, wußten wir, daß die Götter uns auf diesen heiligen Baum hingewiesen hatten, und wir hielten Ausschau nach ihm. Und als Nott sich abermals anschickte, die Herrschaft über die Menschenwelt anzutreten, erspähten wir jenen Hügel mit der roten Eiche, die in Sunnas verlöschendem Licht weithin leuchtete. Im Dämmer erstiegen wir den Hügel, und auf einmal stand Ingwin mit gezücktem Schwert hinter uns. So haben die Götter uns zu Armin geführt. Es gelang uns, den Herzog aus den Klauen der Giftgeister zu reißen. Als wir ins Cheruskerland zurückkehrten, hielten wir alle es für klug, uns verborgen zu halten. Armin war noch sehr schwach, seine Kräfte überstiegen nicht die eines kränkelnden Kindes. Einen erneuten Anschlag hätte er kaum überstanden. Erst versteckten wir uns auf einem einsamen Hof im Hirschgau. Als die Zeit des Things nahte, übersiedelten wir auf diese Insel. Niemand wußte davon außer einigen Edelingen und den Kriegern, die du hier gesehen hast. Ingwin suchte die tapfersten und besten Männer aus Armins Kriegerschar aus, und sie erfuhren erst vor Ort, daß ihr Fürst noch lebt.«

»Ihr habt selbst Alfhard und die Priester der Heiligen Steine im Ungewissen über euer Schicksal und das Armins gelassen?«

Alrun schlürfte laut ihren Löffel leer und sagte schmatzend: »Die Götter haben uns ausgesandt, um Armin beizustehen. Jedes Wort zuviel hätte ihn gefährdet. Das haben auch Astrid und Bertil eingesehen. Ich selbst bin keine Priesterin bei den Heiligen Steinen und bin Alfhard zu nichts verpflichtet.«

»Können Menschen den Willen der Götter durchkreuzen?« fragte Thorag. »Wenn die Asen beschlossen hatten, Armin beizustehen, wie könnte Menschenhand diesen Plan zunichte machen?«

»Die Götter sind wankelmütig wie die Menschen«, erwiderte Alrun. »Sie geben uns Hinweise auf unser Schicksal und haben ihre Freude daran zu sehen, wie wir uns der Aufgabe stellen oder uns gegen sie sträuben. Erst dann entscheidet sich, welches Los uns zuteil wird. Armin ist das beste Beispiel.«

»Ich kann dir nicht folgen, Alrun«, bekannte Thorag.

»Eine Seherin bin ich, doch oft sehe ich nicht, was sein wird, sondern was sein könnte. Als ich vor einigen Wintern Germanicus und seinem Weib weissagte, sah ich den Tod zweier Männer, die zur gleichen Zeit und auf die gleiche Art sterben würden: der Imperator und Herzog Armin. Beide erkrankten am Gift, und doch ist der Herzog genesen.«

»Haben die Götter ihren Willen geändert, oder entsprach das, was geschah, von vornherein ihrem Plan?«

Alruns zahlreiche Falten verzogen sich zu einem tiefgründigen Lächeln. »Wüßte ich das, wäre ich selbst mehr als ein Mensch. Wir opfern den Göttern und bitten sie um ihr Heil, aber wir sollten nicht versuchen, uns an ihre Stelle zu setzen.«

Ein besonders heftiger Windstoß rüttelte am Dachwerk und wehte den aufsteigenden Rauch des Herdfeuers zurück ins Innere. Als wollten die Götter auf diese Weise ihre Macht zeigen und die Worte der alten Seherin unterstreichen.

Der Rauch machte Thorags Augen tränen, und er wischte

gedankenverloren mit dem Handrücken über sein Gesicht. Während er ins flackernde Feuer blickte, dachte er an seine erste Begegnung mit Alrun vor drei Wintern und daran, was sie ihm aus den Runen geweissagt hatte: »Du wirst jemanden finden, den du verzweifelt suchst. Aber gleichzeitig wirst du jemanden verlieren.«

Erst als die Seherin ihn verwundert anschaute, wurde ihm bewußt, daß er die Worte laut ausgesprochen hatte.

»Hat sich erfüllt, was mir damals die Runen sagten?« wollte Alrun wissen.

»Ich habe Auja nach langer, verzweifelter Suche wiedergefunden. Aber ich weiß nicht, wer derjenige ist, den ich verliere. Bis vor kurzem dachte ich, du hättest von Thusnelda und Thumelikar gesprochen, die ich nicht heimholen konnte. Aber haben die Götter wirklich *sie* gemeint, oder zeigten die Runen dir meinen Sohn Ragnar? Fordern die Götter als Opfer für Aujas Heimkehr sein Leben?«

»Ich weiß es nicht«, sagte Alrun. »Alles, was ich aus den Runen las, habe ich dir gesagt.«

Thorag berichtete, was er über Ragnars Verschwinden wußte. Und er erzählte, wie die Priester Alfhard, Frohmund und Riklef die Runen nach Ragnar gefragt hatten. »Wenn die Götter ihren Willen ändern, ändert sich vielleicht auch die Botschaft der Runen. Willst du sie noch einmal für mich befragen, Alrun?«

Der Blick der Seherin ruhte lange auf ihm, bevor sie antwortete: »Die Sorge um deinen Sohn spricht aus deinen Worten, aus deinem Gesicht und aus deinen Augen, Fürst Thorag. Ich verstehe dich gut, war doch auch ich lange Zeit im Ungewissen über das Schicksal meiner Kinder. Ich kann die Runen für dich befragen, aber ich kann dir nicht versprechen, daß deine Sorge dann geringer sein wird.«

»Das erhoffe ich zwar, erwarte es aber nicht. Ich verlange nur, daß du mir nichts verschweigst.«

»Wenn die Runen zu mir sprechen, werde ich auch zu dir sprechen«, versicherte Alrun.

Sie strich den Boden zwischen sich und Thorag mit der flachen Hand glatt, bevor sie den Lederbeutel von ihrem Gürtel löste und die kleinen Runenstäbe auf die geglättete Fläche schüttete. Obwohl sie die Augen schloß, sah es aus, als blicke sie zu den Göttern auf. Mit erhobenem Haupt saß sie da und stimmte einen Gesang an, mit dem sie den weisen Wodan und die Nornen beschwor. Immer wieder strichen ihre Hände über die Runenstäbe, um sie, wie von den Göttern gelenkt, anders anzuordnen.

Ihre linke Hand schoß vor und packte die Linke des Donarfürsten, den Alrun bat, ebenfalls die Augen zu schließen. Er tat es, und sie führte seine Hand über das Runenfeld, forderte ihn auf, drei Stäbe auszuwählen.

Er dachte fest an Ragnar und spürte die Kraft der Runen, wie er sie auch auf dem Ewartstein gespürt hatte. Die Zeichen der Götter verlockten ihn oder stießen ihn ab, erschienen sprunghaft und willkürlich in ihrer Gunst oder Zurückweisung. Ganz langsam strich er jetzt über die Holzstäbe und fand heraus, welche ihn verlockten. Er wählte den ersten, den zweiten und den dritten und legte sie in Alruns Hand.

Als er die Augen wieder öffnete, starrte die Seherin auf die Runenstäbe in ihrer Linken. Sie brauchte nichts zu sagen, er verstand die Botschaft der Götter, als er die eingeritzten Zeichen betrachtete. Thurisaz, Eihwaz und Elhaz. Er hatte dieselben Runen ausgewählt wie auf dem Ewartstein. Wieder stand Elhaz auf dem Kopf und streckte ihre Wurzeln tief nach unten – ins Totenreich.

Mit tonloser Stimme sagte Alrun: »Ungeheuer mit den Häuptern von Bären kommen über das Land. Ich sehe den Sohn des Donnergottes inmitten von Blut, das die Erde tränkt. Ich höre die Schreie von Sterbenden, und Hel giert nach ihren Seelen.«

Ihre Hand krampfte sich zusammen und umschloß die Runenstäbe, während sie Thorag anschaute, als wolle sie ihn um Verzeihung bitten. Auch Astrids Augen ruhten mitleidig auf ihm.

»Was noch?« zwang er sich zu fragen. »Was sagen die Runen dir noch?«

Alrun schüttelte den Kopf. »Das Blut schwemmt alles hinweg, und verschwunden ist das Bild von Donars Sohn.«

Ragnar und der weiße Bär standen sich starr und wortlos gegenüber, und doch trugen sie einen Kampf aus, einen Zweikampf der Blicke. Die Augen unter dem weißem Bärenhaupt sahen den Jungen vorwurfsvoll und zugleich traurig an. Ragnar las darin jene Enttäuschung, die er schon am Morgen bemerkt hatte, als er an Berold vorbeigaloppiert war.

War Berold wirklich der Feind, für den Ragnar ihn trotz aller freundlichen Worte gehalten hatte? Plötzlich war der Donarsohn sich nicht mehr sicher, richtig gehandelt zu haben. Vielleicht hatte Berold Recht, und Ragnars Eltern hatten den Sohn längst aufgegeben. Berold aber hatte sich um ihn gekümmert, und wie hatte Ragnar es ihm gedankt? Durch Mißtrauen, Flucht, Täuschung, Verrat.

An die dreißig Bärenkrieger lagerten auf einer Lichtung in der Nähe von Ragnars Baumversteck um ein hoch loderndes Feuer, das Licht und Wärme spendete. Berold war eben erst mit fünf Begleitern eingetroffen, von seinem Schimmel gestiegen und auf Ragnar zugetreten, ohne ein Wort zu sagen.

Jetzt, wo Ragnar ihm Gegenüberstand, fühlte er sich schrecklich einsam. Jorit hatte ihn verlassen. Alard war tot. Er hatte keinen Vater und keine Mutter mehr. Und nun hatte er auch Berolds Vertrauen verloren. Hätten die Nornen ihm einen Wunsch gewährt, vielleicht hätte er sie gebeten, den Knoten des heutigen Tages aus dem Schicksalsnetz zu reißen.

»Warum?« fragte Berold schließlich. »Ich habe dir die Hand gereicht, habe dir vertraut. Warum?«

Ragnar dachte an das, was ihm nicht aus dem Kopf ging. Er schluckte und sagte: »Ihr habt mein Pferd getötet.«

Leise erwiderte Berold: »Du hast viel mehr getötet.«

Kapitel 19

Herzog der Cherusker

AHNTEN DIE CHERUSKER, daß der dritte Tag des Things ihnen eine große Überraschung bescheren würde? Oder war es die Neugier auf das Ergebnis der Herzogswahl, von der die Frilinge aller sieben Gaue so früh zum Thingplatz getrieben wurden? Jedenfalls waren die meisten Männer schon versammelt, als die hellen Stimmen der Luren den Beginn des Wahlthings ausriefen. Die Männer trugen ihre besten Kleider und Waffen. Viele waren nackten Oberleibes oder hatten nur den von einer Fibel gehaltenen Umhang über die bloßen Schultern gelegt. Ihre Haut hatten sie in den Farben und mit den heiligen Zeichen ihrer Sippen bemalt.

Die Sturmriesen hatten sich in der Nacht bis zur Erschöpfung ausgetobt, und kein noch so zarter Wind regte sich am Morgen. Über den Wäldern und dem großen See nahe den Heiligen Steinen lag noch dichter Nebel, der sich nur sehr zögernd auflösen wollte.

Bei dem Anblick dachte Thorag, als er mit Hatto und den anderen Edelingen aus seinem Gau zum Thingplatz ging, an jenen anderen See, zu dem Ingwin ihn am Abend geführt hatte. Wie ein Traum erschien ihm sein Ausflug jetzt, da Sunnas Strahlen durch die zerreißenden Wolken drangen und die Welt mit klarem Licht erfüllten. Er hätte froh sein sollen über den wiedergefundenen Blutsbruder, doch wenn er an Alruns Weissagung dachte, wünschte er sich, die kleine Insel auf dem versteckten See niemals betreten zu haben. Blut und Tod waren nicht das, was er sich von der Befragung der Runen erhofft hatte.

Abermals bliesen die Lurenspieler in ihre Instrumente. Alfhard, Frohmund, Riklef und weitere Priester traten in die Einhegung, und das tausendfache Stimmengewirr verstummte. Der Ewart hob das goldblitzende Abbild Miölnirs, Zeichen seines Thingvorsitzes, gen Himmel und bat die Götter um ihr Ratheil. Dann drehte er sich langsam im Kreis, um alle Versammelten anzusprechen. Er ermahnte die Frilinge, sich bei der Wahl des Herzogs nicht von Vorlieben und Abneigungen leiten zu lassen, sondern allein von der Sorge um das Wohlergehen des Stammes.

»Gerade jetzt, wo die Chatten unser Land bedrohen, ist der Verlust unseres kriegserprobten Herzogs Armin besonders schmerzlich«, fuhr er fort. »Armins Ratheil hat die Stämme geeint. Sein Siegheil hat die Römer aus dem Land getrieben und dafür gesorgt, daß wir viele Winter und Sommer in Freiheit leben konnten. Möge Wodans Weisheit mit uns sein, damit wir einen ebenso klugen und tapferen Herzog finden, wie der Hirschfürst einer war. Laßt uns hören, ob die Gaufürsten bei ihrer Beratung an Mimirs Quelle aus dem Brunnen der Weisheit getrunken haben.«

Die Gaufürsten traten zu den Priestern. Der Hirschgau wurde wieder von Ingwin vertreten. Von den Anwesenden wußten nur er, Thorag und einige wenige Edelinge aus dem Hirschgau, daß der Hirschfürst noch lebte. Bror sprach für die Fürsten und erklärte, daß Inguiomar den Donarfürsten Thorag als neuen Herzog vorgeschlagen habe.

Alfhards Augen richteten sich ganz sorgenvoll auf Thorag. Vermutlich dachte der Ewart an die Botschaft, die Jorit dem Donarfürsten überbracht hatte. Mit sehr lauter Stimme fragte der Oberpriester: »Fürst Thorag, bist du willens, dich als Herzog an die Spitze unseres Stammes zu stellen, um ihn gegen die Chatten und jeden anderen Feind in den Kampf zu führen, der Land und Freiheit der Cherusker bedroht?«

Ein merkwürdiges Kribbeln überfiel Thorag bei der Erkenntnis, daß in diesem Moment Tausende von Augenpaaren auf ihn gerichtet waren. Obwohl er seit seiner Rückkehr aus römischen Diensten gelernt hatte, den Frieden hoch über den Krieg zu stellen, führte er lieber eine Hundertschaft seiner Krieger gegen einen vielfachen überlegenen Feind in die Schlacht, als auf einer Thingsversammlung zu sprechen. Ihm lag es nicht, Dinge mit wohlgesetzten Worten zu beschönigen, anderen zu schmeicheln, um sein Ziel zu erreichen, oder um eines bestimmten Vorteils willen sich sogar selbst zu verleugnen. Oft hatte er Armin für derartiges Verhalten getadelt, ihn aber auch insgeheim bewundert. Armin war der geborene Anführer, vielleicht der beste Herzog, den der Stamm sich in diesen bewegten Zeiten wünschen konnte.

Nicht nur aus Sorge um Ragnar war Thorag heilfroh, als er guten Gewissens antworten konnte: »Ich bin nicht der richtige Herzog für den Stamm der Cherusker. Mein Kampfheil und mein Siegheil mögen nicht hinter denen Armins zurückstehen, doch mein Wortheil und mein Ratheil können sich nicht mit den seinen messen. Deshalb bitte ich die Edelinge und Frilinge, nicht mich als ihren Herzog zu erwählen.«

Betretene Gesichter, wohin er auch blickte, besonders bei den Donarsöhnen und den Hirschleuten. Vielstimmiges Murren hallte über den Platz. Viele schienen in Thorag den geeigneten Nachfolger seines Blutsbruders zu sehen, und es erfüllte ihn mit Stolz, auch wenn er anderer Ansicht war.

Ein prüfender Ausdruck lag auf dem Gesicht des Ewarts, der noch immer Thorag anschaute. Fragte Alfhard sich, ob der Donarfürst seine Pflichten gegenüber dem Cheruskerstamm vernachlässigte, um seinen Sohn zu schützen?

Der Oberpriester verriet seine Gedanken nicht, als er wieder das Wort ergriff: »Fürst Thorag hat die Herzogswürde abgelehnt. Gibt es andere, die den Stamm gegen die Chatten führen können? Jeder mag den Namen seiner Wahl nennen, sei es der eigene oder der eines anderen Cheruskers!«

Inguiomar trat vor und zog alle Blicke auf sich. Eine goldene Eberfibel hielt seinen reich bestickten Umhang zusammen. Die breite, muskulöse Brust darunter war nackt und mit einem golden glänzenden Eberkopf geschmückt, wie die Fibel ein Symbol des von Ing gerittenen Ebers Goldborste. Der Ingfürst war eine beeindruckende Erscheinung, und er war sich seiner Wirkung bewußt. Er schwieg lange genug, damit sein Eindruck auf alle wirken konnte, aber nicht so lange, daß Ungeduld aufkam.

Laut sagte er: »Ich bin sehr betrübt, daß Thorag nicht Herzog werden will. Nach wie vor bin ich der Ansicht, daß kein anderer ein besserer Nachfolger meines Neffen wäre als sein Blutsbruder. Aber da der Donarfürst sich verweigert, müssen wir einen anderen Edeling erwählen, wollen wir im Kampf nicht kopflos sein wie eine Schafherde, die vor den Wölfen zittert. Außer Thorag stehen hier vier weitere Fürsten, von denen jeder ein guter Herzog wäre. Mich selbst zähle ich nicht dazu, da ich die geheimen Vorbehalte gegen mich kenne. Einst ritt ich auf dem falschen Pfad und betete den Bärengott an, was mir viele Cherusker heute noch verübeln. Dem Herzog aber müssen alle treu und bedenkenlos folgen, weshalb ich mich nicht zur Wahl stellen mag. Vielmehr bin ich der Meinung, der neue Herzog sollte ein Edeling sein, der noch kein Gaufürst war, als Cherusker gegen Cherusker stritten. Niemand kann solch einem Mann vorwerfen, seinen Gau gegen die Nachbarn in die Schlacht geführt zu haben. Auf zwei Fürsten in diesem Rund trifft das zu, Rowart und Botan Der Balderfürst Rowart hat seinen Sohn Rolef durch die Chatten verloren, was seinem Kampfheil sicher zuträglich ist. Aber aus demselben Grund könnte sein Ratheil beeinträchtigt sein, wenn es darum geht, die beste Entscheidung für den Cheruskerstamm zu treffen und sich nicht von Zorn und Rachsucht leiten zu lassen. Daher halte ich den Stierfürsten Botan für den Geeigneteren. Ich kenne und schätze seinen Mut und seinen Verstand. Wenn Botan uns führt, wird das Heil der Götter mit ihm und mit dem ganzen Stamm sein!«

Aufgeregtes Stimmengewirr folgte der Ansprache des Ingfürsten. Botan war noch nicht lange Gaufürst, sein Name hatte nicht den Klang eines Bror, Inguiomar oder Thorag. Anfangs schienen die Versammelten über Inguiomars Vorschlag höchst erstaunt, doch je länger die Edelinge und Frilinge ihn besprachen, desto mehr zustimmende Rufe wurden laut. Der Ingfürst hatte sein großes Wortheil so geschickt genutzt wie ein Schwert. Als er vortrat, hatten wohl die meisten geglaubt, er wolle sich selbst als Herzog ins Spiel bringen. Das war die Täuschung gewesen, mit der ein erfahrener Schwertkämpfer den Gegner verwirrte. Einen eher unerfahrenen Fürsten wie Botan vorzuschlagen, glich dem Überraschungseffekt bei einem gut geführten Schwertstreich. Und die Art, wie Inguiomar seinen Vorschlag begründet hatte, war wie der Nachdruck, mit dem ein Schwertschlag geführt werden mußte, damit die Klinge sich tief ins Fleisch des Feindes fraß.

Diese Gedanken jagten durch Thorags Kopf, gefolgt von anderen, die sich mit dem Grund für Inguiomars Vorschlag beschäftigten. Denn daß es dem Ingfürsten in Wahrheit um etwas ganz anderes ging als darum, den besten Mann auf dem Platz des Herzogs zu sehen, war Thorag klar. Botan mochte der beste Mann für Inguiomar sein, aber kaum für den Cheruskerstamm. Inguiomar war so tückisch wie Loki, der sich in ein Roß, einen Falken, einen Floh oder eine Fliege verwandeln konnte, um Asen, Zwerge und Riesen zu foppen. Mochte Loki aus bloßem Spaß am groben Unfug handeln, bei dem Ingfürsten ging es um mehr. Sein Streben nach der Macht war ungebrochen, und Botan war für ihn Mittel zum

Zweck. Je länger Thorag darüber nachdachte, um so deutlicher erkannte er, wie ausgeklügelt Inguiomars Plan war. Und um so sicherer war er sich, daß der Ingfürst noch immer dem Bärengott huldigte – daß der mit Ragnars Entführern gemeinsame Sache machte!

In dem Wissen um die Botschaft, die Jorit seinem Fürsten überbracht hatte, hatte Inguiomar Thorag gebeten, die Würde des Herzogs zu übernehmen. Nur weil Inguiomar darauf setzte, daß Thorag aus Sorge um Ragnar ablehnte, hatte Armins Oheim ihn als Herzog vorgeschlagen. Das wusch Inguiomar in den Augen der Cherusker von jedem Verdacht rein, andere Ziele zu verfolgen als Armin und sein Blutsbruder. Indem der Ingfürst auf der Thingversammlung abermals einen anderen Fürsten als Herzog vorschlug, verstärkte er seine Stellung als Wohltäter des Stammes noch. Für Thorag stand fest, daß Botan und Inguiomar dasselbe Ziel verfolgten: die Herrschaft der Bärensippe über den Stamm und später vielleicht über alle Nachbarn der Cherusker neu zu errichten.

Alfhards Stimme übertönte die der anderen: »Bevor wir über Inguiomars Vorschlag abstimmen, muß Botan selbst erklären, wie er dazu steht!«

Der Stierfürst nickte dem Ewart zu, bevor er begann: »Ich bin ebenso überrascht von Inguiomars Vorschlag wie viele von euch, weil auch sich jeden anderen Fürsten hier im Thingkreis für ebenso geeignet erachte. Deshalb will ich es euch überlassen, meinen Stammesbrüdern, eure Entscheidung zu fällen. Auch die Männer aus meinem Gau sollen sich an keine Pflicht zu mir gebunden fühlen. Nur eines will ich erklären: Als Herzog der Cherusker würde ich all meine Kraft zum Wohle des Stammes und zum Wohlgefallen der Götter einsetzen!«

Seine Worte fanden Anklang bei den Cheruskern. Framen und Schwerter schlugen gegen Schilde, daß es klang wie ein mächtiger Götterruf.

Thorag, der Botan und Inguiomar scharf beobachtete, glaubte zu bemerken, wie die beiden verstohlen einen Blick wechselten. Wie zwei Spießgesellen, die sich heimlich über einen gelungenen Streich freuten.

Der Ewart hob Miölnir für alle sichtbar über sein Haupt, und der Waffenlärm verebbte. »Botan sprach weise Worte, und er fand die Zustimmung der Frilinge. Ist er der neue Herzog? Oder gibt es andere, die sich berufen fühlen?«

Erstaunte Rufe erschollen, als Thorag vortrat. Eben noch hatte der Donarsohn die Herzogswürde abgelehnt. Was wollte er jetzt?

»Wir alle sind uns einig, daß ein starker Herzog uns führen muß, wollen wir im Kampf gegen unsere Feinde bestehen«, sagte Thorag und fand dafür Zustimmung. »Und wir suchen einen Herzog, dessen Heil dem Armins nahe kommt, der uns ein guter Anführer war. Ich glaube, so denken auch Inguiomar und Botan«

Die beiden nickten zum Zeichen ihres Einverständnisses, betrachteten Thorag aber mit skeptischen Blicken. Auch sie konnten sich nicht vorstellen, weshalb er erneut das Wort ergriff.

»Ich freue mich über die allgemeine Zustimmung«, fuhr er fort. »Und noch mehr freue ich mich darüber, daß wir keinen neuen Anführer wählen müssen. Denn der beste Mann überhaupt ist bereits Herzog der Cherusker!«

Die Menge betrachtete Thorag, als habe er den Verstand verloren. Fragen wurden laut, was er meine und ob er noch bei Sinnen sei. Lauter als diese Rufe war das Hornsignal, das von der Stelle erscholl, wo die Edelinge der Hirschsippe standen. Einer der Männer, die Thorag und Ingwin gestern abend begleitet hatten, stieß in ein Urhorn, und kurz darauf kam eine berittene Hundertschaft aus dem nebelverhangenen Wald, an ihrer Spitze Armin. Langsam hielten die Reiter auf den Thingplatz zu. Als die Frilinge den totgeglaubten Hirschfürsten erkannten, mochten viele die Reiter für Einherier halten, die aus Asgard zur Menschenwelt kamen.

Nur sehr vereinzelt ertönten überraschte, erschrockene Ausrufe. Die Mehrzahl der Männer verharrte in ungläubigem Schweigen. Bereitwillig wichen sie vor den Berittenen zurück, und mühelos gelangte Armin mit seinen Kriegern zur Einhegung des Thingplatzes, wo er von seinem Rapphengst stieg. Er trat zu den Fürsten und Priestern, die ihn ebenso erstaunt betrachteten wie die übrigen Cherusker.

Thorag fiel auf, daß Botan zu dem Ingfürsten blickte, als erwarte er von Inguiomar eine Anweisung. Aber auch der schwieg. Das Zucken seiner Mundwinkel und der flammende Blick, mit dem er den Neffen bedachte, verrieten auch so, daß er nicht nur überrascht, sondern auch zutiefst erzürnt war.

Alfhard riß sich zusammen und fragte Armin mit einer Stimme, die ihre Festigkeit nur mühsam bewahrte: »Bist du ein Geist, ein Wiedergänger, oder bist du aus Fleisch und Blut?«

Armin legte eine Hand auf Alfhards Schulter, und der Ewart zuckte bei der Berührung zusammen. »Ich bin derselbe, der ich war, bevor ich das Gift des Verräters Adgandest trank. Ich verdanke mein Leben Ingwin, der mir das Trinkhorn entriß, bevor ich es leeren konnte. Und ich verdanke es der Priesterin Astrid und ihrer Mutter, die mich pflegten, bis mein beinahe verlöschtes Leben wieder zu alter Stärke fand.«

Aus der Mitte der berittenen Hundertschaft lösten sich die beiden Frauen und traten ebenfalls in die Einhegung.

»Du selbst hast sie ausgesandt, mir beizustehen, Ewart«, setzte Armin seine Rede fort. »Und sie kamen gerade zur rechten Zeit. Also verdanke ich auch dir mein Leben. Und nun bin ich zurückgekehrt, um den Cheruskerstamm gegen die Chatten zu führen. Das heimtückisch vergossene Blut unserer Edelinge und Krieger soll gerächt, die verletzte Ehre unseres Stammes soll wiederhergestellt werden!«

Er zog das Schwert aus der Scheide und stieß es in die Höhe, wie um einen unsichtbar über ihm schwebenden Chatten aufzuspießen. Die Benommenheit der Menge verwandelte sich binnen weniger Augenblicke in Begeisterung, und Waffenklirren rollte wie Donner über den Thingplatz, zehnmal lauter als nach Botans Ansprache. Begeistert riefen die Cherusker Armins Namen, und es schien ihnen in diesem Augenblick gleichgültig zu sein, ob er den Mordanschlag überlebt hatte oder ob er ein zu den Menschen herabgestiegener Einherier war. Wichtig war nur, daß Armin wieder bei ihnen war, der Cherusker, dem Rat- und Siegheil zuteil wurden wie keinem anderen. Mit ihm, das schien den versammelten Edelingen und Frilingen gewiß, würden sie die Chatten niederringen.

Es war ein feuchter, kalter Morgen. Unentwegter Nieselregen fiel aus den fetten grauschwarzen Wolken auf die Erde nieder, und Nebel dampfte zwischen den Bäumen. In langer Reihe ritten die dreißig Bärensöhne durch die endlosen Wälder, der Schlucht des kauernden Bären entgegen, wie Ragnar vermutete. In der Morgendämmerung hatten sie den Lagerplatz verlassen, und jetzt waren sie schon über drei Stunden unterwegs. Sie ritten langsam. Berold, der den Trupp anführte, hatte keine Eile.

Ragnar, der auf Gisun saß und in der Mitte der Gruppe ritt, sah nur Berolds weißes Bärenfell. Der Anführer hatte seit dem kurzen Wortwechsel in der Nacht nicht mehr mit ihm gesprochen. Niemand hatte mit dem Donarsohn geredet, und niemand hatte ihm etwas zu essen angeboten, weder in der Nacht noch am Morgen, als die Bärenkrieger Nüsse und getrocknete Beeren gekaut hatten. Sie verhielten sich, als wäre er gar nicht da. Sein Magen war so leer, daß es schmerzte, doch Ragnar beschwerte sich nicht. Als er aus der Bärenschlucht geflüchtet war, hatte er sich gegen Berold und die achte Sippe entschieden. Er wollte sich nicht die Blöße geben, jetzt um Mitleid zu betteln.

Wenigstens hatten sie ihm Gisun gelassen. Der Braune war für ihn wie ein Freund, der einzige wohl, den er noch hatte. Der Bärenkrieger vor Ragnar führte Gisun am Zügel mit sich. Sie befürchteten, daß er noch einen Fluchtversuch unternahm, was Ragnar trotz seiner mißlichen Lage mit Stolz erfüllte. Er war ein Kind, unbewaffnet und allein, aber sie mußten sich vor ihm in acht nehmen!

Vielleicht gab ihm dieses Gefühl die Kraft, Haltung zu bewahren. Trotz des Hungers, der Kälte, der durchnäßten Kleidung und des fast sicheren Wissens, daß er den Donarhof und seine Eltern niemals wiedersehen würde. Er wußte nicht, was die Bärenkrieger mit ihm vorhatten. Vielleicht ließen sie ihn am Leben; sonst hätten sie ihn schon in der Nacht töten können. Aber er glaubte nicht, daß sie ihm eine zweite Gelegenheit zur Flucht gaben.

Wollte er das überhaupt? Vielleicht war es besser, Berolds Vertrauen zurückzugewinnen. Berold hatte große Hoffnungen in ihn gesetzt, hatte nicht das Kind in ihm gesehen, sondern den Edeling. Vielleicht ritt dort vorn der Mann, in dessen Hände die Nornen Ragnars Schicksal gelegt hatten.

Während Ragnar noch durch den Regenschleier zur Spitze des Kriegertrupps spähte, sah er zwei Männer von ihren Pferden rutschen. Sie fielen einfach zur Seite, als hätten unsichtbare Hände sie von den Tieren heruntergerissen. Als hinter Ragnar ein gellender Schrei ertönte, wandte er sich um. Ein Bärenkrieger bäumte sich auf dem Pferderücken auf und griff sich an die Brust, in die ein Ger gefahren war. Dann stürzte auch er zu Boden.

Die aufgeregten Rufe der Bärenmänner wurden durch ein donnerndes Krachen und Splittern übertönt. Eine große Eiche fiel dicht vor Berold quer über den Waldpfad und riß andere

Bäume mit sich. Die Pferde an der Spitze scheuten, und Berolds Schimmel stieg mit den Vorderbeinen so ruckartig in die Luft, daß der Reiter den Halt verlor.

Auch hinter ihnen krachte ein Baum nieder. Gleichzeitig sprangen Bewaffnete aus dem Unterholz links und rechts des Weges und fielen über die Reiter her. Diese erholten sich von ihrer Verwirrung und griffen zu den Waffen, als sie erkannten, daß ihre Gegner Menschen waren und nicht unsichtbare Riesen, die mit Bäumen um sich warfen wie ein Mann mit Ger und Frame. Der Ausgang des Kampfes schien offen zu sein, denn die Angreifer waren den Bärenkriegern zahlenmäßig nicht überlegen.

Obwohl um ihn herum Schwerter auf Schilde krachten und Framenspitzen blutende Wunden in das Fleisch von Männern und Pferden rissen, blieb Ragnar ruhig auf Gisun sitzen. Eingezwängt zwischen den Kämpfenden, gab es für ihn keine Möglichkeit zur Flucht. Sein Blick schweifte über die wimmelnde Menge auf der Suche nach einem bekannten Gesicht. Für einen Augenblick zweifelte er an seinem Verstand. Er dachte, er hätte seine Mutter gesehen, wie sie mit einem Schwert in der Hand unter die Bärenkrieger sprang. Dann war sie wieder verschwunden, und er glaubte an ein Trugbild.

Lauter als das Geräusch klirrender Waffen war nur das Geschrei rings um Ragnar. Schreie von Menschen und Pferden. Wütende Schreie, triumphierende Schreie, Schmerzensschreie und Todesschreie. Die wenigsten Angreifer sahen aus wie Krieger, eher wie Schalke. Viele von ihnen schienen den Kampf Mann gegen Mann nicht gewohnt und wurden von den Bärenmännern niedergemetzelt.

Ein Bärenkrieger mit einem blutigen Beil in der Rechten trieb sein Pferd durch das Gedränge auf Ragnar zu. »Sie wollen dich, Donarsohn, aber sie werden dich nicht kriegen – nicht lebend!«

Er hob das Beil, um Ragnars Haupt zu spalten. Dann war

das Beil verschwunden und mit ihm die Hand, die es geführt hatte. Der Bärenmann starrte auf den blutigen Stumpf seines Unterarms, erst verblüfft, dann entsetzt. Eine Schwertklinge fuhr in seine linke Burst, mitten ins Herz, und er stürzte vom Pferd.

»Menold!« rief Ragnar, als er seinen Retter erkannte.

Der kräftige Friese verzog sein breites Gesicht zu einem mißglückten Lächeln. Mit dem vielen Blut, das Menold bedeckte, sah er wie ein Dämon aus.

»Runter vom Pferd!« stieß er keuchend hervor. »Sonst kommt noch einer von diesen Bärenkerlen auf die Idee, aus deinem Kopf zwei zu machen. Ich weiß, wie schwer es ist, seinen Sohn zu verlieren. Thorag und Auja soll das erspart bleiben!«

Ragnar stieg ab und wollte sich bei Menold für die Rettung bedanken, aber der war schon wieder in einen Zweikampf verwickelt. Ein Bärenmann ritt auf den Friesen zu und wollte ihn mit der Frame aufspießen. Menold zeigte sich beweglicher, als man es ihm angesichts seines massigen Körpers zutraute. Er unterlief den Angriff und warf das Pferd des Gegners zu Boden. Als der Gestürzte sich aufgerappelt hatte, war Menold auch schon bei ihm und schwang das Schwert. Der Bärenmann fing den Angriff mit dem Schild ab und zog seinen Sax.

Wieder hörte Ragnar seinen Namen, gerufen von einer Frauenstimme. Es war wirklich Auja, seine Mutter, auch wenn sie mehr wie ein Krieger aussah. In der Rechten hielt sie einen Sax mit blutiger Klinge. Der linke Ärmel ihres Kittels war zerfetzt, und sie blutete aus einer großen Wunde am Oberarm. Ungläubig trat Ragnar auf sie zu, zweifelnd, ob dies alles Traum oder Wirklichkeit war.

»Du nimmst ihn mir nicht weg!«

Berold, der hinter Auja aufgetaucht war, stieß den Ruf aus. Er hatte das weiße Bärenhaupt verloren, und das graue Haar hing ihm wirr ins Gesicht. Einen Sax schwingend, sprang er auf Auja zu. Sie wehrte den Angriff mit ihrer Waffe ab, verlor aber unter dem Aufprall das Gleichgewicht und fiel rücklings zu Boden.

Berold hob seine Waffe zum nächsten Schlag gegen Auja, und Ragnar las in seinem haßverzerrten Gesicht die Entschlossenheit zu töten. Ragnar machte einen Satz nach vorn und stieß Berold zur Seite. Der war nicht darauf gefaßt gewesen und stürzte in sein eigenes Schwert. Die Klinge fuhr durch seine Brust, so weit, daß die rote Spitze aus dem Rükken trat.

Zusammengekrümmt lag Berold auf der rechten Seite und sah fassungslos zu Ragnar auf. Seine Lippen bebten, Blut rann aus einem Mundwinkel.

»Warum?« brachte er mit schwacher Stimme hervor.

Dann wurde sein Blick starr. Seine Kräfte erstarben, und Berold sank in sich zusammen wie ein verlöschendes Feuer.

»Wegen Alard«, sagte Ragnar leise. »Und wegen meiner Mutter.«

Auja erhob sich schwankend und schloß ihren Sohn in die Arme. Ein überwältigendes Gefühl von Wärme und Geborgenheit durchströmte ihn. Die Götter hatten ihn erhört!

Gestern nacht, als die Bärenmänner ihm auf den Fersen waren, hatte er sich nichts sehnlicher gewünscht, als in den Armen seiner Mutter zu liegen. Er weinte, und er schämte sich dessen nicht. Er weinte vor Glück, seine Mutter wiedergefunden zu haben, und vor Trauer. Ja, vor Trauer, obwohl er es selbst nicht ganz verstand: Er trauerte um Berold.

Während Mutter und Sohn aneinandergeschmiegt dastanden, verebbte der Kampflärm, und eine tiefe Stimme sagte: »Wir haben gesiegt, doch sind wir nur noch wenige. Bei Wodans tödlichem Speer – die Schalke und Halbfreien aus dem Donargau haben mit dem Mut von Hundingen gekämpft, und mit demselben Mut sind sie gestorben!«

Der das sagte, war ein baumlanger Mann, der aus mehreren Wunden blutete. Erst später sollte Ragnar erfahren, daß der Krieger ein Chatte namens Sikko war. Der Mann stapfte über Tote und Verwundete, und wo immer noch Leben in einem Bärenmann war, löschte er es mit einem Schwerthieb aus.

Die Sieger versammelten sich um Auja und Ragnar, und keiner war ohne Wunden. Ein kleiner Mann war darunter, der sich neben Sikko geradezu winzig ausnahm. Sie nannten ihn Nigrinus. Fünf weitere Gefährten Aujas hatten den Kampf überlebt, und zwei davon waren so schwer verwundet, daß sie nicht mehr aufrecht stehen konnten.

»Wo ist Menold?« fragte Ragnar.

Sie schauten sich nach dem Friesen um. Er lag neben dem Bärenmann, mit dem er einen Schwertkampf ausgefochten hatte. Jeder hatte die Brust des anderen mit seiner Klinge durchbohrt.

»Ebenbürtige Gegner bis in den Tod«, sagte Sikko. »Jetzt sitzen sie vielleicht vereint an Wodans Tafel.«

Ragnar wandte den Blick ab, sah seine Mutter an und bat: »Bring mich nach Hause!«

Die Freudengesänge der Cherusker über die Rückkehr ihres totgeglaubten Herzogs erklangen den ganzen Tag und endeten auch nicht, als Sunna hinter den westlichen Baumwipfeln versank.

Mehrmals hatte Armin vor der Thingversammlung über seine Flucht aus dem Tamfanaberg und seine Heilung durch Astrid und Alrun berichten müssen. Edelinge und Frilinge feierten ihn mit Rufen und Waffengeklirr, bis die Begeisterung kein Halten mehr kannte. Die Einheung des Thingplatzes brach unter dem Druck der Menge zusammen, was noch nie geschehen war. Von allen Seiten stürmten die Männer auf den Platz und zerdrückten ihren Herzog beinahe. Irgendwie fand er den Weg auf ihre Schultern, und sie trugen ihn um die Heiligen Steine herum. Lange mußte Armin bei ihnen bleiben und von seinen Erlebnissen bei den Chatten erzählen.

Erst am Abend ließen sie Armin zur Versammlung der Priester und Fürsten gehen, wo er keineswegs auf ungeteilte Zustimmung stieß. Inguiomar, Botan, Thimar und einige Priester machten ihm schwere Vorwürfe, daß er sich so lange versteckt gehalten hatte.

Alfhard sagte: »Du hast das heilige Thing für deinen Auftritt benutzt, um möglichst großen Eindruck auf die Frilinge unseres Stammes zu machen. Sie kannst du vielleicht blenden, Armin, aber nicht uns Fürsten und Priester. Indem du das Thing entweiht hast, hast du dich an den Göttern versündigt!«

Die Worte des Ewarts lasteten schwer in dem abgelegenen Haus, in dem die Versammlung stattfand. Der Gesang der Feiernden draußen ließ die Stille noch drückender erscheinen. Einige Männer nickten zum Zeichen, daß sie Alfhard zustimmten.

Armin war so ruhig, als hätten die Vorwürfe einem anderen gegolten. Thorag bewunderte ihn dafür, doch fand er es nicht unerklärlich. Sein Blutsbruder hatte viel Zeit gehabt, sich auf dieses Gespräch vorzubereiten.

»Du hast Recht, Alfhard«, begann Armin seine Erwiderung mit Worten, die allgemeine Überraschung hervorriefen. »Ich plante meinen heutigen Auftritt genau, und ich tat es, um die Begeisterung des Stammes über meine Rückkehr zu schüren. Aber warum tat ich das? Aus Eitelkeit, um mir zu schmeicheln? Nein! Wenn wir gegen die Chatten ziehen, müssen wir einig sein und voller Kampfeslust. Durch mein bloßes Erscheinen heute konnte ich den Stamm zusammenschließen, wie es sonst vielleicht nur unter Mühen gelungen wäre. Hätte ich mich früher gezeigt, als ich noch geschwächt von dem Gift war, hätten leicht Zweifel an meiner Kraft und meinem Heil laut werden können. Was aber ist verhängnisvoller für einen Stamm als ein Herzog, dem die eigenen Männer nicht vertrauen?«

Thorag, Bror, Rowart und ein paar Männer aus der Priesterschaft stimmten Armin zu.

»Du wirfst mir Eitelkeit vor, Ewart«, ergriff Armin wieder das Wort. »Ich spreche mich nicht von dieser Eigenschaft frei. Kannst du es? Kannst du schwören, daß nicht Eitelkeit und verletzter Stolz, dich zu deinen harten Worten über meinen Auftritt veranlaßt haben?«

Alfhard starrte Armin über das Feuer hinweg an und knurrte: »Was willst du damit sagen?«

»Du bist der oberste Priester der Heiligen Steine. Nach dir kommen die hier versammelten Priester, deine engsten Vertrauten. Dann erst folgen die übrigen Priester und Priesterinnen, zu denen auch Astrid zählt. Sie wußte von meiner Rettung, du aber nicht. Kannst du ausschließen, daß du mir deshalb zürnst?«

Der Ewart senkte das Haupt und starrte überlegend zu Boden. Als er wieder aufblickte, sagte er: »Du hast Recht, Armin. Nicht die Sorge um den Stamm haben meine Worte veranlaßt, sondern der Zorn darüber, daß eine Priesterin mehr wußte als ich.«

»Na und? Was ändert das?« rief Inguiomar. »Armin hat uns alle getäuscht und würde es jederzeit wieder tun! Wie können wir ihm vertrauen? Wie kann er länger unser Herzog sein?«

»Armin täuschte uns zu unser aller Wohl!« entgegnete Thorag. »Das ist kein Grund, an seiner Stellung als Herzog zu zweifeln.«

Inguiomars Kopf ruckte zu ihm herum wie der einer Schlange, die ihr Opfer gefunden hatte. »Du hast leicht reden, Thorag. Als Armins Blutsbruder warst du natürlich eingeweiht.«

»Erst seit gestern abend weiß ich, daß Armin lebt.«

»Dir fällt das Lügen genauso leicht wie meinem Neffen!« schnaubte der Ingfürst mit verächtlichem Unterton.

»Thorag spricht wahr, *Oheim*«, sagte Armin. »Ich frage mich allerdings, ob das für alle hier gilt.«

Alfhard blickte ihn erstaunt an. »Erkläre deine Worte, Herzog!«

»Ich denke an die Bärenkrieger, die Thorags Sohn verschleppt haben. Inguiomar schlug Botan zum Herzog vor, der Ingfürst den Stierfürsten. Der Ing- und der Stiergau schlugen sich damals auf Marbods Seite, weil ihre Anführer dem Bärengott huldigten. Ist es ein Zufall, daß die Anführer der beiden Sippen heute versuchten, die Macht über den Cheruskerstamm an sich zu reißen? Denn auch das ist ein Grund für mich gewesen, den Glauben an meinen Tod so lange aufrecht zu erhalten: Ich wollte sehen, was im Cheruskerland geschieht, wenn mögliche Verräter mich tot wähnten.«

»Du redest irre, Armin!« versetzte Inguiomar. »Das Gift muß deinen Verstand angefressen haben. Ich schlug Botan erst zum Herzog vor, als Thorag ablehnte. Und auch ihn habe ich vorgeschlagen. Wie paßt das zu deiner Verdächtigung?«

»Ganz einfach. Wenn du mit den Bärenkriegern verbündet bist, weißt du, daß sie Thorag den Tod seines Sohnes für den Fall angedroht haben, daß er sich zum Herzog wählen läßt. Du konntest darauf bauen, daß er ablehnt.«

Der Ingfürst schüttelte angewidert den Kopf. »Du webst dein Lügenspinst leichter als die Nornen das Netz des Schicksals. Ich weiß nicht, was dich dazu veranlaßt. Vielleicht die Machtgier. Vielleicht hat das Gift wirklich deine Sinne verwirrt. Oder du verfolgst Pläne, die nur du allein kennst. Wärst du nicht der Sohn meines geliebten Bruders Segimar, würde ich dich mit der Waffe in der Hand zur Verantwortung ziehen. So aber kann ich nur sagen, daß ich einem Herzog Armin nicht länger folgen werde!«

»Das sagst du trotz des Schwurs, den du nach Marbods

Niederlage geleistet hast?« fragte Armin. »Du hast beim Allvater Wodan, bei deinem Ahnherrn Ing und bei Wara, der Göttin der Wahrhaftigkeit, gelobt, immer treu zu deinem Herzog zu stehen!«

»Damals konnte ich nicht ahnen, daß du mich einmal als Verräter brandmarkst. Doch auch so fühle ich mich nicht länger an meinen Schwur gebunden. Wer seinen Stamm, die Edelinge, die Gaufürsten und die Priester auf eine Weise hintergeht, wie du es getan hast, kann nicht mehr rechtmäßiger Herzog sein!«

»Du machst es dir leicht, deinen Schwur zu brechen.«

Armins letzte Bemerkung fand großen Beifall.

Botan, der sich auffallend ruhig verhalten hatte, erhob sich. »Auch ich wurde von Armin des Verrats bezichtigt. Und auch ich kann einen Mann, der leichtfertig seinen Stamm belügt und ebenso leichtfertig Verdächtigungen gegen andere Fürsten erhebt, nicht länger als Herzog anerkennen. Morgen werde ich mit allen Männern aus meinem Gau die Heiligen Steine verlassen. Die Stiermänner werden erst dann wieder zu einem Stammesthing erscheinen, wenn feststeht, daß Armin nicht länger Herzog der Cherusker ist!«

Inguiomar stand auf und trat an Botans Seite. »Der Stierfürst spricht mir aus dem Herzen. Auch die Ingkrieger werden diesen Ort meiden, bis nicht länger ein ehrloser Neidling den Stamm anführt.«

Die beiden Fürsten verließen das Versammlungshaus.

Bror spie aus, und sein Speichel traf die Stelle, wo eben noch der Ingfürst gesessen hatte. »Wahre Neidlinge erkennt man daran, daß sie aus Wahrheit Lüge und aus dem besten Herzog, den unser Stamm jemals hatte, einen Neiding machen wollen. Wären sie nicht gegangen, hätte ich mich nicht länger an das Thinggebot halten können, die Waffen schweigen zu lassen. Ihre Worte klingen gut, aber aus ihren Herzen spricht Verrat!«

Rowart, Thimar und die meisten Priester stimmten ihm zu.

Armin wandte sich an seinen Blutsbruder. »Warum schweigst du, Thorag? Sorgst du dich um deinen Sohn?«

»Die ganze Zeit schon. Aber eben dachte ich an den Kampf gegen die Chatten. Die Krieger aus Inguiomars und Botans Gauen werden uns fehlen. Mehr noch, wir müssen mit einem Kampf an zwei Fronten rechnen.«

»Schon einmal haben sich Ing- und Stierkrieger gegen uns gestellt«, erwiderte Armin. »Und auch damals haben wir sie besiegt.«

»Nicht besiegt, nur zurückgedrängt«, sagte Thorag düster. »Das Böse ist erst besiegt, wenn man es vernichtet!«

Entsetzen trat auf Armins Gesicht. »Du kannst doch nicht alle Menschen im Stiergau und im Inggau auslöschen wollen?«

»Nicht alle Menschen, aber alle Anhänger des Bärengottes. Tun wir es nicht, werden wir niemals Ruhe vor der achten Sippe haben.«

Es war ein beschwerlicher Ritt, und es würde lange dauern, bis sie den Donarhof erreichten. Sie mußten vorsichtig sein, um nicht weiteren Trupps von Bärenkriegern in die Hände zu fallen.

In der Bärenschlucht hatte Berold über eine ganze Hundertschaft geboten, nicht nur über die dreißig Mann, die er bei seinem letzten Kampf bei sich gehabt hatte. Sollten die übrigen Bärensöhne ihre verschwundenen Brüder suchen, würde der Schwarm aashungriger Krähen, der über dem Kampfplatz kreiste, sie auf die Spur der wenigen Überlebenden führen. Einen weiteren Kampf hätten Auja und ihre Begleiter kaum durchgestanden. Deshalb benutzten sie nur versteckte Wege, die nicht von weitem einsehbar waren. Für die zwei schwer verwundeten Schalke hatten sie Schleppen gebaut, die von Pferden gezogen wurden.

Ragnar ritt auf Gisun, aber er konnte sich darüber nicht recht freuen. Immer wieder dachte er an die Toten, die sich, wie der Friese Menold, für ihn geopfert hatten. Und er dachte an Berolds fragenden letzten Blick.

Abends lagerten sie in einem kleinen Tal, ohne ein Feuer zu entzünden. Flammenschein und Rauch hätten sie möglichen Verfolgern verraten. Lustlos kauten sie auf kaltem Pökelfleisch und Nüssen.

Auja berichtete ihrem Sohn, wie sie den Bärenmännern auf die Spur gekommen waren. Der seltsame Einsiedler hatte ihnen die richtige Richtung gewiesen. In der vergangenen Nacht hatten sie die Hornsignale der Bärensöhne vernommen. Sikko hatte sich als Späher angeboten und war auf einen Suchtrupp der Bärenkrieger gestoßen, den er bis zum Nachtlagerplatz auf der Lichtung verfolgt hatte. Als er wieder bei Auja und den anderen eintraf, reichte die Zeit nicht mehr für einen nächtlichen Überfall. Doch sie ahnten, daß die Bärenmänner sich westwärts wenden würden, den Höhenzügen zu, von denen der Friedlose gesprochen hatte. Und auf dem geradesten Weg dorthin bereiteten sie ihre Falle an jenem Ort vor, der wegen zweier von den Sturmriesen halb entwurzelter Bäume wie geschaffen dafür war.

Anschließend erzählte Auja von Thorags und ihren Erlebnissen in Ravenna, und Ragnar lauschte ihr aufmerksam. Es lenkte ihn von den quälenden Gedanken ab, die ihn bewegten. Doch sie kehrten zurück und verdrängten Aujas Worte aus seinem Kopf.

Schließlich unterbrach er seine Mutter und fragte: »Gibt es eine Trennung zwischen Gut und Böse?«

Erstaunt starrte sie ihn an. »Was meinst du, Ragnar?«

Er erzählte ihr von Berold, von den langen Gesprächen und von seinen Zweifeln, was die Ehrlichkeit des Bärenmannes betraf.

Auja hörte ihm aufmerksam zu und sagte dann: »Vielleicht

war manches Gute in Berold, trotzdem war es für uns etwas Böses. Er wollte das Beste für die achte Sippe. Aber wenn die Bärensippe alle anderen beherrschen will, ist es schlecht für uns.«

»Dann ist Böses im Guten und Gutes im Bösen«, schlußfolgerte Ragnar. »Und als ich Berold tötete, habe ich auch das Gute in ihm getötet.«

»Das läßt sich nicht vermeiden. Manchmal hat man nur die Wahl zwischen dem größeren und dem kleineren Übel.«

»Ich bin froh, daß ich dich gerettet habe, Mutter. Aber ich wäre noch glücklicher, hätte ich es auf andere Art tun können.«

»Das verstehe ich gut.« Auja zog ihn an sich und strich ihm über den Kopf. »Ich bin sehr stolz auf dich, Ragnar!«

Kapitel 20

Der Blutsommer

DIE SONNENJUNGFRAU VERBARG ihr strahlendes Antlitz noch hinter grauschwarzen Dämmerschleiern, und doch erstrahlte der Donarhof in hellem Schein. Überall brannten Fakkeln und Feuer, und vor den Häusern und Hütten hatten sich Männer, Frauen und Kinder versammelt. Sie alle stimmten in die Gesänge ein, mit denen Thorag seinen Ahnherrn Donar um Heil und Kraft für den bevorstehenden Kriegszug bat.

Thorag trug das weiße Priestergewand, denn als Fürst des Donargaues war er zugleich dessen oberster Priester. Er stand in der Mitte eines großen Kreises, den die Krieger aus seiner Gefolgschaft bildeten. Im vollen Waffenschmuck angetreten, schlugen sie im Rhythmus der Gesänge ihre Framen gegen die Schilde. Der große schneeweiße Ziegenbock, der neben Thorag an einen Pflock gebunden war, wurde zunehmend unruhiger. Vielleicht erregte ihn nur der Lärm, vielleicht ahnte er aber auch, daß der Augenblick seines Todes nahte.

Als das letzte Lied verstummt war, hob Thorag den großen vergoldeten Hammer, den schon sein Vater für Weihehandlungen benutzt hatte, und schaute zum dunklen Himmel. »Donar, Verteidiger der Götter und Menschen, steh uns bei in dem Kampf, der vor uns liegt!«

Die Krieger hoben ihre Schilde und riefen von innen in die Wölbungen, so daß es dumpf und geisterhaft klang: »Do-nar! Do-nar! Do-nar!«

»Donar, Werfer des mächtigen Miölnir und Schleuderer

der feurigen Blitze, steh uns bei in dem Kampf, der vor uns liegt!«

»Do-nar! Do-nar! Do-nar!«

»Donar, Bezwinger der Riesen und Ungeheuer, steh uns bei in dem Kampf, der vor uns liegt!«

»Do-nar! Do-nar! Do-nar!«

Thorag ließ Miölnirs Abbild wieder sinken. Hatto trat mit vier Kriegern zu ihm und nahm den Hammer.

Jeder der vier Krieger trug eine Frame, deren dicker Schaft aus dem Holz der Donar heiligen Eiche bestand. Schnitzereien zeigten Miölnir, Blitze und die Böcke des Donnergottes. Die Eisenspitzen der Framen waren besonders groß. Auf die eine Seite jeder Spitze war Miölnir eingeritzt, auf die andere Thurisaz, die kraftspendende Rune Donars, das Symbol für das Überwinden großer Hindernisse.

Thorag nahm die Frame des ersten Kriegers an sich, hob sie mit beiden Händen und sprach: »Krieg kommt über deine Sippe, Donar, und das Blut deiner Söhne wird fließen wie das dieses geweihten Bockes. Klaglos geben wir unser Leben für den Sieg, wissend um dein Heil und deine Kraft!«

Und wieder riefen die Krieger dreimal den Namen des Donnergottes in ihre Schilde.

Der Bock stieß ein ohrenbetäubendes Meckern aus und sprang um den Pflock herum, zerrte an dem Seil, das ihn festhielt. Es nützte ihm nichts. Thorag stieß die Frame tief in eine Seite des Tieres. Blut lief über das weiße Fell und über den Eichenholzschaft. Mit einem Ruck zog Thorag die Waffe wieder heraus und gab sie dem Krieger zurück. Jetzt war sie die Blutframe, das Kriegszeichen der Donarsöhne.

Der Donarfürst nahm die zweite Frame an sich und bot sie mit denselben feierlichen Worten seinem Ahnherrn dar, der wiederum von den Kriegern angerufen wurde. Dann stieß er auch diese Waffe in den Leib des sich am Boden krümmenden Ziegenbockes. Er wiederholte das Ritual mit den beiden anderen Framen, und mit dem letzten Stoß brachte er dem Bock den Tod. Das Tier war jetzt mehr rot als weiß, und etliche Blutspritzer klebten auf Thorags Priesterkleid.

Als alle vier Krieger die blutbefleckten Framen in Händen hielten, nahm Thorag wieder Miölnir an sich und sagte laut: »Die Blutframe ruft zum Kampf, die Blutframe ruft zum Sieg. Wie sie in den Leib des Bockes fuhr, so werden unsere Framen in die Leiber der Feinde fahren. Gib uns dein Heil, gib uns deine Kraft, mächtiger Donar!«

»Do-nar! Do-nar! Do-nar!«

Der Kreis der Krieger öffnete sich. Begleitet von Thorag und Hatto, schritten die vier Kriegsboten zwischen den Männern hindurch und stiegen auf ihre Pferde. Sie reckten ihre Framen vor und berührten mit den Spitzen Miölnir, den Thorag hochhielt.

»Heil Donar!« erscholl es aus den Mündern aller Versammelten.

Die Kriegsboten wandten ihre Pferde um und ritten in die vier Himmelsrichtungen auseinander. Alle Tore in den Palisaden waren geöffnet, und durch jedes ritt ein Mann mit blutiger Frame. Von Dorf zu Dorf, von Hof zu Hof würden sie die Blutframe tragen, und jeder Waffenfähige im Donargau würde wissen, daß auf den langen, harten Winter ein Sommer des Kämpfens, des Tötens und des Sterbens folgte, ein Blutsommer.

Es würde nicht leicht werden für die fünf cheruskischen Gaue, die treu zu ihrem Herzog Armin standen. Kaum war das Thing beendet, hatten Armins an der Grenze zum Chattenland postierte Späher gemeldet, daß der Nachbarstamm zum Krieg rüstete. Adgandest hatte seine Gaue zum Kampf gegen die Cherusker aufgerufen. Angeblich, um die Feinde Roms niederzuringen und den germanischen Stämmen einen dauerhaften Frieden zu sichern. Thorag konnte nicht sagen, inwieweit der Chattenherzog das selbst glaubte und inwieweit Adgandest ein Opfer des Hasses war, der ihn zerfraß. Aber eines wußte der Donarfürst: Sie mußten die Chatten besiegen, auch ohne die beiden abgefallenen Cheruskergaue. Sonst waren all die Kämpfe, die Armin und Thorag in den vergangenen Sommern um die Freiheit der rechtsrheinischen Stämme geführt hatten, vergebens gewesen.

Im Osten stieg Sunna empor und überflutete das Land mit einem rötlichen Schein, wie eine riesige Blutwelle. Hoffentlich, dachte Thorag, ist das kein böses Vorzeichen!

Später am Tag glaubte Thorag, daß der blutrote Sonnenaufgang vielleicht doch ein böses Zeichen gewesen war. Der abgehetzte Reiter, der den Donarhof erreichte, als Sunna hoch am Himmel stand, hieß Hariolf und gehörte zur Kriegergefolgschaft des Donarfürsten. Der hatte Hariolf und fünf weitere Krieger nach dem Thing in Richtung Inggau ausgesandt, um an der Gaugrenze auszuspähen, was der Ingfürst plante. Und was Hariolf berichtete, verhieß nichts Gutes.

»Die Ingkrieger rüsten zum Kampf, und die Stiermänner sind mit ihnen verbündet«, stieß er hervor, nachdem er halbwegs zu Atem gekommen war. »Von allen Höfen an der Gaugrenze strömen die Waffenfähigen aus und sammeln sich im Tal der Silberweiden. Ein riesiges Kriegslager entsteht dort.«

Seine Rechte griff nach dem irdenen Wasserbecher, den ein Schalk nachgefüllt hatte, und gierig stürzte er den Inhalt hinunter. Thorag und die Männer aus seiner Gefolgschaft, die sich im Langhaus des Donarfürsten versammelt hatten, starrten den jungen Krieger betroffen an. Was sie seit dem dritten Thingtag befürchtet hatten, wurde jetzt zur schrecklichen Gewißheit: Inguiomar hatte entweder ein Bündnis mit Adgandest geschlossen, oder er nutzte die Gelegenheit das Chattenangriffs, um den eigenen Stamm und dem ungeliebten Neffen in den Rücken zu fallen.

»Hariolf, woher weißt du, daß die Stierkrieger gemeinsame Sache mit den Ingleuten machen?« fragte Thorag.

»Weil sich viele Hundertschaften aus dem Stiergau im Tal der Silberweiden eingefunden haben. Mit eigenen Augen habe ich sie gesehen und den Stierkopf auf ihren Schilden erkannt.«

Hatto beugte sich vor. »Hast du auch Bärenmänner gesehen?«

Hariolf schüttelte den Kopf. »Keinen einzigen.«

»Seltsam«, meinte der Kriegerführer. »Wenn Inguiomar und Botan die Herrschaft des Bärengottes neu errichten wollen, sollte man doch annehmen, daß sie auch in seinem Zeichen in den Kampf ziehen.«

»Nicht unbedingt«, widersprach Thorag. »Nur weil sie dem Bärengott huldigen, muß das nicht gleich auf alle Menschen in ihren Gauen zutreffen. Die Niederlage, die Ing- und Stierkrieger an Marbods Seite erlebt haben, dürfte dem Siegheil des Bärengottes nicht förderlich gewesen sein. Mag sein, Inguiomar und Botan halten ihren Pakt mit der achten Sippe vor den eigenen Leuten geheim.«

»Und wie begründen sie ihren Kriegszug gegen uns?« fragte Hatto.

»Keine Ahnung«, gestand Thorag. »Aber du kennst Inguiomars beredte Zunge. Schon auf dem Thing hat er Armin als Verräter am eigenen Stamm hingestellt. Vielleicht redet er seinen Kriegern ein, die fünf herzogstreuen Gaue wollten nicht nur die Chatten unterwerfen, sondern auch die beiden abgefallenen Gaue.«

»Was die Verräter planen, ist schwer zu sagen«, meinte Hatto. »Das Tal der Silberweiden liegt nahe an der Grenze zum Donargau, aber es ist auch nicht weit von den nördlichen Ausläufern des Chattenlandes entfernt. Eine Vereinigung von Ing- und Stierkriegern mit Adgandest ist ebenso möglich wie ein Kampf an zwei Fronten.«

»Da gibt es für uns nur zwei Möglichkeiten«, seufzte Thorag. »Entweder warten wir ab, oder wir kommen den Verrätern zuvor.«

Jorit beugte sich interessiert über den Tisch. »Fürst Thorag, soll das heißen, du willst Inguiomar und Botan in ihrem Kriegslager angreifen?«

»Es wäre die sicherste Maßnahme, einen Krieg an zwei Fronten zu vermeiden. Es sei denn, Adgandest kommt schnell genug heran, um uns in den Rücken zu fallen. Dann sieht es schlimm für uns aus. Eine schwierige Entscheidung, die wir nicht treffen können. Sie obliegt unserem Herzog. Sofort muß ein Bote zur Adlerburg reiten, um Armin die schlimme Nachricht zu überbringen.«

»Ich übernehme das«, erbot sich Jorit mit bitterer Miene. »Im Übermitteln schlechter Nachrichten bin ich leider geübt.«

Thorag verstand seine Anspielung und nickte. Sie hatten weder Nachricht von Ragnar noch von Auja. Die ersten der Männer, die nach Thorags Sohn gesucht hatten, waren zum Donarhof zurückgekehrt, ohne auch nur einen Bärenkrieger gesehen zu haben. Auch die Verbindung zu Auja hatten sie verloren. Thorags Frau schien ebenso wie sein Sohn irgendwo im dünn besiedelten Westen des Gaues verschollen zu sein. Die quälende Sorge ließ ihn nachts kaum schlafen. Am liebsten wäre er mit sämtlichen Waffenfähigen des Donargaues aufgebrochen, um die Vermißten zu suchen. Doch er mußte seine persönlichen Sorgen zurückstellen. Jetzt wurde jeder Mann gebraucht, um die Freiheit des Cheruskerstammes zu erhalten.

Keine halbe Stunde später saß Jorit auf seinem Falben und hielt einen Braunen, ebenso schlank wie der Falbe, als Ersatzpferd am Zügel.

Thorag begleitete ihn zum Haupttor und sagte: »Armin soll mir so schnell wie möglich Nachricht geben, wie wir vorgehen sollen. Sobald die Waffenfähigen des Donargaues dem Ruf der Blutframe gefolgt sind, stehen wir bereit, im Eilmarsch zum Tal der Silberweiden vorzudringen, um nötigenfalls einen Keil zwischen die Chatten und die abgefallenen Cheruskergaue zu treiben. Sag Armin das, Jorit, und sag ihm auch, er soll sich rasch entscheiden!«

Jorit legte seine Frame quer über den Hals des Falben und beugte sich zu Thorag: »Verlaß dich auf mich, mein Fürst. Ich weiß, ich habe dich enttäuscht, als ich zuließ, daß Ragnar in die Hände der Bärenkrieger fiel. Noch einmal werde ich nicht versagen!«

»Du konntest nichts für Ragnar tun, allein gegen eine halbe Hundertschaft. Denk jetzt nicht an Urds Schicksalsknoten, die deinen Geist verdunkeln. Konzentriere dich auf die Botschaft für Armin. Du mußt sie ihm überbringen!«

Jorit schaute Thorag besorgt an. »Rechnest du mit feindlichen Kriegern in den Gauen der Donarsöhne und der Hirschleute?«

»Auch unsere Späher stehen an den Grenzen. Wenn die Bärensippe im Spiel ist, muß man auf alles gefaßt sein. Also sei vorsichtig, Jorit!«

»Das werde ich, Thorag«, versprach Jorit und hob die Hand, um Hatto und die übrigen Krieger zu grüßen.

Dann ritt er durch das Osttor, ließ Palisaden, Gräben und Wälle hinter sich, galoppierte zwischen den weiten Feldern hindurch und verschwand in den Ausläufern der Wälder. Nur gut, daß es verläßliche Krieger wie Jorit gibt, überlegte Thorag. Und daß Armin wieder – oder noch immer – an der Spitze des Cheruskerstammes steht. Ohne einen Herzog Armin und ohne Krieger wie Jorit würde der Stamm den Blutsommer nicht überstehen.

Den ganzen Nachmittag erfüllte die lärmende Geschäftigkeit des bevorstehenden Kriegszuges den Donarhof. Die Krieger saßen vor den Häusern, schliffen ihre Klingen und besserten

morsche Schilde aus. Oder sie gingen in den Pferdestall, um
die Tauglichkeit ihrer Rosse zu überprüfen. Die kriegs-
pflichtigen Barschalke schnitten sich Framen und Gere zu-
recht, um die Spitzen anschließend im Feuer zu härten. Aus
der Schmiede dröhnte unentwegtes Hämmern, während Funken vom Amboß sprühten. Die Frauen besserten das Leder
von Zaumzeug und Wehrgehängen aus und summten dabei
Lieder von heldenhaften Recken und großen Siegen, um die
Furcht zu übertönen, ihre Männer könnten nicht zu ihnen
heimkehren. Die Kinder schlugen kreischend mit Stöcken
aufeinander ein, ein jedes wollte dabei Armin oder Thorag
sein.

Nach und nach trafen die ersten Waffenfähigen, zu denen
die Kriegsboten gekommen waren, in größeren und kleineren
Gruppen ein. Edelinge hoch zu Roß, gefolgt von den
Frilingen und Barschalken ihrer Höfe. Die Frilinge waren
noch zu einem gewissen Teil beritten, die Halbfreien fast immer zu Fuß. Die Herren kleiner Höfe, freie Bauern oder
Barschalke, trotteten häufig allein herbei, mit ihren Gedanken
daheim, wo jetzt alles in den Händen ihrer Weiber lag. Noch
fanden die Männer Platz innerhalb der Palisaden, aber in den
nächsten Tagen würde draußen auf den Feldern, die vor kurzem noch die Mäntel der Frostriesen getragen hatten, ein
Heerlager aus Hütten und notdürftigen Unterständen entstehen, gespickt mit Framen und Geren. Eine Siedlung, wie nur
ein Blutsommer sie sah.

Die kleine Gruppe aus sieben Reitern und einem Schwerverwundeten, der auf einer Schleppbahre lag, sorgte erst für
Aufsehen, als sie durch das Osttor auf den Donarhof kam. Da
aber pflanzten sich die Namen »Auja« und »Ragnar« wie ein
Lauffeuer fort, und alles strömte aufgeregt um die Neuan-
kömmlinge zusammen. Sie waren so erschöpft, daß schon das
Absteigen von den Pferden sie anstrengte.

Ihr Weg durch teilweise ebenso unbekanntes wie unwirtliches Land, stets auf abgelegenen Pfaden, um nicht den Bärenkriegern zu begegnen, war mühsam gewesen. Einen der beiden Schwerverletzten hatte das Wundfieber verbrannt. Sie hatten seinen Leichnam in der Erde verscharrt, damit Geier und Krähen nicht die Männer der achten Sippe auf ihre Spur brachten.

All das erzählten sie nach und nach, während sie bei stärkenden Speisen und erfrischenden Getränken allmählich wieder zu Kräften kamen. Die heilkundige Irmil kümmerte sich derweil um den Schwerverwundeten, der nach ihrer Auskunft einen steifen Arm als ständige Erinnerung an das Gemetzel behalten würde.

In Thorag kämpften widerstreitende Gefühle. Einerseits überwältigte ihn das Glück darüber, Auja und Ragnar wohlbehalten bei sich zu haben. Endlich, nach so vielen Wintern, waren sie wieder vereint!

Doch das, was Ragnar über seine Zeit bei den Bärenkriegern erzählte, verstärkte das Gefühl der Bedrohung noch, das Jorits Bericht über seine Gefangenschaft Thorag vermittelt hatte. Dieser Berold schien sicher gewesen zu sein, daß die Bärensippe sich bald zu neuer Macht erheben würde. Ein paar versprengte Anhänger des Bärengottes, die sich in einer abgelegenen Schlucht versteckten, konnten solch ein hohes Ziel kaum erreichen. Daß sie mit Inguiomar und Botan verbündet waren, erschien Thorag immer wahrscheinlicher.

Die Männer aus seiner Gefolgschaft konnten gar nicht genug vom Kampf gegen die Bärenkrieger hören. Immer wieder verlangten sie nach der Geschichte, und ihre Augen glänzten bei jedem toten Feind. Der Sieg, den der zusammengewürfelte Haufe um Auja und Sikko errungen hatte, war für sie ein gutes Vorzeichen, ein Wink der Götter, daß auch ihnen in den bevorstehenden Kämpfen Siegheil beschieden sein würde.

Thorag ließ sich von der Kampfeslust seiner Krieger, die

Loblieder auf den Sieggott Wodan und den Kriegsgott Donar anstimmten, nicht anstecken. Er dachte an die vielen Toten, mit denen Ragnars Rettung erkauft worden war. Sollte der Schlachtensommer von den Donarsöhnen einen ähnlich hohen Blutzoll fordern, würden am Ende nicht mehr viele Krieger ihren Sieg feiern können.

Immer wieder suchte Ragnar die Reihen der Krieger, die sich um ihn und Auja drängten, mit unstetem Blick ab. Er schien Ausschau zu halten nach etwas oder nach jemandem, offenbar ohne Erfolg. Thorag nahm seinen Sohn beiseite und sprach ihn darauf an.

»Ich frage mich, wo Jorit ist«, erklärte Ragnar. »Du sagtest doch, er habe seine Botschaft nach den Heiligen Steinen gebracht. Ist er nicht mit dir zurück zum Donarhof gekommen?«

Thorag berichtete, daß er Jorit vor wenigen Stunden mit einer Nachricht zur Adlerburg gesandt hatte. »Hätte ich gewußt, daß du kurz darauf heimkehrst, hätte ich einen anderen Boten zu Armin geschickt. Du willst Jorit sicher dafür danken, daß er den ganzen Winter treu an deiner Seite geblieben ist.«

»Das weniger«, sagte Ragnar zögernd. »Ich würde Jorit lieber ein paar Fragen stellen.«

»Fragen? Was für Fragen?«

Ragnar rieb sich über die Nase und blickte geistesabwesend drein, als hätte er die Frage seines Vaters überhört. »Ist er eigentlich auf seinem Falben zur Adlerburg geritten?«

»Ja. Mit dem Tier, mit dem er auch zu den Heiligen Steinen gekommen ist. Er reitet es schon lange, nicht wahr?«

»Er ritt es auch, als wir zur Jagd auf den Unsichtbaren aufbrachen. Das ist es ja, was mich verwundert. Als wir auf die Bärenmänner trafen, fiel es mir nicht auf. Erst viel später, als ich wieder und wieder darüber nachdachte, erschien es mir seltsam.«

»Ich verstehe dich nicht, Ragnar.«

»Als die Bärenkrieger uns überfielen, waren Jorit und ich allein.«

»Das hat er mir erzählt. Ihr wart hinter dem Jagdtrupp zurückgeblieben.«

»Ja, weil Jorits Falbe lahmte.«

»Das wußte ich nicht. Und weiter?«

»Auch auf dem Weg zum Lager der Bärenkrieger ritt Jorit seinen Falben, doch der schien nicht mehr zu lahmen«, sagte Ragnar zögernd, als weigerte er sich, es zu glauben. »Vielleicht hatte sich ja nur ein Stein im Huf verklemmt, der herausfiel, als wir hielten. Aber wenn es so war und wir nur zufällig an der Stelle anhielten – wieso lauerten die Bärenmänner ausgerechnet dort auf uns? Berold sprach zu mir davon, daß sie die Falle lange vorbereitet hätten.«

»Die Sache mit dem Unsichtbaren, ich verstehe.« Thorag starrte seinen Sohn durchdringend an. »Weißt du, was du da sagst, Ragnar? Du beschuldigst Jorit, gemeinsame Sache mit der Bärensippe zu machen!«

»Vielleicht gibt es eine andere Erklärung.« Ragnar klang kleinlaut, schien sich zu schämen. »Vielleicht bin ich nur neidisch auf Jorit, weil er die Schlucht des kauernden Bären früher verlassen konnte als ich.«

»Die Schlucht des kauernden Bären?«

»So nennen die Bärenmänner das versteckte Tal. Der Name kommt von einem Felsen in Bärenform hoch über der Schlucht. Es sieht aus, als wache der steinerne Bär über das Lager.«

Thorag fühlte sich wie von einer Riesenfaust gepackt und durchgeschüttelt. Er dachte an die vielen Winter und Sommer, da Jorit treu an seiner Seite gekämpft hatte. Jeder hatte sein Leben für das des anderen eingesetzt. Ob es gegen den Verräter Segestes, gegen die Bärenkrieger, gegen Marbod oder gegen die Legionen des Germanicus gegangen war, stets hatte Jorit sich mit dem Ungestüm der Jugend und dem Mut eines wahren Kriegers für die Sache der Donarsöhne in den Kampf geworfen. Hätte Thorag einen Sohn in Jorits Alter, hätte er genauso wie der junge Krieger sein müssen. Thorag hatte fest damit gerechnet, Jorit eines Tages zum Führer seiner Kriegergefolgschaft zu ernennen. Was Ragnar jetzt sagte, brachte das festgefügte Bild ins Wanken.

Auja, Hatto und Sikko kamen zu ihm. Sie hatten bemerkt, daß etwas nicht in Ordnung war, und erkundigten sich danach. Thorag erzählte ihm, was er von Ragnar erfahren hatte. Schlagartig verdüsterte sich Hattos Miene.

»Was ist?« fragte Auja.

»Hatto war dabei, als Jorit mir bei den Heiligen Steinen die Botschaft der Bärenkrieger überbrachte«, antwortete Thorag. »Er versteht, weshalb ich an Jorits Treue zweifeln muß. Ich fragte Jorit, ob das Tal der Bärenmänner einen Namen hat oder ein besonderes Merkmal, das uns helfen könnte, es aufzuspüren. Jorit hat das verneint, hat den kauernden Bären mit keiner Silbe erwähnt!«

»Aber Jorit ...« Hatto schüttelte den Kopf. »Jedem aus unserer Kriegergefolgschaft, mit Ausnahme von mir selbst, würde ich eher einen Verrat zutrauen.«

»Ich kenne ihn nicht«, sagte Sikko. »Aber wenn er so jung ist, wie ihr sagt, ist er leicht zu beeinflussen. Ein junger Geist ist biegsam wie das Holz der Esche. Er läßt sich leicht in jede Richtung lenken und tut bedenkenlos das Falsche, ist er einmal für eine Idee entflammt.«

»Berold hat mich auf seine Seite zu ziehen versucht«, erzählte Ragnar. »Fast wäre es ihm gelungen. Er war sehr überzeugend, und ... vielleicht hatte er aus seiner Sicht sogar Recht. Mag sein, daß er bei Jorit er mehr Erfolg hatte.«

Auja zog ihren Sohn an sich. »Aber Jorit muß schon vorher zur Bärensippe gehört haben, sonst hätte er dich nicht in die Falle locken können.«

»Jorit gehörte also zu unseren Feinden«, sagte Thorag leise. »Ich will es nicht glauben, und doch gibt es keine andere Erklärung. Und ausgerechnet ihn habe ich zu Armin gesandt!«

»Glaubst du, Jorit unerschlägt deine Botschaft?« fragte Hatto. »Denkst du, er reitet gar nicht zur Adlerburg?«

»Viel schlimmer«, erwiderte Thorag. »Ich frage mich, was geschieht, falls Jorit wirklich zu Armin reitet!«

»Wir müssen Armin warnen!« rief Hatto. »Ich werde das übernehmen.«

»Nein«, sagte Thorag. »Du bleibst hier und bereitest den Kriegszug vor. Jorit ist mein Gefolgsmann, mich hat er getäuscht und verraten. Also werde ich ihm folgen. Holt die beiden schnellsten Pferde, die wir im Stall haben! Ich breche unverzüglich zur Adlerburg auf!«

Die Adlerburg, mitten im Hirschgau gelegen, war seit den Zeiten der Väter und Vorväter der Stammsitz der Hirschfürsten. Ursprünglich war sie eine der vielen Fliehburgen gewesen, die es bei den Cheruskern und ihren Nachbarstämmen gab. Das waren keine festgemauerten Anlagen wie die Festungswerke der Römer, sondern auf Bergkuppen gelegene Siedlungen, deren natürliche Verteidigungsmöglichkeiten durch die Errichtung von Gräben, Erdwällen und Palisaden verstärkt wurden. Hierher zogen sich die Menschen der umliegenden Ansiedlungen und Höfe zurück, wenn verfeindete Stämme oder römische Legionen ihr Land bedrohten.

Die Adlerburg aber hatte sich unter Armins Herrschaft verändert, glich mehr und mehr einer Festung als einer Siedlung und war vielleicht der am besten zu verteidigende Ort im ganzen Cheruskerland. Sechs Verteidigungsringe aus aufgeschütteten Wällen und ausgehobenen Gräben zogen sich um den Berg, auf dessen weitläufiger Kuppe die Häuser, Hütten und

Stallungen lagen. Palisaden erhöhten fünf Erdwälle, und auf dem äußersten Wall waren große Steinbrocken aufgeschichtet. Die Wälder, die sich einst rings um den Berg erstreckt hatten, waren gerodet worden, um das Holz für die Palisaden zu gewinnen. Die Rodung erhöhte die Sicherheit der Adlerburg auf doppelte Weise, denn jetzt war jeder sich nähernde Feind schon auf weite Entfernung zu sehen. Der stark befestigte Berg thronte tatsächlich wie ein stolzer Adler über dem ganzen Umland.

Nicht aus Feigheit, sondern aus berechtigter Vorsicht hatte Armin den Ort zur Festung ausgebaut. Er hatte wohl mehr Feinde als jeder andere Cherusker, Römer wie Germanen. Und einmal war es den Feinden sogar gelungen, die nur von wenigen Kriegern verteidigte Burg zu erstürmen und zu verwüsten. Vor sechs Sommern, als der Hirschfürst auf Segestes' Eisenburg gefangen war, hatte Segestes bei seinem Überfall auf die Adlerburg Thusnelda, Auja und Ragnar verschleppt. Von den Gebäuden auf dem Berg war nicht viel mehr übriggeblieben als ein verkohlter Trümmerhaufen. Inzwischen war die Siedlung längst wiederaufgebaut, und Armin hatte die Sicherheitsvorkehrungen verstärkt. Noch einmal würde es keinem Kriegstrupp gelingen, den Berg im Sturmangriff zu nehmen. Nur durch eine langwierige Belagerung war Armins Hort zu bezwingen.

Oder durch einen einzelnen Mann, der in scheinbar friedlicher Absicht kam.

Diese Gedanken gingen dem einsamen Reiter durch den Kopf, als er seinem Pferd die Hacken in die Flanken drückte, um es zu einem letzten Galopp in Richtung Adlerburg anzuspornen. Er war scharf geritten, seit er vor vier Tagen vom Donarhof aufgebrochen war. Hätte er nicht immer wieder das Pferd gewechselt, hätte er es nicht so schnell bis zu Armins Burg geschafft. Scharfer Wind trieb dunkle Wolkenbänke vor sich her und peitschte schweren Regen über das Land. Schmerzhaft trafen immer wieder dicke Tropfen das Gesicht des Cheruskers, der den Kopf senkte und die Augen zu Schlitzen zusammenzog.

Hinter den dichten Wasserschleiern wollte das Land verschwimmen, und plötzlich tauchten fünf Reiter bei dem Mann aus dem Donargau auf, als hätte der Regen sie ausgespien. Schwerbewaffnete Krieger, die ihn einkreisten und ihre eisernen Framenspitzen gegen ihn richteten. Auf ihren Rundschilden prangte ein Hirschkopf mit weitausladendem Geweih. Der durchnäßte Reiter ließ sein Roß halten, und auch das Ersatzpferd, das er am Zügel mit sich führte, blieb tänzelnd stehen.

Die Hirschkrieger musterten den Fremden eindringlich, und einer fragte nach einem Blick auf seinen Schild, den ein großer Hammer zierte: »Aus dem Donargau?«

»Sogar geradewegs vom Donarhof. Ich muß umgehend den Herzog sprechen!«

Kurz darauf folgte der Donarsohn einem der berittenen Wächter durch das unüberschaubare Geflecht aus Wällen und Gräben den Berg hinauf. Der Weg führte nicht geradewegs nach oben, sondern wand sich wie eine Schlange. Mögliche Angreifer hätten lange gebraucht, um die Hochebene zu erreichen, und wären die ganze Zeit über den Waffen der Verteidiger ausgeliefert gewesen. Einziehbare Brücken hätten Angreifern das Überqueren der Gräben erschwert, und massive Tore hätten sie am Durchdringen der Wälle gehindert. Zwei Tore waren jeweils nahe beieinander errichtet, und dazwischen verengte der Weg sich stark. Ein größerer Kriegstrupp hätte sich hier kaum entfalten können. Die Verteidiger dagegen hätten ihre Gere und Framen nur in die dichtgedrängten Masse schleudern müssen.

Der Donarsohn fand seine Feststellung von vorhin bestätigt: Nur ein Einzelner konnte hier mit List vollbringen, woran ein ganzes Heer scheitern würde.

Auf eine Art war Armin froh über das Wüten der Sturmriesen. Eigentlich hatte er heute mit seiner Kriegergefolgschaft nach Süden aufbrechen wollen, wo sich zwei Tagesritte entfernt die Waffenfähigen aus dem ganzen Hirschgau am Rabenberg versammelten. Sturm und Regen hatten ihn bewogen, den Abmarsch zu verschieben. Wina hatte ihn trösten wollen, und ihr Trost war ihm mehr als willkommen. Nach dem Frühmal sanken sie wieder auf das weiche Lager zurück, auf dem sie zusammen die Nacht verbracht hatten. Und während draußen der Wind am Gebälk rüttelte, fanden sie Geborgenheit in der Wärme ihrer erhitzten Leiber.

Er genoß es, als die Chattin, beseelt von jugendlichem Ungestüm und zugleich von der Leidenschaft einer liebenden Frau, die Kleidung von seinem Leib riß und jeden Flecken seiner Haut mit Küssen bedeckte. In Anbetracht der Tatsache, daß sie noch vor kurzem Jungfrau gewesen war, hatte sie beachtliche Qualitäten als Liebhaberin entwickelt. Ihre Hände strichen zärtlicher über seine Haut, ihre Lippen küßten ihn leidenschaftlicher und fordernder, als es manche reifere und erfahrenere Frau vermocht hätte. So wie jetzt, als ihre Zunge zwischen seinen Lenden leckte und seine Erregung ins Unermeßliche steigerte.

Wina konnte sich ihm mit solcher Inbrunst hingeben, weil sie es aus Liebe und Verlangen tat, nicht aus Berechnung. Er wußte das, und deshalb schmerzte es nicht nur die Chattin, sondern auch den Cherusker, daß er immer wieder an Thusnelda dachte, wenn Wina in seinen Armen lag. Als sie sich auf der kleinen Insel geliebt hatten und Armin in höchster Erregung Thusneldas Namen ausgestoßen hatte, war in Winas Augen etwas zerbrochen. Sie hatte ihn angestarrt wie ein treues Roß den Reiter, der dem altgewordenen und nutzlosen Tier den Todesstoß versetzen wollte.

Aber sie schien sich damit abgefunden zu haben, daß sie niemals die wichtigste Frau in Armins Leben sein würde.

Oder sie hoffte insgeheim, daß die Erinnerung an Thusnelda irgendwann verblaßte. Jedenfalls hatte sie sich nicht von ihm abgewandt. Im Gegenteil, sie liebte ihn mit bedingungsloser Hingabe, ohne dafür etwas von ihm zu verlangen. Es genügte ihr, bei ihm zu sein.

Und Armin war glücklich darüber. Wina konnte Thusnelda nicht ersetzen, niemand konnte das. Aber sie brachte Wärme und Augenblicke von Glück in sein Leben, machte es ihm leichter, den Verlust Thusneldas und Thumelikars zu ertragen.

Wina hielt seinen Unterleib umschlungen, und ihre Lippen saugten sich derart an ihm fest, daß er sie nur mit sanfter Gewalt zurückdrängen konnte. In dem schwachen Licht, das durch die Ritzen der geschlossenen Windaugen fiel, konnte er erkennen, daß sie ihn überrascht, ja ängstlich anschaute, als befürchtete sie, von ihm abgewiesen zu werden. Aber das lag nicht in seiner Absicht, sein Verlangen nach ihr war viel zu groß. Nur wollte er sich diesmal auf andere Weise mit ihr vereinigen und drehte sie auf den Rücken.

Als er sich zwischen ihre schlanken Beine sinken ließ, lag immer noch ein Schimmer von Angst in ihrem Blick. Aber jetzt war es nicht mehr die Angst vor einer Zurückweisung, sondern die erwartungsvolle Furcht vor dem Schmerz, der mit dem Höhepunkt ihrer Lust einherging. Wina war noch sehr eng, und erst wenige Male war Armin ganz und gar mit ihr verschmolzen. Jedes Mal hatte in ihren lustvollen Schreien auch ein Anflug von Schmerz gelegen. Doch auch sie wollte ihn in sich spüren.

Ihre Hände ergriffen ihn von hinten und drängten ihn, fester und schneller zuzustoßen – tiefer. Jeder blickte in die Augen des anderen und spürte seinen heißen Atem.

Winas schnell aufeinanderfolgendes Stöhnen wurde lauter und verschmolz zu einem einzigen Schrei höchster Lust. Sie bäumte sich auf, um ihn noch tiefer in sich zu spüren.

Auch Armin erlebte den Gipfel der Erregung. Sein ganzer

Leib versteifte sich, und ihm war, als entflammte vor seinen Augen eine Fackel. Gleichzeitig lief ihm ein kalter Schauer über den Rücken.

Erst als er sich erschöpft zur Seite rollte, begriff er den Grund für das feurige Aufblitzen und den frischen Luftzug. Die Flechtmatte, die den Durchgang zur Schlafkammer verschloß, war zurückgeschlagen worden, und das Licht des Herdfeuers fiel aus dem großen Saal herein. Omko, der dort schon eine ganze Weile stehen mußte, bemühte sich, seinen nackten Herrn und die halbbekleidete Chattin nicht direkt anzusehen. Sein narbiges Gesicht, in dem die Mißhandlung durch die Chatten deutliche Spuren hinterlassen hatte, nahm einen entschuldigenden Ausdruck an.

»Gerade ist ein Bote mit einer wichtigen Nachricht für dich eingetroffen, Fürst Armin.«

»Eine Nachricht? Von wem?«

»Von Fürst Thorag.«

»Thorag!« Armin sprang auf. »Ich bin gleich da!«

»Ich werde es ausrichten, Herr.«

Der Friese schien froh zu sein, seinen Herrn nicht länger stören zu müssen. Hastig trat er zurück und ließ die Matte wieder vor den Durchgang fallen.

Während Armin sich rasch anzog, fragte Wina: »mußt du gleich zu ihm gehen? Der Bote kann sicher noch ein wenig warten.«

»Nicht, wenn er eine wichtige Nachricht von Thorag bringt«, sagte Armin und streifte seinen Kittel über.

»Ich wünschte, er wäre nicht gekommen. Es geht bestimmt um den Krieg, um das Töten und das Sterben.«

»Hast du Angst um mich, Wina, oder um deinen Vater?«

»Ich habe Angst davor, allein zu sein.«

»Das mußt du nicht. Die Götter haben beschlossen, daß die Menschenwelt mich noch braucht. Sonst hätten sie mich nicht den Giftanschlag des Chattenherzogs überstehen lassen. Mein

Tod ist so gewiß wie der jedes Menschen, aber er liegt tief unter den Schleiern verborgen, die über Skulds Schicksalsknoten hängen.«

»Wie kannst du so sicher sein, Armin?«

»Du selbst hast mich den ganzen Winter gepflegt. Du hast erlebt, wie ich mit dem Tod gerungen habe. Meinst du, all das haben die Götter nur zu ihrem Spaß gewollt? Es mußt ein Sinn darin liegen, daß ich den Tod überwand und ein zweites Leben erhielt. Und welch anderer Sinn könnte es sein als der, dem Cheruskerstamm gegen die Bedrohung beizustehen, die von den Chatten ausgeht?«

Wina seufzte schwer. »Ich bin jung und unwissend. Die Götter mögen geben, daß du Recht hast, Armin. Ich bete darum.«

»Tu das.« Er lachte und schlug die Flechtmatte zurück. »Es kann gewiß nicht schaden.«

Bevor er die Schlafkammer verließ, warf er einen langen Blick auf Wina. Im Schein des Herdfeuers sah ihre Haut rötlich aus, fast so wie ihr von Natur aus rotes Haar. Auch das behaarte Dreieck zwischen ihren nackten Schenkeln schimmerte rötlich. Ein verlockender Anblick, bei dem Armin versucht war, den Boten aus dem Donargau tatsächlich noch etwas warten zu lassen. Sein Blick wanderte höher, über den schlanken Leib, der teilweise von Winas hochgeschobenem Kittel verdeckt war, zu ihrem Gesicht. Wieder las er Angst darin, die Angst vor dem Tod.

Der Saal, der den größten Teil des Hauses einnahm, wurde vom in der Mitte flackernden Herdfeuern erwärmt und erleuchtet. An den Wänden hingen die Geweihe erlegter Tiere, Waffen und Schilde, auch Armins Wehrgehänge mit Dolch und Schwert. Er trug keine Waffen in seinem eigenen Haus.

Nur zwei Männer hielten sich in dem Saal auf. Omko, der gerade zwei Schüsseln mit kaltem Fleisch und Käse an einen Tisch nahe beim Feuer trug. Und ein tropfnasser Krieger, der am Tisch saß und seine Hände den wärmenden Flammen entgegenstreckte. Frame und Schild lehnten an der Bank, auf der er saß. Als Armin näher trat, sprang der Mann auf und wandte sich dem Hirschfürsten zu.

»Jorit!«

Armin kannte ihn gut. Obwohl noch jung an Jahren, hatte Jorit sich einen Ruf als tapferer und verläßlicher Krieger erworben. Thorag hatte ihn gern an seiner Seite, wenn er in den Kampf zog. Armin beneidete seinen Blutsbruder um Jorit und war sich sicher, daß es sich um eine Botschaft von höchster Wichtigkeit handelte. Andernfalls hätte der Donarfürst nicht einen seiner besten Männer gesandt.

»Ich grüße meinen Herzog«, sagte Jorit und senkte sein nasses Haupt. »Fast hätten die Sturmriesen mich davongeweht, bevor ich deine Burg erreichte.«

»Sei froh, daß Wettergott Donar die Sturmriesen nicht zurückgehalten hat. Sonst hättest du mich hier nicht mehr angetroffen. Ich wäre mit meinen Kriegern schon unterwegs zum Rabenberg.«

»Dann danke ich Donar und den Sturmriesen, denn ich bin scharf geritten, um Thorags Nachricht zu überbringen.«

»Welche Nachricht?« fragte Armin, als Jorit zögerte weiterzusprechen.

Der junge Donarsohn warf einen Seitenblick auf Omko, der die Speisen abgestellt hatte und ein paar Scheite ins Feuer schob. »Thorag hat mich mehrmals ermahnt, daß die Botschaft nur für deine Ohren bestimmt ist, Armin.«

»Omko ist mir treu ergeben. Auch Thorag kennt ihn gut.«

Jorit sah zerknirscht drein. »Heißt das, ich soll den Befehl meines Fürsten mißachten?«

Armin wandte sich mit einem leichten Lächeln zu Omko um. »Wina ist sicher erhitzt. Bring ihr etwas zu trinken und bleib in der Schlafkammer, bis ich dich rufe.«

»Ja, mein Fürst.«

Der Friese nahm von einem anderen Tisch eine Wasserkaraffe und ein Trinkhorn und verschwand hinter der dicken Trennmatte.

»Nun kannst du sprechen«, sagte Armin und drehte sich wieder zu Jorit um. »Danach schlag dir den Bauch voll und trockne deine nassen ...«

Weiter kam er nicht. Jorit hatte seine Frame ergriffen und rammte die fast unterarmlange Eisenspitze tief in Armins Leib. Der Hirschfürst taumelte zurück und starrte den Donarkrieger aus aufgerissenen Augen ungläubig an.

»Warum?« kam es mit einem Röcheln über Armins zitternde Lippen.

»Der Bärengott will es so!«

»Der ... Bärengott ...« Armin konnte es nur flüstern.

Noch immer hielt er sich aufrecht und umklammerte den Framenschaft mit beiden Händen. Doch seine Muskeln wollten ihm nicht gehorchen. Vergeblich bemühte er sich, die Frame aus seinem Leib zu ziehen. Das Holz am Ende des Schaftes war zugespitzt, um im Kampf auch nach hinten stechen zu können. Das spitze Ende zitterte unter Armins vergeblichen Bemühungen.

»Wenn du tot bist, haben die Cherusker den einzigen Anführer verloren, den die achte Sippe fürchten muß«, sagte Jorit mit glänzenden Augen wie im Fieberwahn. »Dein Tod ebnet den Weg, damit die Bärensippe ihre alte Macht zurückerlangen kann. Und mich hat der Bärengott auserwählt, dich aus dem Weg zu räumen.«

»Er hat dich auserwählt, um zu sterben!« zischte Armin und taumelte auf ihn zu.

Armins Hände hielten den Framenschaft fest. Als Jorit erkannte, was der Hirschfürst vorhatte, war es bereits zu spät. Jorit wollte dem Angriff ausweichen, aber der Tisch in seinem Rücken behinderte ihn. Sein Wehrgehänge verfing sich an einer Ecke der Tischplatte.

Mit übermenschlicher Kraft hielt Armin sich aufrecht und warf sich auf den Donarsohn. Die Holzspitze bohrte sich in Jorits Brust. Die Wucht des Anpralls warf den Tisch mit lautem Krachen um, und auch die beiden Männer gingen zu Boden.

Als Omko und Wina hereinkamen, von dem Lärm aufgeschreckt, lagen Armin und Jorit regungslos in einer sich rasch vergrößernden Blutlache, beide von Jorits Frame aufgespießt.

Die düsteren Mienen der Hirschkrieger verrieten Thorag schon am Fuße des Berges, was geschehen war. Es mußte gegen Mittag sein; genau ließ sich das nicht sagen, weil die Wolken den Sonnenwagen verschluckten. Aber eines stand fest: Er war zu spät gekommen.

Oben auf dem Berg trat Ingwin mit einem Gesichtsausdruck auf ihn zu, der zwischen Trauer und Zorn schwankte. Thorag stieg von seinem erschöpften Rappen, gab das Tier und das Ersatzpferd in die Hände eines Schalks, und ging dem Kriegerführer durch den dichten Regen entgegen.

»Es war Jorit, nicht wahr?« fragte der Donarfürst mit belegter Stimme.

»Du ... du hast es gewußt, Thorag?«

»Ich erfuhr erst, daß Jorit ein Verräter ist, als er den Donarhof verlassen hatte. Ich folgte ihm sofort, aber ...«

»Nicht schnell genug!« sagte Ingwin und wandte sich um. »Komm!«

Er begleitete Thorag in Armins Haus, wo Jorit in der Nähe des Herdfeuers lag, inmitten von getrocknetem Blut. Das hintere Ende einer zerbrochenen Frame steckte in seiner Brust. Der Donarfürst blickte in das starre Gesicht eines Toten, und ein unsichtbarer Strick zog sich um seine Kehle zusammen.

»Und Armin?« brachte er schließlich hervor.

»Der Herzog war unbewaffnet und arglos, als Jorit ihm die

Frame in den Leib rammte. Aber ein Mann wie Armin läßt sich nicht von so einem besiegen.« Ingwin spie dem Toten ins Gesicht. »Die eigene Frame brachte Jorit den Tod. Möge Wodan ihn verstoßen, auf daß er ewig am Totenstrand leide!«

»Aber ... was ist ... mit Armin?« stammelte Thorag mit fast tonloser Stimme.

Ingwin führte ihn in die Schlafkammer, wo vier Frauen um ein Lager hockten: Wina, Armins alte Mutter Adina und zwei heilkundige Frauen aus der Siedlung. Armin, einen blutgetränkten Kräuterverband um die Brust, lag bewegungslos in den Decken und Fellen. Erst als Thorag genauer hinsah, nahm er ein kaum merkliches Heben und Senken von Armins Brust wahr. Es schien nicht mehr zu sein als ein letzter Rest des entweichenden Lebensatems.

»Wird er leben?« fragte Thorag.

Kapitel 21

Die Ungerechtigkeit der Götter

VEREINZELTE STIMMEN RIEFEN Agrippinas Namen oder den ihres toten Gemahls, als die Leute die Sänfte erkannten, aber die hysterische Trauer des Volkes war verebbt. Mit jedem Tag, der verging, geriet der einst so geliebte Thronfolger mehr und mehr in Vergessenheit. Worüber sollte man sich auch noch erregen?

Calpurnius Piso hatte sich selbst das Leben genommen, womit er seine Schuld eingestanden und zugleich gesühnt hatte. Je breiter die Masse, desto einfacher die Gedanken, das wußte Agrippina. Sie aber ahnte, daß Piso nicht der alleinige Schuldige war. Und deshalb hatte sie den Kaiser um diese Unterredung gebeten.

Als sie sein Arbeitszimmer betrat, schwanden ihre Hoffnungen. Daß er sie mit dem fast unvermeidlichen Prätorianerpräfekten an der Seite empfing, gefiel ihr nicht. Sie hatte auf eine Unterredung unter vier Augen gehofft. Aber jetzt schien es, als wollte Tiberius jede Vertraulichkeit vermeiden. Er sah in Agrippina nicht eine Verwandte, ein Mitglied seiner Familie, sein Töchterchen, wie er sie zuweilen eher tadelnd als neckend nannte, sondern eine unliebsame Bittstellerin. Im geschäftsmäßigen Tonfall forderte er sie auf, ihr Anliegen vorzutragen.

»Ich bin nicht damit einverstanden, wie du den Fall Piso abgeschlossen hast«, sagte sie ohne Umschweife. »Ich glaube nicht an einen Selbstmord.«

Tiberius setzte eine zweifelnde Miene auf und strich mit einer fahrigen Bewegung durch sein graues Haar, das sich allmählich lichtete. »Warum nur witterst du überall Verschwörung und Mord? Kannst du dich nicht damit abfinden, daß dein Gemahl von uns gegangen ist? Alle anderen haben es auch getan – auch ich, der ich in ihm meinen Nachfolger gesehen habe. Was meinen Freund Piso angeht, so weist nichts auf eine Mordtat hin. Die Wachen haben keine Eindringlinge gesehen. Und das Schreiben, das man bei ihm fand, deutet auf seinen Entschluß hin, aus dem Leben zu scheiden. Das blutige Schwert, mit dem er sich die Kehle durchschnitt, lag neben dem Toten.«

»Selbst wenn es Selbstmord war, entbindet das nicht Pisos Familie von ihrer Mitschuld an Germanicus' Tod und an Pisos Verrat. Du aber hast dich für die Familie des Verräters starkgemacht. Du hast verhindert, daß der Name Piso aus der Liste der Konsuln gestrichen und daß Marcus Piso aus dem Senat ausgestoßen und in die Verbannung geschickt wird. Du hast ihm das väterliche Vermögen gelassen. Und Plancina wurde vom Senat freigesprochen, wohl nur, weil die Augusta ihr mächtiges Wort erhoben hat. Ist euch allen die Ehre meines Gemahls so wenig wert?«

»Es ist nicht gut, die Ehre eines Toten mit dem Schicksal der Lebenden zu verknüpfen.« Tiberius nickte zur Bekräftigung seiner Worte und kratzte sich unvermittelt am Hinterkopf. »Hat das ein griechischer Philosoph gesagt? Oder ist es von mir?«

Agrippina stampfte mit dem Fuß auf. »Du spottest über Germanicus' Ehre und beschneidest sie, indem du dich vor seine Mörder stellst!«

»Und du wagst es, den Princeps Senatus falscher Entscheidungen zu bezichtigen«, entgegnete Tiberius zwar kühl, aber mit einem drohenden Unterton. »Du sprichst von Ehre, aber denke auch an die Würde, an die deiner Kinder, an die Deinige und an die der ganzen kaiserlichen Familie. Dauernd ein Gesprächsthema beim Plebs zu sein, mag deiner Eitelkeit schmeicheln, aber ich bezweifle, daß es der Ehre und der Würde deiner – unserer – Familie dienlich ist. Wenn du nichts weiter vorzubringen hast als deinen Unmut, laß uns das Gespräch beenden! Viel Arbeit wartet auf mich, Arbeit für die Lebenden, nicht für die Toten.«

Ihre Blicke trafen sich, und vergebens versuchte Agrippina, in dem narbigen Gesicht zu lesen. Man sagte Tiberius nach, er liebte es nicht, Kaiser von Rom zu sein. Seine ehrgeizige Mutter habe ihn dazu gedrängt. Wenn es so war, hatte Livia Augusta Glück gehabt, denn Tiberius beherrschte das Spiel mit Menschen, wie seine Stellung es erforderte, hervorragend. Und gleichzeitig beherrschte er sich selbst, ließ sich nicht hinter seine breite Stirn blicken.

Eines jedoch war Agrippina klar: Sie würde bei Tiberius nichts weiter erreichen.

Falls er insgeheim doch an eine Ermordung seines Adoptivsohnes glaubte, sah er in Pisos angeblichem Selbstmord eine ausreichende Sühne der Tat. Pisos Weib und sein Sohn Marcus würden ungeschoren davonkommen. Vermutlich aber war Tiberius gar nicht so sehr an einer endgültigen Aufklärung interessiert, hatte er in Germanicus doch immer den Rivalen um die Macht und die Gunst des Volkes gesehen.

Enttäuscht murmelte Agrippina eine knappe Abschiedsfloskel und verließ den Raum. Sie fühlte sich um Jahrzehnte gealtert. Es war ein langer, anstrengender Kampf gewesen, und in diesem Augenblick hatte sie ihn endgültig verloren.

»Du schaust drein wie ein Gott, dessen Tempel soeben eingestürzt ist«, bemerkte Tiberius, als er sich zu Sejanus umwandte. »Was ist mit dir, mein Freund? Verärgert dieses hartnäckige Weib dich ebenso wie mich?«

»Deine Weisheit wird zu Recht gerühmt«, sagte Sejanus mit einem gequälten Lächeln.

»Was bedrückt dich? Nicht du wirst von Agrippina mit Vorwürfen belästigt.«

»Aber meine Prätorianer müssen zum Schwert greifen, wenn sie das Volk aufwiegelt. Nicht, daß meine Soldaten feige oder schwach wären, aber sie tragen eine große Verantwortung: den Schutz des Kaisers und seiner Familie. Ich bin schon lange der Ansicht, daß Rom ein viel zu gefährlicher Ort für den Herrscher ist.«

»Rom ist die Hauptstadt des Reiches, die Stadt unserer Väter! Soll ich mich vor meinem Volk verstecken, vielleicht gar auf einer fernen Insel?«

»Dort wärst du jedenfalls sicherer, Tiberius.«

»Ja, sicher vor Agrippinas Nachstellungen.«

Der Princeps lachte wie ein gackerndes Huhn, und Sejanus stimmte in das Gelächter ein.

Insgeheim dachte der Präfekt, daß er Tiberius eines Tages doch dazu bringen würde, Rom zu verlassen. Und dann würde er an seiner Stelle herrschen.

Sejanus, den sie hinter vorgehaltener Hand einen Emporkömmling nannten, bedauerte seit Jahren die Ungerechtigkeit der Götter. Statt als Sproß einer Ritterfamilie aus Volsinii hätte er als Mitglied der Kaisersippe zur Welt kommen sollen, war er doch denen, die kraft Geburt über das Reich herrschten, weit überlegen.

Germanicus, der sein größter Rivale hätte sein können, war tot. Tiberius war ein alter Mann; nach außen hin stark, schreckte er in Wahrheit immer wieder vor dem strengen Wort seiner greisen Mutter zurück. Des Kaisers leiblicher Sohn Drusus, der neue Thronfolger, war in Sejanus' Augen unwürdig, den Thron zu besteigen. Drusus Caesar fand sein größtes Vergnügen beim Wein und bei blutigen Gladiatorenkämpfen. Wer außer Sejanus sollte das große Reich zusammenhalten?

Einstweilen jedoch war er von der Verwirklichung seiner

ehrgeizigen Pläne weit entfernt. Er hatte Germanicus' Tod veranlaßt, als er noch glaubte, das gemeinsam mit Apicius geschmiedete Komplott zur Ermordung von Tiberius und Drusus würde gelingen. Dieser Barbar Thorag und seine Verbündeten hatten ihm abermals einen Strich durch die Rechnung gemacht. Jetzt mußte Sejanus warten, vielleicht Jahre, bis sich ihm wieder eine Gelegenheit bot, den Platz des Kaisers einzunehmen. Aber ein toter Germanicus konnte ihm zumindest nicht mehr den Thron streitig machen.

Auch der Tod des Arminius hatte zu dem Komplott gehört. Ein Aufstand in Germanien sollte im römischen Reich den Ruf nach einem starken neuen Herrscher wecken, nach ihm, Aelius Sejanus.

Nun gut, der in so vielen Schlachten siegreiche Arminius war gestorben. Eine Nachricht von Foedus hatte Sejanus davon in Kenntnis gesetzt, daß der Chattenherzog den verhaßten Herzog des Nachbarstammes vergiftet hatte. Das war vor einigen Monaten gewesen, und seitdem war Sejanus ohne neue Nachrichten aus dem Barbarenland. Aber er hoffte, daß die Dinge sich gut für ihn entwickelten. Gut, das hieß: Kampf, Verwüstung und Tod.

Jener Chattenfürst, Adgandestrius, war ein unwissender, aber zuverlässiger Verbündeter. Sejanus erinnerte sich noch an das Schreiben des Chatten, das im Senat verlesen wurde. Darin bat der Germanenfürst um Gift zur Ermordung des Aufrührers. Tiberius hatte ihm antworten lassen, daß Rom sich an seinen Feinden nicht heimtückisch räche, sondern offen mit gezücktem Schwert.

Dieser alte Narr von Kaiser!

Sejanus hatte die Gunst der Stunde genutzt und Adgandestrius das verlangte Gift gesandt. Die Botschaft des Kaisers hatte er vertauscht, und der Chatte hatte geglaubt, Arminius im Auftrag des Tiberius zu ermorden.

Jetzt schien es, als käme es tatsächlich zu den erhofften

neuen Unruhen an der germanischen Grenze. Vielleicht würden es Unruhen sein, die das Reich erschütterten und Sejanus an die Macht brachten. Sehnsüchtig wartete er auf neue Nachrichten von seinem Vertrauen Foedus.

Bei der Tötung des Cheruskerfürsten Thorag hatte Foedus sich als nicht ganz zuverlässig erwiesen, im Gegensatz zu Sejanus' Leuten in Antiochia. Sie hatten den Boten, der Germanicus vor dem Anschlag warnen sollte, schon am Hafen erkannt und beseitigt. Doch vielleicht machte Foedus seine Schlappe noch wett. Falls nicht, war Thorag vielleicht der Feind, den Rom benötigte, um einen starken Mann wie Sejanus an die Spitze des Reiches zu rufen.

Als er Tiberius zu Tisch begleitete, waren Sejanus' düstere Gedanken verflogen. Er konnte ganz zufrieden sein mit der Entwicklung der Dinge. Wie auch immer der Stammeskrieg im fernen Germanien ausging, er war entschlossen, seinen Nutzen daraus zu ziehen.

Kapitel 22

Das Heil des Herzogs

WIE ZWEI FLAMMENDE Untiere, die aus den Tiefen Muspelheims emporgestiegen waren, erhoben sich die von unzähligen Feuern erhellten Berge aus dem nachtdunklen Niemandsland. Und der Gesang aus Tausenden von Kehlen – die von Männern und Frauen, von Bauern und Barschalken gesungenen Lieder – mußte sich in der Ferne wie das drohende Grollen der Feuerwesen anhören. Die Waffenfähigen sowie viele Frauen und Kinder aus dem Hirschgau, dem Baldergau, dem Dachsgau, dem Ebergau und dem Donargau lagerten auf den beiden langgestreckten Höhenzügen, deren sich fast berührende Enden wie die Köpfe von Ziegenböcken aussahen und die man deshalb Bocksberge nannte.

Eines der Lieder, die an den Feuern ertönten, berichtete davon, wie der Donnergott einst an dieser Stelle von zwei Riesen durch List betäubt und dann mit starken Seilen gebunden worden war. Erfreut über ihren Fang, zechten die Riesen bis spät in die Nacht und begaben sich trunken zur Ruhe. Während sie schliefen, schlichen Donars treue Böcke Zähneknirscher und Zähneknisterer herbei und bissen die Fesseln ihres Herrn durch. Der befreite Donar griff nach seinem Zauberstab und verwandelte die schlafenden Riesen in felsige Berge. Dann nahm er Miölnir zur Hand und meißelte aus Dank gegenüber seinen Böcken deren Gestalten ins Gestein.

Donars Zauberstab, seinen Kraftgürtel, den eisernen Handschuh und natürlich den Hammer Miölnir, der, gegen einen

Feind geschleudert, unfehlbar sein Ziel fand, hätte Thorag jetzt haben mögen, dann hätte er sich ein bißchen wohler gefühlt. Langsam ritt er über den östlichen Berg, der den Namen Zähneknirscher trug. An jedem Feuer, zu dem er kam, erklang im begeisterten Chor sein Name. Zum Teil machten die Cherusker sich dadurch am Vorabend der großen Schlacht Mut, zum Teil mochten sie die Wahl des Kampfplatzes wirklich für ein gutes Vorzeichen halten: Der Waffengang erfolgte bei den Bergen, wo Donar einen großen Sieg errungen hatte, und ein Abkömmling des Gottes würde sie ins Gefecht führen.

Nicht aus diesem Grund hatte Thorag die Bocksberge zur Walstatt erkoren. Das felsige, unbewohnte Stück Land war ihm als der günstigste Ort erschienen, um sein Heer aufzustellen. Die Chatten kamen von Süden, und der Inggau, wo sich Ing- und Stierkrieger versammelt hatten, lag im Nordwesten. Dadurch, daß Thorag die Berge besetzt hielt, verhinderte er, daß Inguiomar und Botan sich mit Adgandest vereinigten.

Der Höhenzug erstreckte sich in Ostwestrichtung. An seinen Ausläufern im Norden und Westen schlossen sich weitflächige Moore an, weshalb die Berge mit Heerhaufen von mehreren tausend Mann nicht zu umgehen waren. Zwischen den Bergen, wo sich die Nasen von Zähneknirscher und Zähneknisterer fast berührten, führte ein verschlungener Hohlweg hindurch, der Bockspfad. Wollten sich die Feinde vereinigen, mußten sie entweder diesen Weg nehmen oder über die Berge gehen. Wie sie sich auch entschieden, Thorag war entschlossen, ihnen einen hohen Blutzoll abzuverlangen. Es war kein schlechter Plan, und sein Gelingen schien gesichert, da Thorags Heer die Bocksberge vor den Feinden erreicht hatte, und doch wollte keine rechte Zuversicht bei ihm aufkommen.

Schuld daran war nicht nur der Umstand, daß seine fünf

Gaue dem Gegner zahlenmäßig stark unterlegen waren. Die vereinigten Ing- und Stiermänner brachten es auf ungefähr fünftausend Krieger. Das zahlenmäßig starke Volk der Chatten hatten schätzungsweise dreißig- bis fünfunddreißigtausend Bewaffnete aufgeboten. Genauere Zahlen hatten Thorags Späher nicht festzustellen vermocht. Die Chatten wälzten sich in mehreren Heersäulen von Süden heran, und noch immer stießen neue Hundertschaften hinzu.

Und Thorags Streitmacht? Drüben, in den zerklüfteten Felsen des Berges Zähneknisterer hatte sich Bror mit den Frilingen und Barschalken des Dachsgaues verschanzt, insgesamt fünftausend Mann. Das sollte ausreichen, die schwer zugängliche Anhöhe nach Norden und Süden zu verteidigen. Hier, auf dem Berg Zähneknirscher, hatte Thorag seine Hauptmacht versammelt, knapp zwanzigtausend Mann aus den vier übrigen Gauen. Hätte er nicht auch die Barschalke zu den Waffen gerufen, wie es in Zeiten höchster Not üblich war, hätte seine Streitmacht insgesamt weniger als zwanzigtausend Krieger umfaßt. Doch die reine Zahlenstärke der Halbfreien sagte nichts über ihre Kampfkraft aus; die Barschalke waren nur schwach bewaffnet und im Kriegshandwerk nicht so geübt wie die Frilinge. Zwar hatte auch Adgandest seine Barschalke aufgeboten, aber selbst wenn man sie abzog, verfügte der Feind noch über mehr Frilinge als Thorag über Bewaffnete insgesamt.

Deshalb zielte sein Schlachtplan auf Verteidigung ab, nicht auf Angriff. Da Zähneknirscher der größere der beiden Berge war und im Gegensatz zu Zähneknisterer auch sanft abfallende Hänge aufwies, hatte Thorag hier den größten Teil seiner Krieger zusammengezogen. Die schroffen Klippen von Zähneknisterer verurteilten einen Sturmangriff von vornherein zum Scheitern. Falls der Feind es unternahm, einen der Berge zu erstürmen, würde er es hier am Zähneknirscher versuchen.

Thorag ritt von Feuer zu Feuer, von Lager zu Lager, und überall wurde er begeistert empfangen. Die Stimmung seiner Leute war hervorragend, und doch wollte der Funke der Kriegslust nicht auf ihren Anführer überspringen. Schon häufig hatte er mit seinen Donarsöhnen den Vorabend einer Schlacht verbracht, und nicht selten hatte ihnen eine Übermacht gegenübergestanden. Das hatte seinen Mut nicht geschwächt. Aber diesmal war alles anders. Zum ersten Mal hingen Wohl und Wehe des Cheruskerstammes gänzlich von ihm ab. All seine Krieger bauten auf das Heil ihres Herzogs, und der hieß Thorag. Er aber hätte einen Arm oder mehr dafür gegeben, hätte der vom Siegheil begünstigte Armin auch diesmal an der Spitze seiner Krieger gestanden.

Jorits Anschlag auf Armin hatte alles verändert, angefangen mit dem Zeitplan. Thorag, der die Führung des ganzen Stammes hatte übernehmen müssen, war nicht dazu gekommen, Ing- und Stiermänner im Tal der Silberweiden anzugreifen. Als Thorag sein Heer endlich versammelt hatte, waren Inguiomar und Botan schon in Richtung der Chatten vorgerückt. Wollte Thorag eine Vereinigung der beiden feindlichen Heere verhindern, blieb ihm nur die Besetzung der Bocksberge übrig.

Je näher er dem Kopf von Zähneknirscher kam, desto zahlreicher wurden die Feuer und die Menschen, die um sie herum lagerten. Viele standen auf und schlossen sich unter lauten »Thorag«-Rufen ihrem neuen Herzog an, der unterwegs war, um am Schlachtenopfer teilzunehmen. Auf einer großen Hochebene hatten sich Alfhard und die Priesterschaft der Heiligen Steine versammelt, um den Kriegsgöttern neun Tiere zu weihen: drei weiße Hengste für Wodan, den Sieggott und Schlachtenlenker; drei weiße Böcke für Donar, den unbezwingbaren Riesentöter; und drei weiße Widder für Tiu, den Gott des Schwertes. Ihr Blut sollte die Götter gewogen stimmen und sie mit den Kriegern verbinden. Deshalb drängten sich alle nach vorn, als die Priester Wedel aus Roßhaar in die Kessel mit dem gesammelten Blut der Opfertiere tauchten, um die Menge mit der roten Flüssigkeit zu besprengen.

Währenddessen sprach Alfhard feierlich: »Wodan, erhöre mich! Donar, erhöre mich! Tiu, erhöre mich! Blut ist geflossen, das Wasser des Lebens, zu Ehren euch mächtiger Götter. Und Blut wird fließen, wenn der Schlachtengesang sich mit dem Lärm der Waffen und den Schreien der Sterbenden vermischt, zu Ehren euch mächtiger Götter. Ihr gebt das Leben und die Kraft, ihr gebt den Mut und den Sieg, ihr mächtigen Götter. Wir stehen bereit zum Kampf, wir stehen bereit zum Sterben, zu Ehren euch mächtiger Götter. Gebt uns den Sieg, und wir geben euch Ehre, ihr mächtigen Götter!«

Laut hallten seine Worte über den Opferplatz. Wieder und wieder sprach er sie, bis auch der letzte Blutkessel leer und seine Stimme heiser war.

Er und die anderen Priester beugten sich über das Blut, das beim Schlachten der Tiere auf den Boden gesickert war. Daraus und aus den Eingeweiden der neuen Tiere versuchten sie zu ersehen, welches Schicksal die Götter den fünf im Stammesverbund verbliebenen Gauen zugedacht hatten.

Lange berieten sich die Priester, dann trat Alfhard vor und sagte in die angespannte Stille: »Blut wird fließen in alle Richtungen. Blut fließt auf den Höhen und in den Ebenen. Und wo das Blut weniger sich vermischt, wird über das Schicksal vieler entschieden.«

Leises Gemurmel hob an und wurde rasch lauter. Die Cherusker wurden sich nicht recht klar darüber, was Alfhards Worte bedeuteten. Der erste Teil seiner Weissagung war noch halbwegs verständlich: Die Schlacht würde im Norden und im Süden Opfer kosten, bei Chatten, bei Ing- und Stierkriegern und bei den fünf Gauen auf den Bergen. Aber was meinte Alfhard mit dem Blut weniger, das sich vermischte?

Das fragte auch Thorag den Ewart, als die Fürsten und Kriegerführer der fünf Gaue auf die Priester zugingen.

»Ich habe alles gesagt, was wir gesehen haben«, antwortete der blutbefleckte Oberpriester. »Wir sahen viel Tod und viel Blut, aber wir sahen auch, daß die Entscheidung durch das Blut weniger gefällt wird.«

»Wessen Blut und welche Entscheidung, Ewart?« wollte Thorag wissen.

»Das haben die Götter nicht gesagt. Vielleicht sprechen sie morgen früh deutlicher zu uns, wenn wir ihnen noch einmal opfern.«

Der Dachsfürst Bror schaute hinüber zum Berg Zähneknisterer. »Wenn ich nachher zu meinen Kriegern zurückreite und sie mich nach dem Ausgang des Schlachtenopfers fragen, wird sie das kaum zufriedenstellen. Vielleicht denken sie, ich sage ihnen nicht die Wahrheit, sondern will ihnen einen ungünstigen Götterspruch verheimlichen.«

»Sei aufrichtig zu ihnen, und sie werden dir glauben, Fürst Bror«, erwiderte Alfhard. »Ob der Spruch der Götter günstig oder ungünstig für uns war, muß sich erst noch erweisen.«

»Zumindest war er undeutlich«, murrte der Eberfürst Thimar.

Der Ewart bedachte ihn mit einem tadelnden Blick. »Der Wille der Götter wird sich uns erschließen, wenn die Zeit gekommen ist.«

»Wenn die Zeit gekommen ist«, wiederholte der Balderfürst Rowart und zertrat mit dem Absatz einen Erdklumpen, als wäre er ein Chatte. »Ich bin noch immer der Meinung, wir sollten angreifen und uns nicht hier oben verstecken.«

Thorag schwieg, obwohl er Rowarts brennenden Blick auf sich spürte. Rowart hatte schon vorher deutlich gemacht, daß er mit Thorags Schlachtplan nicht einverstanden war. Der Donarfürst wollte ihm am Vorabend der Schlacht nicht laut widersprechen, um keine unnötige Zwietracht zu säen.

Hatto zeigte sich weniger feinfühlig und sagte barsch: »Wir verstecken uns nicht, Fürst Rowart! Unsere Feuer leuchten weithin ins Land.«

»Ja, nach Norden und nach Süden.« Rowarts Stimme klang bitter. »Nach zwei Seiten müssen wir unsere Kräfte aufteilen. Dadurch schwächen wir uns unnötig. Hätten wir die Verräter Inguiomar und Botan niedergerungen, wie ich es vorschlug, könnten wir uns jetzt mit ganzer Kraft den Chatten zuwenden.«

»Und was wäre gewesen, wenn Inguiomar und Botan sich nicht so leicht hätten besiegen lassen?« erwiderte Hatto. »Dann wären wir in eine Schlacht verwickelt gewesen, und die Chatten wären uns in den Rücken gefallen.«

»Noch sind die Chatten nicht heran«, sagte Rowart ausweichend. »Wir wissen nicht, wann sie eintreffen. Aber Ing- und Stierkrieger lagern nur wenige Steinwürfe entfernt im Norden. Noch hätten wir Zeit, sie für ihren Verrat zu bestrafen, bevor wir an zwei Seiten kämpfen müssen.«

Thorag wollte ihn beschwichtigen und überlegte, was Armin in solch einer Lage gesagt hätte. Hätte er seinen Blutsbruder doch nur um Rat fragen können!

Doch der war nicht ansprechbar, rang auf der Adlerburg noch immer mit dem Tode. Ingwin und die Edelinge des Hirschgaues hatten sich kurzentschlossen Thorags Befehl unterstellt, und die Fürsten und Edelinge der anderen Gaue waren ihnen darin gefolgt. Da Thorag sein Blut mit dem Armins vermischt hatte, war Armins Heil auch das seine. So hofften es alle und hatten darum in Donars Abkömmling ihren Herzog gesehen.

Während er noch überlegte, blitzten im Süden Feuer auf, mehr und mehr. Schnell waren es hundert und bald viele Hunderte. Das ganze Land im Süden schien nur noch aus leuchtenden Flecken zu bestehen, in weitaus größerer Zahl, als Sterne am Himmel standen.

»Die Chatten haben uns die Entscheidung abgenommen«, stellte Bror fest. »Und wenn man von der Anzahl der Feuer ausgeht, sind es mehr Krieger, als wir gedacht haben, vielleicht vierzigtausend.«

»Möglicherweise haben sie mehr Feuer als nötig entzündet«, meinte Ingwin. »Es könnte eine List sein, um uns einzuschüchtern.«

»Warten wir ab«, sagte Thorag, den beim Anblick der feindlichen Feuer eine seltsame Ruhe überkommen hatte. Jetzt waren alle Entscheidungen gefällt, und er konnte sich ganz auf den Kampf konzentrieren. »Sobald Sunnas Wagen sich über den Osthimmel erhebt, können wir die Chattenkrieger zählen.«

Sunna kündigte ihr Erscheinen mit rotem Glanz an, der langsam über den Höhenrücken des Berges Zähneknirscher kroch und das Land ringsum bedeckte wie das Blut gefallener Rekken. Und mit dem ersten Licht kamen die Chatten, noch bevor die Priester der Heiligen Steine den Göttern ein weiteres Opfer bringen konnten und noch ehe die Krieger auf den Bocksbergen ein kräftigendes Frühmal eingenommen hatten. Wie Schatten, die sich aus Notts verblassenden Schleiern lösten, stürmten sie heran, Hunderte, Tausende, insgesamt wohl fünftausend an der Zahl. Eine gewaltige dunkle Masse, die um so bedrohlicher wirkte, weil sie vollkommen lautlos vorrückte.

Als berittene Späher von den Berghängen herangaloppiert kamen, um Thorag den feindlichen Vormarsch zu melden, schwang er sich auf seinen Grauschimmel und ritt zwischen den Lagerplätzen der Cherusker hindurch zu einer vorspringenden Felsklippe, die guten Ausblick auf das Land im Süden bot. Unter Thorag fiel der Fels steil ab, doch links von ihm erstreckten sich sanfte Hänge, zum Teil mit Bäumen und

Büschen bewachsen, zum Teil aus Geröllhalden bestehend. Auf diese Hänge stürmten die Chatten zu, wie er es erwartet hatte.

Hornsignale gellten über die Berge und riefen die Cherusker zu den Waffen. Fürsten, Edelinge und Kriegerführer scharten sich um Thorag und beobachteten, wie die Chatten, in drei Angriffskeile aufgespalten, im schnellen Lauf herankamen. Allesamt jung an Jahren, wie es schien, und mit wild wucherndem Haar- und Bartwuchs.

»Adgandest schickt seine Jungmänner in die Schlacht«, erkannte Thimar. »Ihre Kampferfahrung ist gering, ihr Blutdurst dafür um so größer. Sie brennen darauf, ihre jungfräulichen Framen mit Blut zu benetzen, um als vollwertige Männer zu gelten. Der Chattenherzog weiß, was er tut. Er rechnet damit, daß seine erste Angriffswelle große Verluste erleiden muß. Aber er weiß auch, daß die Jungmänner sich davon nicht abschrecken lassen.« Er wandte sich im Sattel zu Thorag um. »Wenn du es befiehlst, Herzog, werden meine Ebermänner ihnen zeigen, wie Krieger kämpfen und sterben.«

»Die Krieger des Ebergaues werden noch Gelegenheit haben, ihren Mut zu beweisen«, sagte Thorag. »Jetzt gönne dem Edeling Eburwin, sein Kampfheil zu erproben!«

Der Genannte reckte sich stolz auf dem Rücken seines Braunen. Noch jung an Jahren, hatte Eburwin sich im Krieg gegen Marbod bewährt. Seite an Seite mit ihm hatte Thorag die Bergfestung des Markomannenkunings erstürmt. Größer als Eburwins Mut wäre fast nur sein Starrsinn gewesen, als er damals den Kampf entgegen Thorags Befehl weiterführen wollte. Dann aber hatte er sich dem Donarsohn gebeugt und bewiesen, daß er sein Schwert nicht über den Gehorsam stellte. Thorag vertraute ihm und hatte ihm deshalb den Befehl über die Barschalke aus Donar-, Balder-, Hirsch- und Ebergau übertragen.

»Wir werden die Chatten zurückwerfen!« versprach Eburwin.

»Ihr könnt es schaffen«, bestätigte Thorag. »Sie müssen bergauf laufen, ihr aber kommt ihnen von oben entgegen. Doch schärfe deinen Leuten ein, auf die Signale zu achten. Wenn der Hörnerklang erschallt, müssen sie sich sofort auf die bewaldeten Hänge zurückziehen!«

»Wir wissen, was zu tun ist«, sagte Eburwin, hob grüßend den lederbespannten Schild mit der schwarzen Bemalung, einem Eberkopf, und galoppierte davon.

Thimar blickte dem Edeling aus seinem Gau zweifelnd nach. »Eburwin ist ein guter Krieger, aber können die Barschalke den blutdürstigen Jungmännern wirklich standhalten?«

»Ich zweifle nicht an den Barschalken unserer Gaue«, antwortete Thorag. »Auch wenn sie nur halbfrei sind, kämpfen sie doch um ihr Land und für ihre Familien. Viele bewirtschaften eigene Höfe. Wenn die Chatten siegen, sinken sie zu Sklaven herab. Das Wissen um die Bedeutung dieses Kampfes wird ihren Mut stärken.«

Insgeheim fragte sich Thorag, ob das ausreiche, um den Ansturm der Chatten zu brechen. Aber er durfte keine Zweifel zeigen. Ein zweifelnder Herzog war ein schwacher Anführer, und die Kriegsgötter liebten den Schwachen nicht.

Als die Chatten den Fuß des Berges erreichten, ertönte von Osten ein mehrfach wiederholtes Hornsignal: einmal kurz, zweimal lang und einmal kurz – das Zeichen zum Angriff!

Kriegsgeschrei ertönte, als die Barschalke mit schnellen Schritten den Südhang hinunterstürmten. Auch sie gingen in drei Keilen vor, mit vorn abgeflachten Spitzen. Die Formation nannten sie Eberkopf.

Im Vergleich zu den chattischen Jungmännern, bei denen zahlreiche Eisenklingen und Schildbuckel aus Eisen oder Bronze im erstarkenden Morgenlicht blitzten, waren die

Barschalke ärmlich bewaffnet. Die meisten besaßen nicht einmal ein Schwert. Ihre Framen und Geren hatten überwiegend hölzerne Spitzen, und ihre Schilde bestanden häufig aus einfachen Holzbrettern oder gar aus Weidengeflecht.

Und doch waren sie entschlossen, den Chatten den Tod zu bringen. Die Barschalke hatten die Spitzen ihrer Waffen ins Feuer gehalten, bis die weichen äußeren Holzschichten weggebrannt waren; jetzt waren ihre Framen und Gere kaum weniger gefährlich als Waffen mit eisernen Spitzen. Und als die Cherusker ihre schlichten Schilde anhoben und in die Höhlungen den Namen des Sieggottes brüllten, war es ein furchterregender Schlachtgesang.

»Wo-dan! Wo-dan! Wo-dan!« hallte es weithin.

Die Chatten antworteten mit dem Namen des Schwertgottes. Immer wieder riefen sie Tiu an, den Gemahl ihrer hohen Gottheit Tamfana. Ihre Schritte wurden schneller, und sie fällten ihre Framen, als der Zusammenprall mit den Cheruskern kurz bevorstand.

Da stieß Eburwin, der dem mittleren seiner drei Stoßkeile zusammen mit einigen Hornisten und Meldern voranritt, sein Schwert hoch in die Luft. Sofort sandten die Hornisten ein Signal aus: einmal lang, einmal kurz, einmal lang.

Die drei Eberköpfe hielten an, und tausend Arme reckten sich in die Luft, schleuderten den Chatten Wurfspieße entgegen. Drei Wellen von Geren gingen auf die wildbehaarten Jungmänner nieder, die rasch ihre Schilde hochrissen und sich unter das schützende Holz duckten. Gleichwohl fanden viele Gere in der dichtgedrängten Masse ihr Ziel. Mancher junge Chatte würde nie den ehrenvollen Tag erleben, an dem er sein Haar schor.

Der chattische Ansturm geriet kurz ins Stocken, doch Jungmänner aus den hinteren Gliedern traten an die Stelle der Gefallenen, und die Befehle der Anführer trieben die Angriffskeile wieder voran. Chatten und Cherusker prallten aufeinander, und die Keilformationen lösten sich mehr und mehr in Einzel- und Gruppenkämpfen auf.

Anfangs sah es aus, als würde die Wucht der bergab stürmenden Barschalke die Jungmänner zurückwerfen. Dann aber zeigte sich, was die bessere Bewaffnung und die größere Übung im Kriegshandwerk wert waren. Unter den Hieben chattischer Schwerter löste sich das Flechtwerk der Cheruskerschilde auf, oder die durch Birkenteer zusammengehaltenen Bretter brachen auseinander. Ihrer Verteidigung beraubt, fielen die Halbfreien, wenn ein Chattenschwert sich in die Brust oder eine Frame sich in den Bauch fraß. Der östliche und der westliche Angriffskeil der Chatten formierte sich neu und trieb die Verteidiger den Berg hinauf. Nur die beiden cheruskischen Tausendschaften in der Mitte hielten dem Druck noch stand.

Hier kämpfte Eburwin selbst und fuhr wie ein Rasender unter die Jungmänner. Als sein von mehreren Framenstichen getroffener Brauner fiel, focht er zu Fuß weiter und schrie seinen Kriegern zu, keinen Schritt zu weichen. Immer mehr Chatten umringten ihn und drängten die an seiner Seite kämpfenden Cherusker zurück.

Eburwin drehte sich im Kreis und teilte Schwerthiebe in alle Richtungen aus. Ein verwundeter Chatte umklammerte im Sturz Eburwins Schild und entriß ihn dem Edeling. Ein anderer Chatte nutzte dessen plötzliche Blöße aus und rammte seine Frame tief in Eburwins linke Seite. Der Getroffene krümmte sich vor Schmerz, hielt sich aber auf den Beinen. Augenblicke später war er von fünf oder sechs Framen und Schwertern durchbohrt und versank im vorrückenden Strom der Chatten.

Als Thorag den Edeling fallen sah, war ihm, als krampfe sein Herz sich zusammen. Seine Muskeln zuckten. Am liebsten hätte er seinen Grauen den Abhang hinunter getrieben, um sich mit gezücktem Schwert ins Schlachtgetümmel zu werfen. Aber als Herzog war sein Platz hier oben bei den Edelingen, Meldern und Hornisten. Er mußte den Überblick behalten und zusehen, wie tapfere Männer starben.

»Wodan wird Eburwin mit Stolz empfangen«, sagte Thimar. »Aber sein Opfer war vergebens, die Barschalke werden mehr und mehr zurückgedrängt. Und dort links und jetzt auch rechts, Pferdeläufer!«

Er wies hinunter auf die Ebene, wo sich zwei neue Angriffskeile aus den Wäldern lösten. Dem östlichen und dem westlichen Trupp der Jungmänner folgten chattische Reiter und Pferdeläufer. Jeweils fünfhundert Reiter galoppierten auf jeder Seite mit ihren kleinen einheimischen Pferden heran. In die Mähnen jedes Tieres hatten sich zwei weitere Krieger verkrallt, die wohl flinkesten des ganzen Stammes. Ihre fliegenden Beine hielten mühelos mit dem Lauf der Pferde Schritt. So stürmten sie heran, den Berg hinauf, um den Angriff auf den Flanken weiter voranzutreiben und die Barschalke in der Mitte einzukesseln.

Thorag schickte drei Hornisten den Hang hinab, und ihre Urhörner verkündeten das Zeichen zum Rückzug: ein langer Ton und zwei kurze.

Die Barschalke wußten, was das bedeutete. Augenblicklich lösten sie sich vom Feind und zogen sich in die bewaldeten Hangzonen zurück. Die chattischen Jungmänner stießen ein lautes Siegesgebrüll aus und wären ihnen am liebsten sofort nachgeeilt, wurden jedoch von ihren Anführern zurückgehalten. Offenbar sollten sich die Jungmänner mit den Reitern und Pferdeläufern vereinigen, um den Berg in einer geschlossenen breiten Angriffsfront einzunehmen.

Wieder schickte Thorag seine Hornisten den Südhang hinab. Als sich die drei chattischen Angriffskeile neu gruppiert hatten und über die Geröllfelder vorrückten, wußten die Männer an den Verhauen, was sie zu tun hatten.

Die Cherusker hatten die Verhaue in den vergangenen Tagen am oberen Rand der Geröllfelder errichtet, versteckt im Schutz der Waldränder. Die mit starken Seilen an Bäumen befestigten Barrikaden hielten Massen großer Steinbrocken zurück, die Frilinge und Barschalke schwitzend und fluchend zusammengetragen hatten. Jetzt schlugen die Cherusker mit Äxten auf die Halteseile ein. Sobald die Seile durchtrennt waren, gaben die Holzbarrikaden dem Druck nach, und eine Flut von Steinbrocken ergoß sich auf die Geröllfelder. Sie rissen weitere Steine mit sich, und eine gewaltige Lawine fuhr mitten in die chattischen Stoßkeile.

Die erschrockenen Schreie von Männern und Pferden wurden vom Lawinendonner verschluckt. Eine riesige Staubwolke quoll über den Geröllfeldern auf und war für lange Augenblicke das einzige, das Thorag sehen konnte.

Als die Wolke sich allmählich auflöste, bot sich ihm ein Bild von Verwüstung und Tod, als hätte Donar erneut seinen Zauberstab geschwungen und auch die Chatten in Stein verwandelt. So sah es aus, weil die tausend und abertausend Leichen mit einer dicken Staubschicht bedeckt waren, sofern nicht ganze Steinbrocken auf ihnen lagen. Männer mit verkrümmten Gliedern, oft ganze Berge von Kriegern, die Waffen und Schilde noch im Tod umklammerten. Von vielen lugten nur einzelne Gliedmaßen unter den Gesteinsmassen hervor, daß sie wie mit dem Fels verwachsen wirkten; aufgefressen und dann nicht ganz geschluckt von dem übersättigten Bock Zähneknirscher. Der Tod war so schnell über die Chatten gekommen, daß etliche Reiter noch auf den gestürzten Pferden saßen.

Während die letzten Staubschleier sich auflösten, kam langsam Bewegung in das Geröllfeld. Ein Teil der Männer und Pferde war nur verletzt, eingeklemmt zwischen dicken Steinbrocken oder wegen zerschmetterter Beine nicht fähig, sich zu erheben. Hände kratzten an den Steinen, und schmerzhaftes Stöhnen wehte über den Berg, bis aus den

Rändern der oberen Wälder eine zweite Todeswelle hervorbrach.

Die Barschalke stürmten auf die Geröllfelder und brachten jedem Chatten, der sich noch regte, den Tod. Dann stimmten die Cherusker ein Siegesgeschrei an, das sich über den ganzen Berg fortpflanzte und auch auf den Nachbarberg übersprang, von wo die Dachskrieger das Geschehen verfolgt hatten. Der Jubel mußte noch in den Wäldern drüben auf der Ebene zu hören sein.

Thorag saß auf seinem Grauschimmel und starrte dorthin, wo er Adgandest mit seinen übrigen Kriegern wußte. Was mochte jetzt in dem Chattenherzog vorgehen, der binnen kürzester Zeit an die achttausend Krieger verloren hatte? War sein Herz voller Trauer über den Verlust, oder hatte der tausendfache Tod seinen Zorn auf die Cherusker noch gesteigert? Im Gegensatz zu vielen der in Freudengeschrei ausgebrochenen Cherusker glaubte Thorag nicht, daß die Schlacht bereits geschlagen war. Er hatte den Haß, der Adgandest antrieb, zu deutlich gespürt. Tausende von Toten waren für den Chatten kein Grund zur Umkehr, sondern eher ein weiterer Stachel in seinem Fleisch.

Noch immer waren die Chatten und ihre Verbündeten auf der anderen Seite der Berge Thorags Heer zahlenmäßig überlegen. Und Adgandest würde den Cheruskern keine Zeit lassen, die verheerende Lawinenfalle ein zweites Mal zu errichten. Den nächste Ansturm auf den Berg Zähneknirscher mußten die Verteidiger im Kampf Mann gegen Mann abwehren. Daß dieser Ansturm kommen würde, schien Thorag gewiß.

Die aus der Schlacht zurückkehrenden Barschalke wurden von den Cheruskern auf dem Berg Zähneknirscher wie Einherier gefeiert. Die Verletzten wurden in ein schmales

Seitental gebracht, in die Obhut von Priesterinnen, Heilerinnen und weiteren Frauen aus den Cheruskergauen, die ihren Männern, Brüdern und Söhnen in den Krieg gefolgt waren. Die übrigen Halbfreien zeigten stolz die erbeuteten Waffen und Schilde, ehe sie sich über das Essen hermachten, das ein Teil der Frauen ihnen brachte. Thorag setzte sich zu ihnen und löffelte lustlos den mit Wasser angerührten Haferbrei.

Ingwin gesellte sich zu Thorag. »Du siehst nicht zufrieden aus, Fürst Thorag. Freust du dich nicht über unseren Sieg?«

»Ich freue mich über unseren Sieg, aber nicht über die Niederlage der Chatten.«

»Wo ist der Unterschied?«

»Achttausend tote Chatten sind achttausend Schwerter und Framen, die uns beim Kampf gegen unseren eigentlichen Feind fehlen.«

»Du redest schon wie Armin.«

»Zum ersten Mal trage ich die Bürde des Herzogs, und jetzt erst weiß ich, welche Last Armin all die Jahre bedrückt hat.«

»Es sind schlechte Zeiten«, seufzte Ingwin und nahm dankbar eine gefüllte Breischale von einer grauhaarigen Alten entgegen. »Cherusker und Chatten, die gemeinsam gegen Rom kämpften, töten jetzt einander. Mehr noch, wir Cherusker sind untereinander entzweit. Und ein Donarsohn hat Armin an den Rand des Todes gebracht.«

»Ich wünschte, es wäre nicht so gekommen«, entgegnete Thorag mit versteinerter Miene. »Hätte ich gewußt, was in Jorit vorgeht, hätte ich ihn nicht zu Armin gesandt. Ich hätte Jorit beide Hände abgehackt, damit er seine Frame nicht für einen ehrlosen Verrat mißbraucht. Aber ich ahnte nichts von seinen wahren Absichten. Bis heute weiß ich nicht, was ihn auf die Seite der achten Sippe gezogen hat, und ich werde es wohl auch nie erfahren.«

»Der Bärengott ist mächtig. Schade nur, daß er auf der falschen Seite steht!« Ingwin hieb den Löffel in den Brei, als schwinge er sein Schwert gegen einen Chatten. »Hast du nicht erzählt, fast hätte dieser Berold deinen Sohn rumgekriegt? Ich schätze, mit Jorit haben sie es ähnlich gemacht. Im Gegensatz zu Ragnar war er schwach und ist auf die süßen Reden reingefallen. Du kannst stolz sein auf deinen Sohn, Thorag.«

»Das bin ich. Wenn ich an ihn und an Auja denke, dann weiß ich wieder, wofür wir hier kämpfen.«

»Sei froh, daß sie auf dem Donarhof sind.«

»Ach? Hat dich der allgemeine Siegestaumel nicht gepackt, Ingwin?«

Armins Kriegerführer zeigte mit einem Finger auf seine narbige Wange. »Das da bewahrt mich ein Leben lang vor zu großem Leichtsinn. Nicht, daß ich an deinem Kampfheil zweifle, Thorag. Ich glaube schon, daß unsere Waffen eine Menge Chatten fressen werden. Aber ich glaube auch, daß nicht viele von uns übrig sein werden, wenn das hier vorbei ist.«

Alarmierende Hornsignale schallten vom Südhang über den Berg. Sie kündeten von einem neuen Angriff der Chatten. Kaum hatte sich die erste Aufregung der Cherusker gelegt, da meldeten auch die Hornisten im Norden Feindbewegung.

Thorag stellte seine Breischale weg und erhob sich. »Es geht los!«

»Von beiden Seiten zugleich«, ergänzte Ingwin, der sich ebenfalls erhob. »Zufall?«

»Durch Boten können sie sich nicht verständigt haben. Niemand kommt durch den Bockspfad, ohne daß unsere Krieger es bemerken. Vielleicht Rauchzeichen?« Thorag schirmte die Augen mit der flachen Hand gegen den hoch am Himmel stehenden Sonnenwagen ab und spähte nach Norden und Süden. »Ich kann nichts erkennen. Vielleicht haben Adgandest, Inguiomar und Botan den Angriff für diesen Tag seit langem abgesprochen. Oder die beiden Gaue dort im Norden haben einfach gewartet, bis unsere Hornsignale erklingen.«

»Lassen wir es nicht bei den Hornsignalen«, sagte Ingwin grimmig. »Erfreuen wir sie am Anblick und am Klang unserer Waffen!«

Thorag schwang sich auf sein Roß, das der junge Hariolf für ihn bereithielt, und ritt mit Ingwin und einigen Edelingen zu den Klippen im Süden, weil er aus dieser Richtung die größere Gefahr vermutete. Was er am Fuß des Berges erblickte, bestätigte seine Annahme. Die Ebene war dunkel von Chatten – zehn-, zwanzigtausend. Adgandest schien fest entschlossen, sein Ziel mit der Masse seiner Krieger noch an diesem Tag zu erreichen. In geordneten Heerhaufen rückten die Chatten mit fast römischer Disziplin auf Zähneknirscher vor und ließen Zähneknisterer ganz außer acht. Trotzdem kam Thorag nicht auf den Gedanken, die Dachskrieger vom Nachbarberg abzuziehen. Dadurch hätte er den Weg für die Vereinigung der beiden feindlichen Heere freigemacht.

»Der Verräter selbst rückt mit seinen Kriegern an«, sagte Ingwin in verächtlichem Tonfall und zeigte nach Südosten. »Was dort so grell in der Sonne blinkt, muß Adgandests Leibwache in ihren Eisenrüstungen sein.«

Mit zusammengekniffenen Augen starrte Thorag in die angegebene Richtung, um den Haufe winzig kleiner Reiter inmitten der unberittenen Angriffskeile deutlicher zu erkennen. »Das scheinen zwei verschiedene Arten von Rüstungen zu sein«, sagte er schließlich. »Einige von den Kerlen sehen reichlich römisch aus.«

»Römisch?« wiederholte Ingwin, als hätte er nicht verstanden.

»Foedus!« stieß Thorag mit einem kräftigen Nicken hervor. »Er ist mit seinen Prätorianern noch immer bei Adgandest, vermutlich um dafür zu sorgen, daß der Chattenherzog ganz im Sinne von Sejanus handelt.«

»Töten wir also auch ein paar Römer!« rief Ingwin. »Wodan, Donar und Tiu werden sich um so mehr freuen.«

Er erntete von den Edelingen und Kriegern in ihrer Nähe zustimmende Rufe.

Thorag wandte sich an den Balderfürsten. »Rowart, führe die Frilinge aus deinem Gau, aus dem Donar- und dem Hirschgau in die Abwehrschanzen. Schlagt den Feind durch schnelle Ausfälle zurück, aber wagt euch nicht zu weit vor. Bist du einverstanden?«

Rowart beugte sich auf seinem Rappen zu Thorag vor und legte die Rechte auf den Schwertknauf. »Du weißt, daß ich lieber jetzt als später mitten unter die Chatten fahren würde, um Rolef zu rächen. Aber du bist mein Herzog in dieser Schlacht, dir habe ich Treue gelobt. Also folge ich deinen Anordnungen!«

Der Donarfürst hoffte, daß Rowart sich auch in der Hitze des Gefechts daran erinnerte. Der sprengte mit ein paar Edelingen davon, um die gut zehntausend Frilinge, die Thorag ihm unterstellt hatte, in ihre Verteidigungsstellungen zu führen.

Thorag ritt mit Thimar, Ingwin, Hatto und einigen anderen über die Bergkuppe nach Norden, wo Ing- und Stierkrieger sich in zwei großen Angriffskeilen Zähneknirscher näherten. Hier hatten die Verteidiger aus Zeitmangel keine Lawinenfallen vorbereiten können. Der Donarfürst übertrug Thimar die Aufgabe, den Nordhang mit den Frilingen aus dem Ebergau zu halten. Ingwin, dem die berittenen Krieger aus sämtlichen fünf Gauen mitsamt den Kriegergefolgschaften unterstellt waren, insgesamt zweitausend Mann, sollte seine Männer über flache Hänge im Nordosten in den Rücken des Feindes führen und dessen Keile von hinten aufrollen.

»So soll es geschehen«, versprach der Kriegerführer aus

dem Hirschgau. »Aber hast du bedacht, daß Inguiomars und Botans Reiterei nirgends zu sehen ist, Thorag? Die Verräter führen etwas im Schilde!«

»Eben deshalb halte ich die Barschalke in Reserve.«

»Die Barschalke haben tapfer gekämpft, aber ...«

»Sie sind das Kämpfen nicht gewöhnt, und die Schlacht heute morgen hat sie erschöpft, ich weiß«, sagte Thorag. »Eben deshalb halte ich sie in Reserve. Wenn sie nicht zum Einsatz kommen, können sie auf den Klippen über dem Bockspfad neue Kraft schöpfen.«

»Rechnest du mit einem Angriff auf den Bockspfad?«

Thorag lächelte müde. »Ich rechne mit allem. Und wie du eben sagtest, Ingwin: Inguiomars und Botans Reiter sind nirgends zu sehen.«

Sie zeigten sich, als die Schlacht auf dem Nord- und dem Südhang von Zähneknirscher in vollem Gange war. Plötzlich sprengten an die achthundert Reiter aus einem Waldgelände im Nordwesten hervor und hielten geradewegs auf den Einschnitt zwischen den Bocksbergen zu. Thorag ritt selbst zu Hatto, dem er die Barschalke unterstellt hatte. Durch Hornsignale wurde Bror drüben auf dem Nachbarberg unterrichtet.

Als die feindlichen Reiter im vollen Galopp in den engen Pfad zwischen den Bergen eintauchten, sagte Hatto zu Thorag: »Sie sind so unvorsichtig wie tapfer. Inguiomar und Botan müssen Dummköpfe sein, daß sie ihre Reiterei so sinnlos opfern.«

»Inguiomar war schon immer ein Hitzkopf, der nicht viel von ausgeklügelten Schlachtplänen hielt.«

»Dann sterben die Männer da unten wegen der Dummheit ihrer Fürsten. Beinahe tut es mir leid, daß sie in den Tod reiten.«

»Mir auch«, erwiderte Thorag. »Und jetzt los!«

Die Schreie von Urhörnen gellten hoch über dem Bockspfad. Hattos Barschalke und Brors Krieger kappten die Halteseile, und eine zweifache Felslawine stürzte in die enge Schlucht. Als die drängende Zeit Thorag vor die Frage gestellt hatte, über dem Bockspfad oder am Nordhang von Zähneknirscher Lawinenfallen zu errichten, hatte er nicht lange überlegen müssen. Sein dringlichstes Ziel war, die Vereinigung der abgefallenen Cheruskergaue mit den Chatten zu verhindern. Und ihm fiel kein besserer Weg ein, als den Bockspfad mit Felsbrocken zu verstopfen.

An den steilen Wänden der Schlucht stieg der Lawinendonner im hundertfachen Echo empor, begleitet von dichtem Staub, der die Cherusker auf den Felsklippen husten machte. Als er sich verzog, sahen Thorag und Hatto gerade noch, wie sich die Hälfte der Reiter im schnellen Galopp zurückzog. Die andere Hälfte lag unter den Steinbrocken begraben. Die füllten den Hohlweg zwar fast über die ganze Länge aus, konnten aber doch überstiegen werden.

»Ich hatte gehofft, die Barriere würde unüberwindlich sein«, sagte Thorag enttäuscht. »Wir müssen weiterhin ein wachsames Auge auf den Bockspfad werfen.«

Im Norden brandete Jubel auf, und bald kam ein berittener Bote von Thimar mit der Meldung, daß Ing- und Stierkrieger hohe Verluste erlitten und sich zurückgezogen hatten. Das plötzliche Auftauchen von Ingwins Reiterei in ihrem Rücken hatte ihren Angriffsschwung gelähmt, und ein entschlossener Gegenangriff der Eberkrieger hatte sie vollends zurückgeworfen.

Am Südhang sah es weniger gut aus. Obwohl Rowarts Männer mit Tapferkeit und Geschick kämpften, drangen die Chatten höher und höher vor. Sie hielten ihre Stoßkeile geschlossen, und eine dichte Mauer aus Schilden schützte sie vor den Geren und Schleuderbleien der Cherusker. Zwar fielen zahlreiche Chatten, doch nachrückende Krieger schlossen die Lücken sofort.

Thorag hatte dreitausend Barschalke mit zum Südhang genommen. Hatto hielt die Klippen mit ein paar Hundertschaften besetzt. Das reichte aus, um den Bockspfad lange genug zu verteidigen, bis Verstärkung eintraf. Zudem würde Bror mit seinen Männern den Pfad gut zu schützen wissen.

Als Thorag den Südhang erreichte, taumelten ihm etliche Verwundete mit mutlosen Blicken entgegen. Manche preßten die Hand auf das ausgestochene Auge oder blickten entgeistert auf den blutigen Stumpf, der vor kurzem noch ein starker Schwertarm gewesen war. Anderen quollen die Gedärme aus dem aufgeschlitzten Leib. Niemand von ihnen rief mehr begeistert den Namen des Herzogs. Vom Hang aber tönte ein tausendfaches »Ad-gan-dest« herauf, als feierten die Chatten bereits ihren Sieg. Thorag erkannte, daß die Reihen seiner Krieger sich aufzulösen drohten. Nur sein eigenes Beispiel konnte das Schlachtenglück noch wenden und die Cherusker vom Heil ihres Herzogs überzeugen.

Er ließ die Barschalke einen Eberkopf bilden und führte ihn den Berg hinab, mitten in die chattischen Schlachtreihen. Ein von Thorag ausgesandter Melder überbrachte Rowart den Befehl zum Ausfall. Donarsöhne, Baldersöhne und Hirschmänner bildeten drei weitere Eberköpfe und rückten gegen die überraschten Chatten vor.

Thorags Grauschimmel stürzte, noch ehe der Donarfürst den Feind erreichte. Eine Frame bohrte sich tief in den Pferdehals, und der Hengst knickte nach vorn ein. Thorag rollte sich ab, sprang auf, packte Schwert und Schild und stürmte weiter bergab, die Barschalke im Gefolge. Sie brüllten seinen Namen und überschütteten die Chatten mit einem Gerhagel, bevor sie Framen und Schwerter einsetzten. Ja, viele von ihnen trugen jetzt Schwerter. Waffen, die sie am Morgen erbeutet hatten. Und viele von ihnen würden am Abend keine Waffe mehr brauchen, nicht auf der Menschenwelt.

Als die gnädige Nott ihre Schleier über das blutgetränkte

Land an den Bocksbergen warf, brannten auf dem Kamm des Berges Zähneknirscher und in den Ebenen wieder zahlreiche Feuer. Doch diesmal erschollen keine Siegesgesänge, zumindest nicht bei Thorags Kriegern, denn die meisten Brände waren Totenfeuer. Die Flammen fraßen die Leiber der Gefallenen, soweit es gelungen war, sie zu bergen.

Noch immer waren Frauen und Kinder der Cherusker an den Hängen unterwegs, um Leichen und vielleicht auch Verwundete auf die Ochsen- und Pferdekarren zu laden und in die Lager zu bringen. Hier traten die Väter, die Brüder oder die Söhne der Gefallenen an die Feuer, warfen die zerbrochenen Waffen der Toten in die Flammen und baten die Götter um gute Aufnahme für ihre Angehörigen. Noch einmal lobten die Männer die Heldentaten der Getöteten bis hin zur heutigen Schlacht, bevor die Leiber ein Raub der Flammen wurden und die Seelen, so hofften die Überlebenden, von den Walküren empfangen wurden.

Auch unter den Donarsöhnen hatte der Tod reiche Ernte gehalten. Viele Gefallene waren Thorag bekannt gewesen, und für sie sprach er die Geleitworte an die Götter. Dann aber verließ er das Lager der Donarsöhne, denn als Herzog war es seine Pflicht, sich bei den Kriegern aller Gaue zu zeigen. Als er ins Lager der Ebermänner kam, wurde Eburwins vielfach zerstochener Leichnam ins Totenfeuer gelegt. Und während die Flammen an dem jungen Edeling emporleckten, sprach Thorag ein letztes Mal von dessen Heldentaten im Markomannenkrieg.

Die Worte galten nicht nur Eburwin und den Göttern, sondern auch den Überlebenden. Mit der Erinnerung an den siegreichen Krieg gegen Marbod versuchte er, bei den Ebermännern neuen Kampfesmut zu entfachen. Es wollte ihm nicht gelingen. Zu anstrengend war der Schlachttag gewesen, zu hoch der Blutzoll. Kaum einer der Krieger war ohne Verwundung, auch Thorag wies mehrere blutige Schrammen auf.

Seine Krieger hatten das Letzte gegeben, um die Chatten vom Südhang dieses Berges zu werfen, und die Zweifel, daß es ihnen am nächsten Tag noch einmal gelingen würde, saßen tief. Niemand sprach es aus, aber Thorag las es in tausend Gesichtern: Sie glaubten nicht mehr an sein Siegheil.

Kapitel 23

Im Totensattel

AM NACHMITTAG DES zweiten Schlachttages sah es so aus, als hätten die Kriegsgötter sich endgültig von Thorag und seinen Cheruskern abgewendet. Seit dem frühen Morgen rannte der Feind von beiden Seiten gegen den Berg Zähneknirscher an. Den Nordhang verteidigten Ebermänner und Barschalke, den Südhang die Frilinge aus Donar-, Balder- und Hirschgau mitsamt der abgesessenen Reiterei. Thorag hatte auf dem Berg keine Reserven zur Verfügung, aber er brauchte jeden Mann für den Abwehrkampf.

Als der Druck im Süden gegen Mittag immer stärker wurde, machte sich das Fehlen ausgeruhter Ersatztruppen schmerzlich bemerkbar. Notgedrungen gab er Bror das Zeichen, seine Krieger in die Schlacht zu werfen. Nur die Barschalke blieben auf Zähneknisterer zurück. Die übrigen Dachsmänner fielen den Chatten in die linke Flanke, ein ausgeruhter Stoßkeil, der sich tief in die feindlichen Reihen bohrte. Adgandest mußte seine gesamte Angriffsformation umbilden, um Brors Attacke abzuwehren, was den Cheruskern auf dem Südhang die dringend benötigte Entlastung brachte.

Doch je weiter Sunna sich den entfernten Ausläufern von Zähneknisterer zuneigte, desto weiter drangen die Ing- und Stierkrieger den Nordhang hinauf. Eilig galoppierte Thorag auf dem Rappschecken, den er sich als Ersatz für den Grauschimmel aus den Pferden der Donarsöhne ausgewählt hatte, über den Bergkamm. Entsetzt wurde er Zeuge, wie die

Barschalke gänzlich vom Kampfesmut verlassen wurden und sich zur Flucht wandten. Er ritt ihnen hügelabwärts entgegen, versuchte sie durch laute Rufe aufzuhalten, aber sie liefen einfach an ihm vorbei.

Da geschah etwas gänzlich Unerwartetes. Von Osten drang eine gemischte Tausendschaft aus Reitern und Fußtruppen gegen die Stiermänner vor. Erstaunt hielten die fliehenden Barschalke inne und starrten, ebenso wie Thorag, verwundert hinunter in die Ebene. Der Donarsohn konnte sich keinen Reim darauf machen, wer ihm da zu Hilfe kam. Fassungslos blickte er auf die hölzerne Standarte, die einer der Reiter hoch über seinem Kopf trug. Sie zeigte einen Hirsch mit weit ausladendem Geweih – das Feldzeichen des Hirschfürsten. Und ganz vorn saß kerzengerade ein Reiter mit langem, hinter ihm herwehendem Blondhaar auf einem schwarzen Römerpferd, der Anführer. Er sah aus wie Armin.

Verwirrt wichen die Stiermänner zurück, die schon einen Teil des Berghangs eingenommen hatten, um eiligst eine Verteidigungsstellung gegen die unerwarteten Angreifer in ihrer Flanke zu errichten. Das gab den Ebermännern Gelegenheit, auch die Ingkrieger zurückzuwerfen. Die Barschalke faßten neuen Mut und schlossen sich unter der Führung Thorags, der den Hang hinuntergaloppierte, Thimar und den Eberkriegern an. Während sie die Ingmänner vor sich hertrieben, machte ein Name die Runde und erscholl schließlich als lauter Kriegsruf: »Armin!«

Alle, Freund und Feind, erkannten den Hirschfürsten – den Herzog der Cherusker. Den Ebermännern und Barschalken verlieh sein unerwartetes Erscheinen neue Zuversicht und Kraft, die Feinde aber erfüllte sein Anblick mit Schrecken.

Thorag erspähte inmitten des wimmelnden Haufens zurückweichender Ing- und Stierkrieger Inguiomar, der seine Männer unermüdlich antrieb, dem Druck von zwei Seiten standzuhalten. Vergebens. Mit wutverzerrtem Gesicht mußte der Ingfürst mit ansehen, wie seine haltlosen Truppen mehr und mehr zurückwichen. Der Hirschfürst, der steif wie ein Stock und mit totenbleichem Antlitz auf dem Rappen saß, war ein furchterregender Anblick, und die Krieger, die schon den ganzen Tag in blutigem Kampf standen und sonst den Tod nicht scheuten, nahmen Reißaus vor ihm. Vor kurzem noch siegesgewiß, zogen sich Ing- und Stiermänner jetzt ungeordnet in die nordwestlichen Wälder zurück.

Jubelnd eilten Thorags Leute der Tausendschaft des Hirschfürsten entgegen. Auch Thorag drückte seinem Hengst die Hacken in die Flanken und sprengte Armins Kriegern entgegen. Je näher der Donarfürst ihnen kam, um so größer wurde sein Erstaunen. Er hatte noch nie einen derart zusammengewürfelten Heerhaufe gesehen.

Drei Hundertschaften bestanden aus bewaffneten Frauen; an ihrer Spitze ritt Auja auf einem gedrungenen Braunen, bewehrt mit Schwert und hölzernem Rundschild, der auf seiner Lederbespannung in roter Farbe Miölnir zeigte. Thorag kannte viele der von ihr geführten Frauen vom Donarhof oder von den umliegenden Höfen. Einige trugen Framen mit hölzernen Spitzen, andere Heugabeln, Äxte oder einfache Holzstangen, die sie zum Dreinschlagen benutzt hatten.

Dreihundert weitere Krieger waren keine Kämpfer, sondern Kinder. Jungen, die noch nicht für wehrfähig erklärt waren, ausgerüstet mit Schleudern, Geren und Jagdbogen. Viele trugen Schilde, die sie sonst zum Spielen benutzten: schlichte Bretter ohne Buckel; als Tragegriff diente eine Leder- oder Roßhaarschlaufe. Ihr Anführer, bewaffnet mit einem Sax und einem jener Bretterschilde, saß auf einem schlanken Roß mit glänzendem braunem Fell. Das Tier hieß Gisun, und sein Reiter Ragnar. An seiner Seite ritt Nigrinus auf einem kleinen hellbraunen Pferd.

Die übrigen vierhundert Kämpfer um Armin waren zur

Hälfte Barschalke und zur Hälfte Männer aus seiner Kriegergefolgschaft, die zu seinem Schutz auf der Adlerburg geblieben waren. Die berittenen Krieger hatten die Spitze des Angriffskeils gebildet, doch die Barschalke, die Frauen und Jungen hatten nicht minder tapfer gekämpft, wovon zahlreiche Wunden und Schrammen zeugten. Und Tote.

Während Thorag sich noch über das alles wunderte, bemerkte er im Osten eine Staubwolke, die sich ihrem Standort näherte. Eine Kolonne aus zwei- und vierrädrigen Karren bog um einen felsigen Ausläufer Zähneknisterers, der Troß mit älteren Knechten und weiteren Frauen, darunter der Schalk Omko, die Chattin Wina und Armins Mutter Adina. Ein riesenhafter Reiter stach aus dem Troß hervor: der Hundingsführer Sikko.

Armin und seine Krieger wurden von Thimar und den Ebermännern umlagert, die ohne Unterlaß den Namen des Hirschfürsten riefen. Der saß noch immer seltsam steif auf seinem Rappen und wirkte, als ginge ihn das alles nichts an.

Thorag erreichte zuerst Auja und die Gruppe der bewaffneten Frauen. Der Donarfürst und seine Gemahlin stiegen von den Pferden und fielen sich in die Arme. Thorag drückte Auja an sich und hielt sie, ohne ein Wort zu sagen. Als sich an diesem Tag das Schlachtenglück mehr und mehr gegen ihn gewendet hatte, hatte er schon geglaubt, Auja niemals wiederzusehen.

Ragnar und Nigrinus ritten herbei, und auch Thorags Sohn stieg vom Pferd, dessen Zügel sein kleinwüchsiger Begleiter übernahm. Thorag umarmte Ragnar und stellte fest, daß eine blutige Wunde auf seiner rechten Schläfe klaffte.

Als Thorag ihn darauf ansprach, tastete Ragnar nach der Wunde und starrte erstaunt auf seine blutige Hand. »Ein Ger hat meinen Kopf gestreift. Ich habe einen kurzen Schmerz und dann einen Schwindel gespürt, aber ich dachte, mehr sei nicht passiert.«

Auja riß einen Stoffstreifen aus ihrem Kittel und verband damit Ragnars Kopf.

»Ihr habt den Schlachtenlenker Wodan wieder auf unsere Seite gezogen«, sagte Thorag stolz zu den beiden. »Bevor ihr kamt, sah ich den Kampf am Nordhang schon verloren. Aber wieso ...« Er stockte und starrte verwundert auf die Hundertschaften aus Frauen und Kindern.

Auja zog Ragnars Verband straff und wandte sich Thorag zu. »Späher aus dem Chattenland kamen zum Donarhof und auch zur Adlerburg. Sie berichteten, Adgandest habe ein riesiges Heer aufgestellt, vierzig Tausendschaften stark. Obwohl Armin mit dem Tode rang, hielt es ihn nicht länger auf dem Krankenbett. Er wollte bei seinen Kriegern sein. Ein stärkender Kräutertrank stellte ihn soweit wieder her, daß er erst auf Wagen und dann auf seinem Roß hierher kommen konnte. Auf dem Donarhof machte er mit seinen Kriegern und Barschalken halt. Ich sammelte die Frauen und Jungen um mich und schloß mich ihm an.«

Thorag zog die Stirn in Falten. »Das ehrt dich und Ragnar und alle, die mit euch gekommen sind, Auja. Aber ich sehe es nicht gern, wenn Frauen und Kinder in die Schlacht ziehen.«

»Wodan hat es gern gesehen, das hast du eben selbst gesagt. In Ravenna mußte ich mit anderen Frauen um unser Leben kämpfen. Soll ich jetzt, wo das Leben und die Freiheit in unserem ganzen Land bedroht sind, einfach zusehen? In unserem Stamm ist es alte Sitte, daß in höchster Not alle zu den Waffen greifen, auch Frauen und Kinder. Ragnar, ich und all die anderen werden hier mit dir kämpfen, Thorag. Hier werden wir mit dir siegen oder mit dir sterben!«

In Thorags Brust rangen Stolz und Widerstand miteinander. So glücklich er darüber war, seine Frau und seinen Sohn bei sich zu haben, so sehr fürchtete er um ihr Leben. Wenn die Scharen von Chatten, die drüben am Südhang fochten, den Berg überschwemmten, würden sie alles niedermachen, auch Frauen und Kinder.

Sikko ritt heran und sagte: »Hätte Adgandest gewußt, wie tapfer die Frauen und Kinder der Cherusker sind, hätte er es sich noch einmal überlegt, ob er gegen den Hirschstamm in den Krieg zieht!«

Thorag musterte den Chatten, der Waffen und Schild trug. »Hast du nicht dein Ehrenwort gegeben, auf dem Donarhof zu bleiben?«

»Auja erlaubte mir, sie zu begleiten.«

»Warum wolltest du das?«

»Wenn meine Brüder in die Schlacht ziehen, möchte ich wenigstens in ihrer Nähe sein.«

»Du trägst deine Waffen, aber du hast nicht gekämpft.«

»Sei froh!« Sikko bleckte die Zähne. »Mein Herz schlägt für die Chatten, auch wenn ich die Tapferkeit der Cherusker bewundere. Aber solange ich bei dir im Wort stehe, werde ich meine Waffen nicht gebrauchen.«

Einige Krieger schirmten Armin vor der begeisterten Menge ab und begleiteten ihn zu dem Troß, der inzwischen angehalten hatte. Es sah aus, als könnte er sich nur mit Mühe auf dem Römerpferd halten, was im krassen Widerspruch zu seiner geraden Körperhaltung stand. Als er näher kam, bemerkte Thorag, daß etliche Schweißperlen sein Gesicht bedeckten. Omko, Adina und Wina eilten ihm entgegen, und noch immer hielt er sich aufrecht auf dem Pferderücken.

Die Wagen fuhren zu einem Halbkreis zusammen, und berittene Hirschkrieger schlossen den Kreis, in den Armin geritten war. Thorag ging auf die Krieger zu, die von Grimard angeführt wurden. Der Hirschmann, der zusammen mit Thorag im Tamfanaberg gefangen gewesen war, ließ ihn durch.

Der Donarsohn sah, weshalb Armin so steif auf dem Rappen saß: Er war fest auf einen Totensattel gebunden. So nannten die Cherusker jene Gestelle, auf die man einen gefallenen

Krieger band, der auf seinem Pferd sitzend dem Totenfeuer übergeben werden sollte. Es war das erste Mal, daß Thorag einen Lebenden im Totensattel erblickte – sofern man Armin als lebendig bezeichnen wollte.

Jetzt, wo Omko Armins Umhang zurückgeschlagen hatte und den festen Strick löste, der den Leib des Hirschfürsten an das in seinem Rücken aufragende Holzkreuz band, schwankte Armin und wäre aus dem hölzernen Sattel gefallen, hätten ihn nicht die starken Hände seiner Krieger rechtzeitig ergriffen. Sie hoben ihn mehr vom Pferd, als daß er selbst abstieg, und brachten ihn zu den Wagen, wo er sich setzte, den Rücken an einen großen Ochsenkarren gelehnt. Er atmete schwer, und der Schweiß rann in Sturzbächen über sein Gesicht.

Eine der Heilerinnen, die Thorag nach Jorits Anschlag auf der Adlerburg bei Armin gesehen hatte, beugte sich über den Hirschfürsten und hielt eine Holzschale mit etwas Wasser in der Hand. Aus einem bronzenen Fläschchen goß sie ein paar Tropfen einer dunklen Flüssigkeit in das Wasser. Sie verkorkte das Bronzefläschchen wieder und steckte es in einen Beutel an ihrem Gürtel. Mit beiden Händen schwenkte sie die Wasserschale vorsichtig hin und her und beobachtete, wie die dunklen Tropfen sich mit dem Wasser zu einem bräunlichtrüben Gemisch verbanden, das sie Armin reichte. In hastigen Schlucken trank er, während Wina mit einem großen Tuch den Schweiß von seiner Stirn und seinem Gesicht tupfte.

Thorag, der dies mit ansah, glaubte, daß es sich um einen ähnlichen Trank handelte wie der, den Astrid ihm vor vielen Wintern bei den Heiligen Steinen gereicht hatte, damit er seine Kräfte für den Kampf gegen den wilden Keiler stärken konnte.

Viele Hirschkrieger verzogen das Gesicht, wenn sie zu ihrem Fürsten blickten. Es schmerzte sie, den gewaltigen Kämpfer derart geschwächt zu sehen.

Adina und Wina zogen vorsichtig den Kittel über Armins

412

Kopf und enthüllten den breiten Verband um seine Brust, der blutgetränkt war. Der anstrengende Ritt hatte seine Wunde aufbrechen lassen. Die Heilerin löste den Verband und entfernte die Kräuter, die der Stoff auf die Wunde gepreßt hatte. Die zweite Heilerin, die sich schon auf der Adlerburg um Armin gekümmert hatte, kam mit frischen Kräutern herbei, und die Frauen erneuerten den Verband. Armin stöhnte während der Prozedur mehrmals laut auf, doch hatte sein Atem sich insgesamt beruhigt, und er schwitzte auch nicht mehr so stark.

Als sein Blick auf Thorag fiel, winkte er den Donarsohn herbei und zwang sich zu einem verzerrten Lächeln. »Ich dachte mir, zwei Herzöge sind besser als einer. Schließlich müssen unsere Krieger auch an zwei Fronten kämpfen. Wie ist die Lage, Thorag?«

Thorag hockte sich neben Armin ins zertretene Gras. »So schlecht, wie es hier aussah, ehe du kamst, steht es auch im Süden. Viel mehr kann ich dir nicht sagen, Bruder. Ich muß sofort wieder auf die andere Seite.«

»Ich werde dich begleiten.« Als Armin Thorags zweifelnden Blick bemerkte, fügte er hinzu: »Oh, mein Schwert wird dir kaum nützen, das weiß ich. Aber du hast ja gesehen, welche Wirkung mein Anblick auf die Cherusker hat.«

»Ja«, sagte Thorag nachdenklich. »Und ich weiß nicht, ob ich dich darum beneide.«

»Wieso?«

»Weil ich in den letzten Nächten und Tagen erfahren habe, was es bedeutet, Herzog der Cherusker zu sein.«

Den Protest Adinas und das Flehen Winas mißachtend, ließ Armin sich wieder auf den Rappen heben und an den Totensattel binden. Omko schlang einen großkarierten Umhang um Armins Schultern und befestigte ihn mit einer goldenen Hirschkopffibel. Der Umhang verdeckte das Holzkreuz des Totensattels in Armins Rücken.

Als Armin aufrecht auf dem Pferd saß, den Sax an der einen und die Spatha an der anderen Seite, einen Rundschild mit aufgemaltem Hirschgeweih in der Linken, wirkte er ganz anders als eben noch, wo er schwächlich am Ochsenkarren gelehnt hatte. Das göttliche Heil des Cheruskerherzogs strahlte fast greifbar von ihm aus. Und als er aus der Wagenburg ritt, flogen ihm erneut die Jubelrufe und das Waffenklirren von Eberkriegern und Barschalken zu, die von Thimar zurück in die Abwehrstellungen auf dem Südhang geführt wurden.

An ihnen vorbei zog Armin mit seiner bunten Tausendschaft und dem Troß, der sich langsam den Berg hinaufquälte. Thorag ritt mit Grimard an seiner Seite. Auja und Ragnar führten wieder die Frauen und die Jungen an. Nigrinus hielt sich stets an Ragnars Seite. Von Auja wußte Thorag, daß sie Nigrinus aufgetragen hatte, auf ihren Sohn aufzupassen. Das beruhigte Thorag ein wenig, der lieber nicht daran denken wollte, was seinem Sohn im Kampf zustoßen konnte, wenn Ragnar einem Stoßkeil erfahrener Chattenkrieger gegenüberstand.

Ragnar hatte durch sein Verhalten als Gefangener der Bärensippe und als Anführer seiner drei Hundertschaften gezeigt, daß einmal ein großer Fürst aus ihm werden konnte. Insofern hatte Berold den Jungen ganz richtig eingeschätzt, und Thorag bedauerte, daß Ragnar es von dem Bärenmann gehört hatte und nicht von seinem Vater. Auch wenn der Tod im Kampf ehrenhaft war, wollte Thorag, daß sein Sohn lebte. Die Cherusker konnten Edelinge wie Ragnar gut gebrauchen, und für Ragnar mochte das Leben noch viel bereithalten, ehe er sich dereinst an Wodans Tafel setzte.

Oben auf dem Kamm trennten Thorag und Armin sich von den anderen. Mit Grimard und einigen weiteren Kriegern als Begleitung galoppierten sie nach Süden, um sich ein Bild von der Lage zu machen. Sie erfüllten Sikko den Wunsch, mit ihnen reiten zu dürfen.

Die Schlacht tobte auf dem Hang und in der Ebene. Dort unten war Brors Entlastungsangriff zusammengebrochen. Die Dachskrieger hatten sich in die felsigen Ausläufer Zähneknisterers zurückgezogen und verteidigten sich gegen einen zweifachen Angriff. Ein Stoßkeil aus etwa dreitausend chattischen Fußkämpfern bedrängte sie von Süden, während aus östlicher Richtung die berittenen Hundinge heransprengten. Fünf Hundertschaften und ihre Todeshunde fielen über die Dachsmänner her, und Sikkos Augen leuchteten bei dem Anblick auf. Die Hunde flogen über die Felsen und rissen einen Dachskrieger nach dem anderen von den Beinen. Die Hundinge sprangen von ihren schwarzen Pferden, die in den Felsen nicht recht weiterkamen, und drangen in die Lükke, die von ihren Hunden gerissen worden war.

»Die Cherusker da unten sind verloren!« sagte Sikko mit tiefster Befriedigung.

»Er hat leider Recht«, stellte Thorag fest. »Bror und die Frilinge seines ganzen Gaues werden aufgerieben.«

»Nicht, wenn wir sie sofort entlasten«, sagte Armin. So steif er auf dem Rappen saß – seine Blicke huschten flink über das Gelände und verschafften ihm den nötigen Überblick. »Wenn wir die Hauptmacht der Chatten auf dem Hang in Bedrängnis bringen, müssen sie von Bror ablassen.«

Thorag verstand und schaute ihn an. »Meinst du, dein Siegheil kann die Chatten zurückwerfen?«

»Die Cherusker können es, wenn mein Heil mit ihnen ist!«

Kurz darauf zeigte sich, daß Armin den Zustand seines Stammes richtig eingeschätzt hatte. Seite an Seite ritten er und Thorag den Südhang ab, und überall löste das Auftauchen des Hirschfürsten dieselbe Begeisterung aus wie zuvor am Nordhang. Die Krieger erinnerten sich der siegreichen Schlachten, in die Armin sie geführt hatte. Armin hatte die Legionen des Varus vernichtet. Armin hatte Germanicus in jahrelangen Kämpfen getrotzt, bis der Imperator das Land der freien Stämme auf ewig verlassen hatte. Und Armin hatte den mächtigen Markomannenkuning Marbod zurückgeschlagen. Thorag hatte in all den Schlachten an der Seite Armins gekämpft. Diese beiden Fürsten wieder vereint zu sehen, entflammte die Kampfeslust der Cherusker stärker, als es mehrere frische Tausendschaften vermocht hätten. Als die Urhörner zum Angriff bliesen und die Blutsbrüder den Hang hinuntergaloppierten, folgte ihnen unter lautem Kriegsgeschrei alles, was noch eine Waffe halten konnte.

Unter dem Zusammenprall der beiden Heere schien der Berg zu erbeben. Angriffskeile lösten sich auf und formierten sich neu, wo die Krieger sich nicht im Kampf Mann gegen Mann gegenseitig abstachen. Nicht nur Männer fochten in dem Gewühl, sondern auch Frauen und Halbwüchsige. Als Thorag Auja das letzte Mal sah, führte sie ihre bewaffneten Frauen in ein felsiges Tal gegen mehrere chattische Hundertschaften. Ragnar blieb mit seinen Jungen eine Zeitlang in der Nähe des Vaters. Mit ihren Fernwaffen deckten sie immer wieder die Angriffe der berittenen Krieger, die Armin und Thorag begleiteten. Dann verlor Thorag auch den Sohn aus den Augen, als der Donarfürst mit Armin, Grimard und anderen Reitern einer zurückweichenden Gruppe Chatten nachjagte.

Die Cherusker galoppierten zwischen eng beisammenstehenden Kiefern hindurch, Armin und Thorag voran. Plötzlich stürzten ihre Pferde. Thorag flog durch die Luft und stieß mit der linken Schulter gegen einen Felsen. Aus den Augenwinkeln sah er, wie Armins Rappe sich überschlug. Chatten sprangen zwischen den Bäumen hervor, Framen und Gere flogen auf die Cherusker zu. Zwei Gere bohrten sich in den Leib von Armins Pferd, das sich wiehernd am Boden wälzte. Armin, fest an den Totensattel gebunden, lag halb unter dem wild auskeilenden Tier. Grimard scharte sich mit einigen Reitern um den gestürzten Hirschfürsten, während immer mehr Chatten aus dem Hinterhalt hervorsprangen.

Thorag kam gerade noch rechtzeitig auf die Beine, um dem Framenstoß eines Feindes zu entgehen. Er packte den Framenschaft und drückte ihn nieder. Das brachte den Chatten aus dem Gleichgewicht, und er fiel vor Thorags Füße. Der Donarsohn nagelte ihn mit der erbeuteten Frame am Boden fest.

Er zog seine Spatha aus der Scheide und wollte sich zu Armin durchkämpfen, doch vier Chatten machten Front gegen ihn. Immer wieder ruckte sein linker Arm mit dem Schild hoch, um ihre Framenstöße und Schwerthiebe abzuwehren. Plötzlich spürte er ein heftiges Stechen im rechten Unterschenkel, und er ging in die Knie. In den Augen der Chatten leuchtete die Gewißheit auf, daß der Donarsohn unter ihren Waffen sein Ende finden würde.

Ihrer Siegesfreude folgte der Tod. Einer nach dem anderen brach vor Thorag zusammen, Pfeile und Gere im Rücken oder klaffende Wunden am Kopf, wo sie von Schleuderbleien getroffen worden waren. Thorag sah Ragnar auf sich zureiten, und seine Krieger trieben die Chatten in die Flucht. Stolz und siegestrunken riefen die jungen Donarsöhne immer wieder: »Rag-nar! Rag-nar!«

Thorag erhob sich schwankend, und auch er rief den Namen seines Sohnes.

Die Begeisterung kannte keine Grenzen. Während die Dämmerung sich über die Bocksberge senkte, erscholl auf den Höhenzügen immer wieder der Name Armins, des Retters, des Lieblings der Götter. Trotz der hohen Verluste, die der zweite Schlachttag ihnen abverlangt hatte, waren die Cherusker in viel besserer Stimmung als am Abend zuvor. Sie hatten die Chatten in die Ebene zurückgeworfen, und den Dachskriegern war der Rückzug auf den Berg Zähneknisterer gelungen. Morgen, da waren sich alle einig, würde Herzog Armin sie zum endgültigen Sieg führen. Nur wer bei Armin in der Blockhütte auf dem Bergkamm von Zähneknirscher war, ahnte, daß er den nächsten Tag nicht erleben würde.

Armins verwundeter Rappe hatte mehr Knochen im Leib des Reiters gebrochen, als heil geblieben waren, als das Tier sich am Boden wälzte. Armins Wunde war abermals aufgebrochen, und er hatte viel Blut verloren – zuviel. Die Heilerinnen, die sich um den Hirschfürsten bemühten, hatten die Blutung zwar gestillt, waren sich aber einig, daß es zu spät war, um ihn zu retten.

Ermattet lag Armin auf seinem Lager, und selbst der Schein des Herdfeuers konnte nicht die Blässe aus seinem Gesicht vertreiben. Leise fragte er nach Thorag, und der Donarfürst hinkte auf ihn zu. Der Framestich in Thorags Unterschenkel hatte eine schmerzhafte Wunde hinterlassen, die aber verheilen würde. Das hatte Astrid ihm versichert, als sie sein Bein mit einem Kräuterverband umwickelte.

Adina und Wina saßen bei Armin, die Gesichter voller Sorge und Trauer. Auf einen Wink des Hirschfürsten hoben sie seinen Oberkörper an und legten eine Decke in seinen Rücken. So schaute er Thorag entgegen, betrachtete den Donarsohn lange schweigend und sagte schließlich laut, so daß alle Edelinge in der Hütte ihn hören konnten: »Ihr habt Thorag zu eurem Herzog bestimmt, als ich mit dem Tode rang. Folgt ihm auch weiterhin, auch dann, wenn ich längst zu Wodan gegangen bin, dem Allvater! Ich werde Wodan bitten, daß mein Heil auch das Thorags sein möge.«

Das laute Sprechen strengte Armin an. Er wandte den Kopf zur Seite und hustete heiser, wobei er blutigen Auswurf ausspuckte. Wina hielt seinen Kopf fest und säuberte seine Lippen mit einem feuchten Tuch.

»Ich muß den Stamm in dieser Schlacht führen, aber ich bin kein Herzog für die Zeit danach«, sagte Thorag. »Diese Tage der Prüfung haben mir gezeigt, daß ich das Zeug zum

Gaufürsten habe, aber ich könnte nicht die Entscheidungen eines Herzogs treffen.«

»Du kannst es sehr wohl, und du tust es bereits«, widersprach Armin.

»Nur schweren Herzens.«

»Gerade das zeichnet einen guten Herzog aus!« Armin atmete schwer, suchte vielleicht nach Worten, vielleicht auch nur nach der Kraft zu reden. »Weißt du noch, was du mir in der Nacht unseres Wiedersehens versprochen hast, Thorag? Du hast Thusnelda und Ragnar nicht heimgebracht, und dafür schuldest du mir etwas.«

»Ich weiß.«

»Dann löse dein Versprechen ein und führe die Cherusker als Herzog an, wenn ich nicht mehr bin. Das ist der Sühnepreis, den ich verlange.«

»Ein Herzog muß von allen Frilingen gewählt werden.«

»Sie werden dich wählen, wenn die Fürsten und Edelinge für dich stimmen. Und das rate ich allen, die hier versammelt sind, denn mein Heil wird das deine sein, Thorag!«

Rowart, Thimar und die übrigen Edelinge in der Hütte bekundeten ihre Zustimmung, aber das hörte Armin schon nicht mehr. Sein Kopf fiel zur Seite, in Winas Arme, und die Seele des Hirschfürsten verließ den geschundenen Leib.

Thorag verspürte das dringende Bedürfnis nach frischer Luft und stapfte aus der Hütte. Draußen drängten sich die Cherusker. Sie sagten kein Wort, doch ihre bohrenden Blick verrieten ihre Sorge um Herzog Armin.

»Mein Bruder ist zu den Göttern gegangen«, sagte Thorag matt und drängte sich durch die Menge.

Sein verletztes Bein schmerzte. Er achtete nicht darauf, ging einfach weiter. Er wollte Auja und Ragnar aufsuchen, fand sie aber nicht in dem Gewühl.

Irgendwann stand er vor Astrid und Alrun und sagte zu der älteren Frau: »Deine Weissagung hat sich doch erfüllt,

Germanicus und Armin starben den gleichen Tod. Heimtücke und Verrat schwächte sie und brachte sie zu Fall.«

Alrun nickte wissend. »Die Götter zögerten Armins Tod hinaus, weil er hier noch eine wichtige Aufgabe zu erfüllen hatte.«

Noch einmal erhoben die Hirschkrieger ihren Fürsten in den Totensattel. Das Holzgestell, auf dem Armin festgebunden wurde, ruhte auf einem prächtigen Falben. Der Hirschfürst trug seinen Umhang mit der Goldfibel und das Wehrgehänge mit der Spatha. An seinem Gürtel hing der Sax, und seine tote Linke steckte in der Griffschale eines mit Bronze eingefaßten Rundschildes. So führte Thorag den Falben zwischen die vier Holzpfähle, wo das Tier von Edelingen aus dem Hirschgau festgebunden wurde.

Den Kopf zum Himmel erhoben, sprach Thorag mit weithin hallender Stimme: »O Wodan, o Donar, o Tiu, ihre mächtigen Kriegsgötter! Euch empfehle ich den tapfersten Recken, den die Menschenwelt jemals sah. Kein Gegner war ihm zu stark, kein Weg zu weit. Er widerstand dem Eisen und dem Gift, nur Neid und Verrat vermochten ihn zu überwinden. Bloß der Framenstoß eines schändlichen Verräters konnte ihn schwächen, so daß die Kraft ihn in dieser Schlacht verließ. Seine Heldentaten sind so zahlreich wie die Feinde, die unter seinem Schwerthieb fielen. Und wenn er dereinst gegen Riesen und Untiere zieht, wird sein Ruhm sich auch in Walhall mehren. Er ist Armin, der Cherusker, Sohn des Segimar, Fürst des Hirschgaues, Herzog des Hirschstammes, und sein Name wird noch fortleben, wenn wir alle nicht mehr sind. Nehmt ihn an eurer Tafel auf, ihr Götter!«

Fürsten und Edelinge traten vor, um ihre Empfehlungen für Armin an die Götter auszusprechen und seine Taten ein letztes Mal zu rühmen. Dann hielt Thorag eine Fackel an das Holz unter dem Falben. Das Tier, die Hitze und den nahen Tod spürend, schrie seine Furcht in die Nacht hinaus, bis

Thorags Spatha tief in den Pferdehals fuhr. Das Feuer züngelte empor, fraß den Falben und Armins Leib.

Ein ganzes Leben hatte Thorag Armin gekannt. Sie waren als Kinder und als Krieger Gefährten gewesen. Oft waren die Blutsbrüder unterschiedlicher Meinung gewesen, und doch hatten sie immer wieder zusammengefunden. All das verbrannte jetzt und löste sich im schwarzgrauen Rauch des Totenfeuers auf. Der Donarsohn glaubte, Alruns Weissagung zu verstehen: *Du wirst jemanden finden, den du verzweifelt suchst. Zugleich aber wirst du jemanden verlieren.*

Thorag trauerte um den Blutsbruder, und die früheren Zwistigkeiten waren vergessen. Wenn es für Thorag einen Grund gegeben hätte, Armin zu hassen, wären es die letzten Worte gewesen, die der Hirschfürst an ihn gerichtet hatte. Das Versprechen, das Armin ihm abgenommen hatte, lastete ebenso schwer auf Thorag wie der Gedanke an den nächsten Tag der Schlacht.

Kapitel 24

Das Schicksal vieler

DER BERGHANG FLOG unter den Hufen des Braunen hinweg. Rechts und links von sich sah Thorag die Reiter, die ihre Pferde antrieben wie er. Es waren die Kriegergefolgschaften sämtlicher fünf Gaue, die unter seinem Befehl standen, tausend wild entschlossene Recken. Ingwin und Grimard, Hatto und Hariolf – tausend Namen, tausend Schwerter, ein Wille: durchkommen!

Vieltausendfacher Hufschlag trommelte in den Ohren, Waffen klirrten ihre furchterregende Melodie. Und Thorag hörte wieder die Gesänge der vergangenen Nacht, die Gebete für Armin und all die anderen Gefallenen. Thorag hatte nicht geschlafen, hatte die ganze Nacht gebrütet und war zu der Einsicht gelangt, daß die Cherusker allenfalls noch einen Schlachttag überstehen konnten. Dann würden die Chatten die Berge einnehmen und alle töten oder versklaven, auch Auja und Ragnar.

Und plötzlich hatte Thorag gewußt, was er tun mußte. Die Götter hatten ihm durch Alfhards Stimme den Weg gewiesen, noch vor Beginn der Schlacht: »Blut wird fließen in alle Richtungen. Blut fließt auf den Höhen und in den Ebenen. Und wo das Blut weniger sich vermischt, wird über das Schicksal vieler entschieden.«

Blut war geflossen, zwei Tage lang. Jetzt war es an der Zeit, über das Schicksal zu entscheiden. Deshalb führte Thorag seine Reiter den Südhang hinab, in den jungen Morgen hinein, den erneut anrückenden Chatten entgegen. Die staunten nicht wenig, als der Reitertrupp im vollen Galopp auf sie zuhielt, ganz ohne jede Unterstützung. Sie mußten die Cherusker für wahnsinnig halten, denn wenn ihre Heerhaufen den Reitertrupp einschlossen, gab es für die Umzingelten kaum ein Entrinnen.

Thorags Krieger wußten, daß ihr Herzog viele von ihnen in den Tod führte. Er hatte es ihnen gesagt und jedem einzelnen freigestellt, ihn zu begleiten. Niemand hatte zurückbleiben wollen. Es war ihre Pflicht, für ihren Fürsten in den Tod zu gehen oder – wie in diesem Fall – für ihren Herzog.

Im Südosten blitzte es auf einem Hügel, als Sunnas Strahlen auf Rüstungen aus Eisen und Bronze trafen. Von dort wollte Adgandest die Schlacht beobachten und seine Befehle geben, umringt von seiner gepanzerten Leibwache und den Prätorianern. Und dorthin lenkten die Cherusker ihre Pferde.

Vor ihnen wichen die Chatten zur Seite, nicht aus Furcht oder Vorsicht, sondern um die Reiter einzuschließen. Als der letzte Cherusker tief in ihre Reihen eingedrungen war, schloß sich hinter ihm der Ring aus Framen und Schwertern. Der Kampf konnte beginnen.

Wenn es jemals einen Kampf ohne Rücksicht auf Verluste gegeben hatte, dann diesen. Die Cherusker ritten, fochten, stürzten, rappelten sich auf, stiegen wieder aufs Pferd oder auf das eines gefallenen Kameraden und ritten und fochten weiter. Oder sie starben. Keine fünfzehn Fuß entfernt sah Thorag Grimard vom Pferd fallen, und mehrere Framen durchbohrten seinen Leib. Dann war der Hirschkrieger aus seinem Gesichtsfeld verschwunden. Kein Cherusker hielt sein Roß an, um Grimard beizustehen. Nur eines zählte: vorankommen!

Erst als der Feldherrnhügel in greifbarer Nähe vor den Cheruskern lag, schienen die Chatten ihre wahre Absicht zu erahnen. Schon durchbrach Thorag mit der Spitze seiner Reiter die letzte Hundertschaft aus Framenträgern. Vor ihm wölbte sich der buschbewachsene Hügel mit den hervorragendsten Edelingen, den Priestern, den Wachen und den Prätorianern. Und in alle kam plötzliche Bewegung.

»Gebt auf den Herzog acht!« erscholl irgendwo vor ihm ein Ruf. »Die Cherusker wollen Adgandest töten! Schützt unseren Herzog!«

Nur kurz erspähte Thorag das verblüffte Antlitz des Chattenherzogs, dessen schlohweißes Haupthaar im Morgenlicht glänzte. Wie erstarrt saß Adgandest auf seinem Rappschecken und starrte den heransprengenden Cheruskern entgegen, fassungslos über ihren Wagemut. Er verschwand hinter den Panzerreitern seiner Leibwache, die ihn zurückdrängten und einen dicht geschlossenen Halbkreis um ihn bildeten. Die Spitzen ihrer Angos richteten sie drohend gegen die Angreifer.

Die aber schwenkten nach rechts, wo Foedus mit seinen Prätorianern auf den Pferden saß. Die Römer begriffen zu spät, was Thorags wahres Ziel war. Wie ein von Donar geschleuderter Blitz fuhren die Cherusker unter die Prätorianer. Und wie ein Baumstamm, der unter dem Einschlag eines Blitzes zersplitterte, spritzte der kleine Reitertrupp auseinander. Wer nicht von cheruskischem Eisen durchbohrt wurde, der wurde vom Schwung des Reiterangriffs weggedrängt.

Thorag und fünf weitere Cherusker umringten Foedus, und der Donarfürst rief über den Schlachtenlärm hinweg: »Reite mit uns, Römer!«

»Warum sollte ich?« fragte der Präfekt, der vor Überraschung gar nicht dazu gekommen war, sein Schwert zu ziehen.

»Weil du sonst auf der Stelle stirbst!«

Kaum hatte Thorag ausgesprochen, drückten schon zwei Framenspitzen gegen den Hals des Römers. Eine Frame ritzte seine Haut tief genug, daß ein blutiges Rinnsal entstand.

»Dir bleibt keine Zeit zum Überlegen, Foedus!« Thorag blickte ihm fest in die Augen. »Komm mit oder stirb!«

»Ich komme mit«, sagte Foedus, als er den im wahrsten Wortsinne tödlichen Ernst in Thorags Gesicht las.

Thorag gab dem Hornisten an seiner Seite ein Zeichen. Der Donarkrieger führte das Horn an die Lippen, und der Befehl zum Rückzug erscholl. Zahlreiche Cherusker fanden den Tod, doch gelang es ihnen, sich aus der Umklammerung der verwirrten Chatten zu befreien. Und im Rücken der Cherusker blieb Adgandest unangetastet hinter seinen Panzerreitern zurück. Alles ging so schnell, daß die Chatten gar nicht recht begriffen, was geschah.

Die Cherusker galoppierten auf Zähneknirscher zu, in ihrer Mitte Gnaeus Equus Foedus, der vom Strom der Krieger mitgerissen wurde. Der federbuschbesetzte Helm löste sich von seinem Haupt und verschwand hinter ihm unter wirbelnden Pferdehufen. Als Thorag einen Blick zu Foedus hinüberwarf, sah er den roten Knorpel an der Stelle, wo einmal das rechte Ohr des Präfekten gesessen hatte.

Vielfaches Hundegebell drang an Thorags Ohren, als die Cherusker die bewaldeten untersten Ausläufer des Höhenzugs fast erreicht hatten. Von Westen sprengten die Hundinge auf sie zu, und die Todeshunde liefen den Reitern voran. Die Chatten zählten fünf arg dezimierte Hundertschaften, doch stärker war Thorags Reitertrupp auch nicht mehr. Die Ebene hinter ihnen war übersät mit den Leichen ihren gefallenen Kameraden. Die Kampfkraft der Hundinge aber wurde durch die Todeshunde verdoppelt.

Die Vordersten der schwarzen Bestien verbissen sich in den Cheruskern auf der linken Flanke. Es sah so aus, als würden die Hundinge Thorags Plan vereiteln. Da erscholl Kampfgebrüll in den Wäldern am Fuße des Berges. Rowart ritt an der Spitze seiner Baldersöhne auf die Ebene, und ein tausendfacher Gerhagel ging über den Hundingen nieder.

Chattenkrieger, Pferde und Hunde starben, und Thorags Reiterei erreichte die rettende Anhöhe, wo sie sich mit den Baldersöhnen vereinigte.

»Gut gemacht, Rowart!« rief Thorag dem Balderfürsten entgegen. »Die Götter sind mit uns.«

»Ich habe keinen einzigen Mann verloren, du aber viele hundert unserer besten Krieger.« Rowart sah mißmutig zu Foedus. »Und das wegen eines einzigen Mannes, eines Römers! Ist er das wert?«

»Das ist er«, antwortete Thorag. »Wenn alles so läuft, wie ich es erhoffe, entscheidet er über Sieg oder Niederlage.«

Er führte die Reiterei den Berg hinauf. Die Pferde waren so erschöpft, daß die Männer abstiegen und die Tiere am Zügel mit sich zogen. Hinter ihnen besetzten die Baldersöhne die Schanzen, bereit, den Angriff der Chatten abzuwehren, der sich durch den unerwarteten Ausfall von Thorags Reiterei verzögerte.

Auf den Klippen stand Sikko und starrte düster ins Tal, wo seine gefallenen Hundinge lagen. Mehr als die Hälfte war im Gerhagel gestorben. Auch wenn Sikko äußerlich ruhig war, konnte Thorag sich gut vorstellen, was in ihm vorging. Der Donarfürst empfand ähnlich, hatte er soeben doch viele hundert Krieger in den Tod geführt. Er ging zu dem Chatten und sprach leise mit ihm. Mit einem wortlosen Nicken drehte der Hundingsführer sich um und stapfte zum Hauptlager der Cherusker.

Dort wurden Thorag und seine Begleiter mit Waffengetöse empfangen. Die Männer wußten nicht, weshalb die Reiter den Römer verschleppt hatten. Allein der Umstand, daß es gelungen war, bis zum Feldherrnhügel des Chattenherzogs durchzudringen und wieder zum Berg zurückzukommen, stellte für sie einen Beweis für Thorags Kampfheil dar. Viele glaubten jetzt, daß Armin es geschafft hatte, sein Heil auf den Blutsbruder zu übertragen.

Thorag ließ sich von Auja und Ragnar umarmen, bevor er Foedus von Ingwin, Hatto und einigen Edelingen ins dämmrige Innere einer Hütte bringen ließ. Nur durch den Eingang fiel ein wenig Licht, der hintere Teil lag wegen der geschlossenen Windaugen im Dunkel. Die Cherusker umringten Foedus, dessen rechte Hand unsicher nach seinem Schwert tastete. Angesichts der Übermacht ließ er die Waffe in der mit Silberblech besetzten Scheide stecken.

»Du bist ein Feigling, Foedus, deshalb habe ich dir die Waffe gelassen«, sagte Thorag in bewußt abfälligem Tonfall. »Schon damals am Rhenus bist du ein Feigling gewesen, hast mich durch Lüge und Verrat vom Posten des Lagerpräfekten verdrängt. Und Lüge und Verrat sind dein Geschäft geblieben, nicht wahr?«

Foedus schaute ihn mit unsicherem Blick an. »Was meinst du?«

»Du hast Adgandest erzählt, du wärst der Botschafter des Princeps. Aber nicht Tiberius schickt dich, sondern Sejanus. Für deinen Herrn Sejanus ist der Chattenherzog nur eine Figur in seinem Spiel um die Macht. Ein Aufstand in Germanien, der Ruf nach einem starken Herrscher in Rom, und schon sitzt Sejanus auf dem Thron. Und du wirst vielleicht Statthalter am Rhenus oder was dir sonst beliebt. Ist es nicht so, Foedus?«

»Ich wüßte nicht, warum ich dir darauf antworten sollte, Germane.«

»Weil du dich in meiner Gewalt befindest. Ist das kein guter Grund, Römer?«

»Was willst du denn tun?« fragte Foedus mit einem leichten Anflug von Spott. »Mir mein anderes Ohr etwa auch noch abschneiden?«

»Genau«, sagte Thorag, zog sein Schwert und trennte mit einem schnellen Streich das linke Ohr des Römers ab.

Blut schoß aus der Wunde, ohne daß Foedus etwas dagegen unternahm. Mit weit aufgerissenen Augen starrte er auf das Ohr, das vor seinen Füßen im Dreck lag. Er begann zu schwanken, und Ingwin führte ihn auf einen Wink Thorags zu einer grob zusammengezimmerten Sitzbank.

»Als nächstes kommt die Nase dran, dann die Augen«, erklärte Thorag. »Es sei denn, du entschließt dich zu reden.«

Foedus preßte beide Hände auf die Wunde und starrte ihn mit einem schmerzverzerrten Ausdruck im bleichen Gesicht an. »Warum soll ich dir etwas sagen, was du schon weißt?«

»Die Edelinge hier möchten es gern aus deinem Mund hören.«

»Dann sollen sie es hören«, ächzte Foedus. »Alles ist so, wie du sagst, Thorag. Der Dummkopf Adgandest hält sich für den Verbündeten Roms und ahnt nicht, daß er Sejanus helfen soll, den Princeps zu stürzen.«

»Und was wird dann aus Adgandest?« fragte Thorag.

»Das hängt von den Umständen ab. Vielleicht macht Sejanus ihn zu einem mächtigen Fürsten, der über die rechtsrheinischen Stämme herrscht. Oder Sejanus legt dem Senat von Rom Adgandests Kopf zu Füßen, um seine starke Hand zu beweisen. Wen kümmert schon ein Barbar?«

»Mich, Römer!« sagte in einer kruden Mischung aus Latein und seiner Muttersprache Sikko, der aus dem dunklen Teil der Hütte ins Dämmerlicht trat. »Ich wollte nicht glauben, was Thorag mir über dich und Sejanus erzählte. Dabei hätte ich wissen müssen, daß in einem Wort des Cheruskers mehr Wahrheit und Aufrichtigkeit liegen als in den vielen Worten, die ein Römer macht, um seine Ehrlichkeit zu versichern.« Er blieb vor der Bank stehen und betrachtete Foedus wie einen lästigen Wurm, den er zertreten wollte. »Wenn ich bedenke, daß deinetwegen so viele tapfere Chatten und Cherusker in den Tod gegangen sind ...«

Der Präfekt schaute an Sikko vorbei zu Thorag. »Was geschieht jetzt mit mir?«

»Du wirst den Chatten erzählen, was du auch mir erzählt hast. Sie werden über dein Schicksal entscheiden.«

Thorag drehte sich um und gab den Edelingen einen Wink, ihm nach draußen zu folgen. Er hörte das Klirren von Eisen, ein abgehacktes Stöhnen, und sah Foedus zu Boden sinken, als er sich zu der Bank umwandte.

Sikko zog seine blutige Spatha aus der Brust des Römers. »Du hattest Recht, Thorag, er war ein Feigling. Er griff erst nach dem Schwert, als er deinen Rücken sah.«

Thorag blickte erst den sterbenden Foedus und dann den Chatten an. »Du hast mir das Leben gerettet, Sikko. Aber ich weiß nicht, ob ich froh darüber sein soll.«

»Weil der da tot ist?« Sikko wischte seine Schwertklinge an der reich bestickten Tunika des Präfekten ab. »Mein Wort gilt bei den Chatten tausendmal mehr als das eines solchen Neidings!«

Als die Chatten sich an diesem Morgen das zweiten Mal zum Angriff formiert hatten, waren sie noch erstaunter. Die Attacke der cheruskischen Reiter hatte sie überrascht, aber was jetzt geschah, verschlug ihnen die Sprache. Ihren vielen tausend Kriegern kamen vom Südhang Zähneknirschers ganze drei Reiter entgegen. Nein, zwei Reiter und eine Reiterin, wie sie bald erkannten. Eine junge rothaarige Frau ritt zwischen den beiden Kriegern, zwischen dem Cherusker Thorag und dem Chatten Sikko. Die Angriffskeile gerieten ins Stocken, und als die Krieger endlich ihre Sprache wiedergefunden hatten, flogen die Namen der beiden Krieger von Mund zu Mund. Und dann erkannten einige das Mädchen, die totgeglaubte Chattin Wina.

Ein berittener Chatte, ein Edeling, löste sich von der Spitze eines Angriffskeils und galoppierte der kleinen Gruppe entgegen. Rötlichblondes Haar wehte hinter ihm her. Dicht vor

Wina zügelte er seinen gefleckten Schimmel und starrte sie an wie eine ruhelose Seele, eine Wiedergängerin.

»Das ist mein Vater Egolf«, sagte Wina zu ihren Begleitern, bevor sie ihrem Vater in kurzen Worten erzählte, was sich in der Nacht des Opferfestes wirklich im Tamfanaberg ereignet hatte.

Andere Chatten ritten heran, viele mit frischen Wunden. Kläffende schwarze Hunde liefen neben den Rappen einher. Am liebsten wären die Hundinge über Thorag hergefallen, doch Sikko hielt sie zurück und erklärte, daß der Cheruskerherzog unter seinem Schutz stand.

Begleitet von Egolf und den Hundingen, ritten Thorag, Sikko und Wina durch die Hundertschaften der Chatten, die nicht wußten, ob sie den Donarfürsten für tollkühn oder für verrückt halten sollten. Auf dem Feldherrnhügel standen die Panzerreiter bereit, sich auf Thorag zu stürzen. Und die Prätorianer, die seinen Angriff am Morgen überlebt hatten, hätten ihn am liebsten in Stücke gehackt.

Aus der Mitte der Panzerreiter kamen Adgandest, sein Kriegerführer Hruodwin, weitere Edelinge sowie die obersten Priester der Chatten auf die Ankömmlinge zu. Auch sie starrten Thorag fassungslos an.

»Was für eine Taktik verfolgst du, Donarsohn?« fragte Adgandest mit schneidender Stimme. »Erst überfällst du mich mit deinen Kriegern, und jetzt kommst du allein wie ein Friedloser. Willst du um Gnade bitten, nachdem es dir nicht gelungen ist, mich zu töten?«

Thorag zügelte seinen Braunen dicht vor ihm. »Du irrst, Adgandest, ich hatte nicht die Absicht, dich zu töten. Mein Plan war, den Römer Foedus in meine Gewalt zu bringen, und das ist mir gelungen.«

Ein Schatten der Unsicherheit huschte über Adgandests Gesicht, kurz nur, doch Thorag bemerkte es. Der Chattenherzog hatte sich schnell wieder in der Gewalt und bemühte sich um einen spöttischen Tonfall. »Du hast viele hundert Krieger geopfert, nur um einen Römer zu fangen? Du mußt wirklich wahnsinnig sein, Thorag! Was nützt dir dein Gefangener?«

»Er hat mir etwas erzählt.«

»Oh«, machte Adgandest mit gespieltem Erstaunen. »Eine große Neuigkeit?«

»Nein, etwas, das ich längst wußte.«

Hruodwin beugte sich auf seinem Falben nach vorn und rief: »Du redest Unsinn, Cherusker! Warum wolltest du von Foedus etwas wissen, das dir schon bekannt war?«

»Ich wollte es nicht wissen, ich wollte es nur von ihm hören.«

Sikko ließ sein Pferd zwei Schritte vortreten und sagte: »Thorag wollte, daß auch ich es höre, und er tat gut daran. Foedus hat mir bestätigt, daß er nicht der Bote des römischen Kaisers ist. Nicht zufällig sind Prätorianer die Begleiter des Römers. Denn Foedus handelt im Auftrag des Prätorianerpräfekten Sejanus, der Chatten und Cherusker aufeinanderhetzt, um in den daraus entstehenden Wirren Tiberius zu stürzen.«

»Das klingt noch verrückter als alles, was ich bis jetzt gehört habe!« Hruodwin lachte, was ihm mißmutige Blicke der Hundinge eintrug.

Adgandest bemerkte es und fragte kühl: »Wo ist Foedus? Ich hätte es gern von ihm selbst gehört.«

»Mein Schwert hat ihn zum Totenstrand geschickt«, schnaubte Sikko. »An den Ort, an den Neidlinge wie er gehören. Jetzt, wo er tot ist, sollten wir Chatten nicht länger auf seine trügerischen Einflüsterungen hören. Unser Krieg gegen die Cherusker gefällt den Göttern nicht. Hätten sie unserer Übermacht sonst verwehrt, die Bocksberge einzunehmen?«

Zustimmende Rufe wurden lauter, unter den Hundingen, aber auch bei den Edelingen und Priestern.

Hruodwin richtete sich auf seinem Pferd auf und blickte in

die Runde. »Glaubt ihr Sikko mehr als unserem Herzog Adgandest? Sikko war den ganzen Winter verschwunden, wir hielten ihn für tot. Jetzt müssen wir erfahren, daß er bei unseren Feinden gewesen ist, den Cheruskern. Sie haben Krieg und Tod über die rechtsrheinischen Stämme gebracht, und sie haben das Heiligtum unserer Göttin Tamfana geschändet. Gewiß haben sie auch Sikkos Geist verwirrt, daß er solche Beschuldigungen gegen Adgandest vorbringt!«

Thorag riß das Wort wieder an sich: »Niemand hat Adgandest beschuldigt. Ich glaube, daß er und Hruodwin den Lügen des Foedus erlegen sind. Aber jetzt müssen die Chatten die Wahrheit erkennen! Die Römer wollen, daß wir uns gegenseitig zerfleischen, um dadurch ihre eigene Macht zu stärken. Jeder Chatte und jeder Cherusker, der an den Bocksbergen gefallen ist, fehlt uns beim Kampf gegen Rom!«

Viele Chatten fanden wohlwollende Worte für Thorags Rede, und aus den Reihen der Hundinge erscholl lautes Waffenklirren, als Framen auf Schilde geschlagen wurden.

Hruodwin starrte erst die Hundinge und dann Thorag böse an. »Wenn ihr Cherusker es ehrlich meint, warum habt ihr dann Tamfana gelästert?«

»Wir haben nichts dergleichen getan«, erwiderte Thorag. »Wenn du und Adgandest das behaupten, seid auch ihr Lügner. Diese Chattin, eine Jungfrau der Tamfana, kann bezeugen, was wirklich geschehen ist.«

Wina berichtete von dem Giftanschlag und von den blutdürstigen Hundingen, die keinen Unterschied zwischen Cheruskern und Chattinnen gemacht hatten.

»Das ist wahr, leider«, sagte Sikko betreten. »Adgandest selbst hat uns in die Festhöhle gehetzt. Er sagte, die Jungfrauen hätten sich mit den Cheruskern verbündet, um die Göttin zu verspotten. Nur ihrer aller Tod könnte Tamfana versöhnen. Damals habe ich ihm geglaubt, denn damals hielt ich

Adgandest noch für einen Edeling, für einen Mann von Ehre!«

Rufe und Beschimpfungen wurden laut, und fast wäre es zu Handgreiflichkeiten zwischen den Hundingen und treuen Anhängern des Chattenherzogs gekommen. Die Priester traten vor und hoben beschwichtigend die ·Hände. Tatsächlich trat wieder einigermaßen Ruhe ein, und ein Priester mit langem Spitzbart sagte: »Wer auch immer Recht hat und wer auch immer lügt, die Höhlen der Tamfana wurden entweiht. Und nur die Bestrafung dessen, der sie geschändet hat, kann die Göttin versöhnen.«

»Aber wer lügt, und wer spricht wahr?« erscholl ein Ruf aus den Reihen der Edelinge.

»Nur die Götter kennen die Wahrheit, und nur die Götter können die Neidinge von den Edelingen trennen. Sie sollen die Entscheidung treffen, und das Blut der Neidinge soll den Boden tränken, um die Erdgöttin Tamfana zu besänftigen!«

»Ich bin einverstanden«, erklärte Thorag. »Nach welchen Regeln soll ich mich dem Urteil der Götter stellen?«

»Dein Wort und das Sikkos stehen gegen die Ehre von Adgandest und Hruodwin«, antwortete der Priester. »Zwei Männer gegen zwei Männer, auf ihren Pferden und mit ihren Waffen. Hier und jetzt soll die Entscheidung fallen, bevor noch mehr Blut in einem falschen Krieg vergossen wird!«

Kurz darauf hatten Tausende von Chatten auf der Ebene ein riesiges Viereck mit einem freien Platz in der Mitte gebildet. Hier sollten die Götter ihr Urteil durch die Framen und Schwerter der Rivalen fällen. Thorag und Sikko saßen kampfbereit auf ihren Pferden, ihnen gegenüber desgleichen Adgandest und Hruodwin. Der Chattenherzog und sein Kriegerführer konnten sich nicht über den Vorschlag des Priesters hinwegsetzen, ohne im Angesicht des ganzen Stammes ihre Ehre zu verlieren. Vielleicht wollten sie es auch gar nicht. Adgandests Blicke hefteten sich haßerfüllt auf Thorag. Und noch bevor der Priester das Zeichen zum Beginn des Kampfes gab, wußte Thorag, daß sein Gegner Adgandest hieß.

Der Priester stieß den rechten Arm in die Luft, und die Kontrahenten trieben ihre Pferde an. *Und wo das Blut weniger sich vermischt, wird über das Schicksal vieler entschieden,* schoß es Thorag durch den Kopf.

Adgandests Rappschecke flog auf ihn zu, und der weißhaarige Chatte fällte seine Frame zum Stoß. Thorag riß den Schild hoch und wehrte den Angriff ab. Als die Framenspitze auf den bronzenen Schildbuckel traf, sprühten Funken, und ein schmerzhafter Ruck ging durch Thorags linken Arm. Adgandest war kein Schwächling.

Als Thorag sein Tier herumriß, warf er einen Blick auf die beiden anderen Kämpfer. Sikkos Pferd war gestürzt, aber der Hundingsführer war schon wieder auf den Beinen und wartete darauf, daß Hruodwin gegen ihn anritt.

Wieder näherten sich Thorag und Adgandest im Galopp. Verwunderung trat in die Augen des Chatten, als Thorag seine Frame gegen ihn schleuderte. Dann lächelte Adgandest, denn mit einer schnellen Bewegung seines Schildes wehrte er die Waffe ab, und sie fiel in den Staub.

Falls Adgandest glaubte, der Donarsohn sei darüber enttäuscht, war er im Irrtum. In dem Augenblick, als der Chatte sich hinter dem silberumrandeten Schild mit dem Wolfskopf über den zwei gekreuzten Schwertern verbarg und Thorag nicht sehen konnte, riß der seinen Braunen herum. Wenige Augenblicke später wiederholte Thorag das Manöver und näherte sich Adgandest von der anderen Seite.

Der Chatte brauchte zu lange, um seine Frame umzudrehen. Schon war Thorag heran, und seine Spatha fraß sich in Adgandests rechte Schulter. Der Chatte schrie vor Schmerz auf und ließ die Frame fallen. Und als Thorags Brauner gegen seinen Rappschecken stieß, verlor Adgandest den Halt. Kopfüber stürzte er zu Boden.

Bevor er sich wieder Adgandest zuwandte, sah Thorag, wie Sikko den Sieg über Hruodwin davontrug. Der Hundingsführer, der aus einer Wunde am rechten Oberschenkel blutete, hatte seinen Gegner vom Pferd gerissen und mit einem kräftigen Saxhieb Hruodwins Schädel gespalten. Begeistert schlugen die Hundinge ihre Waffen gegeneinander.

Adgandest konnte seinen rechten Arm nicht mehr gebrauchen. Er richtete sich stöhnend auf und wollte mit der linken Hand den Sax ziehen. Thorag war schneller und versetzte ihm einen Fußtritt ins Gesicht, der den Chatten abermals zu Boden sandte. Der Donarsohn rutschte neben ihm aus dem Sattel und hob die Spatha zum tödlichen Schlag. Adgandest kniete vor ihm und blickte zu ihm auf wie ein Opfertier, das um seinen unausweichlichen Tod wußte.

»Stoß zu!« hörte er Sikko rufen. »Die Götter sind mit uns, Thorag!«

»Das sehen alle, auch ohne daß ich Adgandest töte«, sagte Thorag laut und ließ die Waffe sinken.

Der spitzbärtige Priester trat vor. »Aber er muß sterben, um Tamfana zu versöhnen!«

Thorag blickte ihn an, aber er sprach zu allen: »Mehr noch als uns Cherusker hat Adgandest seinen eigenen Stamm betrogen. Er selbst mag nicht gewußt haben, daß der Römer Foedus ihn belog, aber er hätte es erkannt, wäre er nicht so vom Haß verblendet gewesen. Dieser Haß, der sein Herz verbrannte, hat ihn dazu getrieben, das höchste Heiligtum seines Stammes zu entweihen, um sich an uns Cheruskern zu rächen. Wenn jetzt der Herzog der Cherusker den Herzog der Chatten tötet, wird das neuen Haß in vielen Chattenherzen entfachen. Aber ich stehe nicht vor euch, um einen neuen Krieg zu beginnen, sondern um diesen zu beenden. Edelinge und Frilinge der Chatten, an euch selbst liegt es, über das

Schicksal unserer Stämme und über das eures Herzogs zu bestimmen!«

Die Edelinge und die Priester berieten sich, dann trat Winas Vater vor und sagte: »Der Krieg soll beendet sein, und wir kehren ins unser Land zurück. Den Mann, der unser Herzog war, nehmen wir mit uns. Am Heiligtum der Tamfana, wo er sich gegen uns und unsere Göttin versündigt hat, soll sein Schicksal sich erfüllen.«

»Was ist mit euren Verbündeten, den Ing- und den Stierkriegern?« fragte Thorag.

Egolf zuckte mit den Schultern. »Das ist eure Angelegenheit, Cherusker.«

Ein paar Hundinge traten auf Sikkos Geheiß vor und nahmen Adgandest in ihre Mitte.

Da kam es im Südwesten zu Aufregung, und ein Chatte rief von fern: »Die Römer versuchen zu fliehen!«

»laßt sie ruhig entkommen«, sagte Thorag zu Sikko. »Je eher Sejanus erfährt, daß sein Ränkespiel gescheitert ist, desto eher gibt er Ruhe – hoffentlich!«

Während sich die Chatten im Süden der Bocksberge zum Aufbruch rüsteten, rannten die nichtsahnenden Stier- und Ingmänner im Norden gegen Eberkrieger und Barschalke an. Inguiomar und Botan ritten wie Dämonen zwischen ihren Hundertschaften einher und trieben sie zu immer neuen Vorstößen an, entschlossen, am dritten Tag der Schlacht die Entscheidung zu erzwingen. In ihrer Verbissenheit bemerkten sie nicht, daß im Westen Bror und die Dachskrieger den Berg Zähneknisterer verließen und daß Thorag mit seiner Hauptmacht im Osten von den Hängen Zähneknirschers kam.

Als die Krieger der abgefallenen Gaue schließlich der Übermacht gewahr wurden, hatten Thorag und Bror die Einkreisung schon vollendet. Und als dann auch noch Thimar mit den Seinen einen Ausfall wagte, gerieten die Eingeschlossenen vollends in Panik. Sie sahen sich von den Göttern verlassen, streckten die Waffen oder gaben sich selbst den Tod.

Inguiomar und Botan waren machtlos, denn ihre Krieger hatten den Glauben an das Siegheil ihrer Fürsten verloren. Rings um sie herum ergaben sich die Hundertschaften, und schließlich hielten nur noch die Kriegergefolgschaften an ihren Waffen fest. Wenige hundert Männer, umgeben von vielen tausend Feinden. Getreu ihrem Schwur, starben sie für ihre Fürsten, bis diese allein standen.

Thorag ritt auf sie zu und rief: »Der Bärengott ist nicht länger mit euch, ganz gleich, ob ihr ihm aus Hingabe oder Berechnung gefolgt seid. Die achte Sippe wird nie wieder zu alter Macht erstarken. Wenn sie dem alten Weg folgt, gelangt sie geradewegs ins dunkle Reich der Hel. Gesteht eure Niederlage ein, und streckt eure Waffen!«

Inguiomar hob den Kopf und starrte Thorag mit glühendem Blick an. »Armin ist tot, nicht wahr? Ich sah ihn heute nicht an deiner Seite reiten.«

»Armin ist nicht tot«, sagte Thorag.

»Du lügst!« fauchte der Ingfürst. »Ich habe Armin besiegt!«

»Das war immer dein Traum, aber du hast ihn nicht verwirklicht. In mir fließt Armins Blut, und so wie ich dich heute besiegt habe, so hat auch Armin dich besiegt.«

»Dann sterbt beide!« rief Inguiomar und stürmte auf Thorag zu, den blutigen Sax schwingend.

Thorag riß den Braunen herum und wehrte den Hieb mit seinem Schild ab. Von der Wucht seines eigenen Angriffs mitgerissen, taumelte Inguiomar und drehte sich um sich selbst. Zeit genug für Thorag, sich vom Pferd zu schwingen und den Ingfürsten mit einer schnellen Folge von Schwerthieben zurückzutreiben. Inguiomar stolperte und fiel rücklings zu Boden. Als er zu Thorag aufschaute, lag unversöhnlicher Haß in seinen Augen.

Thorag rammte sein Schwert mitten ins Inguiomars Herz und sagte: »Das ist für Armin, für Jorit und für all die anderen!«

Als er sich zu Botan umwandte, lag der Stierfürst am Boden. Auch sein Herz war durchbohrt, von eigener Hand und eigenem Schwert.

Kapitel 25

Fürst der Germanen

THORAGS BEINE FÜHLTEN sich an wie mit Blei gefüllt, als er unter den Blicken von Tausenden Cheruskern langsam in die Einhegung trat. Nicht die Beinverletzung, die er sich in der Schlacht an den Bocksbergen zugezogen hatte, erschwerte ihm das Gehen an diesem dritten Thingtag, an dem die Edelinge und Frilinge über den neuen Herzog der Cherusker entscheiden würden. Nur einer hatte sich um die Würde beworben: der Donarfürst. Nicht vor der Ablehnung seines Stammes schreckte er zurück, sondern vor der Zustimmung. Und doch betrat er den geweihten Kreis, wo Alfhard und die Priester ihn erwarteten. Er mußte es tun, um Armins Vermächtnis zu erfüllen.

Sein Blick glitt über die Köpfe der vielen tausend Männer hinweg, hinauf zu den Kuppen der uralten Steinriesen, die Glück und Leid des Hirschstammes gesehen hatten. Sein Ahnherr Donar hatte einst die Riesen bezwungen, und vor Angst waren sie zu Stein erstarrt. Wenn Donars Heil mit seinem Sohn war, würde es ihm vielleicht gelingen, die Cherusker sicher durch alle Fährnisse zu führen. Thorag wollte sich der Aufgabe stellen, aber er tat es nicht gern. Er wußte, daß ein Teil von ihm selbst sterben mußte, damit er so wurde wie Armin – ein Herzog.

Alfhard hielt den goldenen Hammer und blickte ihm zuversichtlich entgegen. Er war ein guter Ewart, weise und aufrichtig, kein Verräter wie Gandulf. Es war eine kluge Entscheidung gewesen, als Alfhard den Stamm nach der Schlacht an den Bocksbergen erneut zum Thing zusammenrufen ließ. Das heilige Thing konnte den gespaltenen Stamm wieder zusammenschweißen. Die Männer aus den beiden abgefallenen Gauen sollten ohne Strafe bleiben, wenn sie sich am ersten Thingtag öffentlich von dem Bärengott lossagten. Das taten fast alle, hatten viele doch nicht einmal gewußt, daß ihre Fürsten mit der achten Sippe verbündet waren. Nur ein paar Edelinge schworen dem Bärengott ewige Treue.

Der erste Thingtag endete mit der Kriegerweihe der Jungmänner, die mit Ragnar an den Bocksbergen gekämpft hatten. Ragnar empfing die Speermerkung von seinem Vater. Tapfer hing der Junge am Baum und ließ keinen Klagelaut hören, als Thorag seine Brust mit der glühend heißen Framenspitze aufschnitt. Stolz blickten die Väter, Oheime und Brüder auf die Wodan Geweihten, und am stolzesten betrachtete Thorag seinen Sohn.

Am zweiten Thingtag wurden Tausende Halbfreie von der Versammlung der Frilinge freigesprochen. Alle Barschalke, die sich an den Bocksbergen für Armin und Thorag geschlagen hatten, sollten von diesem Tag an freie Cherusker sein. Der Stamm brauchte Männer wie sie, denn viele Frilinge waren den Walküren nach Walhall gefolgt. Dann wurden die Edelinge aus Ing- und Stiergau, die dem Bärengott nicht abgeschworen hatten, in den abgelegenen Totenwald geführt und erschlagen, auf daß ihre Leiber dort verwesten und ihre Knochen auf ewig bleichten.

Nun war der dritte Thingtag angebrochen, der letzte, der wichtigste – der Tag der Herzogswahl. Lurenklang und eine Geste des Ewarts, der Miölnir hoch in den Himmel reckte, brachte die Frilinge zum Verstummen. Nur die Stimme des Oberpriesters war zu hören.

»Krieg kam über unser Land, und Krieg verließ es wieder, weil das Heil der Götter auch das Heil unseres Herzogs war.

Unser Herzog hieß Armin, von uns gewählt. Und unser Herzog hieß Thorag, von den Fürsten und Edelingen bestimmt, als Armin mit dem Tode rang. Mit beiden war das Heil der Götter, und beide ritten noch einmal Seite an Seite in die Schlacht, wie sie einst am Zeitenende Seite an Seite gegen die Untiere der finsteren Mächte streiten werden. Ich war dabei, als Armin zu Wodan ging, und ich hörte, wie er sein Heil auf Thorag übertrug. Sie sind von einem Blut, von einem Heil, und niemand sonst fragt nach der Herzogswürde. Wenn auch ihr, Cherusker, glaubt, daß Thorag unseren Stamm in Zeiten der Not führen soll, dann laßt eure Waffen sprechen!«

Schwerter und Framen und Schilde schlugen gegeneinander, und tausendfacher Waffendonner rollte über die Heiligen Steine hinweg und wollte schier kein Ende nehmen. Thorag stand starr in der Mitte seines Stammes, und seine Brust wollte zerspringen vor Stolz und vor Trauer.

Zur selben Zeit, als die Cherusker zum Thing bei den Heiligen Steinen zusammenkamen, versammelten die Chatten sich am Tamfanaberg. Ihre Stimmung war gedrückt. Ihr Herzog hatte sie verraten und den ganzen Stamm in einen unheiligen Krieg geführt, um seinen Haß und Rachedurst zu befriedigen. Und was fast noch schlimmer wog: Er hatte das größte Heiligtum der Chatten entweiht, als er die Edelinge der Cherusker im Bauch der Tamfana ermorden ließ.

Als Nott längst ihre Schleier über das hügelige Land geworfen hatte, zogen Tausende Chatten im schweigenden Marsch zum Schoß der Tamfana. Heftiger Wind ließ die Flammen der Fackeln zittern, und so manches Licht verlöschte. Inmitten der Edelinge und Frilinge ritt ihr Herzog, ein letztes Mal. Starr saß Adgandest auf seinem Pferd. Sein verwundeter rechter Arm hing an seiner Seite herab. Er war nicht gefesselt. Es gab keinen Ort, an den er fliehen konnte. Zuvor hätte ihn tausend Framen durchbohrt. Und er schien auch gar nicht fliehen zu wollen. Sein Blick ging durch die Menschen hindurch, als spähe er schon ins Reich der Toten, auf der Suche nach seinem Weib und seinen Kindern.

Am Ufer des Sumpfes verteilte sich der Menschenzug, und die Priester und Edelinge traten vor, während der Schall der Luren erhaben und traurig in den Himmel stieg. Der oberste Priester bat die Göttin Tamfana um Vergebung für den Frevel.

»Wir können die Ermordeten nicht aus dem Totenreich zurückholen«, fuhr er fort. »Und wir können das unnütz vergossene Blut nicht aus deinem Boden saugen, Mutter Erde. Wir liefern uns ganz deiner Gnade aus, o spendende und segnende Göttin. Und wir bringen dir den Mann, der Schande über unseren Stamm brachte, als unser Sühneopfer. Verschlinge ihn in deinem Schoß zum Zeichen, daß du unsere Opfergabe annimmst!«

Wieder ertönten die Luren, und ein paar Edelinge, darunter Sikko, führten das Pferd mit dem reglosen Adgandest auf den Bohlenweg, der tief in den Sumpf reichte. Am Ende des Weges stieß das bislang ruhige Tier ein scheues Wiehern aus, als der Geruch des Todes in seine Nüstern stieg. Die Edelinge traten zurück; nur Sikko stand noch bei Adgandest. Die Klänge der Luren schwollen an bis in ungeahnte Höhen, um plötzlich zu verstummen. Sikko zog seine Spatha und stieß die Klinge in eine Flanke des Pferdes. Das Tier machte einen erschrockenen Satz, mitten hinein in den braunen Sumpf. Adgandest schwankte, blieb aber auf dem Roß sitzen.

Tausende von Augenpaaren blickten angestrengt zum finsteren Sumpf hinüber. Zuweilen kam es vor, daß Tamfana ein Opfer verweigerte, indem sie es einfach nicht verschluckte, was ein böses Vorzeichen für den Opfernden darstellte. Wenn das auch mit diesem Opfer geschah – dem wichtigsten, das die Chatten ihrer Göttin jemals dargebracht hatten –, war der ganze Stamm verflucht.

Langsam versank das Pferd im Morast, und das panische Wiehern erstarb, als der Sumpf den Kopf des Tieres verschluckte. Heraus schauten nur noch die Schultern und das weißhaarige Haupt des Herzogs.

Plötzlich kam Bewegung in seine starren Augen, und sein Blick richtete sich auf Sikko, der noch immer am Ende des Bohlenweges stand. Der Hundingsführer glaubte, Bedauern in dem Blick zu lesen, bevor die Sumpfdecke sich mit einem leisen Schmatzen über dem Herzog schloß.

Und am Ufer brandete tausendfacher Jubel auf.

Das Volk jubelte, als die angesehensten Zuschauer des heutigen Rennens aus dem Durchgang traten, der den Circus Maximus mit dem kaiserlichen Palast auf dem Palatin verband. Unter dem schmetternden Klang der Posaunen betrat Livia Drusilla, Witwe des vergöttlichten Augustus, Mutter und Mitregentin des Tiberius Caesar, die kaiserliche Tribüne.

Trotz ihrer fast achtzig Jahre war sie noch immer eine beeindruckende Erscheinung. Aufrecht und gemessenen Schrittes ging zu ihrem gepolsterten Sitz, auf dem sie Platz nahm, nachdem sie sich einige Minuten im Applaus der Menge gesonnt hatte. Und noch immer jubelten die Römer, denn Livia wußte, was einer Kaiserin geziemte.

Der Platz neben ihr, der Sitz des Kaisers, blieb wieder einmal leer. Die Abneigung, die Tiberius seit jeher gegen Massenveranstaltungen hegte, war seit dem mißlungenen Attentat im Amphitheater von Ravenna noch gewachsen. Kaum ein Gladiatorenkampf oder ein Wagenrennen konnte sich seiner Anwesenheit rühmen. Livia Drusilla Augusta aber, die eifersüchtig über ihre Macht als Mitregentin wachte, tat alles, um die Zuneigung des Volkes zu erlangen. Sie zeigte sich den Römern bei jeder sich bietenden Gelegenheit, und dabei ließ sie Geschenke unter das Volk streuen.

Auch jetzt schwärmten ihre Sklaven über die Tribünen und warfen nach allen Seiten kleine Ledersäckchen, nach denen die Menge eifrig grapschte. Manche Säckchen enthielten Geldstücke oder Edelsteine, andere dünne Papyrusröllchen mit Gutschriften für Einkäufe in den vornehmsten Geschäften. Sogar ein paar Sklaven und ein kleines Anwesen am Tiberufer wurden per Gutschein unters Volk gebracht.

Lucius Aelius Sejanus, der in Livias Gefolge auf die kaiserliche Tribüne gekommen war, beobachtete das Schauspiel beeindruckt. Von dieser alten Frau konnte er lernen, wie man die Gunst des Plebs erlangte. Und eines Tages, wenn ihr Sitz wie auch der ihres Sohnes Tiberius für immer verwaist war, würde Sejanus die Huldigungen des Volkes entgegennehmen. Denn wem die dumme Masse zujubelte, der konnte sich alles herausnehmen.

Die verhärmte Frau in Livias Begleitung bot dafür das beste Beispiel. Durch ihre Freundschaft zur Augusta war Munatia Plancina jeder Bestrafung entgangen. Sejanus hätte Pisos Frau am liebsten aus dem Weg geräumt. Sie war eine gefährliche Mitwisserin, vor der er sich in achtnehmen mußte. Aber Plancina hatte ihm zu verstehen gegen, daß im Falle ihres Todes der Augusta ein Brief ausgehändigt würde, der alles enthielt, was Plancina über die dunklen Machenschaften des Prätorianerpräfekten wußte, und das war nicht wenig. Sejanus hatte nicht gewagt, sich an Plancina zu vergreifen. Er wollte sich die mächtige Augusta nicht zur Feindin machen. Vielleicht benötigte er sie noch in seinem Spiel um die Macht.

Unten in dem Tal, das zwischen den Abhängen des Palatin und des Aventin lag, betrat der festliche Umzug die Rennbahn. Mit Blütenkränzen geschmückte Jünglinge, teils zu Fuß und teils beritten, eröffneten den Umzug und erfreuten die johlenden Zuschauer mit allerlei Kunststücken. Lauter wurde der Lärm der Menge, als die Rosselenker der einzelnen Parteien mit ihren Gespannen auf die Rennbahn rollten. Die Parteien waren an ihren Farben zu erkennen, die Tuniken und Wagen schmückten. Die Anhänger des Kaiserhauses jubelten besonders laut den Grünen zu, die Sympathisanten des Senats und der Patrizier den Blauen. Und wer seine Unabhängigkeit von allen Herrschern demonstrieren wollte, applaudierte den Roten. Sejanus fragte sich, wann endlich die begeisterte Menge beim Erscheinen der Grünen seinen Namen rufen würde.

Er dachte so angestrengt darüber nach, daß der griechische Sklave sich direkt vor ihn stellen und mehrmals seinen Namen rufen mußte, um die Aufmerksamkeit des Sejanus zu erlangen. Irritiert sah er den dürren Griechen mit dem fast kahlen Schädel an. Ein angesehener Sklave aus dem Kaiserpalast, dessen Name zu kompliziert war, um ihn sich zu merken.

»Was ist denn?« raunzte der Präfekt unwillig.

»Jemand will dich sprechen, Herr. Er wartet drinnen auf dich.«

Der Grieche zeigte mit seinem dürren Finger auf den Durchgang zum Palatin.

»Warum störst du mich jetzt, wo gleich die Rennen beginnen?«

»Er sagt, es sei sehr wichtig, Herr.«

»Wer ist es, bei Apollo?«

»Einer deiner Prätorianer, Herr, ein Optio. Aber er wollte seinen Namen nicht sagen.« Durch ein überdeutliches Stirnrunzeln zeigte der Sklave, daß er dies nicht für eine gute Sitte hielt. »Er sagte nur, er komme mit einer wichtigen Botschaft vom Rhenus.«

Vom Rhenus!

Diese beiden Wörter rissen Sejanus von seinem Sitz, und er bat den Griechen, ihn zu dem Optio zu führen. Mit einem ehrfürchtigen Nicken ging er an der Augusta vorbei und verschwand im Halbdunkel des Durchgangs.

Auf dem Palatin zeigte der Grieche zu einem kleinen Rundbau, der im Schatten einiger Zypressen stand. Dort trafen sich Liebespaare aus der kaiserlichen Dienerschaft oder Sklaven, die ungehört von ihren Herren den neuesten Klatsch austauschen wollten.

Sejanus bedankte sich bei dem Griechen mit zwei Sesterzen und schritt auf den Rundbau zu. In den kühlen Mauern erwartete ihn ein hagerer Mann, schlecht rasiert und mit tiefen Ringen unter den Augen. Seine Uniform wies ihn als Optio der prätorianischen Reiter aus. Sejanus hatte den Mann schon gesehen, suchte aber vergeblich nach seinem Namen.

»Ich bin Renatus, Herr. Schon mein Vater Silvanus hat in der Garde gedient.«

»Das weiß ich«, log Sejanus mit einem leutseligen Lächeln und legte eine Hand auf die Schulter des Optios. »Du gehörst zu der Begleitung, die ich Foedus mitgegeben habe, nicht wahr? Sag, was läßt der Präfekt mir ausrichten?«

Renatus' Züge verdüsterten sich, und er blickte schamvoll zu Boden.

»Foedus ist tot«, sagte er leise, und dann berichtete er von der Schlacht an den Bocksbergen. Renatus konnte mit den denjenigen Prätorianern, die dem Angriff der Cherusker entgangen waren, den Chatten entkommen. Sie schlugen sich zum Rhenus durch, und Renatus übernahm es, als Eilbote nach Rom zu reisen.

»Foedus tot, und Adgandest auch?«

»So hörten wir es gerüchteweise, als wir den Rhenus überquert hatten. Dieser Edeling Sikko soll der neue Herzog der Chatten sein.«

»Also kein Aufstand im Germanenland«, sagte Sejanus enttäuscht und begann plötzlich zu lachen. »Und Arminius ist tot? Dann ist er ganz umsonst gestorben. So ein Pech für ihn!«

»Den Angriff, den Thorag am dritten Tat der Schlacht gegen uns geführt hat, hätte Arminius nicht erfolgreicher planen können.«

»Habe nicht zu große Achtung vor einem Barbaren, Renatus!« Sejanus spie auf den Boden zu ihren Füßen. »Eines Tages werde ich auf Thorags Leichnam spucken!«

Er schickte den Optio zu seinem Haus, wo der Mann sich ausruhen sollte, um Sejanus später ausführlich zu berichten. Nachdenklich ging der Prätorianerpräfekt zurück zum Circus Maximus.

Germanicus und Arminius waren tot, und doch waren seine Pläne vorerst gescheitert. Dieser Cherusker Thorag war ihm einmal mehr in die Quere gekommen. Sejanus war sicher, daß er und der Barbar aus dem fernen Germanien nicht zum letzten Mal aneinandergeraten waren.

Das Spiel um die Macht war noch längst nicht zu Ende. Tiberius wurde immer verbitterter und Livia nicht jünger. Und Drusus minor, der im fernen Illyricum saß und den Statthalter spielte, war zu dumm, um es mit Sejanus aufzunehmen. Für den Sohn des Tiberius stand fest, daß er seinem Vater eines Tages auf den Thron folgte. Sejanus war entschlossen, dies zu verhindern, und deshalb arbeitete er unermüdlich am Ausbau seiner Machtstellung.

Als er den Durchgang verließ und auf die Kaisertribüne trat, nahm er kaum wahr, daß unten bereits die leichten Zweispänner unter den anfeuernden Rufen der Menge über die Rennbahn donnerten. Sejanus stand einfach nur da und starrte sehnsüchtig auf den leeren Platz des Herrschers.

Das Tal lag versteckt, und seine Bewohner fühlten sich sicher. Tausend Männer, Frauen und Kinder lebten hier in einem abgeschiedenen Winkel des Inggaues und hofften auf eine Zeit, in der ihr Gott sie zu neuer Macht und neuem

Ruhm führte. Sein Abbild erhob sich in der Mitte ihres Dorfes: ein Felsblock, den Menschenhand zu einem achtbeinigen Bären geformt hatte.

Die wenigen Wachen wurden von den Angreifern überwältigt, noch ehe Sunnas Strahlen über die ringsum aufragenden Höhenzüge kletterten. Die Krieger, die den halben Sommer über nach diesem Ort gesucht hatten, huschten hinab zur Talsohle, zur Siedlung der achten Sippe. Und als der beginnende Tag die Menschen aus ihren Häusern lockte, sahen sie sich von Bewaffneten umstellt. Einige Bärenmänner griffen zu ihren Waffen, nur um tot oder erschlagen vor die Füße ihrer Frauen und Kinder zu sinken.

»Keine Nachsicht, keine Gnade!«

Das hatte Thorag seinen Kriegern eingeschärft, bevor er sie zum Tal der achten Sippe führte, das seine durchs ganze Cheruskerland streifenden Späher endlich gefunden hatten. Thorag hatte geahnt, daß es solch eine Siedlung geben mußte. Die wenigen Bärenkrieger, mit denen Ragnar es in der Schlucht des kauernden Bären zu tun gehabt hatte, konnten nicht alles sein, was von der achten Sippe übrig war. Was Ragnar berichtet hatte, deutete darauf hin, daß jene Schlucht nur ein Vorposten gewesen war.

Der Donarsohn wußte, daß der Stamm erst Ruhe finden würde, wenn die Macht des Bärengottes endgültig gebrochen war. Die Bärensippe war wie ein Fluch, der auf den Cheruskern lastete. Neidinge wie Inguiomar und Botan fühlten sich zu dem Bärengott hingezogen, wollten von seiner Macht kosten und von seinem Heil, das ein Unheil war. Selbst ein tapferer Krieger wie Jorit war von dem Bösen verführt worden.

Thorags Krieger trieben die Menschen zusammen, die sich um den Bärenfelsen scharten. Kinder klammerten sich weinend an ihre Mütter. Frauen blickten ängstlich umher und fragten sich, ob ihre Männer unter den Schwerthieben und

Framenstößen der Angreifer gefallen waren. Alte Männer und Frauen fielen vor dem Felsen auf die Knie und erhoben den Blick zu ihrem Gott, um Beistand gegen die unerwartete Gefahr zu erflehen.

Der neue Herzog der Cherusker und seine Edelinge ritten durch die Reihen ihrer Krieger. An seiner Seite waren sein Kriegerführer Hatto – und Ragnar. Der war jetzt ein Krieger und hatte seinen Vater gebeten, ihn auf diesen Kriegszug mitzunehmen. Thorag hatte sofort eingewilligt. Wenn jemand einen Grund hatte, gegen die Bärensippe zu ziehen, dann Ragnar.

Der Donarfürst zügelte sein Roß vor den Gefangenen und sagte laut: »Ich bin Thorag, Fürst der Donarsöhne und Herzog der Cherusker. Dies ist das Ende der Bärensippe und ihres bösen Gottes. Tot sind die Männer, die in der Schlucht des kauernden Bären meinen Sohn gefangenhielten. Tot sind Inguiomar und Botan, die ihren Stamm verrieten, um mit euch gemeinsame Sache zu machen. Tot werdet ihr sein, noch bevor Sunna über eurem Tal aufgeht, wenn ihr nicht dem Bärengott abschwört. Jeder, der bei seiner Ehre und seinem Leben verspricht, diesem Gott nicht länger zu huldigen, möge von dem Felsen wegtreten!«

Unruhe kam in die Bärenmenschen, und erregte Worte flogen hin und her, aber niemand löste sich aus der Gruppe, um den Bärenfelsen zu verlassen.

»Was ist?« fragte Thorag. »Haltet ihr einem Gott die Treue, der seine Macht verloren hat? Wie sonst hätte es uns gelingen können, euer Tal aufzuspüren und eure Wachen zu überwinden?«

Da trat ein alter Mann vor, dem ein weißes Bärenfell über die Schultern hing. »Wenn der Bärengott, wie du sagst, seine Macht verloren hat, was fürchtest du ihn dann, Fürst Thorag?«

»Wer spricht zu mir?« fragte Thorag.

»Mein früherer Name ist längst vergessen. Jetzt bin ich Berold, das Oberhaupt dieser Siedlung.«

»Woher, Berold, will du wissen, daß ich deinen Gott fürchte?«

»Wäre es nicht so, würdest du uns nicht mit dem Tod bedrohen, Herzog der Cherusker.«

»Nicht den Bärengott fürchte ich, sondern den Glauben an ihn«, erklärte Thorag. »Immer wieder verführt der Gedanke, im Namen des Bärengottes Macht zu erringen, Frilinge und Edelinge dieses Stammes, sogar Fürsten.«

»Wir fühlen uns nicht verführt und wollen auch keine Macht erringen«, sagte Berold. »Jene, die deinen Sohn gefangenhielten, wollten dem Bärengott mit der Waffe den Weg im ganzen Cheruskerland ebnen. Sie wählten ihren eigenen Berold und trennten sich von uns. Wir haben keinen Krieg geführt. Uns genügte es, in diesem fernen Tal nach unserem eigenen Glauben zu leben, mit unserem eigenen Gott. Wenn das ein Grund ist, um uns zu töten, dann nur zu, Donarfürst. Beginne bei mir und töte jeden alten Mann, jedes Weib und jedes Kind zum Ruhme des Donnergottes!«

Thorags Rechte schwebte über dem Griff seiner Spatha, aber er zögerte, die Waffe aus der Scheide zu ziehen. Der Alte hatte seine Worte gut gewählt, und Thorag fragte sich, ob er Recht handelte.

Hatto lenkte sein Pferd dicht an Thorag heran und sagte leise: »Tu es, Thorag, gib den Befehl zum Angriff! Du selbst hast gesagt, daß im Cheruskerland erst Ruhe einkehrt, wenn kein einziger Anhänger des Bärengottes mehr auf der Menschenwelt wandelt.«

Ragnar hatte zugehört und sprach: »Diese Menschen haben nichts mit denen zu tun, die mich gefangenhielten. Beweist es wirklich die Macht unserer Götter, wenn wir Frauen und Kinder töten? Ich kann keinen Sinn darin erkennen. Vielleicht sind ein paar der Bärenmenschen uns entkommen und sehen uns jetzt von den Berghängen aus zu. Wenn sie berichten, daß wir die ganze Sippe ausgelöscht haben, kann es dem Bärengott neue Anhänger zuführen. Solche, die unter dem Vorwand der Rache seinen blutigen Ruhm ausnutzen wollen. Ich halte es für die bessere und für die größere Tat, diese Menschen in Frieden zu lassen. Sie wissen jetzt, daß wir ihr Tal kennen und jederzeit zurückkommen können, wenn sie gegen die Gesetze unseres Stammes verstoßen.«

Mürrisch blickte Hatto den Jungen an. »Thorag ist unser Herzog, nicht du!«

»Mein Sohn hat für mich gesprochen, ich hätte keine weiseren Worte finden können«, sagte Thorag zu Hattos Verblüffung. Zu den Bärenmenschen gewandt, erklärte er: »Bleibt in diesem Tal und betet zu eurem Gott! Solange ihr Frieden haltet, soll euch nichts geschehen. Doch wenn auch nur einer von euch das Schwert gegen einen anderen Cherusker erhebt, wird der Bärengott euch nicht länger schützen können!«

Gegen Mittag, als die lange Kolonne der Krieger längst auf dem Rückmarsch zum Donargau war, ritt Thorag an Ragnars Seite und sagte ihm, wie sehr ihn Ragnars Worte im Bärental mit Stolz erfüllt hatten. »Du hast die Worte gefunden, nach denen ich vergebens suchte, mein Sohn.«

»Ich habe nur an den anderen Berold gedacht. Auch wenn er Böses plante, müssen nicht all seine Gedanken und Worte schlecht gewesen sein, oder?«

»Niemand ist nur schlecht, und niemand ist nur gut. Jorits Anschlag auf Armin war schändlich, aber in vielen Sommern war Jorit mir ein treuer Kampfgefährte. Und auch Inguiomar hat manche Schlacht für den Cheruskerstamm geschlagen, bevor der Neid sein Herz mehr und mehr zerfraß.«

Ragnar schaute in die Richtung, wo die Schlucht des kauernden Bären lag. »Der Berold, den ich kannte, hatte den Wunsch, daß die achte Sippe wieder zu einem Teil des

Cheruskerstammes wird. Wenn er die Bärensippe zu Herrschern und alle anderen zu ihren Sklaven machen wollte, war das falsch. Aber vielleicht können wir erreichen, daß alle acht Sippen eines Tages in Frieden leben, nebeneinander und miteinander. Nur dann wird niemand versuchen, den anderen zu unterjochen.«

Beeindruckt blickte Thorag seinen Sohn an. Ragnars Leib mußte noch wachsen, aber sein Herz und sein Verstand hatten längst manchen Erwachsenen überflügelt. Jener Berold, der mit Ragnar den Winter verbracht hatte, hatte richtig erkannt, daß in dem Jungen das Zeug zu einem großen Fürsten steckte. Vielleicht würde Ragnar einmal das sein, an dem selbst Armin immer wieder gescheitert war: nicht nur der Anführer eines Stammes, sondern eines ganzen Volkes, ein Fürst der Germanen.

Anhang

Nachwort des Autors

Arminius – Fürst der Germanen ist der fünfte Band meiner Germanensaga. Der gemeinsame Weg der Blutsbrüder Armin und Thorag ist mit dem vorliegenden Buch beendet. Ob der Donarsohn Thorag dereinst in weitere Abenteuer reiten wird, weiß nur Skuld, die Norne des Zukünftigen. Die früheren Erlebnisse Armins und Thorags habe ich in den folgenden Büchern geschildert:

– *Thorag oder Die Rückkehr des Germanen* (Bastei Lübbe Taschenbuch Band 13 717)

– *Der Adler des Germanicus* (Bastei Lübbe Taschenbuch Band 13 838)

– *Marbod oder Die Zwietracht der Germanen* (Bastei Lübbe Taschenbuch Band 13 922)

– *Die Germanen von Ravenna* (Bastei Lübbe Taschenbuch Band 14 210)

Die Ereignisse bei den Chatten und Cheruskern entspringen fast gänzlich der Fantasie des Autors, basierend auf einem kurzen Bericht des römischen Historikers Tacitus. Danach hat der Chattenfürst Adgandestrius den römischen Senat tatsächlich um Gift zur Ermordung des Arminius gebeten, und Tiberius lehnte das Ansinnen ab. Tacitus erwähnt weiterhin eine bewaffnete Auseinandersetzung zwischen Arminius und seinen Landsleuten, in deren Verlauf der Cherusker durch die Hinterlist seiner Verwandten fiel. Welche Verwandten in die Ermordung des Arminius verwickelt waren, läßt Tacitus offen. Ich habe Inguiomar, den Oheim des Arminius, zum Mitverschwörer des Adgandestrius gemacht. Überliefert ist, daß Inguiomar sich schon mit Marbod gegen seinen Neffen verschworen hat; danach verschwindet Inguiomar im Dunkel der Geschichte. Die Leser meines Romanes *Die Germanen von Ravenna* wissen, daß nach meiner Interpretation auch Segestes, Thusneldas Vater, seine Finger im schmutzigen Spiel hat.

Der Todeszeitpunkt des Arminius ist umstritten. Nach Tacitus wurde er 37 Jahre alt und hatte zwölf Jahre lang die Macht in Händen. Einige Historiker rechnen diese zwölf Jahre ab der Rückkehr des Cheruskers nach Germanien, die häufig für das Jahr 7 n. Chr. angenommen wird; so kommen sie auf das Todesjahr 19 n. Chr. Andere beginnen bei der Schlacht im Teutoburger Wald zu zählen, 9 n. Chr. also, und gelangen so zum Todesjahr 21 n. Chr. Und zwischen 19 und 21 n. Chr. wird das Ende des Cheruskers dann auch anzusetzen sein. In meinem Buch *Thorag oder Die Rückkehr des Germanen* ließ ich Arminius im Jahre 8 n. Chr. ins Cheruskerland zurückkehren und zum Herzog seines Stammes aufsteigen. Folglich fällt sein Tod im vorliegenden Roman in das Jahr 20 n. Chr.

Da die Germanen der Zeitenwende nichts aufgeschrieben haben und unsere schriftlichen Überlieferungen aus der fraglichen Zeit nur von römischen Autoren stammen, sind wir über die Vorgänge im Römischen Reich besser unterrichtet. Das lange Leiden des Germanicus ist uns ebenso überliefert wie seine Rivalität mit Calpurnius Piso. Agrippina beschuldigte Piso tatsächlich des Giftmords an ihrem Gatten. Piso wurde unter ungeklärten Umständen tot aufgefunden, ebenso die Giftmischerin Martina. Pisos Gattin Munatia Plancina konnte sich unter die Fittiche der Augusta flüchten.

Tiberius selbst wurde von den römischen Historikern verdächtigt, seinen Adoptivsohn aus Neid ermordet zu haben, weil Germanicus beim Volk so ungeheuer beliebt war und ihm leicht den Thron hätte streitig machen können. Ich halte diese These für wenig glaubhaft. Nach dem Tod des Augustus, als Germanicus die Gelegenheit gehabt hätte, sich mit Hilfe der meuternden Rheinlegionen zum Herrscher aufzuschwingen, hat er treu zu seinem Onkel Tiberius gestanden. Es ist kein Grund ersichtlich, daß Tiberius Jahre später einen Umsturz durch seinen Neffen zu fürchten gehabt hätte. Tiberius hatte sich in der Zwischenzeit als römischer Princeps etabliert. Nicht für ihn stellte Germanicus, der ja sein Thronfolger war, eine Gefahr dar, sondern für jemanden, der Tiberius den Thron entreißen wollte.

Ein Mann wie Sejanus zum Beispiel, dessen Machtgelüste von den Historikern überliefert sind. Wollte er nach Tiberius den Thron besteigen, so war es nur folgerichtig, erst den Thronfolger zu beseitigen. Und bei Tacitus findet sich ein Hinweis, wonach auch die Ermordung Pisos auf das Konto des Prätorianers geht. Nach Tacitus soll Piso einen enthüllenden Brief verfaßt haben, und Sejanus habe vereitelt, daß der Brief dem Senat vorgelegt wurde. Im nächsten Satz erzählt Tacitus, daß Piso Überlieferungen zufolge nicht freiwillig aus dem Leben geschieden sei, sondern von einem gedungenen Mörder heimgesucht wurde.

Wie stets noch der Hinweis: Personenverzeichnis, Glossar und Zeittafel sollen dem interessierten Leser bei der Unterscheidung von Dichtung und Wahrheit weiterhelfen und ihm die Welt der Römer und Germanen ein bißchen näherbringen. Bei den lateinischen Wörtern wurde – wie auch bei den Namen im Roman – mal die Ursprungs-, mal die eingedeutschte Form gewählt. Hier entschieden der Klang oder die Gewohnheit. Auch wird der Kundige noch weitere Bedeutungen des einen oder anderen Begriffs anführen können; ich zählte die auf, die für den Roman bedeutsam sind. Bei den germanischen Gottheiten und ihrer Mythologie mußte ich oft auf die nordischen Begriffe und Namen zurückgreifen, weil keine südgermanischen Bezeichnungen aus dem für uns interessanten Zeit- und Sprachraum überliefert sind. Um Verwirrungen zu vermeiden, borgte ich lieber dort aus, als hier zu erfinden.

Die Personen

Hier findet der Leser zur besseren Orientierung alle wichtigen Personen alphabetisch aufgelistet. Historisch belegte Personen sind mit einem (H) gekennzeichnet.

Adgandest (H): Herzog der Chatten.
Adina: Armins Mutter.
Agrippina (H): Gemahlin des Germanicus.
Aimo: Bauer im Donargau.
Alfhard: Ewart der Heiligen Steine.
Armin (H): Fürst des Hirschgaues und Herzog der Cherusker.
Alrun: Seherin und Astrids Mutter.
Astrid: heilkundige Priesterin der Heiligen Steine.
Auja: *Thorags Gemahlin.*

Berold: Anführer der Bärenmänner.
Bertil: Priesterhelfer bei den Heiligen Steinen.
Botan: Fürst des Stiergaues.
Bror: Fürst des Dachsgaues.

Caligula (H): Sohn des Germanicus.
Calpurnius Piso, Gnaeus (H): Statthalter im Osten.
Calpurnius Piso, Marcus (H): Sohn des Statthalters Piso.

Drusus Caesar (H): Sohn des Tiberius Caesar.

Eburwin: junger Edeling der Ebersippe.
Egolf: chattischer Edeling, Winas Vater.

Foedus, Gnaeus Equus: Präfekt der Adriatischen Reichsflotte.
Frohmund: Priester bei den Heiligen Steinen.

Germanicus (H): Adoptivsohn des Tiberius.
Gismar: Gisolfs Sohn.
Gisolf: chattischer Hofherr.
Grimard: Krieger aus Armins Gefolgschaft.

Hariolf: junger Krieger aus Thorags Gefolgschaft.
Hatto: Thorags Kriegerführer.
Hruodwin: chattischer Edeling und Adgdandests Krieger-
führer.

Inguiomar (H): Armins Onkel, Fürst des Inggaues.
Ingwin: Armins Kriegerführer.
Irmil: Heilkundige vom Donarhof.

Jorit: junger Krieger der Donarsippe.
Josos: Töpfer vom Stamm der Vindeliker.

Ligurinus: Trierarch der Quinquereme *Apollo*.
Livia Drusilla (H): Witwe des Augustus, Mutter des Tiberius.

Martina (H): Giftmischerin in Antiochia.
Menold: Friese und Krieger aus Thorags Gefolgschaft.

Nigrinus: ehemaliger Hypokaustensklave.

Omko: friesischer Schalk Armins.

Plancina, Munatia (H): Gemahlin des Statthalters Piso.

Ragnar: Sohn von Thorag und Auja.
Rika: Chattin, Gisolfs Frau.
Riklef: Priester bei den Heiligen Steinen.
Rolef: junger cheruskischer Edeling, Rowarts Sohn.
Rowart: Fürst des Baldergaues.

Sejanus, Lucius Aelius (H): Präfekt der Prätorianergarde.
Sentius Saturninus, Gnaeus (H): Legat des Germanicus.
Sidonius: Trierarch der Septireme *Pompeius*.
Sikko: chattischer Edeling, Anführer der Hundinge.

Tertius Candidus: Tribun aus Antiochia.
Tiberius Caesar (H): römischer Herrscher.
Thorag: cheruskischer Edeling und Fürst des Donargaues.

Uota: Tochter des Töpfers Josos.

Vibius Marsus (H): Legat des Germanicus.

Wina: junge Chattin, Tochter des Edelings Egolf.

Römische Längenmaße und Währung

Das römische Grundlängenmaß war der *Fuß* (pes) = knapp
0,3 Meter. 5 Fuß ergaben einen *Doppelschritt* (Passus) = etwa
1,5 Meter; 125 Doppelschritte ergaben ein *Stadium* = etwa
185 Meter; 1000 Doppelschritte ergaben eine *Meile* = etwa
1,5 Kilometer.

Caesar und Augustus führten eine Währungsreform durch,
die den goldenen *Aureus* zur wertvollsten Münze machte. Er
entsprach 25 silbernen *Denaren*. Ein Denar entsprach 4
Sesterzen aus Messing oder 16 *Assen* aus Bronze.

Zur Verdeutlichung der Kaufkraft: Für ein As gab es einen
Laib Brot, für zwei Asse eine Mahlzeit. Mit 2 Sesterzen
konnte ein Römer seine Lebensgrundbedürfnisse für einen
Tag befriedigen. Im Schnitt 200 Denare kostete ein Rind, 200
bis 1000 Denare ein Sklave. Der Monatssold eine Legionärs
betrug 25 Denare, was dem Monatslohn eines Arbeiters in
Rom entsprach. Ein Offizier bekam, je nach Rang, das Zehn-
bis Vierzigfache.

Glossar I – ethnographische und geographische Bezeichnungen

Volksstämme der Germanen und Kelten

Brukterer: Zwischen mittlerer Ems und oberer Lippe siedelnder Stamm, im Jahr 4 n. Chr. von den Römern unterworfen. Bei ihm fand sich einer der im Teutoburger Wald eroberten Legionsadler.

Chatten: An Fulda und Eder siedelnder Stamm, der mit Zustimmung der Römer das Gebiet der auf die linke Rheinseite übergesiedelten Ubier in Besitz nimmt.

Cherusker: An der mittleren Weser siedelnder Stamm, dessen Name vermutlich vom germanischen Wort ›herut‹ (= Hirsch) herrührt. Er führt den Aufstand im Jahr 9 n. Chr. an und erobert im Teutoburger Wald einen Legionsadler.

Markomannen: Ursprünglich in Nordbayern, dann in Böhmen lebender Stamm, der zusammen mit anderen Stämmen das von Marbod gegründete Markomannenreich bildet.

Marser: Zwischen Ruhr und Lippe lebender Stamm, der im Teutoburger Wald einen der drei Legionsadler erbeutet.

Räter: Illyrisch-keltischer Stamm aus der römischen Provinz Rätien, die Teile Bayerns, Tirol und die Ostschweiz umfaßte.

Ubier: Ursprünglich zwischen Rhein, Main und Westerwald lebender Stamm, der sich nach Überfällen der Sueben unter den Schutz der Römer stellt und von ihnen links des Rheins angesiedelt wird.

Vindeliker: Keltischer Stamm, der zwischen dem Bodensee, Inn, Alpen und Donau siedelt und mit den Rätern benachbart ist.

Geographische Bezeichnungen der Römer

Brundisium: Brindisi.
Illyricum: Ungefähres Gebiet Albaniens und des ehemaligen Jugoslawien; später Aufteilung in die Provinzen Dalmatien und Pannonien.
Istrien: Siehe *Venetien und Istrien*.
Rhenus: Rhein.
Ubierstadt (Oppidum Ubiorum): Köln.
Venetien und Istrien (Venetia und Istria): Seit Augustus setzte sich die zehnte Region Italiens aus diesen beiden oberitalienischen Landstrichen zusammen.
Vindelikerstadt (Augusta Vindelicorum): Augsburg.

Glossar II – Germanische Begriffe

Asen: Göttergeschlecht, dem Wodan und Donar angehören. Die Asen konkurrieren mit den Wanen, bis sie ewigen Frieden mit ihnen schließen.
Asgard: Heim der Asen.

Barschalk: Siehe *Schalk*.
Berserker: Ein in Bärenfelle gekleideter Krieger. Die ihm zugeschriebenen übermenschlichen Kräfte resultierten aus der Einnahme einer aus dem Fliegenpilz gewonnenen Droge, die einen LSD-artigen Rausch hervorrief.

Dagr: Der Tag, der als Sohn der Nacht mit seinem goldenen Wagen über den Himmel zieht.
Donar: In der nordischen Mythologie Thor genannter Gott des Wetters und der Landbestellung, Sohn Wodans. Wenn er mit seinem von den Böcken ›Zähneknirscher‹ und ›Zähneknisterer‹ gezogenen Wagen durch den Himmel fährt, donnert es. Mit seinem Hammer Miölnir, seinem Kraftgürtel und seinem Eisenhandschuh beschützt der stärkste Gott des Asengeschlechts die Menschen vor Riesen und Ungeheuern. Die Eiche ist sein heiliger Baum.

Edeling: Adliger, der sich in der Regel als Abkömmling einer Gottheit betrachtete und daher seinen Adel ableitete.
Einherier: Siehe *Walhall*.

Ewart: Hüter von Recht und Gesetz; Oberpriester.

Fenriswolf: Siehe *Loki*.

Fibel: Kunstvoll gearbeitete Spange, die den Umhang des Mannes oder das Kleid der Frau zusammenhielt.

Frame: Stoßlanze.

Friedloser: Wegen schwerer Vergehen für vogelfrei Erklärter. Er wurde von seiner Sippe ausgestoßen und verlor damit jeden Schutz, ebenso jeden Besitz. Ein Friedloser durfte ungestraft getötet werden.

Friling: Freier. Abgesehen vom Adel höchster Stand der Germanen, in den man, wie in jeden anderen, hineingeboren wurde. Beim Kriegszug leistete der Friling seinem Fürsten Heeresdienste; er mochte ihm auch Entgelt für seinen Schutz schulden, war sonst aber frei von Abgaben.

Gau: Von einem Gaufürst geführter Stammesbezirk.

Ger: Speer, Wurfspieß.

Heilige Steine: Unsere heutigen Externsteine. Ob diese in vorchristlicher Zeit bereits ein Kultzentrum waren, ist umstritten, aber auf Grund ihrer im wahrsten Wortsinne herausragenden Erscheinung gut denkbar.

Heiling: Träger göttlichen Heils, in der Regel auf Grund edler Abstammung.

Hel: Die halb schwarz- und halb menschenhäutige Tochter Lokis und Angurbodas herrscht über das Totenreich, das Niflheim oder auch Hel genannt wird. Hierher kommt, wer den unrühmlichen Strohtod erlitten hat. Unser Begriff ›Hölle‹ stammt von ›Hel‹.

Herzog: Auf dem Thing gewählter Kriegsführer.

Hulda: Winterbringerin, Vorbild unserer Frau Holle.

Ing: Fruchtbarkeitsgott.

Kebse: Nebenfrau, die mit Mann und Frau in einem Haus lebte. Ein Germane konnte mehrere Kebsen haben, während der Frau andere Männer untersagt waren.

Kriegerführer: Anführer einer Kriegergefolgschaft; Unterführer eines Fürsten im Krieg.

Kuning: König. Zur Zeit unserer Geschichte bei den ihre Freiheit und Unabhängigkeit schätzenden Germanen unüblich und unerwünscht. Der Markomannenkönig Marbod oder vor ihm der Suebenkönig Ariovist, der gegen Caesar kämpfte, waren Ausnahmen. Eher gab es den Heerkönig, der mit dem Herzog gleichzusetzen ist. Aus solchem konnte sich ein richtiges Königtum – siehe wiederum Ariovist und Marbod – entwickeln. Auch Armin schien dem nicht abgeneigt.

Loki: Sohn einer Riesin und Gott des Feuers. Weil Loki in den uralten Zeiten mit Wodan durchs Land wanderte und mit ihm Brüderschaft schloß, zählt er zum Göttergeschlecht der Asen. Hinterlistig, streitsüchtig und boshaft, steht er mal auf der Seite der Götter, mal gegen sie. Er setzt durch die Zeugung der Ungeheuer Fenriswolf, Hel und Midgardschlange das Böse in die Welt. Seine Intrigen und die von ihm geschaffenen Ungeheuer sind für den Untergang des Göttergeschlechts am Zeitenende, der Götterdämmerung (›Ragnarök‹, eigentlich ›Göttergeschick‹), verantwortlich.

Lure: Bis zu zweieinhalb Meter lange Bronzetrompete.

Mani: Sunnas Bruder, der den Mondwagen lenkt.

Midgardschlange: Siehe *Loki*.

Mimir: Hüter der Weisheitsquelle an der Wurzel der Weltesche. Ydraggsil. Für einen Trunk aus dieser Quelle opferte Wodan ein Auge.

Miölnir: Donars Hammer, dessen Stiel durch eine Unachtsamkeit beim Schmieden zu kurz geriet.

Munt: Personenrechtliches Gewaltverhältnis im Gegensatz

zum Sachenrecht. Der Munt des Mannes unterfielen in der Muntehe die Ehefrau und die Kinder. Der Sohn wurde mit Bestehen der Mannbarkeitsprobe aus der Munt entlassen; die Tochter wurde von ihrem Vater als Muntwalt bei der Heirat in die Munt ihres Mannes übergeben. In der streng patriarchalischen Gesellschaftsordnung konnte nur die in Muntehe lebende Frau Ehebruch begehen und dafür von ihrem Mann verstoßen oder sogar getötet werden.

Muspelheim: Südliches Land, in dem die Feuerriesen leben. Ursprung des Feuers.

Neidling: Neider, Übelwollender, Übeltäter.

Nidhögg: Neiddrache, der an den Wurzeln der Weltesche nagt, um den Baum zu schädigen.

Nornen: Die drei Schicksalsgöttinen sitzen unter der Weltesche und spinnen die Schicksalsfäden.

Nott: Die Nacht, die von schwarzen Schleiern umhüllte Tochter eines Riesen, erhielt von Wodan einen schwarzen Wagen, mit dem sie in der Dunkelheit durch den Himmel fährt. Die Germanen teilten die Zeit nicht nach Tagen, sondern nach Nächten ein, wie sie die Jahre nach Wintern zählten.

Ostara: Göttin des Frühlings und der Morgenröte. Bräuche des ihr geweihten Frühlingsfestes finden sich in unserem Osterfest wieder.

Römling: Schimpfwort für einen Römerfreund.

Sax: Einschneidiges Kurzschwert.

Schalk: Leibeigener, Sklave. Als Schalk wurde man geboren, aber auch als Gefangener und Verschuldeter wurde man ein Schalk, also so gut wie rechtlos. Ein Schalk unterlag nicht dem Personen-, sondern dem Sachenrecht. Gleichwohl führten viele Schalke als Hausbedienstete oder als eine Art Landpächter ein relativ freies Leben. Ein freigelassener Schalk war ein Halbfreier/Barschalk mit eingeschränkten Rechten und konnte auf einem Thing durch Volksabstimmung zum Vollfreien werden, zum Friling.

Skuld: Norne des Zukünftigen.

Sunna: Auch Sol genannte Jungfrau, die den Sonnenwagen zieht.

Tamfana: Von den Marsern verehrte Fruchtbarkeitsgöttin.

Thing: Auch Ding genannte Ratsversammlung der Frilinge, die von allen Vollfreien zu feststehenden Zeiten (ungebotenes Thing) oder von einem Kreis Geladener zu einem besonderen Anlaß (gebotenes Thing) besucht wurde. Ein Thing konnte einen ganzen Stamm betreffen oder nur einen Gau. Aufgaben des Things waren die Freisprechung der Halbfreien, die Rechtsprechung bei schweren Verstößen, die Erhebung der Jungmänner in den Kriegerstand, die Wahl eines Herzogs, die Beschlußfassung über einen Kriegszug usw. Während des Things herrschte ein besonderer, von allen zu achtender Thingfriede.

Tiu: Gemahl der Tamfana und Kriegsgott, dem das Schwert geweiht war. Verlor bei der Fesselung des Fenriswolfes durch die Götter den rechten Arm und kämpfte fortan mit der Linken. War Schutzgott des Things und vor der Ausbreitung des Wodanskults vermutlich Hauptgott der Germanen, wurde dann als Sohn Wodans angesehen.

Totenstrand: Jenseitiger Strafort für Neidinge, bevölkert von Giftschlangen, Wölfen und Drachen.

Uhlenflucht: Rauchabzug im Dach.

Ulenler: Stiefsohn Donars und Gott des Winters.

Urd: Norne des Vergangenen.

Utgard: Reich der Riesen und Dämonen.

Walhall: Wer nicht den unwürdigen Strohtod, sondern den würdigen Tod im Kampf stirbt, wird von den Walküren (›Wala‹ ist das germanische Wort für ›tot‹), den göttlichen Jungfrauen, ins Reich der Götter nach Walhall geholt, der großen Halle von Wodans Palast. Dort zecht er mit den Göttern und übt sich im täglichen Kampf als Einherier (hervorragender Streiter, Einzelkämpfer), um bei der Götterdämmerung am Zeitenende mit den Göttern gegen die Ungeheuer zu kämpfen.

Wara: Göttin der Wahrhaftigkeit, die Eidbrüchige bestraft.

Wodan: auch Odin genannter oberster Gott, der seit dem Trunk aus Mimirs Quelle, für den er ein Auge hingab, der Weiseste aller Asen ist. Er ist der oberste Schlachtenlenker und weist schamanistische Züge auf.

Ymir: Von den ersten Göttern getöteter Urriese, auch als Bär vorgestellt, aus dessen Bestandteilen unsere Welt entstand.

Glossar III – Römische und griechische Begriffe und Personen

Apollo(n): Gott der Wahrheit, der Reinheit, der Weissagung, des Saitenspiels und Gesangs; Licht- und Sonnengott.

Atrium: Mittelraum des römischen Hauses mit einem Regenwasserbecken. Der Raum war nicht überdacht oder wies eine Dachöffnung auf.

Augustus: Römischer Herrscher, Begründer des Caesarentums, gestorben 14 n. Chr.

Auxilien: Hilfstruppen aus Nichtbürgern. Neben den aus römischen Bürgern bestehenden Legionen zweiter wichtiger Bestandteil der römischen Armee, dem in der Kaiserzeit wegen der geringeren Besoldung immer mehr Gewicht zukam.

Caesar: Ursprünglich Namensbestandteil der Julier; wurde unter den Nachfolgern des Gaius Julius Caesar (100–44 v. Chr.) als Bestandteil der Titulatur geführt.

Carcer: Kerker, Gefängnis.

Charon: Fährmann, der die Toten über den Fluß Styx setzt; Totengott.

Cubiculum: Schlafraum.

Fortuna: Göttin des Glücks und der Reisenden.

Freigelassener: In Freiheit entlassener Sklave, der in der römischen Gesellschaft sehr hoch aufsteigen konnte, ohne allerdings das Bürgerrecht zu erhalten. Er blieb seinem ehemaligen Herrn treue- und zuweilen auch dienstpflichtig.

Fucus: Rote Schminke.

Himation: Griechisches Obergewand in Form eines Mantels oder Umschlagtuches.
Hypokausten: Zentralheizung, deren Heizgase durch Kanäle im Fußboden oder in den Wänden abzogen.

Imperator: Inhaber der größten Machtfülle. Später Bezeichnung der Soldaten für ihren siegreichen Feldherrn, was der Bestätigung durch den Senat bedurfte, um offiziell zu werden.
Isis: Altägyptische Göttin, deren Kult sich bis nach Rom ausbreitete.

Jupiter: Vielgestaltiger Gott mit ebenso vielen Beinamen, war als ›Jupiter Optimus Maximus‹ Hauptgott der Römer und wurde in einem Tempel auf dem Capitol verehrt.
Jupiter Lucetius: Gott des Lichts.

Kithara: Zwölfsaitiges griechisches Musikinstrument, dessen Resonanzkasten vorn flach und hinten gewölbt war und das man an einem Schulterriemen trug.
Klient: Plebejer, der sich unter den Schutz eines Patriziers stellte und diesem dafür dienstbar war.
Kohorte: Siehe *Legion*.

Legion: Größter Truppenverband, der sich in zehn Kohorten zu drei Manipeln gliederte. Jedes Manipel setzte sich aus zwei Zenturien zusammen. Da eine Zenturie aus 80 Mann bestand, kam eine Legion auf 4000 bis 6000 Legionäre. Hinzu kamen noch 120 Reiter (vorwiegend für Aufklärungs- und Kurierdienste) sowie 400 Veteranen, die vom Kasernendrill weitgehend verschont blieben und nur für die Feldzüge einberufen wurden, außerdem über 2000 Knechte für ebenso viele Lasttiere sowie eine Artillerieeinheit (Speerschleudern und Katapulte).

Liburne: Wendiges Kriegsschiff, gebaut nach dem Vorbild der als Seeräuber gefürchteten Liburner im nördlichen Dalmatien.

Neptun: Meeresgott.
Nymphe: Weibliche Naturgottheit der Griechen.

Olymp: Der höchste Berg Griechenlands, der den Griechen als Sitz der Götter galt.
Optio: Stellvertreter eines Zenturios oder mit selbständigen Aufgaben betrauter Offizier.
Optio Carceris: Gefängniskommandant.

Palla: Überwurf, den die Römerin außer Haus trug und auch über den Kopf ziehen konnte.
Papyrus: Stoff zum Beschreiben, hergestellt aus Blättern der Papyrusstaude.
Patrizier: Adlige römische Oberschicht, die ihre Abstammung auf die Ahnen (Patres) zurückführt.
Patron: Patrizier, unter dessen Schutz sich Klienten stellten, die ihm dafür dienstpflichtig waren.
Pilum: Schwerer Wurfspeer der Legionäre mit langer Eisenspitze.
Plebs: Im Gegensatz zu den Patriziern die unedle Masse römischer Kleinbauern, Handwerker und Kaufleute (Plebejer).
Präfekt: Hoher Militärbefehlshaber oder Zivilbeamter.
Prätorianer: Garde der römischen Herrscher.
Prätorium: Amtswohnung des Prätors, oft zugleich Kommandantur.
Priapus: Gott der Fruchtbarkeit.
Princeps: Wörtlich ›der Erste‹, bezeichnet es einen führenden Römer. ›Princeps Senatus‹ hieß der Senator, der in der Sena-

torenliste an erster Stelle stand. Da Augustus die negative Besetzung der Titel ›Rex‹ und ›Dictator‹ scheute, bezeichnete er sich als Princeps, was Tiberius übernahm.

Prophetes: Griechischer Priester, der die Weissagungen der Götter verkündet.

Quinquereme: Schiff mit fünf Ruderreihen auf jeder Seite.

Salve!: Sei gegrüßt!
Septireme: Schiff mit sieben Ruderreihen auf jeder Seite.
Spatha: Langschwert, zur Zeitenwende nur von der Reiterei verwendet, ab dem 3. Jahrhundert n. Chr. beim ganzen Heer.
Stola: Eine von der Frau über der Tunika getragene zweite Tunika, weiter geschnitten und reicher gefaltet.

Thermen: Großes Bad, Erholungs- und Freizeitzentrum.
Tibia: Doppelflöte.
Toga: Großes Tuch, das als Kleidungsstück für bessere Gelegenheiten so über die Tunika geschlungen wurde, daß diese ganz verdeckt war.
Tribun: Hoher Offizier oder Zivilbeamter.
Triclinium: Speisezimmer, Speisesofa.
Trierarch: Kapitän.
Trireme: Schiff mit drei Ruderreihen auf jeder Seite.
Tunika: Gegürteter, bis etwa ans Knie reichender, meist kurzärmliger Hemdkittel aus Wolle, Baumwolle oder Leinen. Typisches Kleidungsstück, das der Römer zu Hause, auf der Straße und bei der Arbeit trug.
Turme: Etwa 40 Mann starke taktische Grundeinheit der Reiterei.

Zenturio: Aus Sicht der Befehlsgewalt einem heutigen Hauptmann vergleichbarer Kommandeur einer Zenturie, der allerdings nicht als echter Offizier, sondern als Bindeglied zwischen Offiziers- und Mannschaftsstand betrachtet wurde.

Zeus: Griechischer Göttervater, entsprechend dem römischen Jupiter.

Zeittafel

19–16 v. Chr.
Armin wird als Sohn des Cheruskerfürsten Segimar geboren
(genauer Zeitpunkt ungewiß).

6 n. Chr.
Die Römer beginnen unter ihrem Feldherrn Tiberius einen
Angriff auf das Königreich Marbods, das ihnen zu mächtig
wird; sie werden jedoch durch einen großen Volksaufstand in
Pannonien und Dalmatien gezwungen, ihre Kräfte dort zu
massieren und von den Markomannen abzulassen.

9 n. Chr.
Tiberius schlägt Aufstand in Pannonien nieder. – Schlacht im
Teutoburger Wald (vermutlich vom 9. – 11. September). Armin
vernichtet das aus drei Legionen und zusätzlichen Hilfstruppen
bestehende Heer des Publius Quintilius Varus. Die Stützpunkte
zwischen Rhein und Weser werden von den Germanen erobert
bzw. von den Römern aufgegeben. – Tiberius kehrt aus Pannonien nach Rom zurück und hebt neue Truppen aus.

10–11 n. Chr.
Germanien-Feldzüge des Tiberius und des Germanicus.

13 n. Chr.
Germanicus übernimmt den Oberbefehl am Rhein.

14 n. Chr.
Der römische Herrscher Augustus stirbt in Nola (19.8.).
Tiberius wird sein Nachfolger. – Sejanus wird Präfekt der
Prätorianer und begleitet Drusus nach Pannonien, um eine
Meuterei der Legionen niederzuschlagen.

15 n. Chr.
Germanicus befreit den von Armins Kriegern belagerten
Segestes und bringt Armins schwangere Frau Thusnelda in
seine Gewalt.

16 n. Chr.
Germanicus geht mit einer Flotte aus tausend Schiffen gegen
die Germanen vor. Schlachten gegen Armin und Inguiomar
bei Idisiavisio und am Angrivarierwall.

17 n. Chr.
Triumphzug des von seinem Onkel und Adoptivvater Tiberius
vom Rhein abberufenen Germanicus (17.5.), bei dem er
Thusnelda und ihren in Gefangenschaft geborenen Sohn mit
sich führt. – Drusus übernimmt die Statthalterschaft im
Illyricum. – Schlacht zwischen Armin auf der einen und
Marbod und Inguiomar auf der anderen Seite.

19 n. Chr.
Katualda vertreibt Marbod und übernimmt die Herrschaft im
Markomannenreich. – Tod des Germanicus nach langem,
schwerem Leiden in Antiochia (10.10.). Seine Witwe Agrip-
pina schifft sich nach Rom ein und begegnet unterwegs der
Flottille Pisos.

20 n. Chr.
Agrippina geht in Brundisium an Land und zieht von dort
nach Rom. – Gerichtsverhandlung gegen Calpurnius Piso, der

eines Morgens tot in seinem Arbeitszimmer aufgefunden wird. – Die aus Antiochia nach Brundisium gebrachte Giftmischerin Martina stirbt unter ungeklärten Umständen.

19–21 n. Chr.
In diesen Zeitraum fällt Armins Tod.

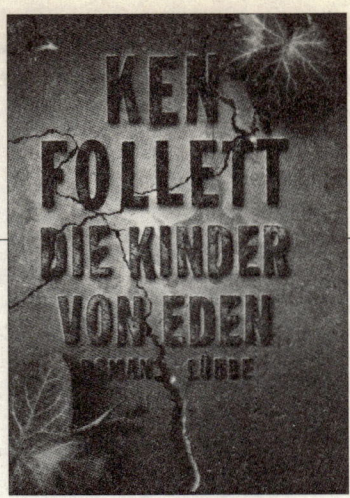

**Wenn der Mensch der Natur gebieten kann,
gibt es keine Sicherheit mehr diesseits von Eden**

Ein kleines, verschwiegenes Tal in Kalifornien. Hier
lebt seit den sechziger Jahren eine Hippie-Kommune.
Nun aber soll ihr Dorf einem Stausee weichen. Doch
die ›Kinder von Eden‹ wollen sich nicht aus ihrem
Paradies vertreiben lassen und greifen in ihrer Not zu
einem wahnwitzigen Plan: Sie drohen der Regierung,
ein Erdbeben stattfinden zu lassen, das entsetzliche
Folgen haben wird. Niemand nimmt ihre Ankündigung
ernst. Nur die junge FBI-Agentin Judy Maddox, die
bereits auf der Abschussliste ihrer Vorgesetzten steht,
hat ihre Zweifel und versucht, die Katastrophe zu verhindern. Aber dann überschlagen sich die Ereignisse ...

›Gut recherchiert und nervenaufreibend spannend.‹
Brigitte

3-404-14535-6